普通高等教育"十三五"规划教材

市场营销学
Marketing

王月辉　杜向荣　冯　艳 ◎ 编著

北京理工大学出版社
BEIJING INSTITUTE OF TECHNOLOGY PRESS

版权专有　侵权必究

图书在版编目（CIP）数据

市场营销学 / 王月辉，杜向荣，冯艳编著. -- 北京：北京理工大学出版社，2017.1（2024.1 重印）

ISBN 978-7-5682-3578-5

Ⅰ. ①市⋯　Ⅱ. ①王⋯ ②杜⋯ ③冯⋯　Ⅲ. ①市场营销学-高等学校-教材　Ⅳ. ①F713.50

中国版本国书馆 CIP 数据核字（2017）第 010554 号

责任编辑：申玉琴　　**文案编辑**：申玉琴
责任校对：周瑞红　　**责任印制**：王美丽

出版发行 / 北京理工大学出版社有限责任公司
社　　址 / 北京市丰台区四合庄路 6 号
邮　　编 / 100070
电　　话 /（010）68944439（学术售后服务热线）
网　　址 / http://www.bitpress.com.cn

版 印 次 / 2024 年 1 月第 1 版第 2 次印刷
印　　刷 / 廊坊市印艺阁数字科技有限公司
开　　本 / 787 mm×1092 mm　1/16
印　　张 / 25.75
字　　数 / 605 千字
定　　价 / 64.00 元

图书出现印装质量问题，请拨打售后服务热线，负责调换

前言

当今世界正处在大发展、大变革、大调整时期。世界多极化、经济全球化深入发展，科技进步日新月异，人才竞争日趋激烈。我国正处在改革发展的关键阶段，经济、政治、文化、社会，以及生态文明建设全面推进，工业化、信息化、城镇化、市场化、国际化深入发展，经济发展方式加快转变，日益凸显了对高素质、复合型、创新型经济与管理人才的迫切需求。

市场营销学是经济与管理学科本科人才必修的一门专业基础课程。本书吸收市场营销学科理论与实践发展的最新成果和进展，结合学生系统学习和掌握市场营销理论知识的规律和要求，以及多年的教学实践和经验积累，围绕企业营销实现向顾客创造、传递和传播价值这一核心功能所要开展的工作，将本书的知识体系架构分为概论、价值识别、价值选择、价值组合设计、价值管理与拓展五篇，共12章内容，系统介绍和反映了现代市场营销的理论体系和核心知识。

本书采取了丰富多样化的编写体例，具体体现在开篇模块、正文模块、章尾模块的设计中。

开篇模块：设有学习目标、关键术语、知识结构、先思后学四个子模块。学习目标，明确指出了学习每章应达到的基本要求；关键术语提供了每章关键专业词汇的中英文对照；知识结构，通过图示清晰明了地呈现了每章的核心知识要点及其相互之间的逻辑关系；先思后学则从一个发生在现实中的案例、现象、事件的描述与点评中，引出每章的学习内容，以激发和引导学生的学习兴趣和好奇心。

正文模块：每章以对基本原理和方法的阐述为主线，又分别从理论线索和实践线索出发，设计了五类辅助知识子模块：以观点透视、知识拓展、营销新视野三类知识子模块，对市场营销理论发展中的代表性观点、需要拓展了解的相关知识，以及市场营销理论的新发展、新趋势进行介绍；以案例启迪和营销实践两类知识子模块，呈现历史和现实中企业营销典型案例的经验教训和营销运作中应该掌握的实践技能。五类知识子模块在每章正文中穿插出现，以丰富内容、活泼版式、开阔学习视野。

  章尾模块：设有图示小结、复习思考题、营销体验、案例讨论四个子模块。图示小结，根据学习目标，以图示形式对每章的主要知识点进行总结和提炼；复习思考题，每章列出了若干复习题，帮助学生梳理和重温各章节中的主要知识；营销体验，每章提出2~3个比较灵活的问题，以引导学生学习小组的发散思维及头脑风暴思维，引导学生进行互动激发式分析和讨论；案例讨论，针对每章内容，精选了一个专题案例，并列出讨论题引导学生进行案例分析和观点交流。

  本书的编写，充分体现市场营销学科的实践性和应用性特点，理论、方法及策略的介绍和阐述通俗易懂，可读性强。本书从通过先思后学由浅入深的引导，到正文中穿插的大量典型案例，再到章尾的专题讨论案例，突出体现了理论与实际相结合及市场营销的实践应用性特点。同时，本书力求体现由"结构式"教学向"参与、体验式"教学的转变，贯彻以学生为本的教学理念，并注重培养学生灵活运用所学知识分析和解决实际问题的能力。先思后学、营销实践、营销体验、案例讨论等子项目的设计，目的是推动市场营销的教学能够更好地实现参与、体验性互动教学和以实践为导向的应用能力的培养目标。

  本书编写的具体分工是：王月辉承担了全书知识体系架构、编写体例的调研与设计以及第一章、第六章、第十章的写作工作；杜向荣承担了第四章、第五章、第七章、第十一章及第十二章的写作工作；冯艳承担了第二章、第三章、第八章、第九章的写作工作；最后由王月辉负责完成全书的统稿工作。本书在写作过程中，参考了国内外学者的有关论著和研究成果，在此一并表示真诚的感谢！由于编者水平所限，书中难免有疏漏和不足，敬请各位专家和读者批评指正。

  当今时代，全球经济一体化进程的加速，中国的快速崛起、社会经济结构向更高层次的转型要求，以及各种类型企业的创新创业发展趋势，将持续推动对市场营销管理高级专门人才需求的增长。作为高等教育工作者，我们将以高度的历史责任感和使命感，密切关注学科领域理论与实践的最新进展，不断在教学实践中进行积极的探索和创新，为推出更多高水平和具有中国特色的市场营销教材做出我们应有的贡献。

编 者

目录 CONTENTS

第一篇 概 论

第一章 顾客导向时代的市场营销 ···003
 第一节 认识市场营销 ···005
  1.1 市场营销范畴及其特点 ···005
  1.2 市场营销的对象 ···006
  1.3 市场营销涉及的核心概念 ···008
 第二节 营销观念由企业主导向市场主导的转变 ···011
  2.1 生产观念 ···011
  2.2 产品观念 ···012
  2.3 推销观念 ···012
  2.4 市场营销观念 ···012
  2.5 全方位营销观念 ···013
 第三节 营销价值实现过程与本书体系架构 ···018
  3.1 价值识别 ···019
  3.2 价值选择 ···019
  3.3 价值组合设计 ···020
  3.4 价值管理与拓展 ···022
  3.5 本书体系架构 ···023
 第四节 培育顾客关系 ···025
  4.1 提高和监督顾客满意度 ···025
  4.2 吸引和维系顾客 ···027
  4.3 建立顾客忠诚 ···030

第二篇 价 值 识 别

第二章 市场营销环境 ···039
 第一节 市场营销环境概述 ···041
  1.1 营销环境的概念及其构成 ···041
  1.2 营销环境的特点 ···041

  1.3 环境与企业营销…………………………………………………………042
 第二节 宏观营销环境………………………………………………………044
  2.1 人口环境…………………………………………………………………044
  2.2 经济环境…………………………………………………………………047
  2.3 自然环境…………………………………………………………………050
  2.4 科技环境…………………………………………………………………052
  2.5 政治与法律环境…………………………………………………………054
  2.6 社会文化环境……………………………………………………………055
 第三节 微观营销环境………………………………………………………056
  3.1 供应商……………………………………………………………………056
  3.2 竞争者……………………………………………………………………057
  3.3 社会公众…………………………………………………………………058
  3.4 营销中介…………………………………………………………………059
  3.5 顾客………………………………………………………………………059
  3.6 企业内部环境……………………………………………………………059
 第四节 营销环境分析方法…………………………………………………060
  4.1 PEST 分析………………………………………………………………060
  4.2 环境机会和威胁分析……………………………………………………061
  4.3 五力分析模型……………………………………………………………063
  4.4 SWOT 分析法……………………………………………………………065

第三章 市场购买行为………………………………………………………071
 第一节 消费者市场与购买行为……………………………………………073
  1.1 消费者市场的特点和购买行为模式……………………………………073
  1.2 影响消费者购买行为的因素……………………………………………075
  1.3 消费者购买的行为类型…………………………………………………086
  1.4 消费者购买的决策过程…………………………………………………089
 第二节 组织市场与购买行为………………………………………………094
  2.1 组织市场概述……………………………………………………………094
  2.2 组织市场购买行为模式和参与者………………………………………096
  2.3 组织购买行为影响因素和决策过程……………………………………098

第四章 营销调研………………………………………………………………103
 第一节 现代营销信息系统构成……………………………………………105
 第二节 营销调研的类型和步骤……………………………………………108
  2.1 营销调研的类型…………………………………………………………108
  2.2 营销调研的步骤…………………………………………………………109
 第三节 定性调研方法………………………………………………………112
  3.1 无结构式访问……………………………………………………………112
  3.2 焦点小组讨论……………………………………………………………115
  3.3 投射技术…………………………………………………………………117

       3.4 观察法 ··· 119
   第四节 定量调研方法 ··· 121
       4.1 常用方法 ··· 121
       4.2 消费者固定样组调查 ··· 124
       4.3 问卷调查 ··· 125
       4.4 实验法 ·· 129

第三篇 价 值 选 择

第五章 细分市场、目标市场与市场定位 ·· 137
   第一节 市场细分 ··· 138
       1.1 市场细分的概念及其作用 ··· 138
       1.2 细分变量 ··· 139
       1.3 细分方法 ··· 146
       1.4 细分有效性标准 ··· 149
   第二节 目标市场选择 ··· 150
       2.1 评估细分市场 ··· 151
       2.2 目标市场选择方式 ··· 152
       2.3 目标市场营销战略 ··· 154
   第三节 市场定位 ··· 157
       3.1 市场定位过程 ··· 158
       3.2 市场定位方式 ··· 161

第四篇 价值组合设计

第六章 品牌决策 ·· 169
   第一节 品牌范畴及其价值 ··· 171
       1.1 品牌及其相关概念 ··· 171
       1.2 品牌的构成要素 ··· 172
       1.3 品牌的价值 ·· 173
   第二节 品牌化决策 ·· 175
       2.1 品牌化的内涵及其主要决策 ·· 175
       2.2 品牌命名决策 ··· 176
       2.3 品牌归属决策 ··· 178
       2.4 品牌开发决策 ··· 182
   第三节 建立品牌资产 ··· 187
       3.1 认识品牌资产及其战略意义 ·· 187
       3.2 品牌资产的构成要素 ·· 190
       3.3 管理品牌资产 ··· 191

第七章　产品决策 … 198

第一节　产品概述 … 200
- 1.1　整体产品观 … 200
- 1.2　产品分类 … 202
- 1.3　个别产品决策 … 204

第二节　产品组合 … 207
- 2.1　产品组合相关概念 … 207
- 2.2　优化产品组合 … 208
- 2.3　产品组合决策 … 212

第三节　产品生命周期 … 214
- 3.1　生命周期各阶段的特点 … 214
- 3.2　生命周期各阶段的营销策略 … 216

第四节　新产品开发 … 218
- 4.1　新产品的类型 … 218
- 4.2　新产品开发策略 … 221
- 4.3　新产品开发程序 … 224
- 4.4　新产品扩散 … 230

第八章　价格决策 … 235

第一节　影响企业定价的因素 … 237
- 1.1　影响企业定价的内部因素 … 237
- 1.2　影响企业定价的外部因素 … 239

第二节　企业定价的原则和程序 … 241
- 2.1　定价原则 … 241
- 2.2　企业定价流程 … 242

第三节　定价方法 … 245
- 3.1　成本导向定价法 … 245
- 3.2　需求导向定价法 … 246
- 3.3　竞争导向定价法 … 248

第四节　定价策略 … 249
- 4.1　折扣定价策略 … 249
- 4.2　地区定价策略 … 249
- 4.3　心理定价策略 … 250
- 4.4　差别定价策略 … 251
- 4.5　新产品定价策略 … 252
- 4.6　产品组合定价策略 … 253
- 4.7　网络定价策略 … 254

第五节　价格调整 … 256
- 5.1　主动调整价格 … 257
- 5.2　价格战 … 259

		5.3 被动调整价格	261

第九章 渠道管理 … 266

- 第一节 分销渠道概述 … 268
- 第二节 分销渠道类型和渠道组织系统 … 270
  - 2.1 分销渠道类型 … 270
  - 2.2 分销渠道组织系统 … 272
- 第三节 分销渠道设计 … 275
  - 3.1 影响分销渠道设计的因素 … 275
  - 3.2 分销渠道设计流程 … 276
- 第四节 分销渠道管理 … 279
  - 4.1 分销渠道成员管理 … 279
  - 4.2 分销渠道冲突管理 … 280
  - 4.3 物流管理 … 282
- 第五节 中间商 … 285
  - 5.1 批发商 … 285
  - 5.2 零售商 … 286
  - 5.3 中间商变革趋势 … 290

第十章 整合营销传播 … 296

- 第一节 营销传播的设计与管理 … 298
  - 1.1 营销传播及其组合 … 298
  - 1.2 整合营销传播过程及其管理 … 299
- 第二节 大众传播方式及其管理 … 303
  - 2.1 广告传播 … 303
  - 2.2 营业推广 … 306
  - 2.3 事件和体验 … 309
  - 2.4 公共关系 … 311
- 第三节 人际传播方式及其管理 … 313
  - 3.1 直复营销 … 313
  - 3.2 互动营销 … 315
  - 3.3 口碑营销 … 318
  - 3.4 人员销售 … 321

第五篇 价值管理与拓展

第十一章 营销运作管理 … 333

- 第一节 营销计划 … 335
  - 1.1 营销计划的含义与分类 … 335
  - 1.2 营销计划的内容体系 … 335
  - 1.3 营销计划的实施 … 338

第二节 营销组织 · · · · · · 342
  2.1 营销组织形式的演变 · · · · · · 342
  2.2 现代营销组织形式 · · · · · · 344
  2.3 营销组织的设计 · · · · · · 349

第三节 营销控制 · · · · · · 352
  3.1 年度计划控制 · · · · · · 353
  3.2 盈利能力控制 · · · · · · 355
  3.3 效率控制 · · · · · · 356
  3.4 战略控制 · · · · · · 357

第四节 营销绩效评价 · · · · · · 362
  4.1 营销绩效评价的含义与特点 · · · · · · 362
  4.2 营销绩效评价的维度与指标 · · · · · · 363

第十二章 全球市场营销 · · · · · · 370

第一节 全球市场概述 · · · · · · 371
  1.1 国际经济活动 · · · · · · 372
  1.2 全球经济一体化 · · · · · · 373
  1.3 全球性企业 · · · · · · 374

第二节 全球营销环境 · · · · · · 376
  2.1 国际贸易体系 · · · · · · 376
  2.2 经济环境 · · · · · · 379
  2.3 政治和法律环境 · · · · · · 379
  2.4 文化环境 · · · · · · 381
  2.5 人口环境 · · · · · · 383

第三节 全球市场进入 · · · · · · 384
  3.1 目标市场选择 · · · · · · 384
  3.2 市场进入方式选择 · · · · · · 387

第四节 全球营销组合决策 · · · · · · 390
  4.1 产品策略 · · · · · · 390
  4.2 促销策略 · · · · · · 392
  4.3 价格策略 · · · · · · 394
  4.4 渠道策略 · · · · · · 395

第五节 全球营销组织决策 · · · · · · 397

参考文献 · · · · · · 401

第一篇 概论

第一篇 绪论

第一章
顾客导向时代的市场营销

学习目标

- ◎ 理解市场营销的内涵、特点、对象及其相关概念；
- ◎ 理解市场营销观念的形态演变及其特点；
- ◎ 理解市场营销管理过程与企业价值实现的关系；
- ◎ 理解实现顾客满意、顾客关系维系及其顾客忠诚的重要性和途径。

关键术语

- ◎ 市场（Market）
- ◎ 市场营销（Marketing）
- ◎ 市场营销管理（Marketing Management）
- ◎ 市场营销观念（Marketing Concept）
- ◎ 全方位营销观念（A Full Range of Marketing Concept）
- ◎ 市场营销组合（Marketing Mix）
- ◎ 价值组合设计（Design of Value Combination）
- ◎ 关系营销（Relationship Marketing）
- ◎ 整合营销（Integrated Marketing）
- ◎ 内部营销（Internal Marketing）
- ◎ 绩效营销（Performance Marketing）
- ◎ 社会责任营销（Social Responsible Marketing）
- ◎ 顾客关系（Customer Relationship）
- ◎ 顾客满意（Customer Satisfaction）
- ◎ 顾客忠诚（Customer Loyalty）

知识结构

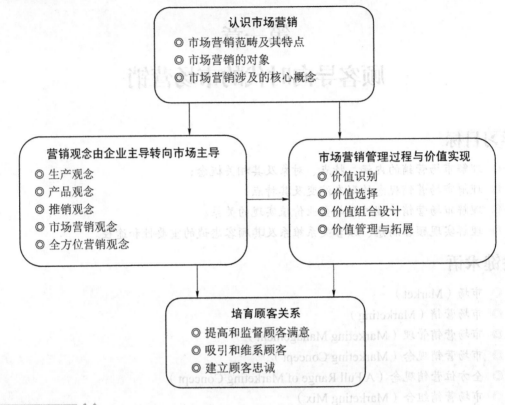

先思后学

惠而浦公司以"需求洞察"引领产品研发

惠而浦公司创立于1911年,是全球领先的白色家电制造商。20世纪90年代,惠而浦进入中国市场,目前在华拥有3个生产基地和2个研发中心,生产线包括冰箱、洗衣机、空调、热水器、微波炉和厨电等。惠而浦公司注重通过市场调研洞察消费者的需求,以引领产品的研发。惠而浦公司在"洗衣房系列"洗衣机的研发过程中,研发人员用了整整两个月时间,跑了5个省的20个城市,走访了上百个家庭,观察消费者在洗衣过程中的每一个细节,拍摄了上万张消费者使用洗衣机的照片。研发人员发现,在中国家庭中,无论洗衣机的性能有多好,手洗内衣、袜子等小件衣物都是一个难以改变的习惯,所以洗衣机旁边总会出现搓衣板、肥皂、脸盆等,水也洒得到处都是。为了解决消费者的难题,惠而浦公司推出了"洗衣房"概念,使一台洗衣机承担起整个洗衣房的重任。他们在洗衣机上配备了一个6th sense(第6感智能操控系统),这个键被称为"一键百年",只要按下这个键,洗衣机就能根据衣物重量、质地、脏污程度自动进行模糊匹配,自动设置洗衣程序,以达到最佳的洗衣效果——而这是惠而浦公司每周2万次超过150吨织物洗涤实验得出的经验总结。

由此可见,惠而浦公司注重对中国市场消费者需求的调查和研究,在对消费者需求的洞察中发现家电产品的研发与改进方向，形成具有前瞻性的设计理念，满足和引领消费者需求，从而在中国市场形成了可持续竞争优势。

本章阐述顾客导向时代市场营销范畴的基本内涵；梳理近百年中企业主导营销观念历史形态的演变及其特点；阐述市场营销管理的过程和任务，以及如何培育顾客关系。

第一节　认识市场营销

在人类社会的经济活动和我们的日常生活中，各种类型的组织以及个人，往往都在从事着各种营销活动，可以说营销无处不在。市场营销既是一门科学，又是一门艺术。在当今时代，任何营销者都要努力应对动荡变化的营销环境，不断为应对这种环境提出具有创造性的营销管理方案。

1.1　市场营销范畴及其特点

市场营销在企业组织的生存与发展以及人们的社会生活中扮演着十分重要的角色。对于企业来说，在市场中的盈利水平和财务业绩往往取决于其营销能力的大小，因为有效的产品需求或服务需求是产生利润的前提，而发现和满足需求是市场营销的基本职能。

在社会生活中，新产品的投放和得到顾客的认可，都离不开市场营销活动。市场营销可以把社会需要和个人需要转变为商机。营销者创造性地提升自己的产品在市场中的地位的过程，也有助于改进和更新现有的产品。成功的营销可以创造对产品或者服务的需求，进而创造出新的就业机会。

有人认为，市场营销就是推销产品和做广告。确实，我们在日常生活中，几乎每天都会接触大量的促销产品和广告，但是，这并不是营销活动的全部，推销产品和做广告仅仅是营销冰山的一角而已。管理大师彼得·德鲁克说过："市场营销的目的在于使推销变得多余。"因为，开发出真正符合消费者需求的产品，恰恰是营销的真正目的；而真正符合消费者需求的产品，往往不需要推销就会有好的销路。也就是说，市场营销的目的在于深刻地认识和了解顾客，从而使产品和服务完全适合特定顾客的需要，从而实现产品的自我销售。因此，理想的市场营销应该可以自动生成想要购买特定产品或服务的顾客，而剩下的工作就是如何使顾客可以购买到这些产品或者服务。

从广义上来说，市场营销是一种通过创造与他人交换价值实现个人和组织的需要和欲望的社会和管理过程。而在狭义的商业环境中，市场营销涉及与顾客建立价值导向的交换关系。

美国市场营销协会（AMA）认为，市场营销是一项有组织的活动，它包括创造、传播和传递顾客价值和管理顾客关系的一系列过程，从而使利益相关者和企业都从中受益。这一定义，揭示了市场营销活动的本质特征和最终目标。

具体而言，可以从管理和社会两个不同的视角来理解市场营销的内涵。首先，从管理角度来看，进行创造、传播及传递顾客价值的交换活动，往往需要开展很多工作，并具备相应的技能。当供给方考虑通过各种方式促使需求方做出预期的反应，比如购买行为时，就产生了营销管理。因此，我们可以把营销管理看作是一个科学和艺术结合的过程，即营销管理是选择目标市场，并通过创造、传播和传递优质的顾客价值来获得顾客、挽留顾客和提升顾客的科学与艺术。

从社会角度来看，要注意市场营销活动在社会中所扮演的角色。有营销者认为，市场营销的作用就是为别人创造出高标准的生活。例如，麦当劳推出"我就喜欢"的广告口号，努力使自己成为全球顾客最喜欢的就餐场所；沃尔玛则一直在努力履行对消费者提出的"省钱，生活更美好"承诺。因此，从社会角度来说，市场营销就是个人和集体通过创造、提供、出售，与别人自由交换产品和服务的方式获得自己所需要的产品或服务的社会过程。

任天堂公司在市场上推出 Wii 游戏机产品时，佳能公司向顾客推介 ELPH 数码照相机时，丰田公司的混合动力车普锐斯上市时，它们都立刻获得了来自市场的大量订单，这是因为这些知名企业都是在从事了大量的市场营销研究基础上才成功地设计出了这些适销对路的产品。

观点透视

市场营销定义的演变

1934 年，美国全国市场营销教师协会定义委员会提出，市场营销的职能包括商品化、购买、销售、标准化和分级、风险管理、集中、融资、运输和储存等 9 项。它们又被归纳为三类，即交换职能（购买和销售）、物流职能（运输和储存）、辅助职能（融资、风险承担、沟通和标准化等）。关于市场营销的第一版官方定义是 1935 年由美国市场营销协会（AMA）的前身——美国营销教师协会所采用的，1948 年被 AMA 正式采用。1960 年，当 AMA 重新审视第一版定义时决定依然保持不变，不做任何修改。美国市场营销协会于 1960 年对市场营销下的定义是：市场营销是"引导产品或劳务从生产者流向消费者的企业营销活动"。关于市场营销的最初定义一直沿用了 50 年，直到 1985 年才被重新修订。修订后的定义是：市场营销是计划和执行关于商品、服务和创意的观念、定价、促销和分销，以创造符合个人和组织目标的交换的一种过程。2004 年 8 月，AMA 在美国波士顿举行的夏季营销教学者研讨会上，揭开了关于市场营销新定义的面纱，以此更新了近 20 年来 AMA 对营销的官方定义。这次的新定义指出：市场营销既是一种组织职能，也是为了组织自身及利益相关者的利益而创造、传播、传递客户价值，管理客户关系的一系列过程。菲利普·科特勒在《市场营销原理与实践》第 16 版中引用的市场营销定义是：市场营销是企业为从顾客处获得利益回报而为顾客创造价值并与之建立稳固关系的过程。

1.2 市场营销的对象

在当今时代，可以说市场营销活动已经渗透到各类组织、各个行业以及各种场所之中。市场营销的对象十分广泛，包括产品、服务、事件、体验、人物、场所、产权、组织、信息、创意等多种形态的事物。

（1）产品

实体的有形产品是营销的主要对象，这些产品充斥在我们的日常购买和消费生活中，包括衣食住行用的方方面面，满足了我们的基本生活需求。越是经济发展的国家和地区，实体产品的营销活动就会越丰富和多样化。社会营销的历史，就是产品营销活动日益丰富和多样化的历史。

（2）服务

随着经济发展和产业结构的转型，服务逐渐成了经济活动中的主导力量，社会越来越关注各类服务的生产，包括生产性服务、生活性服务，如航空服务、餐饮服务、汽车租赁服务、保养维修服务、各类咨询服务等。而且，许多市场都是产品与服务的组合体。例如，在快餐店中，顾客既可享用食品，又可接受服务。

（3）事件

营销者可以就一些事件进行宣传，如选举、商业展览、体育竞赛、艺术表演、组织庆典等。一些全球性活动，如奥林匹克运动会、世界杯比赛等，影响面广，宣传报道的力度大，关注度高，是不可多得的营销舞台。即使实力并不雄厚的中小型甚至微型企业，利用好一些特殊的事件，如周年纪念日、行业内特殊事件等进行组织或产品的宣传，也会在提高认知度和良好形象等方面获得成效。

（4）体验

把不同的产品和服务合理地组合起来，企业往往能够创造和展示各种营销体验。比如，迪士尼乐园的梦幻王国，就向大众提供了难得的体验，人们可以拜访童话王国、登上海盗船或走进鬼屋猎奇。如今，提供体验的项目和服务越来越多，或惊险刺激，或娱乐欢快，通过体验者的五官、心理、身体等感受，产生不同的营销效果。

（5）人物

人本身也可以成为营销的对象。当然，我们在社会生活中，见到最多的是各类社会名流，如政治家、艺术家、音乐家、企业家等，他们频繁的社交和社会活动，吸引了媒体和社会公众的广泛关注。例如，篮球巨星姚明、女子十二乐坊乐队都非常成功地推销了自己。在时代舞台上活跃的各类社会名流，他们不仅是一类善于建立自我品牌的人群，并且也会由于个人品牌的良好声誉，而为所在组织带来良好的美誉度。其实，在社会舞台和日常生活中，我们每个人都能够通过努力使自己的个人品牌拥有更好的声誉。

（6）场所

当今时代，一个大城市、一个地区乃至整个国家，都在通过各种路径、采取各种方法致力于吸引游客、居民、工厂和公司总部。场所营销者包括旅游公司、房地产开发商、商业银行、地方性商业协会、各种广告代理商等。

（7）产权

产权是所有者的无形权利，包括不动产，如房地产和金融资产、股票或债券。产权可以买卖，这就需要市场营销。房地产代理商或者为产权所有者或出售者工作，或者为自己购买并销售住房或商业房产。投资公司和银行则面向商业机构或个人投资者营销证券。

（8）组织

社会中的各类组织，包括营利性组织和非营利性组织都需要积极致力于在人们心目中建立起良好的组织形象。随着中国经济的快速发展，腾讯、阿里巴巴、百度等互联网公司，在中国市场迅速崛起，实现了快速发展，建立了良好的口碑，拥有了高知名度和美誉度，这对公司的进一步发展具有重要意义。现在，越来越多的公益事业性机构，如医院、学校、养老院等，也都积极通过各种途径和方式，进行组织和业务的营销，以求得更好的发展。

（9）信息

信息的生产、包装、分销都是十分重要的活动。图书、研究报告、发布会等，营销的对象就是各类信息。当然，这些信息的需求主体是不同的。美国西门子医疗系统公司的首席执行官汤姆·麦克科斯兰特曾经这样描述公司的业务："我们的产品不是 X 射线或核磁共振（MRI），而是信息。我们的业务是保健信息科技，我们的最终产品是病人的电子记录，既有声控信息，又有有关实验测试、病理和药物的信息。"随着信息技术和互联网的快速发展，我们获取信息的途径和方式也在发生革命性变革。

（10）创意

产品和服务是重要的市场供应物，它们给大众带来了物质或精神利益的满足。它们都是开发者创意的结晶和成果。例如，有化妆品制造商公司向社会公众诉求：我们提供给顾客的既是化妆品，也是美丽和希望；也有汽车制造商宣称：我们提供给顾客的不是汽车，而是驾驶的乐趣。具有创意的产品、具有创意的广告诉求，不仅可以改变消费者的物质生活，更会引导顾客的消费理念和生活方式。

案例启迪

奥巴马在总统竞选中的数字营销活动

奥巴马当选为美国第44届总统，获胜的原因之一是采用了新的营销实践。

"美国奥巴马"（Barack Obama）总统竞选活动，不仅突出了奥巴马是一个富有魅力的政治家，或者说向美国人民传递着希望，同时也是一场整合的现代营销活动。该项营销计划需要同时实现两个完全不同的目标，即确定特定的目标受众，并通过更广泛的信息来扩大选民。在此过程中，需要在多媒体策略方面实现线上与线下媒介的整合。当然，也包括免费媒介和付费媒介的整合。

市场研究结果表明：选民对奥巴马了解越多，对他的认同度也越高。在竞选活动中不仅有较长时间的视频，而且综合运用了传统的印刷、广播和户外广告等传播沟通方式。奥巴马团队在广告代理公司 GMMB 的帮助下，把网络当作竞选活动的中心，把它作为在全部 50 个州进行公关、广告、前期工作以及资金筹措和组织的"中枢神经系统"。他们的指导思想是：通过构建网络工具帮助美国民众实现高效的自我组织，然后让他们自由进行选举。毕竟技术自始至终都是对公众进行授权的一种途径，使他们可以去做自己感兴趣的事情。

虽然诸如 Facebook、Meetup、YouTube 和 Twitter 等社交媒体威力无穷并得到了有效应用，但奥巴马团队最强大的数字工具是一份包括 1 350 万个电子邮件地址的清单。通过在线募集，竞选团队向 300 万人一共募集到将近 5 亿美元的捐赠（大部分单次捐赠都不到 100 美元）；通过网站 My.BarackObama.com 组建了 35 000 个团体；上传到 YouTube1 800 个视频；在 Facebook 上创建了关注度最高的网页。

1.3 市场营销涉及的核心概念

（1）需要、欲望和需求

需要是人类最基本的要求，如人类需要空气、食物、水、衣服和住所。人类同样具有娱乐、交往、接受教育等需要。当被引向特定的、可能满足需要的物体时，需要就变成了欲望。我们对于食物的欲望，往往是受特定的社会条件的制约的。一个经济发达国家的消费者需要的可能会是一份上好的牛排和一杯香喷喷的咖啡；而在一个贫穷地区的消费者所需要的可能就是一个馒头和一盘炒熟的青菜，以填饱肚子。不同的社会创造出不同的欲望。需求是指有支付能力购买具体的商品来满足的欲望。许多人都想要奔驰汽车，但是只有很少的人具有支付能力。对于市场营销者来说，不仅应该知道有多少人需要这些产品，更重要的是要测算出有多少人实际上能够买得起。

要了解顾客的需要和欲望，需要进行深入细致的调研工作。有些顾客并不知道自己真正需要什么，或者说他们根本不能描述出自己的需要。当顾客说自己需要一台高性能的汽车或者一家休闲旅馆时，他们到底是什么意思，营销者必须深入研究。

知识拓展

五种需要类型分析

有学者研究提出可以从以下五个方面对顾客的需要加以分析：① 明确表述的需要（顾客想要一辆不是很贵的汽车）；② 真正需要（顾客想要一辆使用成本很低的汽车，而不只是初始价格很低）；③ 未明确表述的需要（消费者期望能够从销售者那里购买到优质的服务）；④ 令人愉悦的需要（顾客希望获赠车载导航系统）；⑤ 秘密需要（顾客希望朋友把自己当作内行）。

一种新产品上市，企业需要向顾客进行宣传和引导，使顾客深度认识自己的需要。当手机产品刚刚投放到市场的时候，消费者拥有的手机方面的知识还相对较少。这时，一些手机生产企业竭力使消费者了解自己的产品，并对其品牌形成一定的感知。可以说，简单地向顾客提供他们所想要的东西已经远远不够。要想保证具有竞争力，企业需要帮助顾客学习，使顾客认识到自己真正需要什么。

案例启迪

杰出公司重视了解顾客的需要、欲望和需求

沃尔玛的主席兼CEO迈克尔·杜克及其经理团队，定期到店里和顾客家中访问顾客，以了解他们的需求。麦当劳的营销人员经常在推特（Twitter）上发起聊天，直接与麦当劳的粉丝们联系，无论褒贬，从中了解他们对从营养、可持续发展到产品和品牌促销等各方面的各类问题的想法。

波士顿市场的CEO乔治·米歇尔经常巡视门店，在餐厅工作，和顾客交谈，了解顾客的好恶评价。他还通过阅读顾客在网站上的留言与顾客保持联系，甚至随机给顾客打电话询问看法。他认为，接近顾客非常重要，可以了解他们看重什么、欣赏什么。

（2）营销者和潜在顾客

营销者是指从潜在顾客中寻求响应的人，如寻求潜在顾客的关注、购买、投票、捐赠等。如果双方都在积极寻求把自己的产品或服务卖给对方，那么我们就把他们称作营销者。

在社会中，社会大众的需求由于受到各种内外部因素的影响而表现出复杂性。这时候对于营销者来说，要对需求管理承担责任，营销者需要努力分析潜在顾客的需求特点和规模等，

采取针对性手段和方法,影响市场需求的水平、时机方向等,以便使其符合组织的经营目标。

知识拓展

八种需求形态与营销者的任务

负需求(Negative Demand)——消费者对某个产品感到厌恶,这时营销者要进行扭转性营销。

无需求(Nonexistent Demand)——消费者对某个产品不了解或不感兴趣,这时营销者要进行刺激性营销。

潜在需求(Latent Demand)——消费者可能对某个产品产生了强烈的需求,而现有产品又不能满足其需求,这时营销者要进行开发性营销。

下降需求(Declining Demand)——消费者逐渐减少或停止购买某种产品,这时营销者要进行恢复性营销。

不规则需求(Irregular Demand)——消费者的购买行为在每个季节、每个月、每周甚至每个小时都可能发生变化,这时营销者要进行同步性营销。

充分需求(Full Demand)——消费者恰如其分地在市场上购买自己所需数量的商品,这时营销者要进行维护性营销。

过度需求(Overfull Demand)——消费者想要购买的数量超过了市场供应的数量,这时营销者要进行限制性营销。

不健康需求(Unwholesome Demand)——产品可能吸引消费者,但却会对社会产生不良后果,这时营销者要进行抵制性营销。

对于上述的每一种情况,营销者都必须分析潜在需求的基本原因,然后制定出促使该种需求朝着自己所期望的需求类型转化的行动方案。

(3)市场

传统解释认为市场是一种交易的场所,即认为市场是买方和卖方聚集在一起进行交换的实地场所。随着经济的发展,对市场的理解和解释也在发展。经济学家认为市场是"对某一特定产品或一类产品进行交易的买方与卖方的集合",这一解释实际是提出,市场是买卖双方供求关系的总和。顾客市场包括消费者市场、组织市场、全球市场、非营利组织以及政府市场。

① 消费者市场。消费者市场购买的主体是个人和家庭,这是一个规模庞大的市场,也是产品的终极市场。对于提供大众消费商品与服务的企业而言,往往需要花费很多时间来建立优势品牌形象。品牌优势的建立需要高质量的产品性能,同时也依靠持续的传播和优质服务来提供支撑。

② 组织市场。销售组织产品和服务的企业经常会遇到受过良好训练、信息灵通的专业购买者,而且这些购买者对给出竞争力的报价也很内行。组织购买者购买产品的目的是为了再销售并获得利润。因此,在组织市场上,卖方必须尽可能地展示出自己是如何帮助组织购买者获得更多收入或减少成本的。在此过程中,广告可能会起到一定的作用,但销售队伍、价格和企业在可靠性和质量方面的声誉可能发挥着更大的作用。

③ 全球市场。在全球市场上销售产品和服务的企业往往面临复杂的营销环境带来的更多的抉择和挑战，需要进行的营销决策也更为复杂，如要决定应该进入哪个国家或地区的市场、如何进入该市场、如何使商品和服务更好地适应该国市场、如何在不同的国家为产品定价、如何使自己的营销传播更好地适应不同国家的具体情况等。进行这些决策，往往需要充分考虑购买者、谈判者及财产拥有与处置者的不同要求，而且也要兼顾不同国家的政治、经济、文化、语言、法律体系以及汇率的变动等复杂因素。因此，全球化背景下的营销运作和管理决策的挑战性更强，风险也更大。

④ 非营利组织和政府市场。把商品营销给非营利组织和政府机构时，企业需要注意一些特殊的因素，如定价策略、产品质量保证、公关策略等。较低的价格可能会影响卖方所提供商品的特性和质量，但过高的价格又会使营销者失去产品订单。政府采购更多是以招标的形式进行，定价、产品质量、营销者的声誉等都会成为采购者关注的因素。

营销新视野

大市场交易的崛起

市场地点可以是有形的，如走近一家商店，也可以是虚拟的网络空间，如浏览网上商店。中介代理也可以为其他领域的大市场提供服务，如住房家居市场、保姆市场和婚庆服务市场等。

美国西北大学的穆罕·梭尼提出了大市场的概念，用来描述在消费者看来密切相关但又隶属于不同行业的一系列互补产品和服务。

大市场是营销者进行系统整合的结果，他们把那些相关的产品、服务活动组织起来，从而简化了分别去从事各种不同活动所经历的程序，提高了效率。例如，汽车大市场就包括汽车制造商、新车和旧车的中间商、财务公司、保险公司、机械与零部件经销商、服务商店、汽车杂志、汽车分类广告以及汽车网站等。

如果有位顾客打算购买一辆汽车，那么他就可能会涉及上述大市场中许多要素。无疑，这就为中介代理创造了机会，它们可以为购买者提供无缝的贴心服务，帮助顾客完成与上述大市场中各方的交易或联系。例如，Edmund's 公司的网站 www.edmunds.som 就可以向消费者提供多项服务，包括不同品牌汽车的相关属性和最新报价，而且还可以便利地链接到其他网站，以便查询融资服务成本最低的金融财务公司、售价最低的汽车零部件经销商和二手车交易的服务机构或个体。

第二节 营销观念由企业主导向市场主导的转变

2.1 生产观念

生产观念是商业领域最早产生的营销观念之一。这种营销观念在经济不发达、产品供不应求的卖方市场条件下比较盛行。生产观念认为，消费者喜欢那些随处能够购买到的、价格低廉的产品。生产导向型的企业管理层总是致力于提高生产效率、实现低成本和大众分销。在中国经济快速发展时期，在家电、电脑等行业中，一些大家熟悉的企业，如联想、海尔、格兰仕等，利用国内庞大而廉价的劳动力资源快速扩张，迅速崛起，成了国内市场的强势企业。一般来说，如果产品受到消费者的欢迎，企业想要扩大市场占有率时，可以采用这种观念。

2.2 产品观念

产品观念认为，消费者喜欢购买那些具有最高质量、性能水平或富有创新特色的产品。在这种价值导向的企业中，注重生产优质产品，并不断地加以完善。有时这类价值导向型的企业会迷恋上自己的产品，过度关注消费者在产品性价比方面的需求，而忽视消费者需求的多样性和动态变化性，认为只要产品性能好且完美无缺，就不愁没有销路。但实际上，对于一种新产品或改进的产品而言，如果没有相应的营销手段相配合进行市场推广，是未必能够获得成功的。

2.3 推销观念

推销观念认为，如果不采取促销手段刺激消费者、激发其购买欲望的话，消费者是不会主动购买所需要的产品的。因此，对于企业而言，必须主动推销并积极促销。在那些非渴求产品的销售中，如在保险、墓地等的销售中，营销者会最大限度地运用推销手段进行产品营销。然而，建立在强化推销基础上的市场营销隐藏着风险。它关注的是达成销售交易，而非获得忠诚客户和建立企业与客户的良好关系。其目的常常是销售公司制造的产品，而不是制造市场所需要的产品。它假设被劝说而购买的顾客会喜欢上购买的产品；即使不喜欢，也不会对公司有什么不利的影响。

2.4 市场营销观念

市场营销观念是在20世纪50年代中期出现的，强调"以顾客为中心"，认为顾客是企业营销活动的起点和终点。这种观念导向型企业的营销特点是，不再是为自己的产品找到合适的顾客，而是为顾客设计适合的产品。

市场营销观念和推销观念是两种根本不同的观念，如图1-1所示。推销观念注重卖方的需要，而营销观念则注重买方的需要；推销观念以卖方的需要为出发点，考虑的是如何把产品变成销售额，而营销观念考虑的则是如何通过产品以及与创造、交付产品有关的所有环节来满足顾客的需要。例如，海尔公司提出"客户的难题就是我们的课题"的营销理念，针对

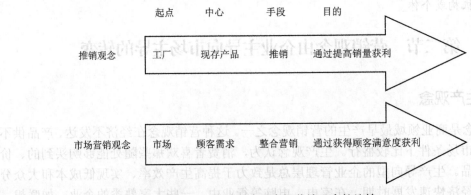

图1-1 推销观念和市场营销观念的比较

不同地区客户对家电产品的个性化需求，为客户定制设计和生产个性化的家电产品。无数企业的实践都表明，奉行营销观念可以取得更好的业绩。

2.5 全方位营销观念

全方位营销观念是以开发、设计和实施营销计划、过程及活动为基础的，关注营销计划、过程及其活动的广度和彼此之间的相互依赖性。这种观念认为在营销实践中每个细节都是特别重要且不可或缺的，营销者要全方位关注和协调市场营销活动的范围和复杂维度。全方位营销的重要维度包括整合营销、关系营销、内部营销以及绩效营销，如图1-2所示。

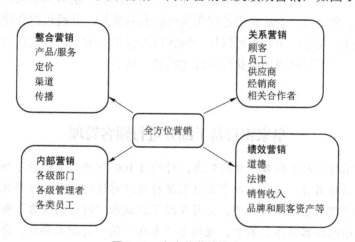

图1-2 全方位营销维度

（1）整合营销

营销者的任务就是设计营销活动和全面整合营销计划，以实现为消费者创造、传播和交付价值的目标。整合营销关注两个方面：一是各种不同的营销活动都能够传播和交付价值；二是通过有效协调实现各项营销活动的综合效果最大化。也就是说，企业在设计和执行任何一项营销活动时都需要通盘考虑。

在进行营销传播决策时，企业对所有传播活动要进行整合设计。整合营销传播战略意味着所选择的各种传播方式都需要相互强化、相互补充。营销者可以有选择性地采用广告、营业推广、公共关系、人员销售、直复营销等多种传播方式，每一种传播方式都既有优势又有其局限性，因此整合的目的就是实现优劣势互补，使每一种传播方式既可以发挥自己的优势，又可以对其他传播方式的效果产生提升作用。而且，对于每一种传播方式而言，还必须要在每个顾客接触点上传递一致的品牌信息。

（2）关系营销

市场营销的主要目标越来越集中于开发与相关组织和个体之间密切的、持久的关系上。关系营销就是要与关键的利益相关者建立起彼此合作的长期关系，以赢得和维持业务的持续成长。对营销者来说，利益相关者包括顾客、员工、供应商、经销商、代理商以及股东等。营销者应该尊重利益相关者的需求，使各个利益相关者都可以各取所需，并制定出可以平衡关键利益相关者收益的战略和策略。为了与这些利益相关者形成密切的关系，有必要了解他们的能力、资源、需要、目标和欲望。

关系营销的目标是要建立起公司独特的资产——营销网络（Marketing Network）。一般而言，营销网络包括企业以及为其提供支持的利益相关者——顾客、雇员、供应商、分销商、经销商、代理商等，企业与这些利益相关者建立起互惠互利的商业关系。与关键的利益相关者建立起稳固的关系网络，利润往往会随之而来。而且，更多的企业可以拥有更有价值的品牌资产。如今，越来越多的企业开始把一些业务外包给那些可以更高效、更廉价地从事外包业务的企业，而自己则仅仅从事创意、设计等核心业务。

目前，基于对顾客过去的交易数据、人口统计信息、消费心理及其对媒体和活动的偏好分析，越来越多的企业可以针对不同的顾客提供不同的产品、服务和信息。通过关注盈利性最高的顾客、产品和渠道，企业希望能够实现可获利的成长，并通过提升顾客忠诚来实现更高的顾客资源占有。而且，企业也可以估计顾客资源价值的大小，并设计出合适的产品、服务及价格，从而在顾客生命周期内获得可持续的最大利润。

案例启迪

皇家银行基于细分进行顾客管理

加拿大皇家银行立足于顾客细分的观念，对约 1 100 万个顾客进行了细分，并赋予不同的顾客群不同的细分名称。现在，加拿大皇家银行可以对这些顾客细分群体的盈利性进行测量并进行有效的管理。在这一过程中，公司发现了隐藏在"财富储存者"和"财富积累者"这些大类中的更小的顾客群体。其中，被称为"雪鸟"的一类顾客群体，每个冬天都会在佛罗里达居住几个月的时间。但在那里，这类顾客在使人接受其信用水平时存在困难，而且他们也失去了加拿大社区关系，特别是那些带有法语区口音与讲着流利法语的人。因此，为了满足他们的需要，公司在佛罗里达建立了分支机构。

关系营销的另一个目标是重视挽留顾客。吸引一位新顾客的成本，可能是挽留一位老顾客成本的 5 倍。通过向现有顾客提供种类繁多的产品，企业可以进一步提高顾客份额。此外，出于这一目标，许多企业还对其员工进行培训，以便进一步提升其交叉销售和升级销售的能力。市场营销不仅需要技巧性地进行客户关系管理，还需要学会进行伙伴关系管理。实际上，许多企业都在强化与关键供应商和分销商之间的关系，在向最终顾客交付价值的过程中并不是简单地把这些中间商看作自己的顾客，而是把他们看作自己的合作伙伴，使其中的每个参与者都受益良多。

知识拓展

关系营销与交易营销

一般说来，企业与顾客间的关系强度可从纯粹的交易关系增强到完全的交互关系。纯粹的交易关系仅仅涉及最低程度的个人关系，没有对未来关系的期望或义务。关系营销中紧密的顾客关系则包括以信任、双方的互相调适、利益风险均担、共同构想未来为特征的不断延续的过程。交易营销和关系营销的根本区别在于交易营销注重结果和以产品为中心的价值传播，关系营销倾向于以服务过程和价值创造为重心。这些关系如右图所示。

（3）内部营销

内部营销是指雇用、培养、激励那些想要为顾客提供优质服务而且有能力这样做的员工。一般而言，内部营销可以确保组织的所有成员都坚持适当的营销准则，尤其是高层管理人员。聪明的营销者会清楚地认识到：内部营销同样重要，有时甚至可能比外部营销更重要。在企业员工没有准备好提供优质服务之前就向顾客做出承诺，是毫无意义的。

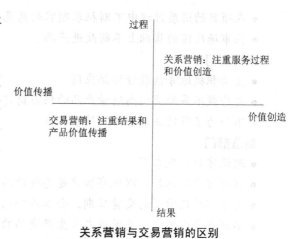

关系营销与交易营销的区别

案例启迪

雪鞋山度假村的内部营销

雪鞋山位于西弗吉尼亚州，雪鞋山滑雪度假村为了进一步提高其品牌知名度开展了一项营销活动，承诺让顾客体验到真正乡村的荒野生活。为了更好地界定其品牌塑造目标和清晰地描述雪鞋山能给顾客带来的利益，雪鞋山滑雪度假村开展了内部营销。他们把新的品牌承诺写进一个长达40页的品牌手册中。其中包括度假村的历史和七种同顾客交流互动的礼貌用语，山上的标语和标识也时刻提醒员工要兑现对顾客的承诺。而且，营销总监会对所有的新员工进行品牌培训，让新员工更好地理解度假村品牌，并成为这项品牌承诺活动的支持者。

对现代企业来说，营销已不再仅仅是一个部门的责任，而是全公司各部门的共同责任——共同推动企业的愿景、使命和战略实施。只有当所有部门共同努力来实现营销目标的时候，才能真正获得成功。在企业内部围绕营销目标，需要研发部门设计合适的产品、财务部门分配合理的资金、采购部门购买合适的原材料、制造部门在恰当的时间生产出合适的产品、会计部门用正确的方法核算利润等。只有公司奉行正确的营销理念并得到各部门的协同响应，这种跨部门的和谐运作才能真正成为现实。

营销新视野

公司部门如何做到顾客导向

研发部门
- 花费时间接见顾客并倾听他们的问题。
- 欢迎营销部门、制造部门和其他部门参与到每一个新项目中。
- 以最好的竞争产品为基准并寻求"同行最佳"的解决方案。

- 在项目的进展过程中不断征求顾客的意见和建议。
- 在市场反馈的基础上不断改进产品。

采购部门
- 主动积极地寻找最好的供应商。
- 与为数不多的提供高质量产品的供应商建立长期合作关系。
- 不会为了节约成本而降低质量标准。

制造部门
- 邀请客户参观工厂。
- 拜访客户的工厂，以观察客户是怎样使用公司产品的。
- 为了实现已承诺的交货日期，会加班加点地工作。
- 不断寻找以更快、更低成本来生产商品的方法。
- 不断地改进产品质量，目标是零缺陷。
- 只要有可能，就会满足顾客的定制化要求。

营销部门
- 研究顾客的需要和欲望，以便能够更好地界定细分市场。
- 从目标细分市场的长期利润潜力出发分配营销策略。
- 为每个目标细分市场开发能够盈利的市场供应物。
- 持续地维护公司形象和顾客满意度。
- 持续地收集与评估有关新产品、产品改进和服务的构思，以便满足顾客的需要。
- 鼓励企业的所有部门和员工都要以顾客为中心。

销售部门
- 对顾客所在的行业有着专业的认识。
- 努力提供给顾客最好的问题解决方案。
- 只做出可以履行的承诺。
- 向负责产品开发的部门反馈客户的需要和想法。
- 长期为相同的客户提供服务。

物流部门
- 在服务时间方面制定了高标准，并始终如一地坚持这个标准。
- 管理着对顾客态度友好又知识渊博的顾客服务部门，能够以令人满意和及时的方式回答顾客的问题、处理顾客投诉并解决问题。

会计部门
- 定期提供针对不同产品、细分市场、地理区域、订货数量和客户的盈利报告。
- 根据顾客的需要准备发票，并有礼貌、迅速地回答顾客的咨询。

财务部门
- 理解并支持营销费用开支（如形象广告），而且这些开支要有助于形成长期的顾客偏好与顾客忠诚。
- 根据顾客的财务要求制定财务方案。
- 对客户信用问题能够迅速地做出决策。

公关部门

- 发布对公司有利的新闻,并承担化解不利新闻负面影响的任务。
- 充当内部顾客和内部公众,促使企业制定更有利的政策和实践准则。

（4）绩效营销

绩效营销要求了解市场营销活动和方案为企业和社会带来的财务回报和非财务回报。高层管理人员不仅要重视销售收入,还要了解市场占有率、顾客流失率、顾客满意度、产品质量和其他绩效指标的具体水平。另外,还要从更广泛的角度考虑市场营销活动和方案对法律、道德、社会及环境等带来的影响。

绩效营销可以细分为财务责任营销和社会责任营销。

① 财务责任营销。营销者可以采用广泛的财务指标来测评营销努力所创造的直接和间接价值,既包括从财务与利润的视角来评判其投资回报水平,也包括从品牌建设和顾客基础的增长来评价其投资回报水平。营销者要意识到,企业的市场价值主要源于无形资产,特别是品牌、顾客群、员工、与分销商和供应商的关系以及智力资本等。营销指标体系可以帮助企业通过一系列不同维度的指标来测量和比较营销绩效。然后,通过营销研究和统计分析来测量不同营销活动的财务绩效。最后,通过利用相应的流程和制度,企业可以确保最大限度地从上述指标体系的分析过程中获取价值。

② 社会责任营销。市场营销的影响不仅仅涉及企业和顾客,也涉及社会。营销者必须从广义的视角认识和理解自己在道德、环境、法律及社会中的角色和责任。企业组织的任务是确定目标市场的需要、愿望和兴趣,并要比竞争对手更高效、更高质地满足目标市场,但同时还要保持或提高消费者和社会的长期福利。如今,一个知名企业是否能够自觉履行社会责任,在环保产品研发、废旧产品回收、资源的有效再利用等方面是否积极行动,已经成为公众对企业产品和组织形象评价的重要考虑指标。

观点透视

什么是企业的社会责任

企业的社会责任一般是指企业在创造利润、对股东承担法律责任的同时,还要承担对员工、消费者、社区和环境的责任。企业的社会责任要求企业必须超越把利润作为唯一目标的传统理念,强调要在生产过程中对人的价值的关注,强调对消费者、环境和社会的贡献。

美国经济发展委员会（CED）在《商业企业的社会责任》中将企业社会责任（CSR）分为三层：最内层是为实现经济职能的有效运行而产生的清晰的、基本的责任——产品、工作和经济增长责任；中间层次的责任是企业以敏感地知晓变化的社会价值和期望的方式执行经济职能而产生的相关责任,如环境保护、善待员工等；最外层次的责任包括新出现的以及无形的责任,这些责任是为改善社会环境企业应该更多参与的责任,如贫困问题等。

卡罗尔（Carroll）对CSR的定义进行了总结,提出了CSR金字塔模型。在此模型中,CSR从下到上分为经济责任、法律责任、伦理责任和自觉责任（也称为慈善责任）四个方面。

菲利普·科特勒认为,企业社会责任活动可以概括为公益事业关联营销、企业的社会营销、企业的慈善活动、社区志愿者活动等内容。具体而言，企业的社会责任的内容主要包括以下几个方面：① 环境保护；② 劳动权利（人权）；③ 实现股东权利和利益相关者权利；④ 慈善捐赠；⑤ 反腐败（商业贿赂）；⑥ 知识产权的保护；⑦ 债权人权益保护，供应商、客户及消费者权益保护；⑧ 社区关系和社会公益保护等多方面的责任。

第三节 营销价值实现过程与本书体系架构

任何企业的任务都是向顾客交付价值并从中获取相应的利润。在超强竞争的市场经济中，随着理性顾客数量变得越来越多，他们面临的选择也越来越多。这样，只有对价值交付过程进行调整，并选择、提供和传播优异的价值，企业才能取胜。

知识拓展

企业价值链

哈佛大学教授迈克尔·波特（Michael Porter）提出了价值链（Value Chain）的概念。作为可供企业使用的一种战略工具，它有助于管理人员识别能创造更多顾客价值的各种途径。根据这个模型，每家企业都包括彼此存在的协同的设计、生产、营销、交付和支持产品的一系列活动。价值链主要包括九项相互关联的战略活动，其中分为五项基础活动和四项辅助活动，它们都在特定的业务中创造着价值，并产生相应的成本。

基础活动包括企业购进原材料（内部物流）、进行加工并生产出最终产品（生产运营）、将其运出企业（外部物流）、上市销售（营销与销售）和提供售后服务这一系统依次进行的活动；辅助活动包括采购、技术开发、人力资源管理和企业基础设施建设，企业会设立专门的部门分别从事上述辅助活动。企业的基础设施包括企业的一般管理、计划、财务、会计、法律及政府事务等产生的成本。

企业的任务就是检查每项价值创造活动的成本和运营状况，并寻求改进措施。管理人员应该对竞争对手的成本和经营状况做出估计，并以此为标杆来衡量本企业经营业绩的好坏和成本的高低。同时，还应该领先一步，研究世界顶级企业的"最佳实践"。在实践中，可以通过咨询顾客、供应商、分销商、金融分析师、商业协会和报刊机构来识别到底哪些企业是最好的。而且，即使对于最好的企业而言，它也可以通过与其他行业的企业比较（如果必要的话）来进行标杆管理，从而提升自己的绩效水平。例如，为了确保自己公司的目标更富有创新性，通用电气公司就把宝洁公司视为标杆，进行标杆管理，开发并完善自己的最佳实践。

从价值的角度分析，全方位营销的实质就是对价值探索、价值创造和价值交付过程进行整合，目的是与利益相关者建立起令人满意的长期互动关系。从价值实现的过程来看，全方位营销的成功运用往往需要对交付优质产品、服务和速度的价值链进行管理。通过扩大顾客份额、建立顾客忠诚度来获取顾客终身价值。企业营销就是一个帮助企业实现价值的过程。这一过程强调以下关键的环节，即价值识别、价值选择、价值组合设计以及价值管理与拓展。

3.1 价值识别

企业需要通过监控营销环境和评估购买者的需求和行为以及进行实际和潜在市场的调研，判断组织内外正在发生的变化，以发现新的价值机会。

（1）市场营销环境

市场营销环境是企业营销活动面临的既定力量，是一种客观性存在。营销环境的各种因素既可以按外部环境因素和内部环境因素划分，也可以按宏观环境（大尺度因素）、中观环境（一般指行业环境）及微观环境（企业组织内部环境）的层次进行划分。

宏观环境主要包括六大环境因素，分别是人口环境、经济环境、自然环境、技术环境、政治法律环境以及社会文化环境。它们虽然远离企业组织，但对企业的营销实践有着不可忽视的直接或间接影响。营销者必须密切关注这六类环境因素的发展变化趋势，及时调整自己的营销战略方向和战略选择。

产品制造企业上游的供应商、下游的分销商、产品的最终顾客以及行业内的主要竞争对手，都构成了企业最重要的环境因素。在供应商这个群体中，包括原材料供应商和服务供应商，如市场调研机构、广告机构、银行、保险公司、运输公司和电信公司等。分销商也包括不同的类型，如代理人、经纪人、制造商代表和其他有助于搜寻顾客并向顾客销售的组织或个体。行业内的主要竞争对手的动向，直接影响企业的营销决策，是必须加以重视的重要环境因素。当今时代，新的机遇不断涌现，通过深入的环境分析，可以帮助企业及时把握环境机会，避免环境的威胁。在复杂多变的环境分析中洞察和识别商业机会和价值创造机会，期待正确的营销思维和战略决策。

（2）市场购买行为

市场营销的目的是影响顾客的想法和行动。为了影响顾客，营销者就必须研究顾客为什么买、何时买以及怎样买等问题。这就需要研究影响消费者购买的影响因素和决策过程。

组织客户是那些为了转售给其他人或生产自己的产品和服务而进行购买的主体。与向最终消费者出售产品和服务类似，组织市场的营销人员也必须通过创造卓越的顾客价值与组织客户建立有利可图的关系。

（3）营销调研

企业面临的各种环境因素，不仅具有复杂多样性，而且时刻都处在动荡的变化和发展之中。如果企业建立一个可靠的信息管理系统，就有利于清晰地监视营销环境的变化。营销调研系统就是企业信息管理系统最重要的组成部分。

监测、获取和分析各种环境变化信息，依赖于有效的市场调研方法。观察法、实验法、访问法、投射技术调查法以及依托互联网平台的调查和大数据分析，将成为企业进行营销决策的重要依据。为了能够把营销战略转化成营销计划，营销者还必须测量市场潜力、预测市场需求，并就营销费用、营销活动和营销资源的分配做出决策。

3.2 价值选择

营销者面对庞大的消费市场，必须对市场进行细分，选择适当的目标市场，开发市场供应物的价值定位。市场细分、目标市场选择和定位就代表着战略营销的核心内容。

由于并不是所有人都希望获得或消费同样的产品或服务，营销者往往很难满足市场上每个人的需要。因此，营销者的第一项工作，就是对市场进行细分。通过分析顾客的人口统计信息、心理特征信息和行为差异信息，往往可以识别出具有不同产品与服务需求的不同顾客群体。在进行市场细分之后，营销者还必须分析判断哪个细分市场存在最大的市场机会，即选择自己的目标市场。然后，企业需要针对自己所选择的每个细分市场开发特定的市场供应物，并使目标市场认可该供应物能够为其带来某些核心利益。

案例启迪

品牌的价值主张

一个品牌的价值主张是指承诺传递给顾客以满足其需要的所有利益或价值的集合。企业可以通过设计强有力的价值主张，使得产品在目标市场上保持特色和优势。以下是一些公司具有特色的价值主张。

法博拉姆五趾鞋："你得到赤脚跑步带来的健康和效用，同时法博拉姆鞋底保护你免受恶劣天气和障碍物的影响"。

脸书：帮助你"与人联系和分享"。

新百伦轻巧鞋："比赤脚更舒服"。

宝马公司："终极座驾"。

日产 Leaf 电动车："100%电力、零油耗、零尾气"。

YouTube："提供一个网络空间，便于人们在全球范围内彼此联系、告知和激励"。

推特的 Vine："以简单和欢快的方式，让你的朋友和家人观看简短、美丽、循环播放的视频"。

由此可见，价值主张使品牌具有明显的差异性，并清晰回答了顾客的问题："为什么我们应该购买你的品牌而不是竞争对手的？"通过价值主张，特定品牌将自己在市场中与竞争对手有效区别开来。

3.3 价值组合设计

企业要考虑如何更有效地提供更有前途、更有吸引力的新价值产品或服务，如何使用自己的能力和基础设施更有效地交付新价值产品或服务。营销者必须确定特定产品的特性、价格和分销，以及如何传播价值。在这一阶段，要通过组织销售人员、广告宣传及其他传播工具来宣告产品的诞生、投放并进行产品促销。实际上，在产品开发出来之前，价值交付过程就已经开始了。然后，伴随着产品的开发和市场投放等过程，价值交付过程会一直持续下去。当然，在这些活动进行的过程中，都会发生相应的成本。

知识拓展

什么是市场营销组合

市场营销组合（Marketing Mix）是现代营销理论中的重要概念。它是指公司为使目标市场产生预期反应而整合使用一系列策略性的营销工具。公司为营销产品所采取的一切措施构成了营销组合。这些措施可以归纳为 4 组变量，分别是产品（Product）、价格（Price）、渠道

（Place）、促销（Promotion），简称4P策略。如图所示。

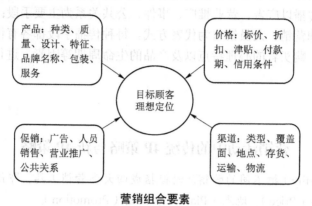

营销组合要素

有效的市场营销方案将营销组合的所有要素协调成一个整合营销计划，以此向目标顾客传递价值，实现公司的营销目标。

（1）品牌和产品决策

企业往往需要通过提出某种价值主张——用来满足顾客需要的一组利益诉求，来满足顾客的需要。虽然价值主张是无形的，但它最终却可以通过实际的提供物来具体体现。其中，这里所说的提供物可以是品牌、产品、服务、信息和体验的某种组合。

品牌是具有明确提供来源的供应物的一种标志，它是企业最重要的无形资产。品牌是产品属性、利益、个性、文化、价值、用户的集合体。一个拥有高度品牌资产的企业，往往会获得更多的竞争优势。实际上，所有企业都在努力建立一种独特的具有鲜明个性的品牌形象。

价值设计的核心是产品——企业向市场提供的有形供应物，其中包括产品质量、设计、特性和包装。为了获取竞争优势，企业还可以提供各种服务，如租赁、送货、修理和培训等。实际上，服务是整体产品的一部分。

（2）价格决策

价格决策在营销决策中的地位举足轻重，因为只有通过这一决策，才能回收营销成本，同时为企业赢得利润。企业必须确定批发价、零售价、折扣、津贴和信用条件等。而且，在价格决策中，所确定的价格水平应该与市场供应物的感知价值相对应。否则，顾客就会转而购买竞争对手的产品。

（3）渠道管理

企业要决定如何向目标市场交付产品和服务的价值，就涉及营销渠道。渠道活动主要包括企业旨在确定顾客能够获取它的产品并提供便利而采取的所有活动。同时，企业还要识别、使用并综合运用各种营销手段，以便把产品和服务有效地交付给目标顾客。

营销者利用分销渠道向购买者和使用者展现、销售或交付有形产品或服务。其中，分销渠道可以是直接渠道，如通过网络、邮件、移动电话或者电话进行直销；也可以是间接渠道，即通过批发商、零售商及代理商间接进行销售。营销者也可以通过服务渠道与潜在顾客进行交易。其中，服务渠道包括仓库、运输公司、银行和保险公司等促进交易的机构或个体。

（4）整合营销传播

在进行市场营销活动时，企业必须面向目标顾客，充分地传播体现在其产品与服务中的价值。此时，需要制订一套整合营销传播计划，以实现每种传播活动贡献的最大化和综合效果的最优化。大众传播以广告、营业推广、事件、公共关系为主要手段；而人际传播则以直销、互动营销、口碑营销、人员销售为代表方式。每种传播手段都各有优劣，需要营销者结合产品的市场性质、购买者的心理特点以及产品的生命周期等因素，进行合理编配，加以综合使用。

营销新视野

营销活动中的传统 4P 策略与新 4P 策略

麦卡锡（McCarthy）把不同的营销活动概括成四大类营销工具，即传统营销中的 4P：产品（Product）、价格（Price）、地点（Place）和促销（Promotion）。

Philip Kotler 认为，考虑到营销的广度、复杂性和丰富性，上述 4P 还无法准确地反映全部营销活动。如果对其进行更新以反映全方位营销理念，还需要包括一组反映现代营销现实并且具有代表性的营销概念，即人员（People）、流程（Process）、项目（Program）和绩效（Performance）。

从一定程度上来说，人员指的就是内部营销。也就是说，员工对营销的成功至关重要。如果组织中的员工不够优秀，那么很难设想营销可以获得持续的成功。换句话说，组织员工的素质直接影响营销的成功程度。同时，它也意味着必须把消费者视作活生生的个体，并从广义的角度去了解其生活，而不是仅仅了解消费者购买和消费了什么样的产品或服务。

流程是营销管理中所涉及的所有创造力、规则和结构。营销者必须避免临时的规划和策略，并确保最先进的营销思想和观念能够在自己的营销决策和营销实施中发挥相应的作用。只有那些建立了一套正确的流程并用以指导营销活动或者项目的企业，才有可能更好地建立起长期互惠的关系。此外，这里所说的流程还包括与企业产生创新性的思想和突破性的产品、服务和营销活动有关的一整套流程。

项目反映了企业内部与消费者直接相关的所有活动。其中，既包括传统的 4P 策略，也包括与陈旧的营销观点不相匹配的其他营销活动。无论某项营销活动是在线上发生的还是在线下发生的，也不论该项营销活动是传统的还是非传统的，企业都应该对其进行整合，使所有营销活动都能够作为一个有机的整体，并使得整体大于各项活动简单加总之和，以确保它们有助于实现企业的多重目标。

绩效是一系列可以从财务角度和非财务角度进行测量的结果指标，非财务测量品牌资产、顾客资产、遵守法律法规、遵行道德行为规范以及社会责任的履行等状况。

新 4P 策略实际上适用于企业内部的所有方面。只有从这些方面考虑问题，管理人员才可能同企业的其他要素更为紧密地实现匹配。

3.4 价值管理与拓展

企业价值的实现是一个动态的创新过程。企业要从长期的角度考虑产品、品牌以及应该如何提高利润。这就需要考虑对营销运作的动态管理，以便在多变的新科技和全球性营销环境中更好地应对机会与挑战。

（1）营销运作管理

营销战略需要转化和分解成具体的营销计划来加以实施，同时还必须构建起能够实施营销计划的组织。由于在实施营销计划的过程中情况复杂，很可能出现许多不尽如人意的地方，因此还需要进行反馈和控制，以评估其营销活动的效率和效果，并找到改进的方法。

（2）全球市场营销

在制定和实施营销战略的过程中，企业必须充分考虑全球的机会和挑战。通信、交通和其他技术的进步已经使世界变得越来越小。今天，几乎所有企业，无论规模大小，都遇到各种国际营销的问题。全球化的快速推进意味着所有企业都要考虑以下问题：在全球市场中如何定位？谁是企业在全球市场的竞争者？企业参与国际竞争的营销战略和资源优势是什么？企业应该以怎样的战略规划有序推进国际市场的营销进程，实现在全球范围的价值创造与传递？

知识拓展

认识营销伦理

营销伦理是企业管理伦理的一部分，它服从和服务于整个社会的伦理。营销伦理是营销主体在从事营销活动中所应具备的基本的道德准则，即判断企业营销活动是否符合消费者及社会的利益，能否给广大消费者及社会带来最大利益的一种价值判断标准。

营销伦理涉及企业组织和营销人员两个层次。一方面，从企业这个主体看，现代企业处于一个复杂的社会大系统中，企业的经营行为在相当程度上是通过营销活动表现出来的。另一方面，从营销人员的行为看，他们在营销活动中，更是直接代表了企业行为，即营销伦理由营销活动中的个体表现出来。反过来，消费者及社会公众则通过企业营销行为来判断其是否符合法律规定和社会道德要求。

营销伦理既是企业伦理的一部分，也要反映营销活动的要求。它具有外显性、广泛性、直接性、互动性及持久性等特点，如下表所示。

营销伦理的特点及其含义

特点	含义
外显性	企业向外输出的产品或服务能否获得社会的承认，不仅是营销技巧的问题，而且是营销伦理水平的问题
广泛性	企业规模越大，产品越多，市场占有率越高，其营销伦理的影响面也就越广
直接性	消费者一旦购买某种产品或服务，便受到企业的营销伦理的直接影响
互动性	营销伦理的作用不是单向的，而是双向的，表现出一种典型的互动性。这种互动的结果要么产生共鸣，要么此消彼长，要么相互抵消
持久性	较高的伦理水平能给消费者带来超值的享受，并使消费者产生一种长期的、由衷的信赖感

3.5 本书体系架构

综上所述，依据企业营销管理与价值实现过程的基本规律，系统揭示和阐述这一过程遵循的基本原理和方法，形成了本书的体系架构，如图 1-3 所示。

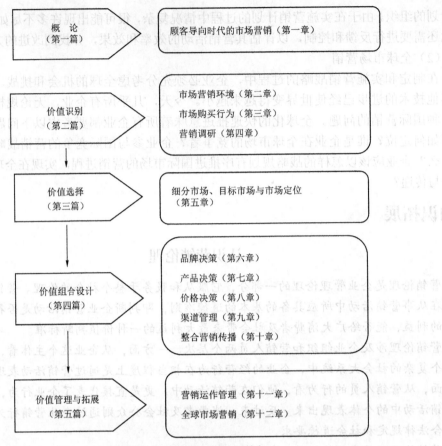

图1-3 本书内容体系构架

营销实践

营销人员应该经常思考的问题

- 如何发现并选择正确的细分市场？
- 如何使公司的产品与众不同？
- 对根据价格决定所购产品的顾客应该做出怎样的反应？
- 如何同低成本、低价格的竞争对手进行竞争？
- 在为每位顾客提供个性化产品方面还可以做什么？
- 公司如何实现业务增长？
- 公司如何建立更强大的品牌？
- 如何减少获取顾客的成本？
- 如何使顾客保持长久的忠诚？
- 如何辨别哪个顾客更重要？
- 如何测量广告、促销和公共关系的投资回报率？
- 如何建立多种渠道并有效管理渠道冲突？
- 如何使公司的其他部门变得更加以顾客为导向？

第四节 培育顾客关系

当今的企业正面临前所未有的激烈竞争,如果企业能从产品导向和销售导向转向全方位营销的导向,就能有效地应对竞争。而营销导向的基石就是拥有牢固的顾客关系。营销者要尽可能通过告知、关注、激励顾客等活动与顾客保持良好关系。以顾客为中心的企业并非只是制造产品,而是更需要构建顾客关系。

4.1 提高和监督顾客满意度

(1) 提高顾客满意度

一般来说,满意是指一个人通过将产品绩效的感知与他的期望进行比较后获得的愉悦或失望的感觉。如果产品绩效低于期望,顾客就不满意。如果产品绩效与期望相匹配,顾客就满意。如果产品绩效超过期望,顾客就会产生高满意度或愉悦。顾客对产品绩效的评价取决于很多因素。顾客通常会对那些已经具有好感的产品形成积极的感知。

购买者的期望来自其过去的购买经验、朋友和伙伴的意见、营销者和竞争者的信息及许诺。如果营销者将期望定得太高,顾客很可能会失望。另一方面,如果公司将期望定得太低,就无法吸引足够的购买者。一些成功的公司的做法是提高顾客的期望,然后提供可以符合这个期望的产品来满足顾客的需要。

顾客满意度还取决于产品和服务质量。美国质量控制学会(ASQ)指出,质量是产品或服务所具有的能够满足现实的或潜在需要的整体特征与特色。这是基于顾客导向对质量的定义。当销售的产品或服务能够符合或超过顾客期望时,就可以认为产品达到了所需的质量水平。

当公司能够在大多数时间满足大多数顾客的需要时,可以认为该公司为高质量公司。明确区分一致性质量和性能质量(或等级)是很重要的。例如,一辆雷克萨斯车所提供的性能质量可能比现代汽车的性能质量高,因为它行驶平稳、快速并经久耐用等。然而,如果雷克萨斯车和现代汽车都能提供对顾客所承诺的质量水平,分别满足了它们各自目标市场的期望,那么我们可以说两种汽车提供了相同的一致性质量。

产品和服务的质量、顾客满意度及公司盈利能力是紧密相连的。高质量带来高顾客满意度,高顾客满意度可以支持较高的价格和较低的成本。许多研究表明,产品质量与公司盈利能力之间是高度相关的。日本的戴明奖(Deming Prize)、美国的马尔科姆·鲍德里奇国家质量奖(Malcolm Baldrige National Quality Award)以及欧洲质量奖(European Quality Award)等,都是通过设立专门的国家级奖励项目,持续鼓励企业生产出能在世界市场销售的优质产品。

知识拓展

顾客感知价值与顾客满意

顾客是在不同的供应物之间做出选择的,而选择的基础就是哪一种供应物可以给他们带来最大的价值。价值是顾客所感知到的有形利益、无形利益与成本的综合反应,往往可以看作质量、服务和价格的某种组合,因此又称为顾客价值三角形。一般来说,价值感知会随着质量和服务的提高而提升、随着价格的下降而增加。

我们可以把市场营销看作识别、创造、传播、交付和监督顾客价值的一个过程。满意反映的是顾客对产品的实际表现与自己的期望所进行的比较。如果产品的实际表现低于期望，顾客就是不满意的。如果相等，顾客就是满意的。如果超出了期望，顾客就会非常高兴。

那么，顾客最后是如何做出选择的呢？顾客是在搜寻成本、有限的知识、流动性和收入的约束下，追求价值最大化。顾客会估计哪种产品或服务能够传递最大的感知价值并采取行动。

顾客感知价值（Customer Perceived Value，CPV）是指潜在顾客对一个产品或服务以及其他选择方案能提供的所有利益和所有相关成本的评价之间的差异。整体顾客利益（Total Customer Value）是顾客从某一特定的产品或服务中，由于产品、服务、人员和形象等原因，在经济性和心理上所期望获得的一组利益的感知货币价值。整体顾客成本（Total Customer Cost）是顾客在评估、获得、使用和处理该产品或服务时发生的一组认知，包括货币成本、时间成本、精力成本和心理成本。

因此，顾客感知价值是基于顾客对从不同备选项上获得的整体利益与所支付的整体成本之间的差异而形成的。要提高顾客的满意度，就要提高顾客的感知价值。而提高顾客的感知价值，可以通过以下三条路径实现：一是提高整体顾客利益，降低整体顾客成本；二是整体顾客利益保持不变，降低整体顾客成本；三是整体顾客成本保持不变，提高整体顾客利益。

尽管以顾客为中心的企业力求创造高水平的顾客满意度，但顾客满意并不是企业的最终目标。如果公司通过降低价格或增加服务来提高顾客满意度，则可能会使利润下降。公司可以采用提高顾客满意度以外的其他行动来提升利润，如增加研发投入、改进流程管理等。公司还有许多利益相关者，包括股东、员工、供应商、经销商等。如果公司在提高顾客满意上投入较多，可能就会占用原来用于提高其他合作伙伴的满意度的资金。当然，公司必须在一定资源限度内，如在保证其他利益相关者能接受的满意水平上，尽可能创造更高的顾客满意度。

（2）监督顾客满意度

许多公司都会系统地测量顾客满意度，识别影响顾客满意度的因素，并通过改进运营方式和营销方式来提高顾客满意度。

优秀的公司会定期地测量顾客满意度，因为留住顾客的关键之一就是顾客满意。一个高度满意的顾客通常会有较长期的忠诚行为，在公司推出新产品或对产品进行升级后往往会购买更多的产品，为这家公司及其产品传递良好口碑。忠诚顾客往往会忽视竞争品牌及其广告，对价格的敏感度比较低，还会经常关注公司推出的新产品和服务，并向公司提出与产品或服务相关的创意或想法。同时，由于交易已成惯例，与新顾客相比，公司维护与这些老顾客关系的成本较低。顾客满意度越高，股票市场的回报就越高，风险也就越低。

然而，顾客满意和顾客忠诚并非是同比例增加的。有关研究显示，假如将顾客满意度的等级用 1～5 级来表示，当顾客满意度很低时（水平为 1），顾客很可能放弃公司的产品，甚至说它的坏话。在顾客满意度水平为 2～4 时，顾客比较满意，但当发现有更好的产品出现时，他们仍可能会转向其他品牌。在顾客满意度水平为 5 时，顾客很可能再次购买公司产品，甚至为公司传播良好的口碑。高度满意会使顾客对公司或品牌形成一种情感的依附，而不仅仅是理性的偏好。施乐公司的高层管理者曾发现在 18 个月中"高度满意"顾客的重复购买次数是"很满意"顾客的 6 倍。

企业需要注意顾客对接受的不同的服务项目的评价和感受主要看重的是什么。如对送货服务的评价，公司需要确认顾客如何评价良好的送货服务，良好的送货服务可能意味着提前或准时送到、所订货物一次全部运到、产品在运输中没有受到任何损伤等。另外，对于两个同样"高度满意"的顾客，让他们感到满意的原因可能不同。有的人在大多数情况下都是比较容易满足的，而有的人则需要在公司表现极佳的情况下才能达到满意，否则很难达到满意。

测量顾客满意度的方法有很多。通过定期调查可以直接跟踪顾客的满意状况，还可以同时询问一些其他问题以便了解顾客再次购买的意向，以及顾客向其他人推荐本公司及品牌的意愿和可能性。例如，美国最大的住宅建筑商 Pulte Homes 公司在 J.D.Power 公司的年度调查中比其他公司得分都高，原因是该公司持续地测量它对顾客的服务，并长期跟踪顾客的满意状况；Pulte Homes 公司在顾客购买房屋之后进行调查，并在几年之后再次进行调查，以跟踪顾客的满意状况。

公司还需要监测顾客流失率，并且注意联系那些停止购买公司产品或是转向其他供应商的顾客，了解流失的原因。此外，为更多了解来自市场和顾客的评价信息，企业还可以采取其他多种灵活有效的调查研究方法。如可以雇用神秘顾客，假扮成潜在顾客，向公司相关部门反映他们在购买公司及竞争对手的产品过程中发现的优缺点；公司经理还可以以暗访者身份出现在那些不会被认出来的部门及竞争对手的销售现场，亲身体验作为"顾客"受到的待遇；经理也可以打电话给自己公司的相关部门，提出各种不同的问题和抱怨，查看员工的处理方式等。

知识拓展

顾客价格分析

营销中经常使用的顾客价值分析法（Customer Value Analysis）是将公司与其他竞争对手进行对比，揭示公司所具有的优势和劣势的方法。其分析步骤如下：

① 确认顾客价值的主要属性和利益。询问顾客当他们选择产品和销售商时看重的产品属性、提供的利益和绩效水平。属性和利益的定义应该更广泛，以便包含顾客决策的所有内容。

② 用定量的方法评估不同属性和利益的重要性。请顾客对不同的属性和利益按重要程度打分。如果打分差异太大，营销者应该将这些属性和利益进行分类。

③ 以各个属性的重要性为基础，对公司和竞争对手在不同顾客价值上的绩效进行评估。请顾客描述公司和竞争对手在每个属性或利益上的绩效。

④ 考察一个具体细分市场中的顾客如何基于单个属性或利益评价公司相对于主要竞争对手的绩效。如果公司的产品在所有重要属性和利益方面都超过竞争对手，公司就可以制定较高的价格，由此获得高额利润；或者是与竞争对手制定相同价格，以获得更多的市场份额。

⑤ 定期评估顾客价值。当经济、技术和产品功能发生变化时，公司应当定期分析顾客价值和竞争对手的情况。

4.2 吸引和维系顾客

为了扩大利润和销售，公司需要花费大量的时间和资源去寻找新的顾客。为了达到这个目的，公司要制作广告并在媒体上播放，以吸引潜在的新顾客；公司还要给潜在的新顾客直接发送电子邮件或打电话；公司的销售人员则需要参加贸易展销会，希望在那里找到新的买家；从经销商处购买客户名单；等等。

（1）顾客维系的动态变化

吸引和维系顾客的主要步骤可以形象地通过营销漏斗形式展示出来。营销漏斗（Marketing Funnel）能够识别决策流程中每一个阶段的潜在目标顾客的比例，从刚刚知道该产品或品牌起步，到高度忠诚，营销漏斗都能识别。顾客必须通过所有步骤才能成为忠诚顾客。一些营销者将漏斗扩展到品牌追捧者或企业伙伴，如图1-4所示。

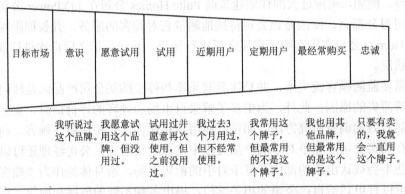

图1-4 营销漏斗：购买者是如何成为忠诚顾客的

通过计算由第一阶段进入第二阶段的顾客的比例，营销者使用漏斗来识别这一阶段的瓶颈或障碍，以便建立顾客忠诚。例如，如果近期用户的比例明显低于试用者，说明产品或服务有问题，不利于顾客重复购买。

营销不仅强调吸引新顾客，还强调保留和开发原有顾客。满意的顾客是公司的顾客关系资本。如果公司被出售，收购的公司不仅要为厂房设备品牌付款，还要为转来的顾客群体、顾客数量和顾客价值付款。据有关调查研究：获取一个新顾客的成本是让顾客满意与维系顾客所花费的成本的5倍，要使已经满意的顾客产生转换行为，需要花费大量时间和精力；一般的公司平均每年流失10%的顾客；如果公司将其顾客流失率降低5%，其利润就会依行业不同而增加25%～85%；顾客利润率主要来自延长老顾客的生命周期，主要原因是老顾客会增加购买、向别人推荐、对价格不敏感和减少服务的营运成本。

（2）处理顾客抱怨

公司可以通过加强对顾客投诉的管理提高顾客满意。有关顾客不满意的研究表明，在顾客的购买行为中有25%是不满意的，但只有5%会抱怨，95%认为不值得抱怨或者不知道向谁抱怨，于是他们就停止购买。

在所有投诉的顾客中，有54%～70%的投诉顾客，在其投诉得到解决后还会再次购买该公司的产品；如果顾客感到投诉得到很快解决，该数量甚至还会上升到95%。顾客对该公司的投诉得到妥善解决后，平均每人会将处理的情况告诉他们遇到的5个人。而不满意的顾客，平均每人会告诉11个人。如果他们当中的每个人再继续告诉其他人，传播负面口碑的人数会以指数级增长。

事实上，不论营销项目设计和执行得如何好，错误总会发生。一个公司能够做得最好的事情是为顾客抱怨提供畅通的通道。意见簿、免费热线电话、网站、电子邮件等都能够快速地实现双向沟通。3M 公司对外宣称它的产品改进创意有 2/3 多是来自于顾客抱怨获得的启发。

营销实践

应该如何对待顾客抱怨

- 建立每周 7 天、每天 24 小时的免费热线（通过电话、传真或电子邮件）来接受和处理顾客的抱怨。
- 尽可能快速回应顾客的抱怨。
- 公司的反应速度减慢，不满意情绪就会滋长，并且会导致负面的口碑。
- 向失望的顾客承担责任，而不要责怪顾客。
- 雇用有怜悯性格的顾客服务人员，迅速处理顾客抱怨并让顾客满意。
- 有些抱怨的顾客并不一定指望要求得到公司的补偿，而只是希望得到公司的关注。

（3）减少和赢回流失顾客

仅仅靠吸引新顾客还不够，公司还必须留住顾客并增加他们的购买行为。很多公司承受了高度的顾客不忠或顾客流失的痛苦。这时增加新顾客就像往漏桶中注水，结果可知。为了减少流失率，公司要注意处理好以下问题。

① 确定和测定顾客维系率。例如：对于报刊，续订率是非常好的一个测定顾客维系率的指标；对于学校的招生，已毕业学生的推荐率也能反映出学校维系校友忠诚率的状况。

② 区分导致顾客流失的不同原因，并找出可改进之处。如果是因为顾客离开了该区域或退出了该行业而导致的流失，公司无能为力；但如果是因为服务不佳、产品假冒伪劣或价格过高等原因而产生的流失顾客，则公司必须致力于改善这些不足。

③ 公司需要将从流失的顾客中损失的利润（损失的利润等于顾客的终身价值）与减少顾客流失率所付出的成本进行比较。只要减少顾客流失率所付出的成本低于所损失的利润，公司就应该尽量去挽留顾客。

企业要注意赢回流失顾客。不管所提供的产品特性如何，不管公司有多么努力，出现一些顾客减少购买或者是顾客流失状况是不可避免的。企业所面临的一项挑战是如何通过赢回流失顾客策略来重新吸引不满意的顾客。通常将从前的顾客重新吸引回来比寻找新顾客更容易（因为公司知道顾客的名字和购买史）。关键是要对现有顾客进行调研和分析，特别要注重赢回那些有较强盈利潜力的顾客。

（4）管理顾客群体

企业可以通过以下策略加强对客户群体的管理，以提升企业的顾客价值。

① 减少顾客流失率。甄选和培训有知识和提供亲切服务的员工，以回答顾客提出的各种问题，提高顾客满意。

② 提升顾客关系的寿命。顾客和公司接触得越深，他就越可能成为长期交易的顾客。如调查显示，曾经购买过本田的车主有近 65% 的人会再次购买本田；车主看重的安全声誉为本田公司带来了更高的销售价值。

③ 通过交叉销售、延伸销售来提高每个顾客的购买潜力。可以将新产品和新的购买机会

推广到现存的顾客中,以最大限度提高销售量。如哈雷·戴维森公司不仅卖摩托车,也卖一些摩托车手的配饰,比如手套、皮夹克、头盔、太阳眼镜等。哈雷·戴维森的代理商出售超过 3 000 种服饰相关物品,有些代理商还提供试衣间;其特许经营的产品范围也很广泛,从射击用的眼镜、撞球台上的撞球、Zippo 打火机,到古龙香水、洋娃娃、手机等。可见,哈雷·戴维森公司由此获得了最大的交叉和延伸销售效果。

④ 尽可能从低利润顾客处增加获利。可以通过促销沟通,鼓励低利润顾客购买更多的商品或服务。如一些银行、电话公司、旅游代理公司对曾经免费的服务开始收费,目的是确保能够有最低的收益。另外,也可以进行组合性设计,"免费"项目顾客不用付费或支付很低的费用,而由收费或高收费项目来补贴和平衡公司收益。

⑤ 集中精力服务于高价值顾客。对于最有价值的顾客,提供特殊或高质量的服务。诸如生日问候、赠送礼物,或邀请参加公司组织的特别活动等,都会有利于向顾客传递积极的品牌形象。

4.3 建立顾客忠诚

(1) 与顾客建立密切关系

与顾客建立一种长期的、牢不可破的关系是每个企业追求的目标,也是企业长期营销成功的关键所在。公司想要与顾客建立一种紧密关系,就必须考虑很多方面的问题。

知识拓展

如何建立牢固的顾客关系

- 为目标顾客创造优势的产品、服务和体验。
- 让各部门人员都能参与顾客满意和顾客维系程序的规划与执行工作。
- 整合"顾客的声音",以捕捉顾客所表明的和未表明的需要与欲望,并将其融入企业决策中。
- 为个体顾客的需要、偏好、接触方式、购买频率和满意度等方面的信息建立一套容易使用的信息库。
- 使顾客能够很容易地找到适当的公司员工,以表达他们的感知和抱怨。
- 评估频繁奖励项目与俱乐部营销项目的潜力。
- 实施奖励体系,表彰杰出员工。

做好客户关系管理,倾听顾客的声音至关重要。但倾听只是营销手段的一部分,成为顾客的拥护者,尽可能从顾客的角度思考问题,理解顾客的想法也同样重要。

案例启迪

良好的顾客互动

约翰迪尔公司的约翰迪尔拖拉机有很高的顾客忠诚度,在某些产品领域每年拥有将近 98% 的年顾客维系率。该公司雇用一些退休人员去拜访流失顾客和现有顾客。

Chicken of the Sea 公司的"美人鱼俱乐部"（Mermaid Club）有8万名会员，会员是核心顾客群体，享有特别优惠、健康小贴士和特别照顾、新产品信息以及提供信息的电子即时通信。作为回报，俱乐部成员持续地为公司提供有价值的反馈。这些反馈能够帮助公司设计品牌网站，设计电视广告内容，起草包装上的文字和设计更美的外观。

熊熊工作室（Build-A-Bear Workshop）的"幼崽咨询委员会"（Cub Advisory Board）为其提供反馈和决策参考。委员会由20名8～12岁的儿童组成，这些孩子评论新产品创意并进行"举爪表决"。店内的很多产品都来自顾客的创意。

（2）开发忠诚激励项目

频繁奖励项目（Frequency Programs，FPs）就是给大量的经常购买产品和服务的顾客提供奖励。使用这种方法，有助于建立顾客的长期忠诚，创造交叉销售机会，获得更高的顾客终身价值。航空业、旅店业和信用卡业是最先使用频繁奖励项目的行业，现在很多行业都采用这种方法。

一般而言，最先引进频繁奖励项目的公司，特别是竞争对手反应较慢时，公司会获益最大。当竞争对手有所反应时，频繁奖励项目就会变成所有实施频繁奖励项目的公司的财务负担，但是有些公司还是能够有效和有创意地经营与使用频繁奖励项目。

俱乐部会员项目（Club Membership Program）可以对每个购买某产品或服务的人开放，也可以面向特定群体或愿意支付少量费用的顾客。尽管开放型俱乐部更适于建立数据库以及从竞争对手那里吸引顾客，但有限制条件的俱乐部会对建立长期忠诚度更为有效。会费与会员条件的限制可以防止那些领略公司产品短期利益的顾客加入。这些俱乐部能够吸引并维系那些能给公司带来大宗业务的顾客。

案例启迪

苹果和三星公司的会员俱乐部

苹果公司一直鼓励苹果计算机的拥有者组成本地苹果公司用户俱乐部。每个俱乐部的会员人数为30～1 000人。这些用户俱乐部让拥有苹果计算机的顾客有机会学到更多计算机使用知识，分享想法，获得折扣。俱乐部会赞助一些特别的活动，也赞助一些社区服务。顾客只要浏览苹果网站就可以就近找到俱乐部。

三星公司在中国成立了电子会员俱乐部，面向大中华区正规销售渠道采购三星产品的用户。用户可通过购买三星产品或在线上进行注册成为"三星会员俱乐部"会员。俱乐部的职能是了解消费者的需求和期待，以及为忠诚的消费者提供更多差异化的优惠和关爱。三星公司将对注册的消费者进行系统分析，了解消费者真正的需求，倾听顾客的建议，为他们提供更加贴心的售前和售后服务，并且将融合研究成果和消费者的建议，用来指引未来产品的研发和生产，并且指引公司开展消费者更喜欢的沟通活动。在优惠和关爱方面，消费者通过购买三星产品、参与相关会员活动等多种方式获得三星积分，当消费者再次购买三星产品时，积分可以直接抵扣消费，或将三星积分充值至"资和信"预付卡中，在三星体验店、专卖店及其他的"资和信"加盟商家方便快捷地消费。

（3）建立业务合作关系

公司可以向顾客提供某种特定的设备或计算机链接，以帮助客户管理他们的订单、账单、存货等。由于涉及高昂的资金成本、搜寻成本以及可能失去忠诚顾客所获得的折扣，顾客不会轻易进行品牌转换去购买其他公司的产品。例如，著名的药品批发商麦克森公司（McKessen）在电子数据交换方面投资了几百万美元，以帮助那些小药店管理存货、订单处理和货架空间；美利肯公司（Milliken）则向它的忠诚顾客提供具有专利性的软件程序、营销调研、销售培训和销售示范服务等，从而形成了长期的合作关系。

营销新视野

顾客数据库与营销

顾客数据库（Customer Database）是将现有的、可获得的与可接触的单个顾客或潜在顾客的众多信息，有组织地收集汇总成一个系统，以实现一些营销目的，如进行潜在顾客开发、确定潜在顾客资格、执行产品或服务的销售、维系顾客关系等。数据库营销（Database Marketing）是建立、维系与使用顾客数据库与其他数据库（产品、供应商、零售商数据库）的过程，以达到联系、处理及建立顾客关系的目的。

通过数据挖掘（Data Mining），营销统计分析人员可从大量的资料中将有关顾客、个人、流行趋势与不同细分市场等有用的信息挖掘出来。数据挖掘使用复杂的统计方法和数学方法，如聚类分析、自动交叉检验、预测和人工神经网络等。公司可以从以下五个方面使用数据库。

① 确定潜在顾客。许多公司通过产品和服务的广告来增进销量。在广告中一般都会提供顾客回应的方式，如企业反馈卡或免费电话号码。公司利用顾客的反馈建立数据库，然后在这个数据库中进行筛选，确认哪些是最佳的潜在顾客，通过向他们发函、打电话或登门联系等方式，努力把他们转变成真正的顾客。

② 决定哪些顾客应当收到特别的产品或服务。公司对其产品或服务进行销售前，会分析可能会购买其特定产品或服务的理想目标顾客。公司可以从顾客数据库中搜索哪些顾客与理想顾客的特性最接近。在经过一段时间记录这些顾客的反应率后，公司就可以更精准地寻找目标顾客群。在与顾客完成一项交易后，公司可以使用一套自动的连续反馈系统来了解这些顾客的反应率。

③ 强化顾客忠诚。公司通过记住顾客的偏好，发放适当的礼物、折扣券和有趣读物等，培养顾客的兴趣和热情。

④ 恢复顾客购买行为。公司可以安装自动邮寄程序，给顾客寄送生日贺卡或周年纪念卡、圣诞购物提示或淡季促销活动信息。该数据库可以帮助公司及时提供诱人的产品或服务。

⑤ 避免重大顾客流失。在利用数据库营销中，要注意避免出现服务失误。有一家银行曾向一个未按期支付抵押贷款的顾客收取滞纳金，但银行忽略了这位顾客所掌管的公司是该银行的存款大客户，最后这位大客户断绝了与这家银行的往来。

图 示 小 结

市场营销的特点

市场营销是一项有组织的活动，它包括创造、传播和传递顾客价值和管理顾客关系的一系列过程，从而使利益相关者和企业都从中受益。营销者是指寻求潜在顾客响应的组织或个人。组织的营销管理是科学和艺术的统一。在经济和社会生活中，产品、服务、事件、体验、人物、场所、产权、组织、信息、创意等都可以成为组织营销的对象。

营销观念表现形态

营销观念是企业营销活动的指导思想，决定企业在特定时期营销活动的价值取向。生产观念、产品观念、推销观念、市场营销观念、全方位营销观念是企业营销观念的主要表现形态。市场营销观念将顾客需求作为营销活动的起点和终点，是营销发展史上的革命。全方位营销强调内部营销、整合营销、关系营销、绩效营销的综合运用。

营销过程与价值实现

从动态的过程来看，营销的过程就是企业实现价值的过程，这一过程包括价值识别、价值选择、价值组合设计以及价值管理与拓展。在各个环节中，营销的任务不同。进行价值的识别要对市场营销环境进行分析，要研究不同类型市场的购买心理和行为特点，并采取一定的方法进行市场需求和信息的收集和研究分析。进行市场细分、目标市场选择和定位设计是实现价值选择的核心任务。从品牌、产品、价值、渠道、传播等方面入手进行有效设计和组织，是实现企业价值的核心和关键。加强营销运作管理以及开拓国际市场可以帮助企业实现价值的拓展和可持续发展。

顾客关系培育

顾客关系的维系和保持是企业营销的根本目标。顾客满意程度能够表明顾客感知的产品绩效与其期望的差异状况。营销者要重视实现并监督顾客满意的状况。顾客关系的维系是一个动态的变化过程，做好顾客关系管理要处理好顾客抱怨、减少流失顾客并善于赢回流失的顾客。对于企业营销者来说，获得忠诚顾客是营销的最高目标，加强与顾客的互动、开发有效管理的项目及建立业务合作关系是至关重要的任务。

复习思考题

1. 如何理解市场营销概念及其特点？

2. 在经济活动和社会生活中，市场营销的对象有哪些？
3. 什么是营销观念？营销观念的主要表现形态及其主要观点是什么？
4. 企业价值实现过程包括哪些主要环节？各环节营销的主要任务是什么？
5. 如何理解顾客满意、顾客忠诚？维系与顾客的良好关系，企业需要做好哪些工作？

营销体验

1. 小组交流：需求形态与营销任务

市场需求有8种典型形态，由此决定了8种不同的营销任务。它们分别是：

负需求——扭转性营销；无需求——刺激性营销；潜在需求——开发性营销；下降需求——恢复性营销；不规则需求——同步性营销；充分需求——维护性营销；过度需求——限制性营销；不健康需求——抵制性营销。通过分享和分析不同形态下的实例，加深对各种需求形态与营销任务的理解。

2. 小组交流：中国市场企业的营销观念

生产观念、产品观念、推销观念、市场营销观念、全方位营销观念是企业营销观念的主要表现形态。结合1~2个你熟悉的企业，分析一下其现行营销观念所处阶段及其特点。

案例讨论

一个杯子到底能卖多少钱？

一家营销咨询公司为一家红酒公司做产品策划，在进行定价策划时，咨询公司负责人与企业主发生了激烈争论，原因是产品的定价太高了，每款产品都比原价高了将近一倍，企业主感觉高得离谱，应该没法卖出去。这时咨询公司负责人对企业主说："如果你只想卖原来的价格，那就用不着请咨询公司来策划，营销策划的目的就是要将好产品卖出好价钱。"最终咨询公司负责人以"一个杯子到底能卖多少钱"的例子说服了企业主。

第1种卖法：卖产品本身的使用价值，定价：10元/个。如果将杯子仅仅当一只普通的杯子，放在普通的商店，用普通的销售方法，可能最多只能卖3元钱。这是因为产品没有什么价值创新。

第2种卖法：卖产品的创意价值，定价：20元/个。可以将杯子设计成时尚、流行的款式，以此吸引消费者的购买兴趣和意愿。这就是产品的创意价值创新。

第3种卖法：卖产品的品牌价值，定价：30元/个。将杯子贴上品牌标签，品牌意味着承诺和信誉。几乎所有人都愿意为品牌付钱，这就是品牌价值创新。

第4种卖法：卖产品的组合价值，定价：50元/一套。如果将三个杯子组合成一个温馨、精美的家庭包装，起名叫"我爱我家"，一只叫父爱杯，一只叫母爱杯，一只叫童心杯，小孩也许就会拉着妈妈去买这套杯子。这就是产品组合的价值创新。

第5种卖法：卖产品的延伸功能价值，定价：60元/个。这只杯子可以用磁性材料制作，可以挖掘出它的磁疗、保健功能并进行促销宣传。这就是产品的延伸价值创新。

第6种卖法：卖产品的细分市场价值，定价：188元/对。如果将具有磁疗保健功能的杯子印上十二生肖，并且准备好时尚的情侣套装礼盒，取名"成双成对"或"天长地久"，可能就会让为给对方买何种生日礼物而伤透脑筋的年轻人付完钱后还不忘回头说声"谢谢"。这就是产品的细分市场价值创新。

第 7 种卖法：卖产品的包装价值，定价：238/268 元/对。如果把具有保健功能的情侣生肖套装做成三种包装：一种是实惠装，188 元/对；第二种是精美装，238 元/对；第三种是豪华装，268 元/对。可能最后卖得最火的不是 188 元/对的实惠装，而是 238 元/对的精美装，甚至 268 元/对的豪华装。这就是产品的包装价值创新。

第 8 种卖法：卖产品的纪念价值，定价：668 元/个。如果这个杯子是被赋予特殊意义的纪念品，在造型设计、制作材料、使用场合、包装设计等方面都被赋予了特殊的创意和纪念内涵，这样的杯子也会吸引特定的人群加以购买并收藏。这就是产品的纪念价值创新。

讨论题：

（1）一个杯子，为什么会有 8 种不同的卖法？

（2）顾客购买杯子时，要获得的价值是什么？

（3）通过这一案例，请谈谈你对"什么是营销"的理解。

第二篇　价值识别

第二篇 分身忠烈

第二章
市场营销环境

学习目标

◎ 理解市场营销环境的构成、特点以及与营销活动的关系；
◎ 熟悉和理解营销宏观、微观环境因素的特点及其对企业营销的影响；
◎ 掌握市场营销环境的主要分析方法。

关键术语

◎ 市场营销环境（Marketing Environment）
◎ 环境机会（Environment Opportunities）
◎ 环境威胁（Environment Threats）
◎ 宏观环境（Macro Environment）
◎ 人口环境（Demographic Environment）
◎ 经济环境（Economic Environment）
◎ 自然环境（Natural Environment）
◎ 科技环境（Technologic Environment）
◎ 政法环境（Political & Legal Environment）
◎ 社会文化环境（Social & Cultural Environment）
◎ 微观环境（Micro Environment）
◎ 中间商（Intermediaries）
◎ 顾客（Customers）
◎ 供应商（Suppliers）
◎ 竞争者（Competitors）
◎ 公众（Publics）
◎ 营销中介（Marketing Intermediaries）

知识结构

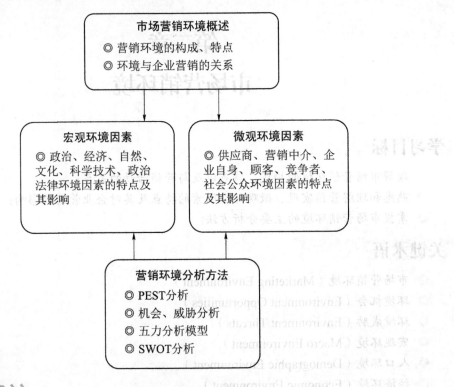

先思后学

连锁巨头沃尔玛缘何兵败德国？

沃尔玛不了解当地的用户心理和习惯。沃尔玛在本国细致的用户服务，如在店门口热情欢迎前来的顾客，在德国饱受诟病，因为德国人对这种过于做作的方式感到厌烦。另外，德国人习惯自己将商品装袋，店员的帮助反而被视为是一种打扰。同时，美国顾客习惯一周一次、一次买齐的购物方式；而德国消费者更习惯一周多次在各专卖店买各类产品。

沃尔玛不知道如何有效地管理当地雇员。德国文化崇尚稳定，如果一个企业的人员流动性太大就会对内、对外造成很不好的印象和影响。例如，沃尔玛在购买当地的两家零售连锁店后，关闭了其中一家的总部，并计划把其雇员转到新的部门，但很多员工，包括若干高管却为此愤而离职。同时，沃尔玛不了解德国的工会力量强大，它们和公司的结合密切，对工人的影响力很大。所以，对工会采取漠视的态度，极大地影响了沃尔玛的效率和竞争力。

沃尔玛对德国的相关法律了解甚少。德国严格的劳工法禁止企业随意任用和解雇员工及营业时间过长，这与沃尔玛一贯的做法格格不入。所以，它为了形成竞争优势，明知故犯，多次触犯德国当地法律条例，造成了很坏的影响。因此，这个巨无霸竟在德国成了小矮人，根本无法和当地零售业巨子争锋。

沃尔玛兵败德国市场的案例说明，企业的营销活动深受各种环境因素的影响，能否适应市场营销环境是现代企业营销活动成功的关键。

本章首先阐述市场营销环境的构成、特点及其与企业营销的关系；然后介绍市场营销的宏观、微观环境因素及其特点；最后对分析营销环境的主要方法做一概要介绍。

第一节 市场营销环境概述

1.1 营销环境的概念及其构成

什么是市场营销环境？美国市场营销学家菲利普·科特勒认为，营销环境是影响企业市场营销活动不可控制的参与者和影响力。具体来说，就是影响企业市场营销管理能力，决定企业能否卓有成效地发展和维持与其目标顾客交易及关系的外在参与者和影响力。因此，市场营销环境是指与企业营销活动有潜在关系的所有外部力量和相关因素的集合，它是影响企业生存和发展的各种内部和外部条件。一般可以从内外部视角进行划分，将其分为外部环境和内部环境；也可以从宏观、微观的视角进行划分，将其分为宏观环境、微观环境。

宏观营销环境是指企业无法直接控制的因素，是通过影响微观环境来影响企业营销能力和效率的一系列巨大的社会力量，包括人口、经济、政治法律、科学技术、社会文化及自然生态等因素。由于这些环境因素对企业营销起着间接影响作用，主要以微观营销环境为媒介影响和制约企业的市场营销活动，所以又称为间接营销环境。

微观营销环境是指与企业紧密相连、直接影响企业营销能力和效率的各种力量和因素的总和，主要包括供应商、营销中介、消费者、竞争者及社会公众等。企业自身主要是指企业内部环境。在企业组织内部，以营销机构和营销人员为核心，其他机构和人员构成了企业营销的内部环境因素。微观环境因素对企业的营销活动有着直接的影响，所以又称直接营销环境。

各种环境因素之间不是并列关系，而是主从关系。微观环境受制于宏观营销环境，微观营销环境中的所有因素均受到宏观营销环境中的各种力量和因素的影响。

1.2 营销环境的特点

（1）客观性

企业总是在特定的社会经济和其他外界环境条件下生存、发展的。企业只要从事市场营销活动，就不可避免地面对着这样或那样的环境条件，也会受到各种各样环境因素的影响和制约。因此，企业决策者必须清醒地认识到这一点，要及早做好充分的思想准备，随时应付企业面临的各种环境变化带来的挑战。

（2）差异性

市场营销环境的差异性不仅表现在不同的企业受不同环境的影响，而且同样一种环境因素的变化对不同企业的影响也不相同。例如，不同的国家、民族、地区之间在人口、经济、社会文化、政治、法律、自然地理等各方面存在着广泛的差异性。这些差异性对企业营销活动的影响显然是大不相同的。由于外界环境因素的差异性，决定了企业营销战略和策略的差异性。

(3) 相关性

市场营销环境是一个系统，在这个系统中，各个影响因素是相互依存、相互作用和相互制约的。这是由于社会经济现象的出现，往往不是由某一单一的因素所能决定的，而是受到一系列相关因素影响的结果。例如，企业开发新产品时，不仅要受到经济因素的影响和制约，更要受到社会文化因素的影响和制约。再如，价格不仅受市场供求关系的影响，而且受到科技进步及财政政策的影响。因此，要充分注意各种因素之间的相互作用。

(4) 动态性

营销环境是企业营销活动的基础和条件，这并不意味着营销环境是一成不变的、静止的。恰恰相反，营销环境总是处在一个不断变化的过程中，它是一个动态的概念。当然，市场营销环境的变化是有快慢、大小之分的，有的变化快一些，有的变化则慢一些；有的变化大一些，有的变化则小一些。例如，科技、经济等因素的变化相对快而大，因而对企业营销活动的影响相对短且跳跃性大；而人口、社会文化、自然因素等的变化相对较慢、较小，对企业营销活动的影响相对长而稳定。因此，企业的营销活动必须适应环境的变化，不断地调整和修正自己的营销策略，否则，将会使其丧失市场机会。

(5) 不可控性

影响市场营销环境的因素是多方面的，也是复杂的，并表现出企业的不可控性。例如，一个国家的政治法律制度、人口增长以及一些社会文化习俗等，企业不可能随意改变。当然，企业在不可控制的环境面前并不是完全被动的，环境中许多因素的变化对企业构成的影响是可以通过企业的努力得到改变的。如公众对企业的评价和看法、竞争对手对企业构成的威胁等，都可以通过企业自身的努力得到改变。

1.3 环境与企业营销

企业并不是生存在一个真空内，它总是在一定的外界环境条件下开展市场营销活动，因此市场营销环境对企业的生存和发展具有重要意义。市场营销环境与企业营销的关系及企业营销如何面对不断变化的动态环境，需要注意以下层面的问题。

(1) 环境给企业带来机会和威胁

环境对企业市场营销的影响主要体现在两个方面：一是为企业提供新的市场机会。例如，随着消费者环境保护意识的增强，使绿色产品、节能型产品的市场规模不断扩大。二是社会经济、政治法律等方面环境的变化也会给企业造成不利的影响，甚至是威胁。如近年来石油价格的飙升对企业造成广泛的影响，包括产品成本的增加、价格的上涨等。

案例启迪

美国罐头大王的发迹

1875 年，美国罐头大王亚摩尔在报纸上看到一条"豆腐块新闻"，说是墨西哥畜群中发现了病疫，有些专家怀疑是一种传染性很强的瘟疫。亚摩尔马上派他的家庭医生调查并证实此消息，然后果断做出了决策，倾其所有，从加、得两州采购活畜和牛肉，迅速运至东部地区，结果赚了 900 万美元。

可见，环境具有变动性的特点。墨西哥畜群发生病疫，可能牵连到美国加、得两州肉类向美国东部地区供应。亚摩尔很快看到这一营销环境变化给企业带来的市场机会，变潜在市场机会为公司市场机会，结果赚了大钱。

（2）企业营销要适应环境

现代营销学认为，企业经营成败的关键，就在于企业能否适应不断变化着的市场营销环境。"适者生存"既是自然界演化的法则，也是企业营销活动的法则。如果企业不能很好地适应外界环境的变化，则很可能在竞争中失败，从而被市场所淘汰。虽然市场营销环境是无法控制的外部因素，但企业可以采取积极的措施去适应环境。根据环境的变化，寻找和充分利用能够发挥企业优势的市场机会，识别和规避可能发生的市场风险与威胁。

（3）发挥能动性影响和改变环境

强调企业对所处环境的反应和适应，并不意味着企业对于环境是无能为力或束手无策的，只能消极地、被动地改变自己以适应环境；而应从积极主动的角度出发，能动地去适应营销环境。企业可以通过对内部环境要素的调整与控制，来对外部环境施加一定的影响，最终促使某些环境要素向预期的方向转化，为企业创造一个更有利的活动空间，从而使营销活动与营销环境取得有效的适应。

案例启迪

如何开发岛国鞋市场

美国有两名推销员到南太平洋某岛国去推销企业生产的鞋子，他们到达后却发现这里的居民没有穿鞋的习惯。于是，一名推销员给公司拍了一份电报，称岛上居民不穿鞋子，这里没有市场，随之打道回府。而另一位推销员给公司的电报称，这里的居民不穿鞋子，但市场潜力很大，只是需要开发。他让公司运了一批鞋来免费赠给当地的居民，并告诉他们穿鞋的好处。逐步地，人们发现穿鞋确实既实用又舒适美观。渐渐地，穿鞋的人越来越多。这样，该推销员通过自己的努力，打破了当地居民的传统习俗，改变了企业的营销环境，获得了成功。

菲利普·科特勒于1984年提出了"大市场营销"理论。该理论认为，企业为了成功地进入特定市场或者在特定市场经营，可以应用经济的、心理的、政治的和公共关系技能，赢得若干参与者的合作。假设某家百货公司拟在美国某城市开设一家商店，但是当地政府的法律不许开店，在这种情况下，就需要运用政治力量来改变法律，以实现企业的目标。"大市场营销"理论提出企业可以运用可控制的方式或手段，影响造成营销障碍的人或组织，争取有关方面的支持，使之改变做法，从而改变营销环境。

机会还是威胁、适应还是影响？无论从哪一种视角出发，都要求企业持续关注外部环境的变动，一一进行环境扫描。企业可以以不同的方式增强适应环境的能力，避免来自环境的威胁，有效地把握市场机会。在一定条件下，也可运用自身的资源，积极影响和改变环境因素，创造更有利于企业营销活动的空间。

观点透视

动荡时代的营销

菲利普·科特勒和约翰·卡斯林在2009年出版的专著《混沌时代的市场营销》一书中指出,营销管理正进入一个新的动荡时代,为此,营销者要时刻准备启动自动反应机制,并要注意以下8个方面的问题。

① 保证核心客户群的市场份额。
② 有攻击性地从竞争对手那里争取更大的市场份额。
③ 由于顾客的需求总是处于不断变化之中,因此,现在就对顾客进行更多的研究。
④ 最小限度地维持,但要寻求增加预算。
⑤ 专注于所有安全的领域,强调核心价值观。
⑥ 快速放弃那些不是很适合本企业的项目。
⑦ 最好的品牌不要打折。
⑧ 重点强化强势品牌,必要时牺牲弱势品牌。

第二节 宏观营销环境

宏观营销环境主要包括人口、经济、自然、科学技术、政治与法律及社会文化等环境因素。每一环境又有其具体的构成要素和发展变化趋势,企业必须重视对宏观市场营销环境的分析和研究,并根据环境的变化制定有效的市场营销战略,扬长避短,趋利避害,适应变化,抓住机会,从而实现自己的市场营销目标。

2.1 人口环境

人口是构成宏观市场环境的重要因素。因为人口的多少直接决定市场的潜在容量,人口越多,市场规模就越大。而人口的年龄结构、地理分布、婚姻状况、出生率、死亡率、人口密度、人口流动性及其文化教育等特性,都会对市场格局产生深刻影响,并直接影响企业的营销活动和经营管理。企业必须重视对人口环境的研究,密切注视人口特性及其发展动向,不失时机地抓住市场机会,当出现威胁时,应及时、果断地调整营销策略,以适应人口环境的变化。

知识拓展

中国共进行过六次人口普查

1953年7月1日零时为人口调查的标准时间进行了第一次人口普查,调查项目包括本户地址、姓名、性别、年龄、民族、与户主关系6项,在新中国历史上第一次查清了中国人口底数。

第二次人口普查以1964年7月1日零时为人口调查标准时间,增加了本人成分、文化程度、职业3个调查项目。

1982年7月1日零时为标准时间进行了第三次人口普查,调查项目增加到19项,并且第一次使用电子计算机进行数据处理。

第四次人口普查以1990年7月1日零时为标准时间进行，登记的项目共21项，是以往历次人口普查调查项目最多的一次。与前三次人口普查采取的设立普查登记站的办法相比，这次人口普查改为主要采取普查员入户点查询问、当场填报的方式进行。

2000年11月1日进行第五次中国人口普查，普查项目增加到49项，并首次采用光电录入技术，为中国经济社会进一步发展提供重要的人口依据。

根据国家统计局部署，第六次人口普查于2010年11月1日在全国展开。此次普查首次纳入了外籍人口。

（1）人口数量

人口数量是决定市场规模和潜量的一个基本要素。因此，按人口数目可大略推算出市场规模。我国人口众多，无疑是一个巨大的市场。例如，随着我国人口的增加，人均耕地减少，这就可能对我国农业产生重要影响；随着人口的增长，能源供需矛盾将进一步扩大，因此研制节能产品和技术是企业必须认真考虑的问题；人口增长将使住宅需求加大，这就给建筑业及建材业的发展带来机会。

（2）人口结构

人口结构主要包括人口的年龄结构、性别结构、家庭结构及民族结构等。

① 年龄结构。不同年龄的消费者对商品的需求不同。老年人、中年人、青年人与儿童等的需要是大不相同的。目前我国人口老龄化现象十分突出，诸如保健用品、营养品、老年人生活必需品等市场将会兴旺。

营销新视野

银色市场

2014年7月24日，波士顿咨询公司（BCG）发布的最新报告显示，人口老龄化已成为全球性现象，中国亦不例外。"到2050年，中国将成为金砖四国中人口老龄化最严重的国家，且老龄人口规模巨大。"15岁至59岁的中国劳动年龄人口在2015年之后开始减少。到2050年，被称为"银发人群"的60岁及以上人口将从2010年的约1.65亿人激增至近4.4亿人，届时将占中国人口总数的34%左右。

如今，老年人市场已不仅只是那些特殊生活用品，如老人床垫、浴盆、护理商品，如手杖、按摩器、治疗仪、测量器、轮椅，辅助商品，如老花镜、助听器、假牙假发等小商品也占据了大部分份额。在国外，虽然有些老年人服饰已打响自己的品牌，进而发展成专卖店、连锁店；老年人护理产品也已进入了系列生产；老年人成为旅游淡季的主要游客，但老年人餐饮、保健、文化娱乐等方面的消费都还存在巨大的市场空间。

目前，老年服务市场和老年产业的开发已经纳入企业的视野，为各国政府所重视。总的来说，"银发市场"不仅涉及适合老年人的衣、食、住、行、康复保健，还包括老年人学习、娱乐、休闲、理财和保险等。随着老年消费者在社会消费中的比例不断提高，各国企业界、社会服务业都已注意根据他们的特殊需求，为他们提供称心如意的服务和产品，甚至在每种产品的通用设计中，还要考虑到"银发族"的特殊需求。这一趋势带来了众多新的商机。"银发市场"因而也正在形成新的行业标准、专业分类、规模化生产、营销渠道和交易市场。

② 性别结构。性别结构反映到市场上就会出现男性用品市场和女性用品市场。男性与女性在消费心理与行为、购买商品类别、购买决策等方面有很大的不同。例如我国市场上，女性通常购买自己的用品、杂货、衣服，男子购买大件物品等。我国男性人口数量大于女性。

③ 家庭结构。家庭是购买、消费的基本单位。近年来，中国家庭呈现出许多新的变化趋势：a. 三口之家大幅度增加，家庭规模趋于小型化。b. 非家庭住户也在迅速增加，包括：单身成年人住户，即未婚、分居、丧偶、离婚者，这种住户需要较小的公寓房间、较小的食品包装等；两人同居者住户，这种住户是暂时同居，可能需要租赁家具和陈设品；集体住户，即若干大学生、年轻职员等住在一起共同生活。企业应注意和考虑这些住户的特殊需要和购买习惯。

④ 民族结构。中国是个多民族的国家，由56个民族组成，其中汉族占到90%以上。中国各民族分布的特点是：大杂居、小聚居、相互交错居住。汉族地区有少数民族聚居，少数民族地区有汉族居住。这种分布格局是长期历史发展过程中，各民族间相互交往、流动而形成的。中国少数民族人口虽少，但分布很广。全国各省、自治区、直辖市都有少数民族居住。民族结构在很大程度上决定着消费结构和消费模式。

(3) 人口地理分布

地理分布是指人口在不同地区的密集程度。人口的这种地理分布表现在市场上，就是人口的集中程度不同，则市场大小不同；消费习惯不同，则市场需求特性不同。在发达国家，除了国家之间、地区之间、城市之间的人口流动外，还有一个突出的现象就是城市人口向农村流动。另外，经商、观光旅游、学习等使人口流动加速。对于人口流入较多的地方而言，一方面由于劳动力增多，就业问题突出，从而加剧行业竞争；另一方面，人口增多也使当地基本需求量增加，消费结构也发生一定的变化，继而给当地企业带来较多的市场份额和营销机会。

在中国，从区域人口分布看，东部沿海地区经济发达，人口密度大；中西部地区经济相对落后，人口密度小。随着户籍制度与用工制度不断变革，以及因城乡经济、区域经济发展不平衡而产生的利益驱动机制的作用，城乡之间、地区之间的人口在数量和质量上都呈现出强势流动，这必将引发许多新需求及新的市场机会。当前，我国由农村人口向城市流动显著。企业营销应关注城市尤其是一线城市，这些城市的消费需求不仅在量上有所增加，在消费结构上也会发生一定的变化，应该提供更多适销对路的产品来满足这些流动人口的需求。

(4) 受教育程度

所受的教育不同，就会对市场需求表现出不同的倾向。随着高等教育规模的扩大，人口受教育程度普遍提高，收入水平也逐步增加。一般受教育程度越高的人群，对生活品质和质量的要求会越高，对精神生活的追求也会比较强烈。另外，在我国，教育的发达程度也表现出一定的区域差异性。这些对企业的营销决策都会产生影响。

知识拓展

2015年全国1%人口抽样调查数据

国家统计局根据《全国人口普查条例》和《国务院办公厅关于开展2015年全国1%人口抽

样调查的通知》，以 2015 年 11 月 1 日零时为标准时点进行了全国 1% 人口抽样调查。这次调查以全国为总体，以各地级市（地区、盟、州）为子总体，采取分层、二阶段、概率比例、整群抽样方法，最终样本量为 2 131 万人，占全国总人口的 1.55%。统计数据显示，全国大陆 31 个省、自治区、直辖市的人口为 137 349 万人。同第六次全国人口普查 2010 年 11 月 1 日零时的 133 972 万人相比，五年共增加 3 377 万人，增长 2.52%，年平均增长率为 0.50%。

2016 年年末，中国大陆总人口（包括 31 个省、自治区、直辖市，不包括香港、澳门特别行政区和台湾省以及海外华侨人数）136 782 万人，比上年年末增加 710 万人。全年出生人口 1 687 万人，人口出生率为 12.37‰；死亡人口 977 万人，人口死亡率为 7.16‰；人口自然增长率为 5.21‰，比上年提高 0.29 个千分点。从性别结构看，男性人口 70 079 万人，女性人口 66 703 万人，总人口性别比为 105.06（以女性为 100），出生人口性别比为 115.88。从年龄构成看，16 周岁以上至 60 周岁以下（不含 60 周岁）的劳动年龄人口 91 583 万人，比上年年末减少 371 万人，占总人口的比重为 67.0%；60 周岁及以上人口 21 242 万人，占总人口的 15.5%；65 周岁及以上人口 13 755 万人，占总人口的 10.1%。从城乡结构看，城镇常住人口 74 916 万人，比上年年末增加 1 805 万人；乡村常住人口 61 866 万人，比上年年末减少 1 095 万人，城镇人口占总人口比重为 54.77%。全国居住地和户口登记地不在同一个乡镇街道且离开户口登记地半年以上的人口（即人户分离人口）2.98 亿人，比上年年末增加 944 万人，其中流动人口为 2.53 亿人，比上年年末增加 800 万人。年末全国就业人员 77 253 万人，比上年年末增加 276 万人，其中城镇就业人员 39 310 万人，比上年年末增加 1 070 万人。

2.2　经济环境

经济环境是企业营销活动的外部社会经济条件，包括消费者的收入水平、消费者支出模式和消费结构、消费者储蓄和信贷、经济发展水平、经济体制地区和行业发展状况、城市化程度等多种因素。市场规模的大小，不仅取决于人口数量，而且取决于有效的购买力。而购买力的大小要受到经济环境中各种因素的综合影响。

知识拓展

中国经济六大趋势

根据 2014 年中国经济年报，中国经济显露出六个方面的发展趋势。

① GDP 增速创 24 年新低，经济进入新常态。

2014 年中国 GDP（国内生产总值）增 7.4%，创近 24 年来新低。国家统计局局长马建堂强调，这一增速符合经济增速换挡的客观规律，在国际上也是个不低的水平，"7.4% 对应着 8 000 亿美元的增量，这个数不小"。从 2012 年二季度跌破 "8%" 以来，中国经济增速已连续 11 个季度稳定在 7.3%~7.8% 的区间内，这也显示了 "中国经济足够稳"。

② 服务业连续两年领先，产业结构持续优化。

继 2013 年中国第三产业占比首次超过第二产业后，服务业在中国经济总量的占比比 2014 年进一步提高到 48.2%，高于第二产业 5.6 个百分点。中国经济正加快由工业主导向服务业主导转变。

③ 城镇人口首达 7.5 亿人，供需两端释放红利。

2014年，消费对GDP的贡献率提升至51.2%，中国需求结构改善的重要助力是城镇化的持续推进。马建堂透露，中华民族历史上第一次有将近7.5亿人生活在城镇，"十三五"时期中西部还有一亿人要进城。他强调，大量人口进城一方面将改善资源配置的效率，从供给方面促进经济增长；另一方面，市民化会对住房、医疗、教育、保健等产生很大的需求。

④ 居民收入三度跑赢GDP，消费潜力释放可期。

2014年，中国居民收入增速连续三年快于GDP增速。这一变化与工资的持续上调有关。当年，19个地区调整最低工资标准。收入的领先意味着居民能更多地分享到发展红利，有利于释放更多消费潜力。但同时，也使一些成本不断上升的企业面对"两头夹击"的压力。

⑤ 基尼系数连降六年，收入分配有待推进。

2014年中国居民收入基尼系数为0.469，自2009年来连续六年下降，但这一数字仍然超过国际公认的0.4的贫富差距警戒线。

⑥ 劳动力连续三年缩水，人口红利面临挑战。

2014年年末中国16周岁至60周岁的劳动年龄人口比上年年末减少371万人。

(1) 消费者收入水平

消费者收入是指消费者个人从各种来源中所得的全部收入，包括消费者个人的工资、退休金、红利、租金、补贴等收入。

① 国民生产总值。它是衡量一个国家经济实力与购买力的重要指标。从国民生产总值的增长幅度，可以了解一个国家经济发展的状况和速度。一般来说，工业品的营销与这个指标有关，而消费品的营销则与此关系不大。国民生产总值增长越快，对工业品的需求和购买力就越大；反之，就越小。

② 人均国民收入。这是用国民收入总量除以总人口的比值。这个指标大体反映了一个国家人民生活水平的高低，也在一定程度上决定商品需求的构成。一般来说，人均收入增长，对消费品的需求和购买力就大；反之，就小。

③ 个人可支配收入。这是在个人收入中扣除税款和非税性负担后所得的余额，它是个人收入中可以用于消费支出或储蓄的部分，可构成实际的购买力。

④ 个人可任意支配收入。这是在个人可支配收入中减去用于维持个人与家庭生存不可缺少的费用（如房租、水电、食物、燃料、衣着等项开支）后剩余的部分。这部分收入是消费需求变化中最活跃的因素，也是企业开展营销活动时所要考虑的主要对象。因为这部分收入主要用于满足人们基本生活需要之外的开支，一般用于购买高档耐用消费品、旅游、储蓄等，它是影响非生活必需品和劳务销售的主要因素。

⑤ 家庭收入。很多产品是以家庭为基本消费单位的，如冰箱、抽油烟机、空调等。因此，家庭收入的高低会影响很多产品的市场需求。

需要注意的是，企业营销人员在分析消费者收入时，还要区分货币收入和实际收入。只有实际收入才能影响实际购买力。当消费者的货币收入不变时，如果物价下降，消费者的实际收入会增加；相反，如果物价上涨，消费者的实际收入则减少。

(2) 消费者支出模式和消费结构的变化

随着消费者收入的变化，消费者支出模式也会发生相应的变化，继而使一个国家或地区的消费结构也发生变化。消费结构是指消费过程中人们所消耗的各种消费资料（包括劳务的构成，即各种消费支出占总支出的比例关系。西方一些经济学家常用恩格尔系数来反映这种变化。恩格尔系数表明，在一定的条件下，当家庭个人收入增加时，收入中用于食物开支部分的增长速度要小于用于教育、医疗、享受等方面的开支增长速度。食物开支占总消费量的比重越大，恩格尔系数越高，生活水平越低；反之，食物开支所占比重越小，恩格尔系数越低，生活水平越高。

优化的消费结构是优化产业结构和产品结构的客观依据，也是企业开展营销活动的基本立足点。随着我国社会主义市场经济的发展，以及国家在住房、医疗等制度方面改革的深入，人们的消费模式和消费结构都会发生明显的变化。企业要重视这些变化，尤其应掌握拟进入的目标市场中支出模式和消费结构的情况，输送适销对路的产品和劳务，以满足消费者不断变化的需求。

（3）消费者储蓄和信贷

消费者的购买力还要受储蓄和信贷的直接影响。消费者储蓄是一种推迟了的、潜在的购买力。当收入一定时，储蓄越多，现实消费量就越小，但潜在消费量越大；反之，储蓄越少，现实消费量就越大，但潜在消费量越小。我国居民有勤俭持家的传统，长期以来养成了储蓄习惯。

消费者信贷，就是消费者凭信用先取得商品使用权，然后按期归还贷款，以购买商品。这实际上就是消费者提前支取未来的收入。信贷消费允许人们购买超过自己现实购买力的商品，从而创造了更多的就业机会、更多的收入以及更多的需求；同时，消费者信贷还是一种经济杠杆，它可以调节积累与消费、供给与需求的矛盾。当市场供大于求时，可以发放消费信贷，刺激需求；当市场供不应求时，必须收缩信贷，适当抑制、减少需求。消费信贷把资金投向需要发展的产业，刺激这些产业的生产，带动相关产业和产品的发展。

（4）经济发展水平

企业的市场营销活动受到一个国家或地区的整个经济发展水平的制约。经济发展阶段不同，居民的收入不同，顾客对产品的需求也不一样，从而会在一定程度上影响企业的营销。例如，以消费者市场来说，经济发展水平比较高的地区，在市场营销方面，强调产品款式、性能及特色，品质竞争多于价格竞争；而在经济发展水平低的地区，则较侧重于产品的功能及实用性，价格因素比产品品质更为重要。

（5）经济体制

世界上存在着多种经济体制，有计划经济体制、市场经济体制等。不同的经济体制对企业营销活动的制约和影响不同。在计划经济体制下，企业是行政机关的附属物，没有生产经营自主权，企业的产、供、销都由国家计划统一安排，企业生产什么、生产多少、如何销售，都不是企业自己的事情。在这种经济体制下，企业不能独立地开展生产经营活动，因而，也就谈不上开展市场营销活动。而在市场经济体制下，企业的一切活动都以市场为中心，市场是其价值实现的场所，因而企业必须特别重视营销活动，通过营销来实现自己的利益目标。

（6）地区与行业发展状况

我国地区经济发展很不平衡，逐步形成了东部、中部、西部三大地带和东高西低的发展格局。同时，在各个地区的不同省市，还呈现出多极化发展趋势。这种地区经济发展的不平衡，对企业的投资方向、目标市场以及营销战略的制定等都会带来巨大影响。

继 2013 年中国第三产业占比首次超过第二产业后，服务业在国民经济中的比例越来高,中国经济正在由工业主导向服务业主导转变。服务将成为企业营销的重要市场,孕育着无穷的市场空间。

(7) 城市化程度

城市化程度是指城市人口占全国总人口的百分比,它是一个国家或地区经济活动的重要特征之一。城市化是影响营销的环境因素之一。这是因为,城乡居民之间存在着某种程度的经济和文化上的差别,进而导致不同的消费行为。企业在开展营销活动时,要充分注意到这些消费行为方面的城乡差别,相应地调整营销策略。

伴随大城市人口的快速和高度集中,人口资源的空间矛盾进一步加剧。首先,就城市自身而言,城市人口过快增长对土地资源的压力不容小觑。其次,人口和产业不断向城市聚集,使城市生活和工业用水需求量大增,并且污染加重,给城市水资源带来了巨大压力。另外,人口过度向大城市集中,使城市规划和建设盲目向周边摊大饼式的扩延,而城市市政设施、公共交通以及城市绿化等公用事业却没有跟上。城市人口的迅速增加除了造成城市本身的资源超载外,还使城市环境污染问题进一步加剧。数据显示,城市化水平与环境污染物排放之间存在较强的正相关关系,城市人口越集中的地区,"三废"的排放量就相应较高。

知识拓展

城市化水平

2010年,世界城市化平均水平已经达到57.9%。历史上真正意义上的城市化始于18世纪和19世纪早期的欧洲,工业革命改变了人类的生存方式和生产方式,造就了现代世界城市化的格局。这种变化最先出现在以英国为代表的欧洲国家,英国的城市化发生最早且发展最为广泛,历时超过130年。1760—1851年,90年间英国的城市人口比重率先超过了50%;至19世纪末,该比例已达72%左右;到如今,英国全国城市人口比例已达到90%以上。伴随工业化在世界范围内的扩展,城市化也开始波及全球。首先是北美地区,然后是亚洲和非洲。美国的城市化进程始于1840年,至1920年美国城市人口超过农村,城市人口比重达到51.2%;到1940年,美国成为大城市占主导的国家,城市化率达56.5%;到1970年,美国城市的郊区人口超过城区人口,这一时期城市化率达到73.6%,城市化基本完成,历时超过120年。而在亚洲最先开始城市化的国家当属日本,自明治维新后日本开始城市化发展,1908年城市化率为18%;到1955年,日本城市化率达到56%,城市人口首次超过农村;至1970年,日本城市化基本完成,用时接近100年。中国城市化的快速发展始于改革开放之后,和其他发达国家相比,差距还是十分巨大的。截至2011年,中国的城市化水平超过50%,城市人口首次超过农村人口,而该比率却只相当于英国1851年的水平、美国1920年的水平、日本1950年的水平和韩国1970年的水平。

2.3 自然环境

自然环境是人类最基本的活动空间和物质来源,主要包括地理位置、自然资源及气候等。人类发展的历史就是人与自然关系发展的历史,自然环境的变化与人类活动休戚相关,也是对企业营销产生重要影响的环境要素之一。

案例启迪

自然环境成就国酒茅台

茅台酒作为世界三大名酒之一,至今已有800多年的历史。1915年在巴拿马万国博览会上荣获金质奖章、奖状。新中国成立后,茅台酒又多次获奖,远销世界各地,被誉为"世界名酒""祖国之光"。

茅台镇有极特殊的自然环境和气候条件,只有在这块方圆不大的地方,才能造出精美绝伦的茅台酒。茅台镇位于贵州高原最低点的盆地,海拔仅440米,远离高原气流,终日云雾密集。夏日持续35℃~39℃的高温期长达5个月,一年有大半时间笼罩在闷热、潮湿的雨雾之中。这种特殊气候、水质、土壤条件,对于酒料的发酵、熟化非常有利,同时也部分地对茅台酒中香气成分的微生物产生、精化、增减起了决定性的作用。茅台酒厂区建于赤水河上游,水质好、硬度低、微量元素含量丰富,且无污染。峡谷地带微酸性的紫红色土壤,冬暖夏热、少雨少风、高温高湿的特殊气候,加上千年酿造环境,使空气中充满了丰富而独特的微生物群落。

自然环境处于发展变化之中,当代自然环境最主要的动向是:自然灾害频发,自然资源日益短缺,能源成本趋于提高,环境污染日益严重,政府对自然资源的管理和干预不断加强。

(1) 自然环境危机

① 自然资源日益短缺。传统上,人们将地球上的自然资源分成三大类:取之不尽、用之不竭的资源,如空气、水等;有限但可再生的资源,如森林、粮食等;有限又不能再生的资源,如石油、煤及各种矿物。由于现代工业文明对自然资源无限度地索取和利用,导致矿产、森林、能源、耕地等日益枯竭,甚至连以前认为永不枯竭的水、空气也在某些地区出现短缺。目前,自然资源的短缺已经成为各国经济进一步发展的制约力,甚至反作用力。

② 环境污染日益严重。工业化、城镇化的发展对自然环境造成了很大的影响,尤其是环境污染问题日趋严重,许多地区的污染已经严重影响到人们的身体健康和自然生态平衡。环境污染问题已引起各国政府和公众的密切关注,这对企业的发展是一种压力和约束,要求企业为治理环境污染付出一定的代价;但同时也为企业提供了新的营销机会,促使企业研究控制污染的技术,兴建绿色工程,生产绿色产品,开发环保包装。

(2) 自然环境的变化对营销的影响

从目前情况看,这些影响主要表现在以下几个方面。

① 企业经营成本的增加。自然环境变化对企业经营成本增加的影响主要通过两个方面表现出来。一方面,经济发展对自然资源严重依赖是传统经济发展模式的主要特征之一。自然资源日趋枯竭和开采成本的提高,必然导致生产成本提高。另一方面,环境污染造成的人类生存危机,使得人们对环境的观念发生改变,环保日益成为社会主流意识。昔日粗放模式下的生产方式必须进行彻底改变,企业不仅要担负治理污染的责任,还必须对现有可能产生污染的生产技术和所使用的原材料进行技术改造,而这不可避免地加大了企业的生产成本。

② 新兴产业市场机会增加。环境变化给企业带来的市场机会也主要体现在两个方面。一方面,为了应对环境变化,企业必须寻找替代能源以及各种原材料,替代能源及材料生产企

业面临大量的市场机会。例如，石油价格的居高不下和剧烈波动，激起企业对替代能源研究的大量投资，仅仅太阳能领域，已有成百上千的企业推出了更新一代具有实用价值的产品，用于家庭供暖和其他用途。另一方面，人们环保意识的增加和治理污染的各种立法，给污染控制技术及产品，如清洗器、回流装置等创造一个极大的市场，促使企业探索其他不破坏环境的方法去制造和包装产品。

③ 政府干预不断加强。自然资源短缺和环境污染加重，使各国政府加强了对环境保护的干预，颁布了一系列有关环保的政策法规，这将制约一些企业的营销活动。有些企业虽然由于治理污染需要投资，影响扩大再生产，但必须以大局为重，要对社会负责，对子孙后代负责，加强环保意识，在营销过程中自觉遵守环保法令，担负起环境保护的社会责任。同时，企业也要制定有效的营销策略，既要消化环境保护所支付的必要成本，还要在营销活动中挖掘潜力，保证营销目标的实现。

营销新视野

企业的绿色运动

对自然环境的关注在全球掀起了一场轰轰烈烈的绿色运动。一些具有社会责任感的公司积极采取行动，支持环境的可持续发展——努力创建一种地球可以无限发展和支撑的世界经济。环境可持续发展意味着在不牺牲后代、满足需求能力的情况下，满足消费者的需求。许多公司推出更加环保的产品，以应对消费者需求。还有些公司开发可循环使用或可生物降解的包装、可循环利用的材料和零部件，进行更严格的污染控制和更节能的运营。

天伯伦公司不仅一直努力制造优质的靴子、鞋、服装及其他户外设备，还努力减少公司产品和运营对环境造成的影响。公司努力寻求和发明创新性材料。该公司生产的"宇宙守护者"牌靴子几乎全部由可循环和有机材料制成。比如，用废弃的汽车轮胎制作鞋底；用废弃的汽水瓶生产透气衬里和耐用鞋带；咖啡渣用于制作抗菌防臭的鞋面；帆布面料用的是无毒的有机棉花。为激发消费者做出更多可持续发展的购买决策，公司在产品上附有绿色指数标签，根据对气候的影响、采用的化学物质、消耗的能源等情况对每一项产品的生态足迹做出评价。

2.4 科技环境

科学技术是社会生产力中最活跃的因素。作为营销环境的一部分，科技环境不仅直接影响企业内部的生产和经营，还与其他环境因素互相依赖、相互作用，其与经济环境、文化环境的关系更紧密。新技术革命给企业市场营销带来了机会，也带来了威胁。例如，一种新技术的应用，可以为企业创造一个明星产品，产生巨大的经济效益；也可以迫使企业的某一传统优势产品退出市场。

知识拓展

科技革命引发产业革命

18世纪以来，科技革命尤其是技术革命一直是产业革命的先导，产业革命是技术革命的结果，而新技术群则是产业革命的前提条件。

第一次技术革命是18世纪的蒸汽机和机械革命，关键技术包括动力和机械等技术；第一次产业革命是机械化革命，主导产业包括纺织工业、煤和铁、机械、蒸汽机和铁路等。

第二次技术革命是19世纪的电力和运输革命，关键技术是电力、运输、化工和电讯等技术；第二次产业革命是电气化革命，主导产业包括电力、石化、钢铁、汽车和家电等。

第三次技术革命是20世纪的电子和信息革命；第三次产业革命是自动化和信息化革命。有学者认为，第三次技术和产业革命可分为两个阶段。第一阶段是电子和自动化阶段，关键技术有电子、自动控制、激光、材料、航天和原子能等技术，主导产业包括电子工业、计算机、原子能、航天和自动化产业等。第二阶段是信息化和智能化阶段，关键技术有信息、云计算、量子通信、智能和绿色等技术，主导产业包括信息产业、电子商务、物联网、无线网、大数据、智能制造（3D打印）、先进材料、智能机器人、智慧城市、绿色能源和生物产业等。

纵观历史，人类社会就是在一次次技术革命与产业革命中不断向前发展的。当前，世界科技加速发展，21世纪很可能在生命科技、信息科技和纳米科技的交叉结合部，发生以"新生物学和再生革命"为中心的新科技革命，并催生新的产业革命。从科学角度看，这场科技革命是一次"新生物学革命"，主要涉及五大学科：整合和创生生物学将解释生命本质；思维和神经生物学将解释人脑工作原理；生命和再生工程将实现生命体的工程化和产业化；信息仿生工程将实现人脑的信息仿生；纳米仿生工程将实现人的躯体仿生。从技术角度看，这场科技革命是一次"创生和再生革命"，主要包括五大技术：信息转换器技术可实现人脑与电脑之间的直接信息交流和转换；人格信息包技术可实现人脑的电子备份与虚拟再现；仿生技术可实现人体的仿生备份和躯体仿真；创生技术将创造新的生命形态和生命功能；再生技术将实现生物体的体内和体外再生。从产业角度看，这场科技革命可能引发"仿生再生和生物经济革命"，主导产业包括：新一代生物技术产业将实现现有生物产业的升级换代；拟人化的信息和智能产业将实现信息转换器和人格信息包技术的商业应用；仿生和创生产业、再生产业等。届时，人类文明有可能进入"再生时代"，人类个体将获得自然人、网络人、仿生人和再生人四种存在形态。围绕这四种形态的客观需求，将形成新的科技群和产业群。

由于科学技术的迅速发展，新技术应用于新产品开发的周期大大缩短，产品更新换代加快。在世界市场的形成和竞争日趋剧烈的今天，开发新产品成了企业开拓新市场和赖以生存发展的根本条件。因此，要求企业营销人员不断寻找新市场，预测新技术，时刻注意新技术在产品开发中的应用，从而开发出给消费者带来更多便利的新产品。

由于新技术的不断应用，必然会引起分销机构与分销方式的不断变化，尤其在信息技术迅猛发展的今天，网上销售更成为未来企业产品分销的重要途径。科学技术的应用也引起促销手段的多样化，尤其是广告媒体的多样化，移动媒体将成为企业促销的重要媒体。

营销新视野

移动互联网——营销新力量

随着信息及网络技术的发展，移动互联网无疑成为企业不可忽视的重要营销力量。

中国互联网信息中心第36次中国互联网络发展状况统计报告显示，截至2015年6月，我国网民规模达6.68亿人，互联网普及率为48.8%。手机网民规模继续保持增长，网民上网设备逐渐向手机端集中，截至 2015 年 6 月，我国手机网民规模达 5.94 亿人，网民中使用手机上网的人群占比提升至 88.9%，通过台式电脑、笔记本电脑和平板电脑接入互联网的比例均有所下降。随着手机终端的大屏化和手机应用体验的不断提升，手机作为网民主要上网终端的趋势进一步明显。

移动互联网技术的发展和智能手机的普及，促使网民的消费行为逐渐向移动端迁移和渗透。由于移动端即时、便捷的特性更好地契合了网民的商务类消费需求，伴随着手机网民的快速增长，移动商务类应用成为拉动网络经济增长的新引擎。2015 年上半年，手机支付、手机网购、手机旅行预订用户规模分别达到 2.76 亿、2.70 亿和 1.68 亿，半年度增长率分别为 26.9%、14.5%和 25.0%。

互联网应用向提升体验、贴近经济方向发展。

中国网民的互联网应用经历了从量变到质变的过程，这种质变表现在信息的精准性以及与经济发展的贴近性两个方面：一方面，互联网信息服务向精准性发展，通过技术手段提升信息提供的针对性，达到开发、维系用户的目的；另一方面，互联网应用与社会经济的融合更为深入，网络购物、旅行预订等网络消费拉动经济增长，同时，经济形势的变化也影响网民对网络理财、炒股的使用。

2.5 政治与法律环境

政治与法律是影响企业营销的重要宏观环境因素。政治因素像一只有形的手，调节着企业营销活动的方向；法律则是企业营销活动的行为准则。政治与法律相互联系，共同对企业的市场营销活动发挥影响。

（1）政治环境

政治环境是指企业市场营销活动的外部政治形势、国家方针政策及其变化。安定团结的政治局面不仅有利于经济的发展和人们收入的增加，而且影响到人们的心理状况，导致市场需求发生变化。党和政府的方针、政策，规定了国民经济的发展方向和速度，也直接关系到社会购买力的提高和市场消费需求的增长变化。

对国际政治环境的分析，应了解"政治权力"与"政治冲突"对企业市场营销活动的影响。政治权力对企业营销活动的影响主要表现在有关国家政府通过采取某种措施限制外来企业及产品的进入，如进口限制、外汇控制、劳工限制、绿色壁垒等。政治冲突指的是国际上发生的重大事件和突发性事件。这类冲突即使在以和平和发展为主流的时代也从未绝迹过。这种冲突对企业的市场营销工作的影响或大或小，或意味着机会或产生巨大的威胁。

（2）法律环境

法律环境是指国家或地方政府颁布的各项法规、法令、条例等。法律环境对企业的营销活动具有一定的调节作用，同时对市场消费需求的形成和实现也具有一定的调节作用。企业研究并熟悉法律环境，不仅可以保证自身严格依法经营和运用法律手段保障自身权益，还可通过法律条文的变化对市场需求及其走势进行预测。

各个国家的社会制度不同，经济发展阶段和国情不同，体现统治阶级意志的法律制度也不同。从事国际市场营销的企业，必须对相关国家的法律制度和有关的国际法规、国际惯例和准则进行深入的学习研究，并在实践中遵循。

> **知识拓展**

商业立法的重要性

多年来,世界各地影响企业的立法越来越多。如美国的诸多法律,覆盖了诸如竞争、公平贸易、环境保护、产品安全、真实广告、消费者隐私、包装和标签、定价以及其他重要领域的各种问题。法律也总是处于不断变化之中,去年允许的现在可能被禁止,以前被禁止的现在可能又得到允许。市场营销者必须努力跟上各种法规及其解释的变化。

商业立法是十分必要的。首先是保护公司的利益。竞争是必要的,但有时公平竞争会遭到破坏。这就有必要通过法律来界定和阻止不公平的竞争。其次,立法可以保护消费者免受不公平的商业活动的损害。如果不加以管制,一些公司可能制造伪劣产品,发布虚假广告,通过包装和价格来蒙骗消费者。再次,立法可以保护社会的利益免受无序商业活动的损害。以盈利为目的的企业行为并不总是能够提高生活质量。政府制定法规,以确保企业对其生产或产品产生的社会成本负责。

如今,在国际市场上,新的法律及其执法部门持续增加。企业在制定营销方案时,要关注这些发展。营销者需要了解国内外市场各个层次保护竞争、消费者和社会的重要法规。

2.6 社会文化环境

社会文化,广义上是指人类在社会发展过程中所创造的物质财富和精神财富的总和,具体是指一个国家或地区的价值观念、生活方式、风俗习惯、宗教信仰、教育状况、审美观念等要素的总和。文化对企业营销的影响是多层次、全方位的,并具有很强的渗透性。企业的市场营销人员应分析、研究和了解社会文化环境,以针对不同的文化环境制定不同的营销策略。

(1)价值观念

价值观念就是人们对社会生活中各种事物的态度和看法。不同的文化背景下,人们的价值观念相差很大,消费者对商品的需求和购买行为深受价值观念的影响。对于不同的价值观念,企业的营销人员应该采取不同的策略。一种新产品的消费,会引起社会观念的变革。而对于一些注重传统、喜欢沿袭传统消费方式的消费者,企业在制定促销策略时应注意把产品与目标市场的文化传统联系起来。

(2)消费习俗

消费习俗是人类各种习俗中的重要习俗之一,是人们历代传递下来的一种消费方式,也可以说是人们在长期经济与社会活动中所形成的一种消费风俗习惯。不同的消费习俗,具有不同的商品需要。研究消费习俗,不但有利于组织好消费用品的生产与销售,而且有利于正确、主动地引导健康的消费。了解目标市场消费者的禁忌、习俗、避讳、信仰、伦理等是企业进行市场营销的重要前提。

(3)审美观念

人们在市场上挑选、购买商品的过程,实际上是一次审美活动。近年来,我国人民的审美观念随着物质水平的提高,发生了明显的变化。追求健康的美,追求强烈的时代感,追求环境美,消费者对环境的美感体验,在购买活动中表现得最为明显。企业营销人员应注意消费者审美观念的变化,使商品的艺术功能与经营场所的美化效果融为一体,以更好地满足消费者的审美要求。

（4）宗教信仰

宗教信仰及宗教组织在教徒购买决策中具有重要影响。面对一种新产品的出现，宗教组织可能会提出限制，禁止使用，认为该商品与宗教信仰相冲突。所以企业在经销活动中也要针对宗教特点设计适当方案，以避免由于矛盾和冲突给企业营销活动带来的损失。

在研究社会文化环境时，还要重视亚文化群对消费需求的影响。每一种社会文化的内部都包含若干亚文化群。因此，企业市场营销人员在进行社会和文化环境分析时，可以把每一个亚文化群视为一个细分市场，生产经营适销对路的产品，满足顾客需求。

案例启迪

"穆斯林"手表的商机

日本精工公司曾经推出过一种"穆斯林"手表，这种手表除了在设计上比较新颖、构思巧妙外，最打动穆斯林的是能把世界上114个城市的当地时间自动转换成圣地"麦加"的时间，并且每天定时鸣响五次，提醒穆斯林按时祈祷。因此，这种手表在阿拉伯国家的消费者中非常受欢迎。

第三节 微观营销环境

企业的微观营销环境是指对企业服务其目标市场的营销能力构成直接影响的各种因素的集合。它包括供应商、竞争者、社会公众、营销中介、顾客和企业内部环境等，以及与企业具体营销业务密切相关的各种组织与个人，如图2-1所示。

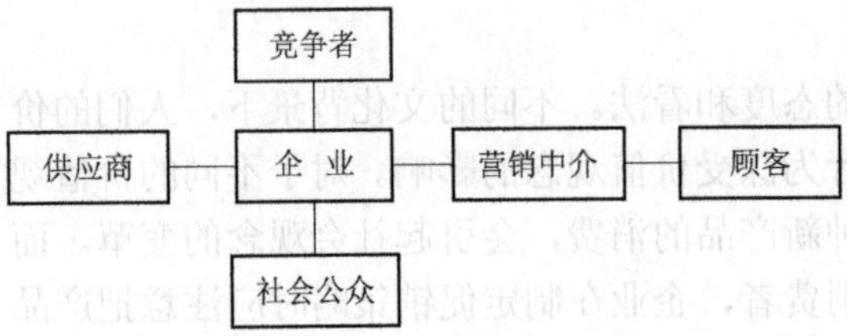

图2-1 微观环境因素

在图2-1中，供应商、企业、营销中介、顾客这一链条构成企业的核心营销系统。企业市场营销活动的成败，还直接受到另外两个群体的影响，即竞争者和社会公众。

直接影响企业营销能力的各种参与者，事实上都是企业营销部门的利益共同体。毋庸置疑，企业内部其他部门与营销部门的利益是一致的。按市场营销的双赢原则，企业营销活动的成功，应当为顾客、供应商和营销中间商带来利益，并造福于社会公众。即使是竞争者，也可以相互学习、相互促进，建立既竞争又合作的关系。

3.1 供应商

供应者环境是指那些向企业提供开展市场营销活动所需资源的企业状况。企业的营销活动，包括供、产、销各个不同环节，都需要大量的物资与资金作保证，因而需要许多部门或企业为之服务，为之供应所需的一切。

企业所用的物资来自许多供应者，但各企业供应的数量是不同的，所供物资在企业生产销售中的地位也不同，要运用ABC分析法，对供应企业进行分类。按所供应物资在企业生产销售中的地位划分，A 类企业是提供产销所必需物资的极少数企业，它们能否保质保量按时供应，直接关系到企业的产销能否正常进行，是供应企业中必保的重点；B 类企业提供一般物资，数量较多，对其也应引起重视；C 类企业提供一些附属性的物资，企业不必花费大量的精力去研究它们。总之，要通过把握重要的少数企业来掌握主动权。

案例启迪

任天堂的竞争策略

电子游戏玩具商任天堂公司通过制衡与游戏软件开发商的互补关系，稳固了其在游戏产业中的地位。任天堂的产品依赖于软件开发商源源不断地提供游戏软件。当初任天堂限制开发商每家每年的"提货量"，不让任何一家开发商有机会发展成"老大"。这样任天堂就成功地瓦解了独立游戏软件开发商的产业结构，牢牢地控制住了这种"互补者"的竞争关系。

3.2 竞争者

一个行业只有一个企业，或者说一个企业能够控制一个行业完全垄断的情况在现实中很难见到。因此与同行的竞争是不可避免的。我们可以将企业的竞争对手划分为四个层次。

（1）产品品牌竞争者

产品品牌竞争者是指品牌不同，但满足需要的功能、形式相同的产品之间的竞争。如轿车中的"奔驰""宝马"以及"别克"等品牌之间的竞争，这是企业最直接而明显的竞争对手。这类竞争者的产品的内在功能和外在形式基本相同，但由于出于不同厂家而品牌不同。有关企业通过在消费者和用户中培植品牌偏好，而展开市场竞争。

（2）产品形式竞争者

产品形式竞争者是指较品牌竞争者更深一层次的竞争者，即各个竞争者产品的基本功能相同，但形式、规格和性能或档次不同。如自行车既有普通轻便车，又有性能更优良的山地车，厂家通过在顾客中发掘和培养品牌偏好，来展开市场竞争。

（3）替代品竞争者

替代品竞争者是潜伏程度更深的竞争者，这些竞争者所生产的产品种类不同，但所满足的需要相同。如汽车、摩托车或自行车都能满足消费者对交通工具的需要，消费者只能选择其中一种。这属于较大范围的行业内部竞争。

（4）需求愿望竞争者

需求愿望竞争者是潜伏程度最深的竞争者，不同竞争者分属不同的产业，相互之间为争夺潜在需求而展开竞争。如房地产公司与汽车制造商为争夺顾客而展开的竞争。顾客现有的钱如用于汽车购买则不能用于房子购买，汽车制造商与房地产公司实际是针对购买者当前所要满足的各种愿望展开争夺。

在上述四个层次的竞争对手中，品牌竞争者是最常见、最外在的，其他层次的竞争者则相对比较隐蔽、深刻。正因如此，在许多行业里，企业的注意力总是集中在品牌竞争因素上，而对如何抓住机会扩大整个市场、开拓新的市场领域，或者说起码不让市场萎缩，经常被忽略不计。

3.3 社会公众

社会公众是指对企业实现营销目标的能力具有实际或潜在利害关系和影响力的团体或个人。公众对企业的感觉和与企业的关系对企业的市场营销活动有着很大的影响。所有的企业都必须采取积极措施,保持和主要公众之间的良好关系。

通常,企业周围大致有六类公众。

(1) 金融公众

它们对企业的融资能力有重要影响,主要包括银行、投资公司、证券经纪行、股东等机构。

(2) 媒介公众

媒介公众是指那些刊载和发布各类信息的机构,包括报纸、杂志、电台、电视台等传统媒体机构,也包括博客、微信、社交网站等新兴媒体机构。它们主要通过社会舆论来影响公众对企业的态度。特别是主流媒体的报道,对企业影响极大,甚至可以达到"一条好的报道可以救活一个企业,一个负面的报道可以使一个企业破产"的程度。由此,企业对待媒体要慎之又慎。

(3) 政府公众

企业管理当局在制订营销计划时,必须认真研究与考虑政府政策与措施的发展变化。

案例启迪

哈默是如何捕捉市场商机的

美国企业家哈默于 1931 年从苏联回到美国时,正是罗斯福逐步走上白宫总统宝座的时候。罗斯福提出解决美国经济危机的"新政",但因"新政"尚未得势,故很多人持怀疑态度。一些企业家因对"新政"怀疑,在经营决策中举棋不定。而哈默深入研究了当时美国的国内形势,分析结果认定罗斯福会掌握美国政权,"新政"定会成功。据此,他做出了一项生财的决策。

哈默分析认为,一旦罗斯福"新政"得势,1920 年公布的禁酒令就会被废除。为了满足大众对啤酒和威士忌的需求,那时市场将会出现空前数量的酒桶需求,特别是对用经过处理的白橡木制成的酒桶的需求会大大增加,而当时市场上却没有酒桶供应。哈默在苏联住了多年,十分清楚苏联人有制作酒桶用的木板可供出口。于是,他毅然决定向苏联订购了几船木板,并在纽约码头附近设立了一间临时性的酒桶加工厂,后来又在新泽西州的米尔敦建造了一个现代化的酒桶加工厂,名叫哈默酒桶厂。

当哈默的酒桶从生产线上滚滚而出的时候,正好是罗斯福执掌总统大权和废除禁酒令的时候,人们对啤酒和威士忌的需求急剧上升,各酒厂生产量也随之直线上升。哈默的酒桶成为抢手货,由此获得了可观的利润。

(4) 公民团体公众

一个企业的营销决策可能会受到消费者组织、环境保护组织、少数民族团体等的质疑。公司的公共关系部门可以帮助公司与消费者和民间团体保持接触。

(5) 地方公众

一般每个企业都要同当地的公众团体,如邻里居民和社区组织保持联系。

(6) 一般公众

企业需要关注一般公众对其产品及经营活动的态度。虽然一般公众并不是有组织地对企业采取行动,但是一般公众对企业的印象却影响着消费者对该企业及其产品的看法。

3.4 营销中介

营销中介协助企业促销和分销其产品给最终购买者,包括中间商(批发商、代理商、零售商)、物流配送公司(运输、仓储)、营销服务机构(广告、咨询、调研)以及财务中介机构(银行、信托、保险)等。这些组织都是营销所不可缺少的中间环节,大多数企业的营销活动都需要它们的协助才能顺利进行。商品经济愈发达,社会分工愈细,中介机构的作用就愈大。如随着生产规模的增加,降低产品的配送成本就显得越来越重要,于是适应这种需求的生产性服务行业就得到了发展。企业在营销过程中,必须处理好同这些中介机构的合作关系。

3.5 顾客

顾客是企业服务的对象,同时也是产品销售的市场和企业利润的来源。理所当然是营销活动极其重要的环境因素。企业要投入很多精力去研究顾客的真实需求情况,在产品营销的方方面面都要充分考虑到他们的要求,并尽可能去满足他们的需求。否则,企业的营销活动就会陷入"对牛弹琴"的局面。企业营销活动本质上就是围绕顾客需求而展开的。

按照购买者及其购买目的划分,顾客可分为以下几个重要市场:① 消费者市场:购买商品和服务供自己消费的个人和家庭;② 生产者市场:购买商品及劳务投入生产经营活动过程以赚取利润的组织;③ 中间商市场:为转卖、获取利润而购买商品和劳务的组织;④ 政府市场:为了履行政府职责而购买的政府机构所构成的市场;⑤ 国际市场:国外的消费者、生产者、中间商、政府机构等构成的市场。

3.6 企业内部环境

企业为开展营销活动,必须设立市场营销部门,而且营销部门不是孤立存在的,它还面对着财务、采购、制造、研究与开发等一系列职能部门。市场营销部门与这些部门在最高管理层的领导下,为实现企业目标而共同努力。另一方面,企业市场营销部门与这些部门之间既有多方面的合作,也存在争取资源方面的矛盾。例如,在产品品质方面,营销部门从顾客需求出发,会对产品品质提出更高的要求;而生产部门从成本的角度出发,可能会降低对品质的要求。再如,对营销推广费用的核定,营销部门与财务部门往往会不一致。因此,这些部门的业务状况如何,它们与营销部门的合作以及它们之间是否协调发展,对营销决策的制定与实施影响极大。营销部门在制订和实施营销目标与计划时,要充分考虑企业内部环境力量,争取高层管理部门和其他职能部门的理解和支持。

案例启迪

高露洁公司的全球供应链管理

高露洁公司是一家知名的跨国公司,它向来以采用正确的发展策略为业内所称道。为综合管理其供应链，该公司建立了全球供应链管理机构，以改善对零售商和客户的服务，减少库存，增加盈利。同时，高露洁公司还希望通过财务管理、后勤规划和其他业务环节的统一运营，推动其内部所有产品命名、配方、原材料、生产数据及流程、金融信息等方面的标准化。以上这些方面的改进提高了高露洁公司在全球的运营效率，加快了全球化资源的利用、循环速度，极大地降低了成本，改善了客户服务质量。

第四节 营销环境分析方法

企业需要对市场营销环境进行综合分析，辨析环境中的机会与威胁，以便对营销环境做出总体评价，为营销战略的制定提供可靠的依据。

4.1 PEST 分析

PEST 分析法是战略环境分析的基本工具，它是从政治的（Politics）、经济的（Economic）、社会的（Society）以及技术的（Technology）角度出发进行综合分析，以帮助公司从总体上把握宏观环境的变化及其特点，并评价这些因素对企业战略目标和战略制定的影响。

（1）政治要素

政治要素是指对组织经营活动具有实际与潜在影响的政治力量和有关的法律、法规等因素。对企业战略有重要意义的政治和法律变量有：政府管制、特种关税、专利数量、政府采购规模和政策、进出口限制、税法的修改、专利法的修改、劳动保护法的修改、公司法和合同法的修改、财政与货币政策等。

（2）经济要素

经济要素是指一个国家的经济制度、经济结构、产业布局、资源状况、经济发展水平以及未来的经济走势等。企业应重视的经济变量如下：经济形态、可支配收入水平、利率、规模经济、消费模式、政府预算赤字、劳动生产率水平、股票市场趋势、地区之间的收入和消费习惯差别、劳动力及资本输出、财政政策、贷款的难易程度、居民的消费倾向、通货膨胀率、货币市场模式、国民生产总值变化趋势、就业状况、汇率、价格变动、税率、货币政策等。

（3）社会要素

社会要素是指组织所在社会中成员的民族特征、文化传统、价值观念、人口规模、种族结构、消费结构和水平、人口流动性等。值得企业注意的社会因素包括：企业或行业的特殊利益集团、对政府的信任程度、对退休的态度、社会责任感、对经商的态度、对售后服务的态度、生活方式、公众道德观念、对环境污染的态度、收入差距、购买习惯、对休闲的态度等。

（4）技术要素

技术要素不仅仅包括那些引起革命性变化的发明，还包括与企业生产有关的新技术、新工艺、新材料的出现和发展趋势以及应用前景。在过去的半个世纪里，最迅速的变化就发生在技术领域，像微软、惠普、通用电气等高技术公司的崛起改变着世界和人类的生活方式。同样，技术领先的医院、大学等非营利性组织，也比没有采用先进技术的同类组织具有更强的竞争力。

营销新视野

企业营销的新能力

菲利普·科特勒研究提出了企业营销要具备的10个新能力。

① 营销者可以把互联网作为扩大其势力范围的信息渠道和销售渠道。
② 营销者可以收集到有关市场、消费者、潜在顾客和竞争者的更全面、更丰富的信息。
③ 营销者通过社交媒体发布和推广其品牌信息。
④ 营销者可以为消费者之间的外部沟通提供便利并促进这种沟通的速度。
⑤ 营销者可以为那些有需求或者是公司允许的顾客发布广告,提供优惠券、样品和相关信息。
⑥ 营销者可以通过移动营销接触消费者。
⑦ 企业制造并向消费者销售体现个性化差异的定制产品。
⑧ 企业可以进一步提升采购、招聘、培训、内部沟通与外部沟通的水平。
⑨ 企业可以在互联网的基础上建设自己的企业内部网,从而为员工之间的内部交流提供便利,并提高内部沟通的效率。
⑩ 通过善用互联网,企业可以提高成本效率。

4.2 环境机会和威胁分析

(1) 环境机会分析

分析、评价环境机会主要包括两个方面:一是考虑机会给企业带来的潜在利益的大小;二是考虑可能性的大小,如图 2-2 所示。

在图 2-2 中,第Ⅰ区域是企业必须重视的,因为它的潜在利益和成功可能性都很大;第Ⅱ和第Ⅲ区域也是企业不容忽视的,因为第Ⅱ区域虽然可能性不大,但其潜在市场吸引力较大,一旦出现会给企业带来丰厚收益;第Ⅲ区域虽然潜在吸引力较小,但成功可能性却很大,因此,需要企业注意,制定相应对策;对第Ⅳ区域,主要是观察其发展变化,并依据变化情况及时采取措施。

(2) 环境威胁分析

营销者对环境威胁的分析主要从两个方面考虑:一是分析环境威胁对企业的影响程度;二是分析环境威胁出现的可能性大小,并将市场营销环境的这两个方面结合在一起,如图 2-3 所示。

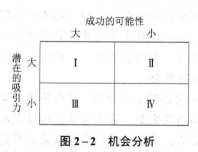

图 2-2 机会分析

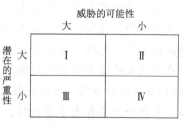

图 2-3 威胁分析

在图2-3中，第Ⅰ区域是企业必须高度重视的，因为它的危害程度高，出现的可能性大，企业必须严密监视和预测其发展变化趋势，及早制定应变策略；第Ⅱ和第Ⅲ区域也是企业所不能忽视的，因为第Ⅱ区域虽然出现可能较低，但一旦出现，就会给企业营销带来巨大的危害；第Ⅲ区域虽然对企业的影响不大，但出现的可能却很大，对此企业也应该予以注意，随时准备应对；对第Ⅳ区域主要是观察其发展变化，是否有向其他区域发展变化的可能。

（3）综合环境分析

在企业实际面临的客观环境中，单纯的威胁环境和机会环境是少有的。一般情况下，企业面临的都是机会与威胁并存、利益与风险同时存在的局面。根据综合环境中威胁水平和机会水平的不同，企业所面临的环境可以分为四种情况，如图2-4所示。

图2-4 综合环境分析

① 理想环境。理想环境是机会水平高，威胁水平低，利益大于风险。这是企业难得遇上的好环境。

② 冒险环境。冒险环境是市场机会和环境威胁同在，利益与风险并存。企业必须加强调查研究，进行全面分析，审慎决策，以降低风险，争取利益。

③ 成熟环境。成熟环境下机会和威胁水平都比较低，是一种比较平稳的环境。企业一方面要按常规经营，以维持正常运转；另一方面，要积蓄力量，为进入理想环境或冒险环境做准备。

④ 困难环境。困难环境下风险大于机会，企业处境十分困难。此时，企业必须想方设法扭转局面。如果大势已去，则退出在该市场营销环境中的经营，另谋发展。

营销新视野

信任危机下的有机食品开发

有机食品（Organic Food）是国际通称，这里所说的"有机"并不是化学上的概念，而是指采取一种有机的耕作和加工方式，按照这种方式生产和加工、产品符合国际或国家有机食品要求和标准，并通过了国家认可的认证机构认证的农副产品及其加工品。其包括粮食、蔬菜、水果、奶制品、禽畜产品、蜂蜜、水产品、调料等。

人们之所以青睐有机食品，除了其无污染、高品质、口味好、对健康有利之外，还有一个重要原因，就是消费有机食品是对环境保护和可持续发展做贡献。有机食品在生产过程中有严格的生产条件：一是有机食品在其生产加工过程中禁止使用农药、化肥、激素等人工合成物质，并且不允许使用基因工程技术。二是要有生产转型期，从种植其他产品到生产有机食品需要二至三年的转换期，以保证土壤中农药、化肥、激素等物质衰减至符合标准。三是有机食品的认证要求定地块、定产量，以确保其质量。有机食品作为一种未来的消费趋势，为致力于在此领域拓展业务的企业提供了可观的市场机会。

① 婴幼儿及产孕妇市场。毋庸置疑，这是有机食品的金矿市场。这些群体对食品的安全性要求很高，而且一般不会太看重价格，只要产品确实安全，富有营养，通过深度传播是能接受的。可惜的是，目前国内鲜有婴幼儿的有机食品，连小孩吃的有机蔬菜粉居然还要从法国进口，可见有机食品行业的市场意识还相当淡薄，需继续加强，以填补这巨大的市场空白。

杭州当年的贝因美，仅仅依靠几款含有双歧因子、DHA等稍微差异化的葡萄糖，作为主打产品，成为今日婴幼儿食品的龙头企业。因此，只要抓住机会，开发得当，有机食品企业在婴幼儿市场将占据很大的市场份额。

② 中高端营养品市场。目前国内市场充斥着人工合成的维生素、矿物质营养品。国外研究机构研究表明，长期服用这些人工营养品会有致癌的危险。而作为有机食品最接近自然状态的生态食品，作为营养滋补品的深加工原料，是非常适合的。从中国传统的滋补膏剂，如目前流行的茯苓膏、凉茶，到现在的各种蛋白粉、豆奶粉、鸡精等都有开发的价值，可以满足国内中高端消费群和礼品市场的需求。例如对有机蓝莓的深度开发，可以满足都市群体用眼过度造成的疲劳和伤害，这是非常有益处的。

③ 奢侈品市场。现在国内奢侈品消费已经日趋明显，如日本进口的越光大米，尽管不是有机的，价格却卖到99元一斤，甚至出现卖断货的局面。因此，对稀缺性、特殊性的有机食品而言，进入这一市场的空间是非常巨大的。值得注意的是，有些有机企业正在积极开发有机市场，但是仅仅停留在包装形象方面，过度包装不但违背了有机生活的原则，而且在习惯了花花绿绿奢侈品的高端消费群来说，反而缺少特色和差异。但是对产品的独特的生长周期、生长环境、栽培方式，以及产品的文化和鲜明个性化、稀缺感的传奇故事和传播都缺乏，往往产生滞销的情况。因此，根据自身的定位，再结合高端消费群的心理和食用方式，进行系统创新是亟待解决的问题。

④ 礼品市场。有机食品作为高端礼品进行推广，是有机食品发展的一个必然趋势。中国人逢年过节都要买些水果、烟酒、滋补品送人，有机食品企业应该利用好这一社会文化习俗，对礼品市场做一次全面的升级，对原有的礼品进行替换。这样符合消费者的心理需求，要送就送好一点，有面子，有特色。只要控制好礼品的组合和价位，给消费者一个核心理由，那么将会在许多区域市场流行开来；只要找到自己产品与礼品消费的共同特征并加以引导，那么有机食品畅销指日可待。

面对巨大的潜在市场，作为有机生产和销售的经营者们，不能被有机本身的概念所催眠，而应结合市场特征和目标消费群特征，开发适销对路的产品，通过品牌推广和多层次的营销创新，获得持续发展才是王道。

4.3 五力分析模型

五力分析模型是由迈克尔·波特（Michael Porter）于20世纪80年代初提出的理论，是企业战略制定的基础性工具。五种力量模型将大量的不同因素汇集到一个简单的模型中，以此分析一个行业的基本竞争态势。这一理论认为，企业的竞争情况可以通过五种竞争力来具体分析，分别是：现有竞争者之间的对抗力量、供应商的议价能力、购买方的议价能力、替代产品或服务生产者的威胁、潜在进入者的威胁。这五大竞争驱动力和共同作用，决定了企业的盈利能力和产业的竞争强度及利润水平，如图2-5所示。

（1）现有竞争者之间的对抗力量

同一行业中，生产相同或相似产品的企业之

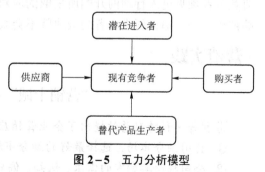

图2-5 五力分析模型

间，通常是既有竞争又有合作的，但为市场占有率而进行的竞争多于合作。厂商常常为了获取更大的市场份额而获得更丰厚的利润，一般会在售价、性能、售后服务等方面与竞争对手展开激烈的竞争。不同行业的竞争激烈程度不同，这与行业所处的发展阶段相关。对手之间的竞争程度取决于以下几种因素：竞争厂商的数量及规模、行业市场的增长速度、产品的同质程度、顾客转换成本的大小以及退出壁垒的难度高低等。

（2）供应商的议价能力

在某个产业的企业看来，供应商的议价能力体现在以下两个方面：一是威胁采购方涨价；二是威胁降低之前所购产品和服务的质量。基于如下情况，供应商具有较强的议价能力：供应商团体被少数几家公司把持，而且集中度高；除了供应商团体外没有其他的替代品；对于供应商来讲，当前的产业不是举足轻重的；对购买方来讲，供应商的产品是必需品等。一般认为，供应商是产业外的企业，不过，企业也要把劳动力视为一种供应商，并且在许多产业中，劳动力拥有强大的议价能力。决定供应商议价能力的条件比较容易变化，而且通常不是产业内的企业所掌控。

（3）购买方的议价能力

购买方与本产业竞争的方式往往表现为：压低产品价格；索要更高的质量或服务；挑起鹬蚌之争，坐收渔翁之利。购买方任何一次的竞争胜利，都是以牺牲本产业的利润水平为代价的。购买方的议价能力取决于如下两个方面的因素：第一，自身的市场地位；第二，对于本产业购买总量的重要性。购买方在以下情况下具有强大的议价能力：购买方集中度较高并且购买量较大；在买方的成本和外购中，从本产业购买的产品占据重要的份额；购买方购得的产品是标准化的，不具有差异化；买方没有转换成本；买方盈利不高等。

（4）替代产品的威胁

在某个产业中，几乎所有的企业都会与生产替代品的企业展开竞争。正是由于替代品的存在，该产业的企业才不能随意提高产品价格。在本产业中要力压替代品，往往需要全行业的集体行动。如果替代产品有如下特点，那么本产业必须予以高度关注：相对于本产业的产品，替代品的性价比有提高的趋势；替代产品生产者所处的产业获利丰厚。

（5）新进入者的威胁

新进入本产业的生产商给本产业带来了新的生产能力，但是在他们扩张的背后，隐藏着攫取市场份额的欲望。新进入者进入的结果有两个：一是价格下降；二是当前成本上涨，产业利润水平降低。本产业面临进入的威胁有多大，不仅取决于当前的进入堡垒，也取决于当前竞争者预见进入行动的开始所采取的应对措施。如果进入壁垒很难跨越，或者新进入者能够被预判到，那么新进入者的威胁就不会太大。

营销实践

"营销十诫"和"营销十宗罪"

菲利普·科特勒总结提出了企业营销应该注意的"十诫"。

① 公司细分市场，选择最好的细分市场，并在选择的细分市场上建立强大的定位。

② 公司描绘其顾客的需求、认知、偏好和行为，并动员其利益攸关者专注于服务和满足

顾客。

③ 公司了解主要竞争者及它们的优劣势。
④ 公司同利益攸关者建立伙伴关系，并慷慨地回报它们。
⑤ 公司开发系统来识别、排序机会，并选择最佳的机会。
⑥ 公司通过管理一个营销规划系统，可以制定富有洞察力的长期和短期规划。
⑦ 公司努力控制其产品和服务组合。
⑧ 公司通过使用最低成本的沟通和促销工具建立强大的品牌。
⑨ 公司在各部门之间建立营销领导力和团队精神。
⑩ 公司不断增加使用能为其获得市场竞争优势的技术。

菲利普·科特勒总结提出了企业营销容易犯的十大错误，即"营销十宗罪"。
① 公司不是完全市场导向和由顾客驱动的。
② 公司并未完全理解目标顾客。
③ 公司需要更好地界定和监测竞争者。
④ 公司没有正确地管理同其利益攸关者的关系。
⑤ 公司不擅长发现新的机会。
⑥ 公司的营销规划和规划过程有缺陷。
⑦ 公司的产品和服务政策需要联系更紧密。
⑧ 公司的品牌建立和沟通技巧薄弱。
⑨ 公司组织不良，导致不能进行有效果和有效率的营销。
⑩ 公司没有最大限度地使用科技。

4.4 SWOT 分析法

SWOT 分析法又称为态势分析法，它是由美国哈佛商学院学者安德鲁斯于 20 世纪 60 年代首先提出来的，是一种能够较客观而准确地分析和研究一个单位现实情况的方法。SWOT 分析法是一种对外部环境的威胁（Threats）、机会（Opportunities）进行分析辨别，同时估量组织内部的劣势（Weakness）与优势（Strengths），制订有效战略计划的方法，如表 2-1 所示。利用这一方法可以从中找出对自己有利的、值得发扬的因素，以及对自己不利的、要避开的因素，发现存在的问题，找出解决办法，并明确以后的发展方向。SWOT 分析法包括 SWOT 分析、制定行动战略两部分。

表 2-1 SWOT 分析法

外因＼内因	优势（S）：列出优势表现	弱势（W）：列出弱势表现
机会（O）：列出机会表现	SO 战略：增长战略	WO 战略：转型战略
威胁（T）：列出威胁表现	ST 战略：多样化战略	WT 战略：防御战略

（1）SWOT 分析
① 企业内部因素的优势。它是指一个企业超越其竞争对手的能力，或者指公司所具有的

能提高公司竞争力的因素，如在技术技能、有形资产、无形资产、人力资源、组织体系、竞争能力等方面表现出来的优势。

② 企业内部因素的劣势。它是指公司做得不好或缺少的因素，或指某种会使公司处于劣势的条件，如缺乏具有竞争意义的核心技术，缺乏有竞争力的有形资产、无形资产、人力资源、组织资产，关键领域里的竞争能力正在丧失等。

③ 外部环境中的机会。它是指影响公司战略的重大外部因素，如客户群扩大、市场需求增长强劲以及出现向其他区域扩大市场份额的机会等，具体包括新产品、新市场、新需求、市场壁垒的解除、竞争对手失误带来的机会等。

④ 外部环境中的威胁。它是指公司的外部环境中存在着的某些对公司的盈利能力和市场地位构成威胁的因素，如出现将进入市场的强大新竞争对手、替代品抢占公司市场份额、主要产品市场增长率下降、汇率和外贸政策的不利变动、社会消费方式的不利变动、市场需求减少等。

可以将调查得出的各种因素根据轻重缓急或影响程度等进行排序，从而将那些对公司发展有直接、重要、迫切及久远影响的因素优先排列出来，而将那些间接、次要、不急及短暂的影响因素排列在后面。

（2）行动战略

在完成对环境因素的 SWOT 分析后，便可以制订相应的行动计划。制订计划的基本思路是：发挥优势因素，克服弱势因素，利用机会因素，化解威胁因素；考虑过去，立足当前，着眼未来。运用系统的综合分析方法，将排列与考虑的各种环境因素相互匹配起来加以组合，得出一系列公司未来发展的可选择战略。

通过"SWOT"方格分析法可以形成以下 4 种可供选择的战略：SO 战略——利用企业内部的优势去抓住外部机会；SW 战略——利用外部机会来改进企业内部弱势；ST 战略——利用企业优势避免或减轻外在的威胁；WT 战略——直接克服内部弱势和避免外在的威胁。

① SO 战略（优势+机会）。依靠内部优势，利用外部机会。这一情景下的战略又称为增长战略。这一战略对企业产生杠杆效应，杠杆效应产生于内部优势与外部机会相互一致和适应时。在这种情形下，企业可以用自身内部资源优势撬起外部机会，使机会与优势充分结合并发挥出来。然而，机会往往是稍纵即逝的，因此企业必须敏锐地捕捉机会、把握时机，以寻求更大的发展。

② WO 策略（劣势+机会）。利用外部机会，弥补内部劣势。这一情景下的战略又称为扭转战略。在这一战略下可以对企业面临的威胁采取影响与控制的措施，以阻止或减小它对企业产生不良后果。当环境提供的机会与企业内部资源优势不相适应或者不能相互叠合时，企业的优势再大也得不到发挥。在这种情形下，企业就需要提供和追加某种资源，以促进内部资源劣势向优势方面转化，从而迎合或适合外部机会。

③ ST 策略（优势+威胁）。利用内部优势，规避外部威胁。这一情景下的战略又称为多样化战略。当环境状况对公司优势构成威胁时，优势得不到充分发挥，出现优势不优的脆弱局面。在这种情形下，企业必须克服威胁，以发挥优势。

④ WT 策略（劣势+威胁）。减小内部劣势，规避外部威胁。这一情景下的战略又称为防御战略。当企业内部劣势与企业外部威胁相遇时，企业将面临严峻挑战，如果处理不当，就

可能直接威胁到企业的生死存亡。

环境提供的机会能否被企业利用，环境变化产生的威胁能否有效化解，将取决于企业对市场变化反应的灵敏程度和实力。市场机会为企业带来收益的多寡，不利因素给企业造成的负面影响的程度，一方面取决于这一环境因素本身的性质，另一方面取决于与企业优势、劣势的结合状况。最理想的市场机会是那些与企业优势达到高度匹配的机会，而恰好与企业弱势结合的不利因素将不可避免地消耗企业大量资源。

营销实践

某食用油脂企业的 SWOT 分析与战略选择

某食品加工企业生产食用油脂，一直以生产散装油为主。随着市场竞争的激烈和消费需求的变化，其经营越来越困难。于是就利用 SWOT 方格分析法进行分析，如下表所示。

食用油脂企业的 SWOT 分析

企业外部因素 \ 企业内部因素	优势（S） 1. 本地市场有地理优势 2. 政府支持 3. 设备、经验有优势	劣势（W） 1. 富余人员多 2. 激励机制不完善 3. 市场竞争意识不强
机会（O）小包装油将快速发展	SO 战略	WO 战略
威胁（T）食用油市场竞争激烈	ST 战略	WT 战略

SO 战略：利用企业优势开发小包装油，并采取渗透价格策略，以抢占市场先机。WO 战略：强化竞争意识，加强营销队伍建设，将收入与销售业绩挂钩，扩大市场占有率。ST 战略：利用设备和经验优势，向周边市场扩张。WT 战略：深化企业改革，尽快实现内部机制与外部要求的对接。

图示小结

认识营销环境

市场营销环境是指影响企业营销活动不可控制的参与者和影响力，具有客观性、差异性、相关性、动态性、不可控性等特点。环境为企业营销带来机会和威胁，企业在适应环境的同时，还可以能动地影响和改变环境。

宏观营销环境

宏观营销环境包括人口环境、经济环境、自然环境、科技环境、政治和法律环境及社会文化环境等因素。每一种环境因素都有其具体的构成要素，在不同的国家和地区，会表现出巨大的差异性和动荡的变化性。经济全球化与网络经济的快速发展、人口的老龄化与城市化发展、环境保护与可持续发展、技术进步加速与产品生命周期缩短、政治局势的动荡性和法律、法规的日益完善、文化的差异与融合等趋势，都是当代企业营销应该关注的趋势。

微观营销环境

微观营销环境对于一个企业为其顾客创造和传递价值的能力有着更为直接的影响，包括供应商、竞争者、社会公众、营销中介、顾客以及企业的内部环境等因素。供应商向营销企业提供所需的各种资源；企业要获得成功，必须为顾客提供比竞争者更高的价值和满意度；营销中介帮助企业促销、销售、分销产品给最终购买者；公众是对组织实现其目标的能力有实际或潜在利益关系或影响的任何群体；顾客是企业服务的对象；企业内部的相关机构和人员构成营销机构和人员的重要微观环境。

环境分析方法

PEST 分析法的特点是从政治、经济、社会和技术四个方面把握宏观环境因素的变化及对企业战略的影响。企业需要对市场营销环境中的机会、威胁进行综合分析，为营销战略的制定提供可靠的依据。五力模型强调从现有竞争者、供应商、购买者、新加入者以及替代产品的威胁五个方面把握行业竞争的态势。SWOT 分析法强调要将外部机会与威胁、内部优势与劣势进行组合，选择可使企业发挥优势、克服弱势，有效利用外部机会、减小外部威胁的战略方案。

复习思考题

1. 什么是市场营销环境？它有哪些主要特点？
2. 如何理解环境与企业营销的关系？
3. 宏观营销环境各因素有何特点？它们如何影响企业的营销活动？
4. 中观和微观环境各要素有何特点？它们对企业的营销活动有怎样的影响？
5. 进行营销环境分析的主要方法有哪些？每种方法的要点是什么？

营销体验

1. 小组讨论和交流：企业营销环境的新变化

当今时代，中国市场企业面临的营销环境正在发生哪些变化？这些变化的具体表现是什么？企业应该如何应对这些变化？

2. 小组作业和交流：某企业营销环境的 SWOT 分析

选取你感兴趣或熟悉的一家企业，收集最新的相关资料，运用 SWOT 分析法，对这家企业面临的机会、威胁、优势、劣势进行分析，得出结论，然后在小组中进行交流。

案例讨论

宝洁公司为什么会衰败？

迄今已有 179 年历史的宝洁公司，最近几年在全球和中国市场都遇到了阻碍，业绩不断下滑。宝洁采取了各种自救措施，换帅（4 次更换 CEO）、裁员、瘦身（砍掉一百多个小品牌）、削减广告预算，但是业绩依然没有起色。2016 年第一季度，宝洁在全球的销售仍然大幅下滑了 12%。财报显示，宝洁旗下所有业务部门的销售量均出现了下降。美容、梳洗护理、健康护理、纺织品护理及家居护理、婴儿与女性及家庭护理这 5 个重要的品类甚至出现了双位数跌幅。在中国，宝洁的市场占有率也一直在下降。宝洁全球 CEO 大卫·泰勒 2016 年出席纽约消费者分析集团年度会议时坦承："在中国这个我们的第二大市场，没有一个核心品类在增加用户数，甚至大部分还在下跌。"

宝洁曾是中国市场的神话。它的一切充分展现了世界一流企业的卓越管理水平，甚至它的货架陈列、品牌命名、广告创意，都是中国同行反复揣摩的经典案例。

宝洁在美国也是一家充满传奇的公司。从辛辛那提一家制作蜡烛的小作坊到全球消费品巨擘，宝洁的成长史，见证了 20 世纪美国经济发展史上每一个波澜壮阔的时代。通用电气 CEO 伊梅尔特、微软 CEO 鲍尔默、eBay 公司 CEO 惠特曼，他们都是宝洁公司培养出来的顶尖人才。宝洁是伴随着 20 世纪全球消费经济增长、中产阶级壮大而成长的奇迹。为什么宝洁的金字招牌在 21 世纪开始褪色？学术界、企业界提出了各种似是而非的诊断意见：

诊断一：主打大众市场，失去高端。随着经济发展，消费者收入增加，消费不断升级，主打大众市场的宝洁不再能吸引他们。比如，越来越多的一线城市消费者从海飞丝升级到欧舒丹、科颜氏、丝蓓绮。

诊断二：品牌模糊。宝洁推出了自己的高端产品，但却还放在自己的大众品牌之下，比如飘柔倍瑞丝、潘婷乳液修护润发精华素、玉兰油 ProX，使得消费者根本分不清楚。

诊断三：多品牌失灵。这是一个老话题，从一开始就有人质疑宝洁的多品牌模式，认为同一个公司同时运行几百个品牌，会让公司的管理顾此失彼，失去焦点。

诊断四：大公司病。宝洁是一家成熟的老牌上市公司，各种流程、汇报体系非常完善，决策速度慢，决策链条长，不能像小公司那样出奇招。例如，草本植物品牌"东方季道"从研发到面市，竟然花了两年的时间，而这在宝洁已经算是迅速的。

诊断五：功能诉求的广告不再吸引年轻人。头屑去无踪秀发更出众、8 万微孔一触瞬吸、1 支牙膏对抗 7 大口腔问题，这种一成不变的填鸭式功能诉求，没有话题性，不适合追求时髦的现代年轻人。

诊断六：数字营销脚步迟缓。现代消费者已经从电视屏幕转移到了手机和各种社交媒体上，而宝洁的营销手段过于传统，广告投放仍以电视为主，在互联网媒体的营销也仍然沿用传统电视广告投放的模式，比如视频节目前的广告，缺乏互动和创新。

诊断七：人才流失。宝洁前董事长理查德·杜普利曾说过这样一段话，"如果你把我们的资金、厂房和品牌留下，把我们的人带走，我们的公司就会垮掉。"这和可口可乐"厂房烧掉，只要品牌还在，可以一夜东山再起"的故事恰好相反。而宝洁现在正面临人才失血，从美国总部到广州宝洁，各种人才正在纷纷出走。

诊断八：市场饱和，经济下行。这种观点认为，宝洁在全球市场耕耘一百多年，市场渗透率已经很高了，很难再有增长，加之近几年全球经济放缓，宝洁也难以独善其身。

讨论题：
(1) 分析宝洁公司在中国面临的市场环境所发生的变化。
(2) 你对以上8种诊断观点是否认同？
(3) 对宝洁公司今后应该如何把握环境机会提出你的思考和建议。

第三章
市场购买行为

学习目标

◎ 了解消费者市场需求的特点，理解其购买行为模式；
◎ 理解消费者购买行为的影响因素，熟悉其购买行为类型；
◎ 掌握消费者购买的决策过程及其对营销的要求；
◎ 理解组织市场购买的特点，了解其购买行为模式和参与者；
◎ 理解组织市场购买行为的影响因素，熟悉其购买决策过程。

关键术语

◎ 消费者市场（Consumer Market）
◎ 消费者购买行为（Consumer Behavior）
◎ 心理因素（Psychological Factors）
◎ 社会因素（Social Factors）
◎ 个人因素（Personal Factors）
◎ 文化因素（Cultural Factors）
◎ 消费者购买决策（Consumer Buying Decision）
◎ 购买行为模式（Buying Behavior Patterns）
◎ 组织市场（Organization Market）
◎ 中间商市场（Market Intermediaries）
◎ 非营利组织市场（Nonprofit Organizations Market）
◎ 政府市场（Government Market）
◎ 组织购买者行为（Organizational Buyer Behavior）
◎ 组织购买决策过程（Organizational Buying Decision Process）
◎ 直接重购（Direct Repurchase）
◎ 调整的重购（Adjustment Repurchase）
◎ 新购（New Purchased）

知识结构

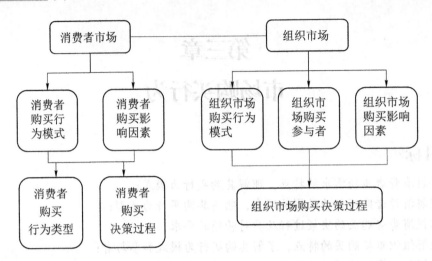

先思后学

Gopro 品牌为什么会成功?

Gopro 品牌的用户是极限运动的爱好者,他们喜欢把惊人而小巧的 Gopro 摄像机佩戴在身上,或安装在从赛车的前缓冲器到跳伞靴的鞋跟等你能够想到的任何物件上,捕捉生活的巅峰时刻。事后,他们还会迫不及待地与朋友分享那些充满激情的时刻。Gopro 的顾客平均每两个月就会向 YouTube 上传一段视频。例如,滑雪者在瑞士阿尔卑斯山悬崖边跳伞逃离雪崩的视频,在 9 个月内点击量突破了 260 万次;海鸥抓起游客的摄像机拍下的鸟瞰戛纳城堡的视频,7 个月内有 300 万次点击量;非洲山地车骑行者被一头成年羚羊猛烈攻击的视频,4 个月内有 1 300 万次点击量。这些视频会激发更多的消费者购买 Gopro,产生更多的视频分享。这一切,促进了 Gopro 爆炸性的增长,使其成为全球成长最快的摄像机企业。今天,Gopro 摄像机在 100 个国家超过 3.5 万家商店出售。公司的创始人尼克•伍德曼认为,他们不仅仅生产摄像机,而是要让消费者分享生命中重要的时刻和激情。"Gopro:成为英雄!"是 Gopro 公司对消费者喊出的口号,他们还对消费者说:"梦想、行为。用你的 Gopro 捕捉,捕捉和分享你的世界。"

Gopro 的成功启发我们:成功从理解消费者的需要和动机开始。对任何企业来说,充分满足购买者的需求是企业营销活动的最终目的,而购买者的需求和购买行为具有多样性和复杂性,因此,如何认识和把握购买者的购买心理、购买行为及决策的特点和规律,对于企业的营销活动具有重要意义。

企业面对的市场可分为消费者市场和组织市场。本章将阐述消费者市场和组织市场购买行为的基本理论,具体包括购买行为的特点、模式、影响因素、行为类型以及购买决策过程。

第一节 消费者市场与购买行为

1.1 消费者市场的特点和购买行为模式

1.1.1 消费者市场的概念及其特点

消费者市场是指为满足生活消费需要而购买产品或劳务的一切个人和家庭。消费者市场是一切市场的基础,是最终起决定作用的市场。具体而言,消费者市场的需求具有以下特征。

(1) 多样性

首先,消费需求的多样性体现了人类需要的全面性。人不仅有衣食住行等方面的物质消费需要,还具有高层次的文化教育、艺术欣赏、娱乐消遣、社会往来、旅游休闲、体育竞赛等精神消费需求。其次,消费需求的多样性体现了人们需求的差异性。众多的消费者,其收入水平、文化素质、职业、年龄、性格、民族、生活习惯等各不相同,他们在消费需求上就表现出各种各样的兴趣和偏好。最后,消费需求的多样性还表现为消费者对同一商品的需求往往有多个方面的要求。比如,既要求性能优越,又要求外观新颖漂亮、操作简单、维修方便、经济实惠等。

(2) 层次性

人们的需求是有层次的。一般来说,人的消费需求总是由低层次向高层次逐渐发展和延伸的,即低层的、最基本的生活需要满足以后,就会产生高层次的精神需要,追求人格的自我完善和发展。但是消费者的收入水平、文化修养、信仰观念、生活习惯等方面还存在着差异,因此,不同消费者的消费层次的发展因人而异。另外,在同一类商品的消费需求中,消费者的购买次序会因家庭、个人而有所不同。

(3) 从众性

从心理学上讲,群众中的意见领袖或群体中大部分人的行为和态度,将对群体中的个人产生心理上的压力,在这种心理压力下,个体的行为和状态往往或自动或被动地与群体保持一致。表现在消费者的消费活动中,就呈现出一种从众的特征,即在某一特定时空范围内,消费者对某些商品或劳务的需求趋向一致。

(4) 周期性

人的消费是一个无止境的活动过程。一些消费需求在获得满足后,在一定时期内不再产生,但随着时间的推移还会重新出现,并具有周期性。也就是说,消费者的需求在形式上总是不断翻新、重复出现的,也只有这样,需求的内容才会丰富、发展。例如女性头巾,多年来总是在长方形、正方形、三角形的式样之间变化;皮鞋也总在方头、圆头、尖头之间翻来覆去地变花样。消费需求的周期性主要由人的生理机制运行引起,并受到自然环境变化周期、商品生命周期和社会时尚变化周期的影响。

(5) 发展性

人永远是有所需要的,旧的需要被满足,又会不断地产生新的需要。随着社会经济的发展和人民生活水平的不断提高,人们对商品和服务的需求无论是从数量上还是从质量上、品种上或审美情趣等方面都在不断发展,总的趋势是由低级向高级发展、由简单向复杂发展、由单纯追求数量上的满足向追求质量和数量的全面充实而发展。

1.1.2 消费者购买的行为模式

行为心理学的创始人约翰·沃森(John B.Watson)提出的"刺激—反应"理论认为,人类的复杂行为可以被分解为两个部分:刺激和反应。人的行为是受到刺激后的反应。刺激来自两个方面:身体内部的刺激和体外环境的刺激,而反应总是随着刺激而呈现的。

消费心理学揭示,消费者购买行为的发生,也是一个"刺激—反应"的过程。也就是说,消费者个体接受刺激,经过心理活动,最后产生反应。消费者购买行为模式如图3-1所示。

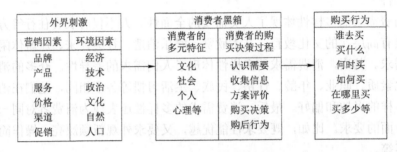

图3-1 消费者购买行为模式

上述模式表明,所有消费者的购买行为都是由刺激引起的。这种刺激既包括来自于外界政治、经济、科技、自然、文化等不可控因素的刺激,也包括来自企业的品牌、产品、服务、定价、渠道、促销等可控因素的刺激。这些刺激经由复杂的心理活动过程,并受到消费者自身来自文化、社会、心理和个体等多元视角表现出的特征的影响,以及消费者起始于需要驱动的购买决策过程,心理学家称之为"暗箱"或"黑箱"。最终产生市场上的购买行为,包括购买主体、购买对象、购买时机、购买方式、购买地点及购买数量等。

消费者购买行为的一般模式,是营销部门制订营销计划、扩大商品销售的依据。它能帮助营销部门认真研究和把握购买者的个体特征,认识消费者的购买行为规律,并根据本企业的特点,向消费者进行有效的"刺激",使外在的刺激因素与消费者的个体特征发生整合作用,以便形成购买决策,采取购买行动,实现满足需要、扩大销售的目的。

有学者将消费者的购买行为,即模式中的"反应"用以下7个主要问题来刻画:消费者市场由谁构成?(Who)消费者市场购买什么?(What)消费者市场为何购买?(Why)消费者市场购买活动有谁参与?(Who)消费者市场怎样购买?(How)消费者市场何时购买?(When)消费者市场何地购买?(Where)以上7个问题的研究被称为"7W"研究法。例如,一家生产箱包的企业,要了解箱包市场的购买行为,就必须研究以下问题:箱包的市场由哪些人构成?目前消费者市场需要什么样的箱包?消费者为什么购买这种箱包?哪些人会参与箱包购买行为?消费者怎样购买这种箱包?消费者何时购买这种箱包?消费者在何处购买这种箱包?

> **知识拓展**

购买行为模式理论

除了具有普遍指导意义、得到广泛认可的刺激—反应模式（S-R 模式）外，比较有代表性的购买行为模式理论还有恩格尔—科拉特—布莱克威尔模式（Engel-Kollat-Blackwell，EKB 模式）、霍华德—谢思模式（Howard-Sheth）。

EKB 模式描述了一次完整的消费者购买行为过程：在外界刺激物、社会压力等有形及无形因素的作用下，使某种商品暴露，引起消费者的知觉、注意、记忆，并形成信息及经验储存起来，由此构成消费者对商品的初步认知。在动机、个性及生活方式的参与下，消费者对问题的认识逐渐明朗化，并开始寻找符合自己愿望的购买对象。这种寻找在评价标准、信念、态度及购买意向的支持下向购买结果迈进。经过产品品牌评价，进入备选方案评价阶段，消费者在选择评价的基础上做出决策，进而实施购买并得到输出结果，即商品和服务。最后对购后结果进行体验，得出满意与否的结论，并开始下一次消费活动过程。

霍华德—谢思模式与 EKB 模式有许多相似之处，但也有诸多不同点。两个模式的主要差异在于强调的重点不同。EKB 模式强调的是态度的形成与产生购买意向之间的过程，认为信息的收集与评价是非常重要的方面；而霍华德—谢思模式更加强调购买过程的早期情况：知觉过程、学习过程及态度的形成。同时，也指出了影响消费者购买行为的各种因素之间的联系错综复杂，只有把握多种因素之间的相互关系及联结方式，才能揭示出消费者购买行为的一般规律。

1.2 影响消费者购买行为的因素

在同样的外部环境和营销刺激下，不同个体的消费行为也千差万别，这些差异主要来自于消费者不同的个体属性，即个体所拥有的影响其消费行为的一切因素。这些因素主要集中在以下四个方面：心理因素（需要、动机、认知、学习、态度等）、文化因素（核心价值观、亚文化等）、社会因素（相关群体、社会阶层、家庭等）、其他个体特征（年龄、性别、教育、收入等）。

1.2.1 心理因素

消费者购买行为总是受消费者心理因素支配的。对消费者购买行为具有显著影响的心理因素有需要、动机、认知、学习和态度等。

（1）需要

人类为了生存与发展，必然产生各种各样的需要，例如对食品、衣物、住房、工具等方面的需要。当需要被激发到足够的强度时，就发展为动机，动机是激励人们行为的原因。也就是说，需要是消费者购买行为的原动力，动机是消费者购买行为的直接动力。

需要的理论很多，其中，马斯洛的需求层次理论对于我们了解消费者购买行为的形成很有启发。马斯洛（A. H. Maslow）于 1943 年提出著名的需求层次论（Need Hierarchy Theory），他认为人的需求按轻重缓急可分为 5 个层次，其中最基本的需求是生理需求，包括衣、食、住等方面的需求。如果生理的需求得到较充分的满足，就会出现安全的需求，包括就业、人身和财产安全的需求等。当人们的生理和安全需求得到相当充分的满足之后，就会发生社交的需求。在这种需求得到满足以后，又会出现尊重的需求，包括名誉、地位等方面的需要。在上述4个层次的需要得到满足以后，人们又会产生自我实现的需求，包括对自我开发和成就的需求。

上述各层次的需求，一般表现为越是低层的需求越必不可少，人们在关心社交和尊重需求之前，必须先满足生理和安全的需要；在关心自我实现需求之前，又必须先充分满足前四种需求。实践证明，人们对商品的需求是由低级向高级发展的，人们在满足吃饱、穿暖的生理需求之前，是不会对电视机、小汽车感兴趣的。当然，这5个层次也不是绝对依次排列的，不排除在一定条件下存在某些例外。例如，有些收入水平不太高的家庭，为了给子女提供取得成就的条件，往往不惜节衣缩食购买贵重商品等。这也说明消费者行为不仅取决于动机，还受其他因素的影响。

案例启迪

菲涅克的灵感

菲涅克是一名美国商人。在一次休假旅游中，小瀑布的水声激发了他的灵感。他带上立体声录音机，专门到一些人烟稀少的地方游逛。他录下了小溪、小瀑布、小河流水、鸟鸣等，然后回到城里制作出录音带高价出售。想不到他的生意十分兴隆，尤其买"水声"的顾客川流不息。许多城市居民饱受各种噪声干扰之苦，却又无法摆脱，而这种奇妙的商品能把人带入大自然的美妙境界，使那些久居闹市的人暂时忘却尘世的烦恼，还可以使许多失眠者在水声的陪伴下安然进入梦乡。

（2）动机

购买动机是推动消费者进行购买活动的愿望和设想。消费者的购买行为总是由一定的购买动机所引起的。因此，分析购买动机是了解消费者购买行为的起点。

知识拓展

需要与动机的关系

人们从事任何活动都是由一定动机所引起的。引起动机有内外两类条件：内在条件是需要，外在条件是诱因。需要经唤醒会产生驱动力，驱动有机体去追求需要的满足。既然如此，为什么不用需要直接解释人的行为后的动因，而是在需要概念之外引入动机这一概念呢？首先，需要只有处于唤醒状态，才会驱使个体采取行动，而需要的唤醒既可能源于内部刺激，亦可能源于外部刺激。换句话说，仅仅有需要还不一定能导致个体的行动。其次，需要只为行为指明大致的或总的方向，而不规定具体的行动线路。满足同一需要的方式或途径很多，消费者为什么选择这一方式而不选择另外的方式，对此，需要并不能提供充分的解释。

购买动机是由需要和欲望引起的，由于人们需要和欲望的复杂性，形成了多种多样的购买动机。从实际情况看，消费者在购买商品时，一般有以下几种常见的心理动机。

① 求实心理。这是一种以注意商品的实际使用价值为主要特征的心理。具有这种心理要求的消费者，在购买商品时比较注重商品或劳务的实际效用和质量，讲求经济实惠、经久耐用、使用方便等，而对商品外形、色彩、包装等不大追求。求实心理产生的原因可能是由于收入有限，也可能是收入并不很低，但注重传统习惯或生活节俭等。近年来，随着人们收入水平的提高、消费观念与方式的变化等，这种心理也正在发生变化，特别是对于那些式样陈旧的老商品，有些尽管很实用、价钱也不高，但是乐于购买的人却越来越少了。

② 求廉心理。这是一种以追求价格低廉为主要特征的心理。具有这种心理要求的消费者，对商品价格特别敏感，而对商品的实用性、耐久性等不太注意。因此，他们在选购商品时，往往对商品的价格进行反复比较，遇到折价、降价商品时容易激发消费者的购买行为。因此，市场营销人员要注意到这种心理要求，一方面努力降低产品成本；另一方面可以采取有效的价格策略，例如采用零头定价法、渗透定价法等。

③ 求名心理。这是一种以追求名牌或高档商品为主要特征的心理。这种心理产生的原因是：消费者对名牌商品的信任和偏爱，为了显示地位和购买力，赢得别人的尊敬或羡慕。具有这种心理的消费者往往是著名商标的忠诚购买者，或者不惜高价购买那些高档、豪华商品。可见，企业一旦创出自己的名牌，或推出引人注目的高档产品，就可以长期受益。但是要在消费者心目中树立起良好的印象绝非易事，需要经营者在产品质量、选料、性能、外观、包装、服务、广告宣传等方面做多方努力，精心培育名牌产品。另外，还可以适当采取高价策略，以显示产品品质优良、高雅或别具特色。

④ 求新心理。这是一种以追求新颖和流行产品为主要特征的心理。近年来，由于我国人民生活和文化水平的提高，生活观念的变化，人们对那些具有新功能、式样新颖的各类新产品越来越感兴趣。有些新产品即使价格高一些、实用价值变化并不大，但只要令人赏心悦目，人们都会争相购买，而对于那些总是一副老面孔的商品越来越不感兴趣。可见，在消费者当中，求新的心理要求越来越普遍。营销管理者要顺应这一发展趋势，重视新产品开发，在不断提高产品质量的基础上，以新取胜，吸引更多的顾客。

⑤ 求美心理。这是一种特别关注商品欣赏价值或艺术价值的购买心理。当人们的基本生活需要得到比较充分的满足以后，人们选购商品时就不仅考虑实惠耐用，还关心产品美化生活的作用。在现实生活中，有许多商品不仅可供使用，而且可供欣赏。例如，钟表产生于计时的需要，现在却又是一种装饰品。一般的规律是，人们的物质和文化生活水平越高，求美心理越强，特别是在年轻的消费者当中求美心理更加强烈。为此，企业要注意研究在不同时期、不同地区、不同文化背景下人们的审美观，针对目标市场的特征，设计出既可供使用又可供欣赏的商品，推出造型美、装饰美、包装美的商品，以更好地满足人们求美的心理。

（3）认知

认知是指消费者接受外界刺激所引起的反应或印象。对于各类企业的产品、价格和广告宣传等，消费者可以通过视觉、听觉、嗅觉、味觉、触觉产生某种感受，这种感受直接影响人们的购买行为。例如，两个具有同样购买动机的人，是否采取同样的购买行为还取决于他们的感受是否一致。消费者的感受具有选择性。首先，人们不可能注意和输入一切外部刺激，而是有选择地注意和输入与个人动机及经验有关的刺激，消费者一般总是看其想看的、听其想听的、触其想用的。因此，企业营销人员就要注意向企业的潜在用户发出促销信息，提高信息的接收率。同时，对于一个完全相同的外部激励，接收者的感受却可能各不相同，因为人们的主观需要、价值观、经验和所处环境不同,每个人常以自己的方式来注意及解释信息。为此,企业营销人员要注意消费者对各种产品广告、价格、服务等方面的认知,努力提高输出信息的适应性和质量,尽可能使广大消费者产生良好的印象和有利的反应。经营者可在一定程度上引导买方的感受。例如,在定价方面,奇妙的非整数价格策略,常常使消费者产生价格较低的感觉。

(4) 学习

消费者在行动的时候,同时也在学习。学习是指消费者从经验和各种信息中得到新的知识的过程。学习同样影响消费者的购买行为。例如,有时人们会持续地购买某种牌子的商品,往往因为通过学习过程了解到这种牌子的商品最能使自己满意。消费者总是自觉或不自觉地进行学习,并引起购买行为的改变。

个人的学习过程是由动因、刺激、诱因、反应与强化互相作用而进行的。动因是一种强大的内在刺激,它促使人们采取行动,当动因遇到某种相应的外部刺激物时(如某种新产品),就引起人们的购买愿望。人们对刺激物的反应如何,又受各种具体诱因的影响。例如,商品紧缺、积压、货币升值或贬值都会使人们做出不同购买时间的决策。消费者对所购商品感到满意时,他对这种商品的反应则得到加强,以后遇到相同的诱因就会产生相同的反应;若对所购商品感到不满意,以后遇到相同的诱因就不会产生相同的反应。例如,削价是一种诱因,使某消费者产生立即购买的反应,但在使用过程中他认为得不偿失时,以后再遇到削价情况就不会立即购买。对于市场营销者来说,不仅要提供引人注目的商品和广告信息等刺激人们进行购买,还要使商品货真价实,真正使消费者满意;而且要注意宣传良好的使用反应,使消费者的购买选择得到增强,发展为对本企业产品及牌子的偏好,引起重复购买,争取更多的用户。

(5) 态度

态度是指一个人对某些事物、事件和情境所持有的看法或行动倾向。人们几乎对各种事物都有自己的态度,例如对家教、政治、服装、饮食等。了解消费者的态度是十分重要的,因为态度形成人们对商品的喜好或反感,从而影响消费者行为。

消费者的态度往往受多种因素影响而形成。态度可以由个人直接经验引起,也可以由信息间接引起,并与接受信息的种类和数量有关。态度的形成与消费者自己的需求特点有关,例如消费者对恰好满足自己需求的产品总是持满意态度。消费者的文化素养、生活方式、生活经历等都影响消费者的态度。态度的形成也与消费者的亲友及所在集体有关。

态度与消费者行为有密切关系。了解大多数消费者对企业及其产品的态度和形成原因,及时发现不满情绪,有助于企业赢得消费者的友好态度。营销人员应当注意到,要改变消费者的不满态度往往是很困难的。因此,人们通常宁愿推出新产品而创造满意态度。当然,在有些条件下人们的态度也是可以改变的,这要靠企业采取切实有效的措施。例如,聘用有威望、可信赖的信息传输者,开展公共关系等,关键是要分析那些不满意的用户之所以不满意的原因,对症下药方能奏效。

案例启迪

本田摩托车打入美国市场

本田摩托车初入美国市场时,美国人对摩托车所持的态度相当不好,认为是飞车党的专用车，正派人士不用它作为交通工具。于是本田公司发起"你在本田摩托车上所看到的都是好人"的品牌形象宣传活动，选择在社会中有地位、威望高的职业人士，如大学教授、医生等为本田摩托进行广告宣传，慢慢地人们的态度发生了改变，最终本田摩托车打开了美国市场。

1.2.2 文化因素

文化有广义与狭义之分。广义文化是指人类创造的一切物质财富和精神财富的总和；狭义文化是指人类精神活动所创造的成果，如哲学、宗教、科学、艺术、道德等。社会文化是影响人们欲望和行为的重要因素。

每一个消费者都生活在一定的社会文化环境之中，虽然人们不一定能意识到它的存在，但却深受其影响。学习和遵循不同文化的人，就会接受不同的价值观、信仰、风俗习惯及行为准则等。因此，他们对于各类不同的产品和各种促销活动都会有不同的认识和评价，这种不同的认识和评价将有力地指导和调节消费者行为。

（1）核心价值观

一般来说，每一社会或群体的人们所共同持有的某些基本价值观念即核心价值观，具有较强的稳定性，在相当长的历史时期不会改变。这些价值观念是社会或群体所共有的，即使这一群体的成员不断更新，它们也会被延续下去，并且具有较强的抵制变革惯性。核心价值观往往会通过家庭、学校、宗教机构或其他社会组织得以强化。例如，大多数中国人恪守的"仁爱孝悌""精忠爱国""见利思义""诚信知报"等信念，绵延数千年，迄今仍未发生多大变化。对于这些核心价值观和信念，任何企业都无法或很难改变，合理的策略选择应是努力去适应，并在其经营理念中有所折射和反映，保持企业理念与社会核心价值观念的一致。否则，失败将是难免的。

一个社会或群体的文化中居于从属、次要地位的价值观，则是相对容易改变的。例如，随着人们收入和消费水平的提高，消费者将越来越注重购买和消费过程中的情感满足，并越来越追求消费的个性化，伴随这种变化的实际上是人们价值观的多元化。对于这些变化，企业就必须密切关注并随时做出适应性的反应。

（2）亚文化

每一种社会文化内部又可分为若干亚文化群，包括：① 民族亚文化群，例如我国的汉族、壮族、蒙古族、藏族、维吾尔族等；② 宗教亚文化群，例如佛教、伊斯兰教、基督教等；③ 地理亚文化群，例如我国的东北地区、华北地区、西北地区等。

亚文化群共同遵守较大范围的文化，但又各有不同的风俗习惯、生活方式、爱好和禁忌等，这使不同的亚文化群在选购商品、购买方式、对促销信息的反应等方面表现不同，这也是不同地区、不同民族和宗教信仰的消费者行为差别的根本原因。社会文化方面的影响也不是一成不变的，因为社会文化本身是随着时间的推移及各种不同文化的相互影响而不断发展变化的，这势必引起消费者行为的相应改变，从而给企业带来成功的机会或失败的威胁。在现实生活中，多数人都乐于学习和遵循自己的文化，因此，熟悉一种文化，有助于我们更好地研究消费者行为。

案例启迪

包装颜色象征的差异

风靡全球的可口可乐包装,在世界大部分地区销售采取的都是红白相间的色彩搭配,而在阿拉伯地区却变成了绿色包装,因为那里的人民酷爱绿色,对他们来说,绿色意味着生命和绿洲。再如,红色在中国人的观念里象征着热烈、吉祥、美好,但西方有些国家却有不同的理解,认为红色是一种危险的、令人不安的、恐惧的颜色,使人联想到流血、事故等。由于这种观念上的差异,我国出口到德国的鞭炮曾经被要求换成灰色的外包装才被接受。

1.2.3 社会因素

消费者行为不仅受其内在心理因素的影响,还受其社会特征的影响,主要包括社会阶层、相关群体、家庭等。

(1) 社会阶层

社会阶层是社会学家根据职业、收入来源、教育水平、价值观和居住区域对人们进行的一种社会分类,是按层次排列的、具有同质性和持久性的社会群体。

社会阶层具有以下特点:① 同一阶层的成员具有类似的价值观、兴趣和行为,在消费行为上相互影响并趋于一致;② 人们以自己所处的社会阶层来判断各自在社会中占有的地位高低;③ 一个人的社会阶层归属不仅仅由某一变量决定,而是受到职业、收入、教育、价值观和居住区域等多种因素的制约;④ 人们能够在一生中改变自己的社会阶层归属,既可以迈向高阶层,也可以跌至低阶层。

对于某些产品,社会阶层提供了一种合适的细分依据或细分基础。依据社会阶层制定市场营销战略要注意考虑以下步骤。第一步是决定企业的产品及其消费过程在哪些方面受社会地位的影响,然后将相关的地位变量与产品消费联系起来。为此,除了运用相关变量对社会分层以外,还要搜集消费者在产品使用、购买动机、产品的社会含义等方面的数据。第二步是确定应以哪一社会阶层的消费者为目标市场。这既要考虑不同社会阶层作为市场的吸引力,也要考虑企业自身的优势和特点。第三步是根据目标消费者的需要与特点,为产品定位。最后是制定市场营销组合策略,以达成定位目的。

应当强调的是,处于某一社会阶层的消费者会试图模仿或追求更高层次的生活方式。因此,以中层消费者为目标市场的品牌,根据中上层生活方式定位可能更为合适。例如,美国安休泽－布希啤酒公司根据社会阶层推出3种品牌的啤酒,每种品牌针对特定的消费阶层,采用不同的定位和营销组合策略,结果产品覆盖了80%的美国市场,获得极大成功。

观点透视

美国的社会阶层划分

美国学者柯尔曼·蕾茵沃特对美国社会阶层的研究结果如下。

① 上上层(0.3%):靠世袭而获取财富、贵族头衔的名副其实的社会名流。

② 上下层(1.2%):靠目前业务成就、社团领导地位起家的社会新贵。

③ 中上层（12.5%）：除新贵以外的拥有大学文凭的经理和专业人员，生活以事业、私人俱乐部和公益事业为中心。

④ 中产阶级（32%）：收入一般的白领工人和他们的蓝领朋友，居住在"较好的居民区"，力图干正事。

⑤ 工人阶级（38%）：收入一般的蓝领人。他们的收入、学历和工作性质背景不同，是过着典型的工人阶级生活的人。

⑥ 下上层（9%）：地位较低，但不是最底层的社会成员。他们有工作，不需要福利救济，生活水平只维持在贫困线之上。

⑦ 下下层（7%）：接受福利救济，在贫困中挣扎，通常失业或做"最脏"的工作。

（2）相关群体

每一个人都生活在各种各样的相关群体之中，并深受群体习惯、观念及群体中民意领袖的影响。因此，相关群体是指那些影响个人的思想、态度和行为的群体。相关群体可以是正式的，如工作集体、协会，也可以是非正式的，如某种时尚的共同追求者，其成员之间没有固定联系和统一活动，但是大家有共同的爱好。

① 主要的消费行为相关群体。

家庭。人的一生，大部分时间是在家庭里度过的。家庭成员之间的频繁互动使其对个体行为的影响广泛而深远。个体的价值观、信念、态度和言谈举止无不打上家庭影响的烙印。不仅如此，家庭还是一个购买决策单位，家庭购买决策既制约和影响家庭成员的购买行为，反过来家庭成员又对家庭购买决策施加影响。

朋友。朋友构成的群体是一种非正式群体，它对消费者的影响仅次于家庭。追求和维持与朋友的友谊，对大多数人来说是非常重要的。个体可以从朋友那里获得友谊、安全，还可以与朋友互诉衷肠，与朋友讨论那些不愿和家人倾诉的问题。

同事。虽然同事间不像家庭成员和朋友那么亲密，但彼此之间会有深层、密切的讨论和交流。组织内那些受尊敬和仰慕的成员的消费行为，可能会被其他成员谈论或模仿。同事间还会消费一些共同的产品，或一起消费某些产品。

购物群体。为了消磨时间或为了购买某一具体的产品而一起上街的几位消费者，就构成了一个购物群体。人们一般喜欢邀请乐于参谋且对特定购买问题有知识和经验的人一起上街购物。与他人一起采购，不仅会降低购买决策的风险感，而且会增加购物过程的乐趣。在大家对所购产品均不熟悉的情况下，购物群体很容易形成，因为此时消费者可以依赖群体智慧，从而对购买决策更具信心。

消费者行动群体。在西方消费者保护运动中，涌现出一种特别的社会群体，即消费者行动群体（Consumer-Action Groups）。它大致可分为两种类型：一种是为纠正某个具体的有损消费者利益的行为或事件而成立的临时性团体；另一种是针对某些广泛的消费者问题而成立的相对持久的消费者组织。大多数消费者行动群体的目标是唤醒社会对有关消费者问题的关注，对有关企业施加压力和促使它们采取措施矫正那些损害消费者利益的行为。

② 相关群体对消费行为的影响。

相关群体对消费者行为的影响主要表现在以下几个方面。

第一，相关群体是人们获取信息的主要来源。其中作用显著的信息是民意领袖发出的建议。每一个群体中都有民意领袖，这些人在群体中被公认为某个方面的专家，他们的行为和见解是其他成员最乐于学习和接受的信息。

第二，群体成员在行为上具有效仿性，一个群体成员常常受多数成员行为的影响，不自觉地效仿大家的行为。群体成员行为有模式化的倾向，每个群体总有其基本观念和行为准则，遵守这些准则在群体中就会受到赞扬，反之就会受到排斥。显然，这些都会影响消费者的行为。目前，有不少企业开始注意利用相关群体的影响作用。例如，请"民意领袖"做广告，借以影响其他群体成员，包括宣传营养学专家、工程师、体育明星对产品的评价等。有关调查表明，相关群体对不同商品的影响力有所不同。例如，对于消费者购买耐用消费品、药品、服装、饮料、香烟等影响较大，对于人们购买不太熟悉的商品影响也比较大，而对于一些低价、易耗的小商品影响很小。

③ 从众及群体压力。

从众（Conformity）是指个人的观念与行为由于受群体的引导或压力，而趋向于与大多数人相一致的现象。骚乱时不明真相的人跟着起哄，表决时跟着大多数人举手，都属于从众。实际的群体压力可以导致从众，想象的群体优势也会对人的行为造成压力。比如，我们在家里可以试穿新买的奇异服装，但在决定是否把它穿出去时，则要考虑大多数人的反应。一个人只有在更多方面与社会主流取得一致，才能适应其赖以生存的社会，否则会困难重重。任何一个人，不论多么聪明、多么富有知识，都不可能熟悉和了解每一种生活情境，因此需要采用从众方式使自己最大限度地适应未知世界。

消费者在很多购买决策上，会表现出从众倾向。比如，购物时喜欢到人多的商店；在品牌选择时，偏向于那些市场占有率高的品牌；在选择旅游点时，偏向于热点城市和热点线路等。

知识拓展

决定相关群体影响强度的因素

① 产品使用时的可见性。一般而言，产品或品牌的使用可见性越高，群体影响力越大，反之则越小。最初的研究发现，商品的"炫耀性"是决定群体影响强度的一个重要因素。

② 产品的必需程度。对于食品、日常用品等生活必需品，消费者比较熟悉，而且很多情况下已形成了习惯性购买，此时参照群体的影响相对较小。相反，对于奢侈品或非必需品，如高档汽车、时装、游艇等产品，购买时受参照群体的影响较大。

③ 产品与群体的相关性。某种活动与群体功能的实现关系越密切，个体在该活动中遵守群体规范的压力就越大。例如，对于经常出入豪华餐厅和星级宾馆等高级场所的群体成员来说，着装是非常重要的。

④ 产品的生命周期。当产品处于导入期时，消费者的产品购买决策受群体影响很大，但品牌决策受群体影响较小。在产品成长期，参照群体对产品及品牌选择的影响都很大。在产品成熟期，群体影响在品牌选择上大而在产品选择上小。在产品的衰退期，群体影响在产品和品牌选择上都比较小。

⑤ 个体对群体的忠诚程度。个人对群体越忠诚，他就越可能遵守群体规范。当参加一个渴望群体的晚宴时，在衣服选择上，我们可能更多地考虑群体的期望；而参加无关紧要的群体晚宴时，这种考虑可能就少得多。

⑥ 个体在购买中的自信程度。有些产品，如保险消费，既非可见又与群体功能没有太大关系，但是它们对于个人很重要，而大多数人对它们又只拥有有限的知识与信息。这样，群体的影响力就由于个人在购买这些产品时信心不足而强大起来。

（3）家庭

家庭作为一个特殊群体，对消费者行为的影响最为深刻。因为家庭对一个人的教育和影响是长期的、直接的、广泛的。家庭的规模、收入、结构、生命周期、成员间的关系等都会影响个体的购买行为。

① 家庭生命周期与消费。

单身阶段：虽然收入不高，但由于没有其他方面的负担，收入的大部分用于支付房租、购买个人护理用品、基本的家用器具，以及用于交通、度假等方面。这一群体比较关心时尚，崇尚娱乐和休闲。

新婚阶段：这一阶段始于新婚夫妇正式组建家庭，止于他们的第一个孩子出生。为了形成共同的生活方式，双方均需要做很多调整。一方面，共同的决策和分担家庭责任，对新婚夫妇是一种全新的体验；另一方面还会遇到很多以前未曾遇到和从未考虑过的问题，如购买家庭保险、进行家庭储蓄等。

满巢Ⅰ。它是指由年幼（6岁以下）小孩和年轻夫妇组成的家庭。孩子的出生常常会给家庭生活方式和消费方式带来很多变化。然而，孩子的出生带来很多新的需要。家庭需要购买婴儿食品、婴儿服装、玩具等很多与小孩有关的产品。同时，在度假、用餐和家居布置等方面均要考虑小孩的需要。

满巢Ⅱ。最小的孩子已超过6岁。因为孩子不需要大人在家里照看，夫妻中原来专门在家看护孩子的一方也已重新工作，这样，家庭经济状况得到改善。

满巢Ⅲ。它是指年纪较大的夫妇和他们仍未完全独立的孩子所组成的家庭。此一阶段，孩子中有的已经工作，家庭财务压力相对减轻。由于户主及其配偶双双工作，加上孩子也不时能给一些小的补贴，所以家庭经济状况明显改善。

空巢阶段：空巢阶段始于孩子不再依赖父母，也不与父母同住，也许是家庭经济上和时间上最宽裕的时期。此阶段会出现一些补偿性消费，如继续接受教育、培养新的嗜好、夫妻单独出外旅游等。

在空巢的后期，户主到了退休年龄，经济收入随之减少。由于大多数人是在身体很好的情况下退休，而且退休后可用的时间特别多，所以不少人开始追求新的爱好和兴趣，如外出旅游、参加老年人俱乐部等。

解体阶段：当夫妻中的一方过世，家庭进入解体阶段。如果在世的一方身体尚好，有工作或有足够的储蓄，并有朋友和亲戚的支持和关照，家庭生活的调整就比较容易。由于收入来源减少，此时在世的一方，过上了一种更加节俭的生活方式。而且，这样的家庭会有一些特殊的需要，如更多的社会关爱和照看等。

② 家庭购买决策。

在购买决策过程中，家庭成员经常扮演不同的角色。这些角色是：发起者，第一个提出建议；影响者，以某些建议影响决策者；决策者，做出买与不买、何时买、怎样购买的决策；购买者，实际购买人；使用者，实际使用所购买商品的人。

企业营销人员要注意分析在本企业产品的购买决策中，家庭中每个成员一般担任什么角色，以便有的放矢地开展促销活动。实际情况表明，在对不同产品的购买行为上，家庭成员在购买决策中的角色和作用是有规律的。例如，在购买贵重商品时，决策者往往是家庭中所有成员，而在购买日常生活用品时是有分工的。

案例启迪

购买"山地自行车"

小东是一名中学生，他的同学每个人都有一辆山地自行车，他们总是嘲讽骑着一辆老式自行车的小东。在同学们的刺激下，小东也想买一辆山地自行车，但他明白，如果这个事情直接跟父母提出，可能会被否决。

小东在仔细思量后，先做外婆的思想工作，对外婆说了一大通理由，如学习的重要性、安全性、效率等，终于说服了外婆。当晚上一家人坐在一起吃晚饭时，小东对外婆使了使眼色，外婆对小东父亲说："是不是应该考虑给孩子买一辆山地自行车了？"小东父亲非常为难，如果说"不"，可能会让老人很没面子；但如果说"行"，经济上是一个问题。小东的父亲经过一番思想斗争，说："行，那我们就买吧。"这时，在小东家吃饭的小东舅舅说："要买自行车，这个好办，我在××自行车厂认识一个朋友，可以买到很便宜的。"没过两天，小东舅舅就从厂里把山地自行车买回来了。

在这个案例中，小东的奶奶是影响者，小东的父亲是决策者，小东的舅舅是购买者，而小东才是真正的使用者。如果小东的奶奶、父亲、舅舅都置之不理，小东也不会骑上新的山地自行车。

1.2.4 个人因素

个体消费者之所以对各种商品、广告、价格等有不同的反应，除受心理因素的影响外，还受个人因素包括年龄、性别、收入和职业等方面的影响。

（1）年龄

年龄对消费者行为有显著的影响。这不仅表现在对商品的需求和偏好方面，也表现在人们的购买习惯和方式等方面。处在同一年龄阶段的人总有一些规律性的行为。例如，多数老年人偏好他们熟悉的传统商品，重视商品的实用性和耐久性等；中年人选择商品时比较慎重，注意推敲；而青年人则喜欢款式新颖的商品，容易冲动购买。

随着人口老龄化进程的加快，我国银发市场存在着很大的商机。从老年人的衣食住行到养老、陪伴等需求，目前都有很大的市场空间。服装市场、食品市场还尚未形成专门针对老年群体需求的领导品牌。以往，我们都认为老年人比较节俭，不舍得在自己身上花钱。事实上，随着社会的进步，老年人的消费观念也在不断地变化，部分老年人的补偿性消费心理明显。随着子女的成家立业，老年人的生活负担减轻了，同时，国家社会保障的日趋完善，使老年人的可支配收入逐渐增长，因此，老年人的消费能力也逐渐增强，这为老年人市场的发展奠定了基础。

（2）性别

由于消费者性别的不同，对商品往往有不同的要求，也给其购买行为带来差异。例如，女性消费者对挑选商品有耐心，注意细节，喜欢流行式样；而男性消费者购买商品时往往比较果断，选择时间也比较短。

营销新视野

女性消费引领我国消费升级

过去 20 年，我国女性收入增长迅速，女性购买力显著增强，这直接推动了女性消费品市场的快速成长。女性消费作为我国主要的消费群体，消费方式正向提升和体现生活品质方向转变。女性消费市场的范围也从原有的食品、首饰、化妆品领域扩展到旅游、汽车、商品房、奢侈品等领域，且具有高端化、品牌化的行业趋势。

有调查表明，有 56%的女性曾受打折影响而购买了不需要或不打算买的东西，40.8%的女性曾为店内 POP 及现场展销而心动并实施购买，22.8%的女性受广告影响买了没用的东西或不当消费。50.7%的青年女性都有过受到促销人员诱导而消费不当产品的经历，55.5%的青年女性受朋友影响消费了本不打算消费的产品或服务，在极端情绪中购物消费的女性多达46.1%。93.5%的 18~35 岁的女性都有过各种各样的非理性消费行为，非理性消费支出占女性消费总支出的比重超过 20%。

女性掌握了家庭消费的发言权。据统计，中国家庭中，妻子掌握财权的占 40%以上，而丈夫理财的只有 20%。在家庭消费中，女性常常是决策者和执行者，她们不仅对自己所需的消费品有购买决策权，由于还承担了多种家庭角色，因此也是绝大多数家庭成员生活用品的购买者。

（3）收入

收入是与消费者行为直接相关的一个重要因素。消费者的收入情况包括收入水平、收入来源和时间等，都直接影响人们的需求结构和购买行为。例如，当人们收入水平较低时，最关心生活必需品，选购商品重视实用性；当人们收入水平较高时，则对娱乐性商品、奖券、高档消费品等感兴趣。当人们收入稳定时，会乐于购买分期付款的商品；而当人们收入不稳定时，花钱就比较慎重。收入水平直接决定着人们现实的购买力，显然这对于企业制定产品、价格等策略是十分重要的。

（4）职业

职业影响着人们的需求结构、选购商品时追求的利益、生活习惯和购买习惯等。所以，一个工人和一个运动员、一个医生和一个农民，虽然收入可能相同，但是却有不同的购买行为。从国内外情况看，职业影响的一个突出情况就是，近年来妇女就业数量的增加和范围的扩大，引起了整个女性消费者行为的显著变化。

（5）自我概念

自我概念是个体对自身一切的知觉、了解和感受的总和，它是个体自身体验和外部环境综合作用的结果。一般认为，消费者将选择那些与自我概念相一致的产品与服务，避免选择与自我概念相抵触的产品和服务。

在很多情况下，消费者购买产品不仅仅是为了获得产品所提供的功能效用，而是要获得产品所代表的象征价值。对购买者来说，购买劳斯莱斯、宝马、沃尔沃汽车，显然不是购买一种单纯的交通工具。某些拥有物不仅是自我概念的外在显示，它们同时也是自我身份的有机组成部分。从某种意义上说，消费者是什么样的人是由其使用的产品来界定的。如果丧失了某些关键拥有物，那么，他或她就成了不同于现在的个体。

（6）生活方式

生活方式就是人如何生活。具体地说，它是个体在成长过程中，在与社会诸因素交互作用下表现出来的活动、兴趣和态度模式。研究消费者生活方式通常有两种途径：一种途径是研究人们一般的生活方式模式；另一种途径是将生活方式分析运用于具体的消费领域，如户外活动，或与公司所提供的产品、服务最为相关的方面。在现实生活中，消费者很少明确地意识到生活方式在其购买决策中所起的作用。例如，在购买登山鞋、野营帐篷等产品时，很少有消费者想到这是为了保持其生活方式。然而，追求户外活动和刺激生活方式的人可能不需多加考虑就购买这些产品，因为这类产品所提供的利益与其活动和兴趣相吻合。

观点透视

你愿意花钱购买有社会责任感的企业的产品吗？

联合利华首席执行官保罗·波尔曼表示，今天的消费者愿意花钱购买有社会责任感的企业生产的产品。不过，尽管波尔曼的话掷地有声，仍能从中听出几分沮丧情绪。他表示，还是这些消费者，他们中的许多人并没有领悟产品符合道德标准的重要意义。"有些产品是通过非法砍伐森林生产的，消费者不太清楚购买此类产品意味着什么。"波尔曼说，"所以，你必须发起一个消费者教育计划。"

很多消费者表示，他们在意产品是不是以负责任的方式生产。但当他们去超市时，购买的产品却同以往没什么区别。这被称为"3:30 悖论"：30%的消费者声称自己是负责型消费者，但真正负责任的只有3%。

有迹象显示，这种情况正在改变。2010年，世界各地的公平贸易（向农户承诺一个收购底价）产品销售额增长了27%，达到44亿欧元。在某些特定的市场，公平贸易产品销售额的增幅相当显著。但公平贸易的总量仍然不大。各方的数字均显示，全球公平贸易销售额仅相当于家乐福2010年销售额的4.4%。不管市场调研机构的研究结果如何，负责型消费者只占很小一部分。

2010年，三位澳大利亚学者在《商业伦理期刊》(Journal of Business Ethics)发表了一篇题为《为何负责型消费者言行不一》的研究论文，对这种"行动与意图的分离"提出了两个可能的解释：第一个解释是，消费者向市场调研人员表达了自己所认为的、可被社会接受的观点，但掉过头来，自己想买什么还买什么。第二个解释是，消费者确实是想做负责型消费者，但事实证明，他们购物时要做到这一点实在太难了。他们要么找不到良知产品（Ethical Goods），要么这类产品太贵，要么就是孩子分散了他们的注意力。

企业如何鼓励更多的消费者购买它们生产的良知产品呢？澳大利亚学者迈克尔·斯卡平克给出了建议：把这些产品摆在显眼的位置，并适当降价。

1.3 消费者购买的行为类型

消费者在实际购买活动中产生各种各样的购买行为，其中一些带有普遍性的行为就成为消费者的购买行为类型。

1.3.1 根据介入度和品牌差异度划分的行为

根据购买者的介入度和品牌差异度，消费者的购买行为可划分为如图 3-2 所示的四种类型。

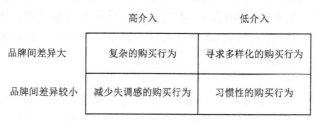

图 3-2　四种购买行为类型

（1）习惯性的购买行为

习惯性的购买行为是指消费者并未深入收集信息和评估品牌，只是习惯于购买自己熟悉的品牌，在购买后可能评价也可能不评价产品。

对于习惯性的购买行为的主要营销策略是：利用价格与销售促进吸引消费者试用，开展大量重复性广告，加深消费者印象，增加购买参与程度和品牌差异。

（2）减少失调感的购买行为

减少失调感的购买行为是指消费者并不广泛收集产品信息，并不精心挑选品牌，购买决策过程迅速而简单，但是在购买以后会认为自己所买产品具有某些缺陷或其他同类产品有更多的优点，进而产生失调感，怀疑原先购买决策的正确性。

对于这类购买行为，营销者要提供完善的售后服务，通过各种途径经常提供有利于本企业产品的信息，使顾客相信自己的购买决定是正确的。

（3）寻求多样化的购买行为

寻求多样化的购买行为是指消费者购买产品有很大的随意性，并不深入收集信息和评估比较就决定购买某一品牌，在消费时才加以评估，但是在下次购买时又转换其他品牌。转换的原因是厌倦原口味或想试试新口味，是寻求产品的多样性，而不一定有不满意之处。

对于寻求多样性的购买行为，市场领导者和挑战者的营销策略是不同的。市场领导者通过占有货架、避免脱销和提醒购买的广告来鼓励消费者形成习惯性购买行为。而挑战者则以较低的价格、折扣、赠券、免费赠送样品和强调试用新品牌的广告来鼓励消费者改变原习惯性的购买行为。

（4）复杂的购买行为

如果消费者属于高度参与，并且了解现有各品牌、品种和规格之间具有的显著差异，则会产生复杂的购买行为。复杂的购买行为是指消费者购买决策过程完整，要经历大量的信息收集、全面的产品评估、慎重的购买决策和认真的购后评价等各个阶段。

对于复杂的购买行为，营销者应制定策略帮助购买者掌握产品知识，运用各种途径宣传本品牌的优点，影响最终购买决定，简化购买决策过程。

1.3.2 按消费者购买特征划分的行为

（1）习惯型购买行为

有些消费者通常根据自己过去的使用习惯和爱好购买商品，或总是到自己熟悉的地点去购买商品，这种行为被称为习惯型购买行为。他们一般比较忠于自己熟悉的商品、商标和经销商，选择商品和购买地点时具有定向性、重复性。因此，他们在购买商品时目标明确，见到自己惯用的商品就果断采取购买行动，不需要进行反复推敲和比较，成交速度较快。这是一种简单的购买行为，接待该类消费者比较省时、省事，但是，应使他们感到服务热情、周到、购买便利，以此来强化他们的习惯型购买行为。

（2）理智型购买行为

有些消费者习惯于在反复考虑、认真分析、选择的基础上采取购买行为。他们购买商品时比较慎重、有主见，不轻易受广告宣传、商品外观以及其他人购买行为的影响，而是对商品质量、性能、价格和服务等认真分析，细心比较。理智型购买行为的消费者实际购买时间比较长，接待这类顾客要实事求是、耐心地介绍商品，努力促成交易。尽管比较费时、费事，但是，他们一旦决定购买，也比较果断，并且对商品很满意。

（3）价格型购买行为

价格型购买行为以商品价格作为选择商品的主要条件。具有这种购买行为的消费者对商品价格比较敏感。其中有些人总喜欢购买廉价商品，甚至在没有购买意向的情况下，见到廉价商品也会采取购买行动。企业经营者可以以廉价商品来吸引这类顾客，但要注意如实介绍商品，促使消费者做理智思考。还有些价格型消费者特别信任高价商品，认为这类商品用料上乘、质量可靠，即所谓"一分价钱一分货"，所以常乐于购买高价商品，认为这样可以使自己的需求得到更好的满足。

（4）冲动型购买行为

属于冲动型购买行为的消费者，经常是在广告、商品陈列、使用示范和商品包装等因素刺激下购买商品的。他们在挑选商品时主要凭直观感受，而很少做理智性思考，不大讲究商品的实际效用和价格等，因喜爱或因他人争相购买，就会迅速购买。生动的广告、美观的商品包装、引人注目的商品陈列等，对于吸引这类消费者效果十分显著。

（5）想象型购买行为

有些消费者往往根据自己对商品的想象、评价或联想选购商品。该类消费者在购买商品时，比较重视商品名称、造型、图案、色彩，选择那些含义符合自己意愿、向往的商品，这是一种比较复杂的购买行为。他们不仅希望通过购买商品得到使用价值，而且希望得到某些象征价值，如绿色的商品使人感到生机勃勃、精美的造型给人带来某种美好的联想等。具有这种购买行为的消费者通常对商品有很高的鉴赏力，想象丰富、评价深刻，他们的选择对相关群体影响比较大。因此，企业不仅要关注商品质量、价格等，还要重视商品外观设计、名称和图案选择丰富动人、刻意求新，吸引想象型的购买者，满足消费者更高层次的需求。

（6）随意型购买行为

有些消费者对商品没有固定的偏好，不讲究商品的商标和外观等，往往是随机地购买商品，这类行为被称为随意型购买行为。它有两种表现：一种是不愿为购买商品多费精力，需要时遇到什么就买什么，图方便和省事；另一种是购买者缺乏主见或经验，不知道怎样选择，乐于效仿他人行为，卖方的建议对其影响也很大。

在现实生活中，人们的购买行为模式如何，与产品特性有直接联系。人们在购买不同类别的商品时，往往会采取不同的行为模式。例如，在购买一般生活用品时，属于随意型、习惯型较多；而对于高档耐用消费品，多数人采取理智型；对于服装、礼品等，则以冲动型或价格型者居多。

营销新视野

二维码改变了人们的生活

二维码（QR 码）用途越来越广泛。二维码印刷在报纸、杂志、广告、图书、包装以及个人名片等多种载体上，用户只需通过手机软件扫一下，用户所需要的信息就能很快显示在他的手机屏幕中。手机二维码被越来越广泛地应用于电子票务领域，如电影票、电子优惠券、电子会员卡等。

用户通过手机摄像头扫描二维码或输入二维码下面的号码、关键字即可实现快速手机上网，快速便捷地浏览网页，下载图文、音乐、视频，获取优惠券，参与抽奖，了解企业产品信息，而省去了在手机上输入 URL 的烦琐过程，实现一键上网，大大提高了便利性。同时，还可以方便地用手机识别和存储名片，自动输入短信，获取公共服务（如天气预报），实现电子地图查询定位、手机阅读等多种功能。

在日韩等配备二维码成熟方案支撑的地区，二维码的应用普及率达到 96%以上。5 年前日本使用手机二维码的用户就已经达到 6 000 万人，在街头随处可见标有二维码的商品、广告、电影票、优惠券，其流行和普及程度绝不亚于短信。全球三大零售商之一的 TESCO 也在韩国地铁、公交站建设虚拟商场，用户可以通过二维码进行购买，这已经成为一种潮流。纽约中央公园将与其相关的资料、历史事件、景点介绍编写成二维码，放置在公园的多个景点，让游客们更便捷地获取相关资讯。根据 Forrester 的研究，5%的美国成人用户使用智能手机进行二维码扫描（包括 QR 码）。在智能手机用户中，艾瑞咨询调查数据显示，有 53%的用户曾使用手机二维码参与兑换、打折等交易活动，52%的人用来获取额外信息。数据显示，女性使用二维码的比例最大，占比 64%。一半以上的二维码都出现在产品包装上。为了获取优惠而扫描二维码的用户达到了 89%。二维码的商业应用主要有：产品信息、优惠、社交媒体、房地产信息、移动支付、电子券、APP 下载等。如今，星巴克开始支持二维码结账，各大顶级品牌也相继加入二维码大战，连社交网络用户也不甘人后。

不仅如此，二维码的广泛流行激发了很多创意。艺术家曾在油画和照片中嵌入二维码；乐队在单曲和 MV 中提供二维码，扫描后直接链接到官方网站；还出现了整本由二维码组成的阿西莫夫短片漫画集《最后的问题》。最特别的应用应该是把二维码刻在墓碑上——出现在日本，墓碑上的二维码会链接到网站，最近拜访过的人还可以在网站上留下评论供牧师或者死者亲友查看；二维码帮助人们创建了一个虚拟的、为了纪念逝者的社交网络。

1.4 消费者购买的决策过程

消费者实际购买活动的过程，一般包括以下阶段：认识需要、收集信息、分析评价、购买决策与实施购买以及购后行为。消费者购买活动早在实际购买行为发生之前就已经开始了，而且会持续到购买到商品以后。因此，市场营销人员不仅要关注交钱取货这一实际购买行为，还要研究消费者整个购买活动过程，根据消费者在购买过程中的各个阶段的心理和行为特征，采取相应的营销策略，更好地满足消费者的需要，有效地影响消费者采取有利于本企业的购买决策和行为。

1.4.1 认识需要

需要是购买过程的起点。当消费者发现现实状况与其所想达到的状况之间有一定的差距时，就会产生解决问题的要求。需要可能由人体内在机能的感受引起，如口渴驱使人寻找饮料；也可能由特定的外部环境刺激所引发，如看到别人吃东西而引起食欲。

一般而言，以下因素会促使消费者产生购买需要：① 物品的短缺。当某些物品即将用完或失去效用时，会使消费者感到需要。② 收入的变化。收入的增加或减少，均会使消费者对需要的认识发生变化。③ 消费的潮流和时尚。消费者生活的时代或地区的消费时尚或潮流，会刺激或影响消费者对所需要产品的选购。④ 促销的力度。企业的各种促销活动能强有力地影响消费者的欲望和购买行为。

在这一阶段，企业营销的任务是通过造就特定的外部环境，刺激消费者对需要的感受。可通过市场调研，了解消费者产生的是哪些需要，这些需要为何产生，然后考虑如何通过对这些需要的刺激和引导，把消费者引向特定产品的购买上。营销人员要发掘与本企业及其产品有关的驱使力，有效地规划刺激、强化需要驱使力的刺激物和提示物，如商品的展示、促销的广告，从而顺利引发和深化消费者对需要的认识。

1.4.2 收集信息

消费者认知需要后，一般会进一步收集满足需要所需商品的有关信息。消费者收集信息的积极性，会因需要的强度有所不同。对需要感到十分迫切的消费者，会主动去寻找信息；需要强度较低的消费者，不一定会积极主动去寻找信息，但会对有关的信息保持高度警觉而又反应灵敏的状态。消费者所需信息的范围和数量，一方面取决于购买的类型，一般初次购买的信息要多、范围较广，而重复购买所需信息则较少；另一方面取决于消费者的风险感，价格越高、使用时间越长的商品，消费者风险感越大，越会努力搜寻更多的信息。

消费者的信息主要来源于相关群体、广告、推销员的介绍、经销商的推荐、展销会、新闻媒体及消费者个人的经验等。

在这一阶段，企业要设计和安排恰当的信息传播途径和沟通方式，采用对目标顾客群影响最大、效果最好的信息传播组合方式，向消费者传达更多本企业的商品信息，激发消费者的兴趣和注意力，进一步引导购买行为。

营销新视野

消费者正在变成"数字技术控"

随着更多的人使用各种数字设备和平台，消费者的行为方式正在迅速发生变化。调查表明，使用现金的数字平台和数字媒体的细分人群日益增加。

社交网络作为占主导地位的数字化沟通渠道脱颖而出。对于许多人来说，社交网络已经取代了电子邮件、手机短信和电话，成为首选的沟通渠道。随着消费者在社交网络上花费的时间越来越多，他们决定购买什么商品，往往反映了与朋友和其他具有影响力的人互动的结果。作为回应，营销人员正在调整自己的营销战略，以影响日益网络化的消费者，将更多的注意力放在营销策略上。

随着智能手机的使用日益增多，处理能力不断增强，并借助于3G和4G数据网络不断提高的速度，移动设备正在大举入侵单一用途设备以及个人电脑的传统领域。越来越多的智能手机用户已经在使用智能手机购物和消费了。

随着数字平台的不断增多，消费者观看视频的习惯也在不断改变。有调查显示，69%的人在自己的电脑上观看视频，33%的人在自己的智能手机上观看视频，24%的人在自己的电视上观看互联网上的内容。如今，付费电视公司一开始就能提供用平板电脑和移动设备收看的电视节目。

同时，网页搜索和食品提供商也看到了市场机会，它们可以帮助消费者浏览各个细分领域的在线视频，其角色类似于传统的电视节目打包提供商。广告客户必须完善自己的营销计划，使它们能反映这种新的视频观看行为，并针对那些采取"时间平移"收看方式，以及将自己的注意力分配给多个数字平台的用户，获取营销创意。

一场数字革命已经兴起，它将颠覆我们的互动、娱乐、购物和工作方式。

1.4.3 分析评价

消费者在收集信息的基础上，会进一步通过对信息的选择和评价来识别最适合自己需要的品牌。

（1）备选品牌

选择是消费者对购买对象不断缩小范围，有关概念不断清晰的过程。如消费者要购买某一品牌的产品，在选择的过程中，通过比较和判断，会将对某类品牌的知晓范围，进一步缩小到考虑范围，再进一步缩小到备选范围，经过反复比较、权衡得失，最后决定购买某一品牌。

在这个过程中，企业要力求通过补充消费者进行购买决策所需的各种信息，使自己的产品进入其知晓范围、考虑范围，进而进入其备选范围，成为其决定购买的对象。另外，还要分析消费者在这个过程中，用于选择的标准是什么，以及他如何建立这一标准，即进行评价。

（2）品牌评价

如果假定消费者是在有意识和理性的基础上对产品进行判断，那么消费者的评价过程应包括以下几个方面。

① 建立产品属性概念。一种产品在消费者的心目中，首先表现为一系列基本属性的集合。消费者对各种产品的关心程度，因个人重视程度不同而异。消费者十分注意那些与其需要相关的属性。如照相机，照片清晰度、速度、体积大小、价格；电脑，信息存储量、图像显示能力、外形、重量；牙膏，洁齿、防治牙病、香型等。

② 建立品牌形象概念。消费者可能会因对不同品牌所具属性及其他特质评价的不同，形成不同的品牌形象认知。这种认知表征了其对某个品牌的信念。

③ 建立理想产品概念。消费者在购买之前，会根据期望从产品中得到的满足，而形成头

脑中一个理想产品的概念。市场上实际出售的产品，未必完全符合消费者的理想。消费者只能在理想产品概念的前提下，做某些修正，考虑最接近理想的产品。

（3）企业营销

在这一阶段，企业营销可采取以下措施，提高产品的选择率：① 修正产品的某些属性，使之接近消费者的理想产品；② 改变消费者对品牌的信念，通过广告和宣传报道努力消除其不符合实际的偏见；③ 引导消费者注意被忽略的属性，设法提高消费者对自己产品优势性能的注意；④ 改变消费者心目中的理想产品形象，引导消费者建立更符合实际的选择标准；⑤ 改变消费者对竞争品牌的信念，可运用比较广告等促销手段，改变消费者对竞争品牌有关属性或地位的认知。

1.4.4 购买决策与实施购买

通过选择评价，消费者会形成购买意向，做出购买决策，并采取购买行动。

（1）购买决策

这一阶段消费者除了要对购买的商品品牌、价格、产品属性等核心内容做出决策外，还要考虑以下问题。

① 何时购买。消费者购买商品的时间受到消费地区、商品性质、季节、节假日和忙闲的影响，商品的性质不同，购买的时间也不一样。市场营销者必须研究和掌握消费者购买商品的时间、习惯，以便在适当的时间将产品推出市场。

② 何处购买。消费者在何处做出购买决定，同商品类别有密切联系。有些商品，如日用消费品和食品，一般是在购买现场做出决定，现场购买；而对另一些商品，如家用电器、成套家具、高档服装等，在实际购买前，往往先做出决策，然后再去购买。企业在拟定促销计划时，应考虑这两种情况。如果是属于现场决定购买的商品，应注重包装、陈列，加强现场广告宣传，以促进消费者现场决定购买。如果是属于在事先做出决定购买的商品，则应通过各种传播媒介来介绍产品性能、特点和服务措施等，来影响消费者做出对本企业有利的购买决定。

③ 如何购买。如何购买是指消费者购买的方式，这涉及零售企业的经营方式和服务方式，不同的消费者对不同商品的购买，有不同的要求。如有些消费者愿在超级市场自选，有些愿就近购买或通过电话、电脑在家购物；有些消费者愿一次付清货款，有些则需要分期付款等。此外，对不同种类的商品，购买方式也有所不同。企业可根据消费者购买行为的不同特点来确定商品的分销途径。

④ 由谁购买。消费通常是以家庭为单位进行的，但购买决策者一般是家庭中的某一个或几个成员。究竟谁是决策者，要依不同商品而定。有些商品在家庭中的发起者、决策者、使用者和实际购买者，往往是不一致的，营销者必须了解谁是决策者、谁是影响者、谁参与购买过程，从而有针对性地开展促销活动，才能取得最佳效果。

（2）实施购买

消费者对商品信息进行比较和评选后，已形成购买意愿，然而从购买意图到决定购买之间，还要受到两个因素的影响。

① 他人的态度。消费者的购买意图，会因他人的态度而增强或减弱。他人的态度对消费意图影响力的强度，取决于他人态度的强弱及他与消费者的关系。一般说来，他人的态度越强、他与消费者的关系越密切，其影响就越大。例如，丈夫想买一台大屏幕的彩色电视机，

而妻子坚决反对，丈夫就极有可能改变或放弃购买意图。

② 意外的情况。消费者购买意向的形成，总是与预期收入、预期价格和期望从产品中得到的好处等因素密切相关的。但是当他欲采取购买行动时，发生了一些意外的情况，诸如因失业而减少收入、因产品涨价而无力购买，或者有其他更需要购买的东西等，这一切都将使他改变或放弃原有的购买意图。

例如，在对100名声称年内要购买A牌家用电器的消费者进行追踪调查以后发现，只有44名消费者实际购买了该种产品，而真正购买A牌家用电器的消费者只有30名。因此，只让消费者对某一品牌产生好感和购买意向是不够的，还需要真正将购买意向转为购买行动。

案例启迪

废纸条里的商机

在日本九州一家大百货公司——常磐百货公司，这里的经理有一个奇怪的"嗜好"，那就是收拣顾客丢弃在百货店废纸篓里的纸条。管理着成百上千号人的公司经理，为什么要拣那些废弃的纸条？

原来，许多日本人都有一个习惯：去商场购物前，要做一番计划，需要买什么东西，买什么牌子、型号、价位，买多少等，都要尽量考虑周全，为避免遗漏和无谓的消费，他们往往将需购物品列成一份清单。当他们购物完毕后，多半就将那张清单丢弃到百货店的废纸篓里。

然而这些废纸条却成了经理的宝贝。他坚持收拣这些纸条，并将它们分类整理，了解顾客对哪几类商品和品牌感兴趣，在哪个季节对哪几类商品的需要比较集中，以及如何进行商品搭配，最后整理的结果就被列入公司制订的进货计划中。

1.4.5 购后行为

买到产品后，消费者在使用过程中感受如何，对购买到的产品是否满意，产品在丧失其使用价值之后，消费者如何对其进行处理，这些均属于购后行为。

消费者购买商品以后，会通过使用或消费，检验自己的购买决策，重新衡量购买是否正确，确认满意程度，以便作为今后类似购买活动的决策参考。对于企业来说，分析消费者的买后感受是十分重要的，因为消费者的买后感受、使用经验等，对企业的声誉和今后业务的发展有很大影响。消费者对某种商品的买后感受如何，不仅直接决定着他是否重复购买，而且往往会把感受告诉周围的亲朋好友，从而影响其他人的购买决策。获得消费者满意的感受就是最好的广告，满意的消费者能帮助企业扩大市场，提高企业的信誉；反之，就会使顾客减少、企业信誉受损。

知识拓展

对顾客满意的两种解释

如果用经济学和心理学来分析顾客满意，会有不同的解释。

经济学一般用效用、消费者剩余等理论来分析顾客满意。效用是指个体从产品或服务中获得的好处和满足，是人的心理感受。效用理论说明了消费者对产品的评价标准是效用的大小。消费者剩余是指消费者基于产品评价所决定的愿意支付的价格与实际价格的差额。消费者剩余理论揭示了消费者剩余越大，消费者对产品越满意。

用心理学来解释顾客满意的主要代表理论是认知失调理论。这种理论认为消费者的行为是以一系列的预期、判断、选择，并朝着一定目标的认知为基础的。消费者如果在两个认知因素之间出现了失调，就会主动驱使自身去减少这种矛盾，力求恢复平衡。消费者购买前的预期与购买后的体验是两个认知因素，当购买后体验大于预期时，顾客就满意；反之，顾客就不满意。满意和不满意都会驱动顾客采取相应的购买后行为。

企业一方面要真正从消费者需要出发，设计和生产符合消费者需要的产品，提供良好的服务，争取得到购买者的满意评价。另一方面，要认真了解消费者的买后感受，一旦发现消费者的不满意感，要及时采取措施，帮助消费者解决使用中的问题，从中发现企业的不足，并进一步加以改进。

综上所述，消费者的购买决策是一个复杂的过程，在每一阶段，消费者都可能改变主意，影响购买的实现。因此，企业必须善于根据各个阶段的不同情况，拟定有效的市场营销策略，影响和引导消费者的购买决策向着有利于企业的方向发展，保证企业实现市场营销的目标。

第二节　组织市场与购买行为

2.1　组织市场概述

2.1.1　组织市场的概念和类型

组织市场是企业面对的重要市场。企业进行组织市场的营销活动，要认识组织市场的类型、购买行为特征、影响组织购买的因素及决策过程等。组织市场是指工商企业为从事生产、销售等业务活动以及政府部门和非营利性组织为履行职责而购买产品和服务所构成的市场。组织市场和消费者市场相对应，消费者市场是个人市场，组织市场是法人市场。组织市场可以分为以下类型。

（1）生产者市场

生产者市场是指购买产品或服务用于制造其他产品或服务，然后销售或租赁给他人以获取利润的单位和个人。该市场主要由以下产业构成：农、林、渔、牧业；采矿业；制造业；建筑业；运输业；通信业；公用事业；银行、金融、保险业；服务业。生产者市场又称生产资料市场、工业品市场或产业市场。

（2）中间商市场

中间商市场是指购买产品用于转售或租赁以获取利润的单位和个人，包括批发和零售环节涉及的组织和个人。中间商市场又称转卖者市场。

（3）非营利组织市场

非营利组织市场主要是指具有稳定的组织形式和固定成员，不以获利为目的，而以推进社会公益为宗旨的机关团体及事业单位。

（4）政府市场

政府市场是指为了执行政府职能而购买或租用产品的各级政府部门。政府通过税收、财政预算掌握相当部分的国民收入，形成了潜力巨大的政府采购市场。政府市场是一种特殊性的非营利组织市场。

营销新视野

B2B 中的电子采购

信息技术的发展改变了 B2B 市场营销的面貌。电子采购，通常称为 E 采购（E-procurement），近年来发展迅猛。

电子采购带来许多好处。它为买卖双方大幅削减了交易成本，提高了采购效率，极大地缩短了订购与交货之间的时间间隔。由网站支撑的采购计划消除了传统购买和订货程序所需的大量文案工作，并能帮助组织更好地追踪所有的采购活动。此外，电子采购实现了将采购人员从烦琐的事务性工作中解放出来，帮助企业节约了大量人力成本。

公司可以进行反向拍卖，在网上发布自己的采购要求，邀请供应商投标；还可以从事网上贸易交换，以集中地促进贸易过程；还可以通过建设自己的公司采购网站，专门执行电子采购。例如，通用电气公司运营了一个公司交易网站，在上面发布其采购需求并邀请供应商投标，就相关条件进行谈判以及下订单。公司还可以创造与关键供应商的外部链接。例如，戴尔、联想等供应商建立直接采购账户，从而直接采购设备等。又如，史泰博公司建立了一个 B2B 采购分部，专门为各种规模的企业提供办公用品和采购服务。

当今时代，B2B 营销者已经在使用各种数字或社会营销手段，包括网站、智能手机、社交网络等，随时随地影响企业客户和管理客户关系。数字营销和社交网络已经迅速成为吸引组织客户的新手段。

2.1.2 组织市场购买行为的特点

与消费者市场相比，组织市场购买行为具有以下特征。

（1）购买者少

一般来说，在组织市场，营销人员面对的客户比消费者市场营销人员面对的顾客要少得多。消费者个体作为购买者分散且数量庞大，而组织客户在地理分布上相对集中且数量有限。

（2）购买量大

组织市场的顾客每次购买数量都比较大。有时一位买主就能买下一个企业一定时期内的全部产品，往往一张订单的金额就能达到数千万元甚至数亿元。企业组织的生产规模越大，其业务采购的批量也就越大。

（3）供需双方关系密切

组织市场由于购买量大，对买卖双方都有重要意义。在产品的花色品种、技术规格、质量、交货期等方面需要双方更密切地配合。由于组织市场购买人数较少，企业能够发展与组织客户的密切关系。

在所有购买阶段，B2B 市场营销者都需要与客户展开紧密合作。从短期来看，满足购买者当前产品和服务需求的供应商会赢得销售。但是，从长期来看，B2B 市场营销者更应该通过满足客户当前需求，并与客户建立伙伴关系来帮助其解决面临的问题，进而保持对客户的销售和创造客户价值。

（4）衍生需求

组织购买商品是为了给自己的服务对象提供他们所需要的商品或服务。因此组织市场的需求是在其服务对象的需求基础上衍生出的。衍生需求往往是多层次的，形成一环扣一环的链条。消费者的消费是最终消费，消费者的需求是原生需求，是这个链条的起点。如消费者对酒的需求衍生出酒厂对粮食、酒瓶和酿酒设备的需求，相应地派生出有关企业对化肥、玻璃、钢材等产品的需求。对业务用品的需求最终取决于对消费品的需求。

（5）专业采购

组织市场的采购大多是由受过专门训练的专业人员或通过采购代理商来执行的，他们必须熟知组织的采购政策、结构和要求等。通常，在采购重要产品时，技术专家和高层管理者会组成采购小组。不仅如此，B2B市场营销者正面对更高水平、更加训练有素的供应链管理者带来的挑战。所以，企业必须由训练有素的市场营销和销售人员来应对这些专业而精明的买者。

（6）决策过程复杂

大多数的组织购买决策是由技术专家和高级管理人员及使用人员等共同做出的，影响组织购买决策的人比影响消费者购买决策的人多得多。组织购买常常涉及大量的资金、复杂的技术和经济条件，以及买方组织中不同层次的多个人员的互动。大规模的组织购买常常要求详细的产品说明、书面的购买单据、细致的供应商筛选和正式的审批。

案例启迪

柴油机车的采购过程

通用电气公司在销售柴油机车过程中发现，性能在机车的采购过程中固然重要，但并非购买者考虑的全部因素。平均价格220万美元的机车，涉及购买决策过程的时间要很长，而且往往有为数众多的决策制定者和影响者参与相关工作。通用电气公司的管理者认为，真正的挑战是通过与买方企业紧密合作，建立日复一日、年复一年有效解决问题的合作伙伴关系来赢得生意。公司不是仅仅出售机车，而是通过与客户建立战略伙伴关系，帮助他们将机车的优良品质转化为更加可靠和有效地运送乘客或货物来争取合同。

CSX运输公司是通用电气最大的客户之一。最近几年购买了数百部通用电气公司的机车。CSX运输公司的管理者认为：公司在决定一部机车合同之前，会评价许多成本因素；环境影响、损耗、可靠性、服务可获得性都是决策需要考虑的关键因素；但是，同样重要的是，CSX公司与通用电气公司持久关系的价值。

2.2 组织市场购买行为模式和参与者

2.2.1 组织市场购买行为模式和类型

（1）组织购买者行为模式

组织市场的购买也是一个"刺激—反应"的过程，如图3-3所示。

图 3-3 组织购买者行为模式

由图 3-3 可见,由营销和其他刺激因素影响购买者组织进而引起购买者反应。

各种因素的刺激是购买者组织决策的前导因素,B2B 市场营销者需要重视研究采用哪些有效的刺激措施,能够引起对营销者有利的购买反应。

在购买者组织中,购买行为取决于两个因素:一是采购中心;二是采购决策过程。这两个因素既受到内部组织、人际关系、个人因素的影响,也受到外部因素的影响。

(2) 组织购买行为类型

① 直接重购。直接重购是指按部就班地重复以往的购买决策,通常由采购部门按常规完成即可。对于特定组织来说,由于组织活动的连续性和相对稳定性,对采购品的需求在一定时期内是持续和相对不变的。因此,一个组织一旦选择某些商品,并对购买决策感到满意,就会定期定量地进行直接再购买。这种惯例化的购买行为手续简单,洽谈时间短,合同条款与以前基本一致。直接重购对于被选中的供应商是十分有利的,他们往往会努力维持产品和服务质量。这种购买有利于买卖双方建立良好稳定的合作关系,并形成对其他竞争者加入的壁垒。

② 调整的重购。调整的重购是指购买者调整对产品的要求、价格、交易条件或供应商的购买行为。这种调整的购买行为,视调整的内容和手续等的变化,往往需要经过一定的时间才能完成。它对原来比较稳定的买卖关系来说是一种威胁,因为要求供应方适应用户新的要求。一般现有的供应商会竭力表现,以保护已有的地位;而其他的供应商则会很看重重购的调整机会,并努力争取获得新的生意。

③ 新购。新购是组织为满足特定的需要而进行的首次购买。这种购买行为中,成本越高或风险越大,决策参与者就越多,收集信息的工作量也就越大。对市场营销者来说,买方新购是最好的机会,也是最大的挑战。由于买方行动谨慎,选择面广泛,要达到交易并非易事。需要营销者尽可能多地接触购买决策的关键影响者,积极提供尽可能多的帮助和信息。

2.2.2 组织市场购买的参与者

买方组织的决策机构一般称为采购中心。采购中心成员作为组织购买行为的参与者,主要承担以下几种角色。

(1) 使用者

使用者是将要使用该产品或服务的组织成员。在许多情况下,他们发起采购建议,并帮助提出产品的具体要求。

（2）影响者

组织中的各方面人员通过提出建议或评价方案等都可能成为影响者。

（3）购买者

购买者是负责实施采购的组织成员。他们有权力选择供应商，具体对采购过程进行安排。

（4）决策者

决策者指拥有权力批准采购合同的管理者。在常规采购中，购买者常常就是决策者，或至少是审批者。

（5）信息提供者

信息提供者指能够控制信息流向采购中心的组织成员，如市场调研人员、检验人员、科技人员等。

在组织内部，采购中心的规模和组成因不同的产品和采购类型而有所不同。对一些常规购买，可能一位采购经理就能胜任所有的角色，完成采购任务；而对于复杂的采购，可能就涉及来自更多部门的人员，需要大家共同合作完成采购任务。

2.3 组织购买行为影响因素和决策过程

2.3.1 组织购买行为影响因素

同消费者购买行为一样，组织的购买行为也同样会受到各种因素的影响，主要包括环境因素、组织因素、人际因素和个人因素。

（1）环境因素

环境因素包括政治、经济、科技、自然及人口等因素。诸多因素中，经济环境是主要的。一般来说，当经济不景气或前景不佳时，组织就会减少购买数量。环境因素可以刺激组织购买的需求，也可抑制购买行为发生。营销者要密切注意这些环境因素的变化，力争把握机遇。

（2）组织因素

每个组织都会有自己的目标、政策、工作程序和组织结构。组织市场营销者应明确以下问题：采购部门在组织中处于什么地位，是一般的参谋部门还是专业职能部门？购买决策权是集中决定还是分散决定？在决定购买的过程中，哪些人参与最后的决策？只有对这些问题做到心中有数，才能使自己的营销有的放矢。

（3）人际因素

组织购买决策，往往是由不同部门和不同层次的人员组成的采购中心做出的。这些成员的地位不同、权力有异、说服力有区别，他们之间的关系亦有所不同，而且对采购决定所起的作用也不同，因而在购买决定上呈现较为纷繁复杂的人际关系。组织市场营销人员必须了解购买决策的主要人员、他们的决策方式和评价标准、决策中心成员间相互影响的程度等，以便采取有效的营销措施，促进组织购买行为的发生。

（4）个人因素

组织市场的购买行为虽然由专业机构承担，但参加采购决策的仍然是具体的人，而每个人在做出决定和采取行动时，都不可避免地受年龄、收入、所受教育、职位和个人特性以及对风险态度的影响。因此，市场营销人员应了解采购员的个人情况，以便因人而异采取营销措施。

2.3.2 组织购买的决策过程

组织购买过程一般要经过 8 个阶段。在新购情况下，购买者通常要经过购买过程的所有阶段，而调整的重购或直接重购时，购买者可能会略过其中的某些阶段。

（1）确认需要

在内外部因素的刺激下，公司会产生采购需要。从内部来看，可能是推出某种新的产品或服务需要购置原材料、新设备等；也可能是组织对当前供应商的产品质量、服务、价格等不满意，或原有设备陈旧，需要进行更换等。从外部来说，展销会的推介、供应商在网上或上门的推介以及竞争的需要等，都可能促使组织产生采购的需要。

营销新视野

为客户提供一整套解决方案

现在越来越多的客户希望从供应商那里购买一整套解决方案，而不是分别向多个供应商采购产品和服务，再组合到一起。这种系统销售（Systems Selling）往往是企业赢得和维持客户的关键战略。

六旗在美国、墨西哥、加拿大经营有 19 家区域性主题公园，为游客提供水上游乐、游戏、过山车等娱乐服务。为了给游客提供更好的欢乐和安全体验，六旗必须高效地管理数以千计的公园资产，包括游戏装备和设备、建筑、其他设施等。IBM 公司是其资产管理软件的提供商。

IBM 公司与六旗在整个过程中通力合作。IBM 公司的 Maximo 专业服务团队将软件与维持软件运行所需要的一整套服务结合起来，为六旗进行定制开发，提供现场使用的培训服务，帮助推动管理软件及相关服务在每个公园、每项设施中的部署和实施。

（2）描述基本需求

对所需产品的要求进行描述，如质量、能力、价格等。标准产品项目的描述比较容易；但对复杂产品项目，需要会同相关部门的人员研究确定要求的细节。可能需要对可靠性、耐久性等重要属性的要求进行排序。B2B 市场营销者要善于识别客户的准确需要，争取主动，获得订单。

（3）产品说明

将采购需求具体化，并做出文字说明，这需要工程师团队帮助进行价值分析，以降低采购成本。工程师团队通过仔细研究和分析，帮助确定最佳的产品特征并做出详细说明，以此作为采购的依据。

（4）寻找供应商

通过互联网搜索、电话征询相关机构等，确定合格的供应商名单。互联网平台为众多较小的供应商提供了与规模较大的供应商同等竞争的机会。采购项目的数量越大、要求越高越复杂，寻找的过程和所用时间就会越长。B2B 市场的营销者要努力让采购方考虑自己的公司。

（5）征询方案

购买者要求通过资格审核的供应商提交详细的书面方案并进行正式的展示。营销者要充分利用好这一机会，提出引人注目的建议方案，表现出对客户的关心和负责精神，努力引起客户的兴趣，并赢得信任。

（6）选择供应商

企业客户一般会综合考虑供应商的产品和服务质量、声誉、价格、及时交货、合作的积极性等，通过深度沟通、谈判、打分等，确定最终合作的供应商。很多企业乐于同时选择几个供应商，以避免对某个供应商的完全依赖，同时可以在几个供应商之间进行价格和绩效的比较。

（7）说明订货程序

一般买卖以双方正式签订合同的方式完成，在合同中明确规定技术要求、所需数量、交货时间、付款方式、提供服务、退货政策等。买卖双方可以通过签订"一揽子"合同缔结一种长期合作关系。

（8）业绩评价

通过检查卖方履行合同情况，对使用者及相关人员进行满意度调查等，对供应商的业绩进行评价。基于评价结果，供应商会做出下一轮合作内容的具体决策。对于供应方来说，信守合同，兑现承诺，赢得客户信任和满意，是获得持续合作的基本条件。

图 示 小 结

消费者市场购买行为

特点：消费市场购买行为是指为满足生活消费需要而购买货物或劳务的一切个人和家庭，是一切市场的基础；具有多样性、层次性、发展性、周期性、从众性等特点。

行为模式：消费者购买行为是一个刺激—反应的过程。企业可控和不可控因素的刺激，作用于消费者黑箱（个体特征、决策过程），产生购买反应。

影响因素：消费者心理因素（需要、动机、认知、学习、态度）、文化因素（核心价值观、亚文化）、社会因素（社会阶层、相关群体、家庭）、个人因素（年龄、性别、收入、职业、生活方式及自我概念）对其消费行为产生重要影响，企业营销应根据消费者个体特征采取相应的营销对策。

行为类型：根据介入度与产品差异性划分为复杂型、习惯型、选择型以及减少不协调感的购买行为；根据消费者特征划分为习惯型、理智型、价格型、冲动型、想象型、随意型等类型。不同类型购买行为的特点决定企业的营销策略。

购买决策过程：包括认识需要、收集信息、分析评价、购买决策与实施购买以及购后行为五个阶段，企业要根据各阶段特点和规律做出相应反应，以诱发消费者购买行为的顺利进行。

> **组织市场购买行为**
>
> 　　**特点**：组织市场购买行为是指工商企业为从事生产、销售等业务活动以及政府部门和非营利性组织为履行职责而购买产品和服务所构成的市场；具有购买者少、购买量大、供需双方关系密切、衍生需求、专业采购、决策过程复杂等特点。
>
> 　　**市场类型**：生产者市场、非营利组织市场、中间商市场、政府市场是主要类型，它们既有组织市场的共性特点，又有各自的不同之处。
>
> 　　**购买行为模式**：刺激—反应模式，营销和其他刺激因素影响购买者组织（采购中心、决策过程），进而引起购买者反应。B2B市场营销者要注意采取有效刺激措施，以引发有利的购买反应。
>
> 　　**参与者**：组织购买参与者的角色包括使用者、影响者、购买者、信息提供者、决策者等，需要营销者采取不同的说服策略。
>
> 　　**影响因素**：环境、组织、人际关系及个人因素，影响组织的每一次购买决策。
>
> 　　**购买类型**：直接重购、调整的重购及新购是三种典型购买行为，其决策过程的复杂程度不同。
>
> 　　**决策过程**：一般要经过确认需要、描述基本需求、产品说明、寻找供应商、征询方案、选择供应商、说明订货程序、业绩评价八个阶段。营销者要尽可能对各阶段施加影响。

复习思考题

1. 如何理解消费者市场的概念及其特点？
2. 如何理解消费者购买的行为模式？
3. 影响消费者购买行为的主要因素及其特点是什么？
4. 消费者购买的决策过程是怎样的？各阶段对企业营销有何要求？
5. 消费者购买行为的类型有哪些？各自的特点是什么？
6. 如何理解组织市场的概念及其特点？
7. 如何理解组织市场购买的行为模式？
8. 影响组织市场购买行为的因素有哪些？
9. 组织市场购买的决策过程要经过哪些阶段？
10. 组织市场购买的行为类型有哪些？各自的特点是什么？

营销体验

1. 小组交流

以你的家庭最近一年中发生的最大一笔购买支出为例，总结其购买决策过程以及购买决策各阶段的特点，并分析商家采取的营销策略对购买过程产生了怎样的影响。

2. 小组讨论与交流

什么是亚文化？什么是相关群体？描述一下你所属的亚文化和相关群体主要有哪些？它

们对你的消费行为产生了哪些影响？

3. 小组讨论与交流

随着互联网技术在商品交易领域中的广泛应用，在 B2B、B2C 领域中，商品的交易行为发生了哪些重大变化？

案例讨论

蜂 鸣 营 销

现在，许多公司都在努力使有影响力的日常消费者成为品牌的推广者。蜂鸣营销（Buzz Marketing）就是指营销者找出甚至自己培养意见领袖，让他们以"品牌形象大使"的身份传播产品信息。

2012年伦敦奥运会期间，耐克公司赞助了 400 位运动员穿上了令人惊艳的绿色和黄色 Volt Flyknit 鞋，这款鞋成了这届奥运会的热点，耐克公司也由此在全球创造了巨大的蜂鸣效应。

流行音乐明星 Lady Gaga 定期征募她最忠实的歌迷，她称他们为小怪兽，为她的新歌做宣传。新歌发布前，她经常透露一些片段给小怪兽们，通过他们的社交网络提前创造蜂鸣效应。凭借推特上超过 4 000 万名、脸书上超过 6 000 万名粉丝，创造了巨大的市场冲击力。

飞利浦公司将用户转变为品牌大使，他们帮助公司宣传推广晨起照明系统。

几年前，飞利浦推出了首款晨起灯，这是一款模仿自然日出的床头照明系统，帮助人们更自然和快乐地起床迎接新的一天。飞利浦公司发动了一场"唤醒小镇"运动。向北极圈内最北端的小镇——挪威朗伊尔城的 200 位居民提供公司的这款产品，因为这个镇的 200 位居民每年要经历 11 周全天黑暗的日子。飞利浦公司要求使用产品的消费者在企业的互动网站、博客布告栏、脸书网页上如实分享自己的体验，公司还在网站上安排了媒体访谈，发布了微型纪录片视频。3个月后，对 200 位居民的调查表明：有 87% 的人醒来感觉更加精神焕发、敏捷，对新的一天充满期待；98% 的人表示会继续使用晨起灯。瑞典：使用人数增长了 17%；挪威：使用人数增长了 45%。目标市场整体需求量增加了 29%。

讨论题：

（1）顾客由消费者转变为品牌推广者的依据和条件是什么？

（2）结合案例分析蜂鸣营销的主要特点以及应该如何实施。

第四章 营销调研

学习目标

◎ 了解营销信息系统的构成；
◎ 了解营销调研的类型，熟悉营销调研的步骤；
◎ 掌握营销调研常用的定性和定量方法；
◎ 能够熟练设计调研问卷，独立完成一项专题调研。

关键术语

◎ 市场营销调研（Marketing Research）
◎ 市场营销信息系统（Marketing Information System，MIS）
◎ 市场营销情报（Marketing Intelligence）
◎ 探测性调研（Exploratory Research）
◎ 描述性调研（Description Research）
◎ 因果性调研（Causal Research）
◎ 无结构式访问（No Structured Interviews）
◎ 访问法（Interviews）
◎ 焦点小组法（Focus Group Method）
◎ 问卷调查法（Questionnaires Research）
◎ 小组访谈（Group Interviews）
◎ 投射技术法（Projection）
◎ 观察法（Observation）
◎ 实验法（Experimental Research）
◎ 调研报告（Marketing Research Report）
◎ 固定样本调查（Panel Survey）

知识结构

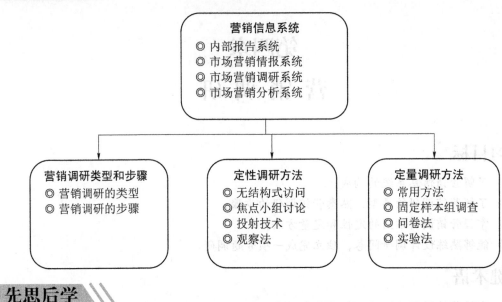

先思后学

"润妍"为何退出中国市场

润妍是宝洁旗下一款洗发水品牌，也是宝洁利用中国本土植物资源的唯一的系列产品。"润妍"委派专人到北京、大连、杭州、上海、广州等地选择目标消费者，和他们48小时一起生活，进行"蛔虫"式调查。调查结果表明，使用专门的润发露可以减少头发断裂指数，而国内大多数消费者还没有认识到专门润发步骤的必要性。宝洁推出润妍一方面是借黑发概念打造属于自己的一个新品牌，另一方面是把润发概念迅速普及。根据消费者的普遍需求，宝洁的日本技术中心随即研制出了冲洗型和免洗型两款"润妍"润发产品。产品研制出来后并没有马上投放市场，而是继续邀请消费者做使用测试，并根据消费者的要求，再进行产品改进。宝洁公司专门设立了模拟货架，将自己不同品牌的产品特别是竞争品牌的洗发水和润发露放在一起，反复请消费者观看，然后调查消费者喜欢和讨厌的包装，据此进行包装等设计的改进。宝洁公司先请专业的广告公司拍摄了一组长达6分钟的系列广告，再组织消费者来观看，请消费者选择他们认为最好的3组画面，最后概括绝大多数消费者的意思，将神秘女性、头发芭蕾等画面进行再组合，成了"润妍"的宣传广告。此外，广告片的音乐组合为现代的旋律配以中国传统的乐器如古筝、琵琶等。然而，这一经过3年调研和测试最终推向市场的产品并没有获得预期的销量。2002年4月，润妍全面停产，并退出中国市场。

尽管做了详尽的调查研究，宝洁的润妍洗发水上市后由于没有达到预期的销量而退出了市场。企业营销的成败与科学的营销调研有重要的关系，但是目标人群选择和顾客需求的把握、购买诱因的捕捉也是至关重要的因素。

本章阐述企业营销信息系统的构成、营销调研的类型和步骤，介绍和阐述在营销调研中常用的无结构式访问、焦点小组讨论、投射技术、观察法等定性方法，以及问卷调查、实验法、消费者固定样组等定量调研方法。

第一节 现代营销信息系统构成

市场营销信息系统是指有计划、有规则地收集、分类、分析、评价与处理信息的程序和方法，有效地提供有用信息，供企业营销决策者制定营销规划和营销策略，由人员、设备和软件所构成的一种相互作用的有组织的系统。根据市场营销信息系统收集、处理和利用各种资料的范围，其基本框架一般由四个子系统构成，如图4-1所示。

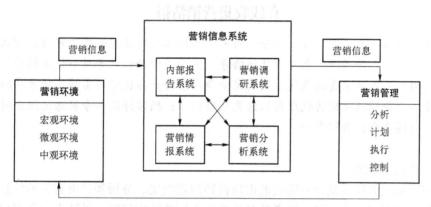

图4-1 营销信息系统的构成

（1）内部报告系统

内部报告的主要任务是由企业内部的财务、生产、销售等部门定期提供控制企业全部营销活动所需的信息，包括订货、销售、库存、生产进度、成本、现金流量、应收应付账款及盈亏等方面的信息。企业营销管理人员通过分析这些信息，比较各种指标的计划和实际执行情况，可以及时发现企业的市场机会和存在的问题。企业的内部报告系统的关键是如何提高这一循环系统的运行效率，并使整个内部报告系统能够迅速、准确、可靠地向企业的营销决策者提供各种有用的信息。

案例启迪

百思买公司的顾客数据库

百思买公司构建了一个存储量超过15 000 G的数据库，其中记录了7 500万个家庭7年的数据。数据库记录了每个顾客与公司的互动信息，从电话呼叫、订货确认到送货、现金返回，还有地址核对，然后公司利用复杂的算法将超过3/4的顾客，即1亿名顾客进行组合与分类。这些类别有"年轻烧友（Buzz）""足球妈咪（Jill）""职场精英（Barry）""居家宅男（Ray）"。公司还使用顾客终身价值模型来测量各交易获利水平和增加或降低关系价值的顾客行为因素。如此多地了解顾客，使百思买能够实施精准营销，使用激活顾客的刺激方案提高顾客的主动回头率。

(2) 营销情报系统

营销情报系统是指企业营销人员取得市场营销环境中的有关资料的程序或来源。该系统的任务是提供外界市场环境所发生的有关动态的信息。企业通过市场营销情报系统，可以从各种途径取得市场情报信息。系统要求采取正规的程序提高情报的质量和数量，因此必须训练和鼓励营销人员收集情报、鼓励中间商及合作者互通情报、购买信息机构的情报和参加各种贸易展览会等。

营销新视野

在线收集营销情报

互联网、在线顾客评论社区、论坛、聊天室和博客上所披露的信息可以将顾客的体验或评价传播给其他潜在购买者，也可以传播给寻求关于消费者和竞争对手信息的营销人员。营销人员可利用下面五种主要的在线方式研究竞争对手的产品优势与劣势：独立的顾客产品与服务评价论坛；分销商和销售代理商的意见反馈网站；顾客评论和专家意见组合网站；顾客投诉网站；微博平台；微信平台。

(3) 营销调研系统

营销调研系统的任务是针对确定的市场营销问题收集、分析和评价有关的信息资料，并对研究结果提出正式报告，供决策者针对性地用于解决特定问题，以减少由主观判断造成的决策失误。

观点透视

世界作为一个村庄——数据的意义

如果世界是一个由100人组成的村庄，61个是亚洲人（其中20个是中国人，17个是印度人），14个是非洲人，11个是欧洲人，8个是拉美人，5个是北美人，剩下那个可能来自澳大利亚、大洋洲或南极洲。至少有18人不能读和写，但33人会有手机，16人会上网。18人是10岁以下，11人是60岁以上，男女人数相等。村子里有8辆小汽车。63人没有合格的卫生设备。32人是基督徒，20人是穆斯林，14人是印度教教徒，6人是佛教徒，16人没有宗教信仰，剩下的12人则为其他宗教的教徒。30人失业，在工作的70人中，28人从事农业生产（第一产业），14人从事工业生产（第二产业），其他28人工作在服务业（第三产业）。53人每天的生活费用在2美元以下，1人患有艾滋病，26人吸烟，14人肥胖。到年底，1人去世，2人新生，所以人口增加到101人。

(4) 营销分析系统

营销分析系统是指一组用来分析市场资料和解决复杂的市场问题的技术和技巧。这个系统由统计分析模型和市场营销模型两部分组成：第一部分是借助各种统计方法对所输入的市场信息进行分析的统计库；第二部分是专门用于协助企业决策者选择最佳的市场营销策略的模型库。

一个企业的营销系统是由内部系统、调研系统、情报系统和分析系统组成的，企业必须能够及时地分辨市场环境和机遇、满足客户对产品和服务的需求，因而企业的营销信息系统是一个分布式的实时系统，其功能如图4-2所示。

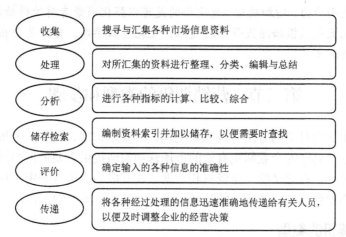

图4-2 市场营销信息系统的功能

通常所说的营销信息可以分为内部营销信息和外部营销信息。内部营销信息主要包括有关订单、装运、成本、存货、现金流量、应收账款和销售报告等各种反映企业经营现状的信息。外部营销信息主要是指市场信息，它集中反映了商品供需变化和市场的发展趋势，包括市场需求信息、竞争信息、用户信息、合作伙伴信息等。

总之，营销信息系统需要收集和处理大量信息，以便对市场做出快速响应，不但要及时响应顾客的产品和服务需求，还需要根据市场变化，及时调整营销策略。

案例启迪

中国人不喝冰红茶

一间宽大的单边镜访谈室里，桌子上摆满了没有标签的杯子，有几个被访问者逐一品尝着不知名的饮料，并且把口感描述出来写在面前的卡片上。这个场景发生在1999年，当时某饮料企业调研总监组织了5场这样的盲饮口味测试，他想知道，公司试图推出的新口味饮料能不能被消费者认同。

此前调查显示：超过60%的被访问者认为不能接受"凉茶"，他们认为中国人忌讳喝隔夜茶，冰茶更是不能被接受。该企业的调查小组认为，只有进行了实际的口味测试才能判别这种新产品的可行性。当拿到调查的结论时，总监的信心被彻底动摇了，被测试的消费者表现出对冰茶的抵抗，一致否定了装有冰茶的测试标本。新产品在调研中被否定。直到2000年、2001年，以旭日升为代表的冰茶在中国全面旺销，该企业再想迎头赶上为时已晚，一个明星产品就这样经过详尽的市场调查却与该企业擦肩而过。说起当年的教训，该总监还满是惋惜："我们举行口味测试的时候是在冬天，被访问者从寒冷的室外来到现场，没等取暖就进入测试，寒冷的状态、匆忙的进程都影响了访问者对味觉的反应。测试者对口感温和浓烈的口味表现出了更多的认同，而对清凉淡爽的冰茶则表示排斥。测试状态与实际消费状态的偏差让结果走向了反面。"

驾驭数据需要系统谋划，好在该公司并没有从此怀疑调研本身的价值。后来该公司成功组织了对饮料包装瓶的改革，通过测试发现如果在塑料瓶装的外形上增加弧形的凹凸，不仅可以改善瓶子的表面应力，增加硬度，更重要的是可以强化消费者对饮料功能性的心理认同。

调研失败如同天气预报给渔民带来的灾难，无论多么惨痛，你还是会在每次出海之前听预报、观天气、看海水。

第二节 营销调研的类型和步骤

营销调研是指运用科学的方法与技术系统地、客观地识别、收集、分析和传递有关市场营销活动的各方面信息，为企业制定有效的市场营销策略提供重要依据的过程。其目的是向企业决策者提供可靠而有意义的信息资料和数据，使其成为决策者制定市场营销策略的科学依据。因而，它是企业市场营销活动的基础，也是一项非常重要的工作。

2.1 营销调研的类型

一般可以依据调研的性质和目的、调研的内容、调研的范围和方式划分营销调研的类型。

（1）按调研的性质和目的划分

按调研的性质和目的，营销调研可以分为探测性调研、描述性调研、因果关系调研和预测性调研，各种调研类型的特点归纳如表4-1所示。

表4-1 营销调研各种类型的特点

探测性调研	描述性调研	因果关系调研	预测性调研
探测性调研属于非正式调研，用于探询企业所要研究的问题的一般性质，了解市场的基本情况，或证实调研方案，或用于调研中收集资料工具的试用，为后面三种正式市场调研的开展做好准备。探测性调研通常用于大型营销调研的最初阶段	描述性调研是对所研究的市场现象的客观实际情况进行收集、整理、分析，以反映现象的客观表现。这类调研的目的就是客观地描述市场的实际表现，它不需要揭示事物的本质及影响事物发展变化的内在原因，但它是认识市场的起点，也是进一步深入细致地分析研究市场的必经之路	因果关系调研是为了研究揭示市场现象与影响因素间客观存在的联系。在描述性市场调研基础上，对影响市场现象的可能影响因素收集资料，分析资料的分布特征，研究现象与影响因素间的关系特征，以及各种现象间相互联系的趋势和程度	预测性调研是指企业为推断和测量市场的未来变化而进行的一种调研，基于描述调研所提供的信息，同时还要充分考虑影响市场现象的各种因素。它包括科技预测、供给预测、竞争预测、行业增长率预测、需求预测等

（2）按调研的内容划分

按调研的内容，营销调研可以划分为市场需求和变化趋势调研、购买动机调研、产品调研、价格调研、分销渠道调研、广告调研、市场竞争调研和宏观环境调研等。

案例启迪

数据给企业带来的噩梦

上海的柴先生开了一家公司，生产和经营宠物食品。柴先生出差来北京的时候，在西单买了一本市场调查的书,学习了书中的调查方法。柴先生决定进行一次大样本的市场调查。柴先生认真设计了调查问卷,在上海对 1 000 名消费者进行调查,保证所有的抽样在超级市场的宠物食品购物人群中产生,调查内容涉及价格、包装、食量、周期、口味、配料 6 大方面。基于调查数据,公司进行了产品的设计开发,并制定了相应的营销策略。2014 年年初,上海柴氏的新配方、新包装狗粮产品上市了,短暂的旺销持续了一周,随后就是全面萧条,后来产品在一些渠道甚至遭到了抵制。过低的销量让企业高层不知所措,当时远在美国的柴先生更是惊讶:"科学的调研为什么还不如以前我们凭感觉定位来得准确?"到 2015 年 2 月初,新产品被迫从终端撤回,产品的创新宣告失败。

柴先生回国以后,请了十多个新产品的购买者进行座谈,发现购买者拒绝再次购买的原因是宠物不喜欢吃。柴先生终于明白了,产品的最终消费者并不是"人",人只是一个购买者,错误的市场调查方向,决定了调查结论的局限,甚至荒谬。经历了这次失败,柴先生认识到了调研的两面性。调研可以增加商战的胜算,而失败的调研对企业来说简直是一场噩梦。

(3) 按调研的范围和方式划分

按调研的范围和方式,营销调研可以划分为全面调研和非全面调研。全面调研是对市场调研对象总体的全部单位都进行调研,也叫市场普查;非全面调研则是对市场调研对象总体中的一部分单位进行调研。全面调研与非全面调研的区别,不仅表现在调研对象范围不同和选取调研对象时的方法不同,同时也表现在收集资料、整理、分析资料方法上的不同。

以上分类会存在彼此交叉的情况。在具体调研实践中,要根据市场调研不同类型的特点和市场调研的不同目的,选择适当的调研方法和技术,以取得满意的调研结果。

知识拓展

人种学研究

人种学研究(Ethnographic Research)是一种特殊的观察研究方法。研究人员通过使用人类学和其他社会学领域中的一些概念和工具,以便对人们的生活方式与工作方式获得深层次的了解。这种方法的目的是研究人员通过深入消费者的生活,以揭示用其他研究方法所不能清楚表示的消费者无法言传的需要。一些著名公司,如富士通、IBM、英特尔、施乐公司等都曾使用过人种学研究方法开发出了一些具有突破性的产品。

美国银行利用人种学研究方法对婴儿潮时期出生的妇女的购买行为进行研究,获得亮点发现:一是出于方便,这类消费群只关心每次交易数额的整数;二是有小孩的这部分消费群体不容易保持积蓄。这样的研究结果导致银行推出了名为"Keep the Change"(找零代存)的金融产品。这是一个借记卡业务,当客户用美国银行的信用卡消费时,消费金额向上取整,差额将被支付到持卡人的储蓄账户中去。自这项业务推出以来,已有 250 万客户申请了"Keep the Change"业务,超过 80 万客户在美国银行开立了支票账户,并有 300 万客户开立了储蓄账户。

2.2 营销调研的步骤

营销调研是一项系统工程,尤其是大型调研,涉及因素多,调研内容丰富,更需要以科学的思路、有计划地进行。营销调研的步骤大致可以划分为四个阶段,如图 4-3 所示。

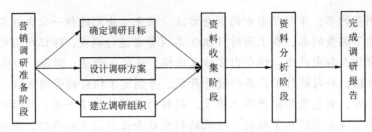

图 4-3 营销调研的步骤

（1）营销调研准备阶段

这一阶段主要包括确定调研目标、设计调研方案和建立调研组织或队伍。

调研目标根据对某些市场现象认识的需要而产生。选择调研目标时，不仅要考虑课题设立的必要性，还要考虑取得该课题现实资料的可能性，要坚持将必要性和可能性有机结合，确保调研具有实际意义和可操作性。

调研方案主体内容包括明确调研的问题、目的、阶段目标、调研内容、样本设计、方法设计、工具设计、分工与时间计划等。因而调研方案是调研工作的行动纲领，可以指导调研工作有计划、有步骤地进行。

一支优良的调研队伍是成功调研的人力保障。调研队伍组建包括调研人员的选择、培训和组织，还必须考虑队伍的整体结构，包括职能结构、知识结构、能力结构及年龄、性别结构等。

观点透视

有效的营销调研是困难的

若询问一位观众是否喜欢刚看过的电影的片名，你可能会得到明确的答复。然而，当询问顾客有关新的不知名产品的问题时，调研人员往往会遇到困难。比如：假设你的公司正在开发一款消费者从未看到过的全新品牌产品，人们真的知道自己是否会购买以前从未考虑过的产品吗？设想一下，你作为消费者被问及个人卫生习惯，尽管你知道答案，但你会说出来吗？当被问及有关私人或个人地位的问题时，人们会给出诚实的答案吗？消费者的实际购买行为会与他们原先所说的兴趣、意愿相一致吗？消费者真的会选择他们声称会购买的品牌吗？营销调研的重要任务之一就是克服这些困难，取得所需的信息，从而合理估计消费者会购买什么，而不购买什么。

（2）资料收集阶段

这一阶段要与调研对象直接接触，是取得资料的关键阶段。由于不同的被调研者的配合程度、知识水平不同，因而实施过程中会碰到原先意想不到的复杂情况。这就要求调研人员一方面在问卷设计中设法确保问卷浅显易懂，在收集资料时要有耐心，态度谦逊地说明本次调研的意义，对被调研者表示出诚挚的谢意，即使对不配合者，也不要恶语相迎，而是要站在对方立场给予理解；另一方面，赠送小礼品也是十分必要的，这在一定程度上是对被调研者付出时间和精力的一点回报，同时也能有效地提高被调研者的积极性和配合程度。通常收集资料的来源包括原始数据和二手数据两大类，如图 4-4 所示。

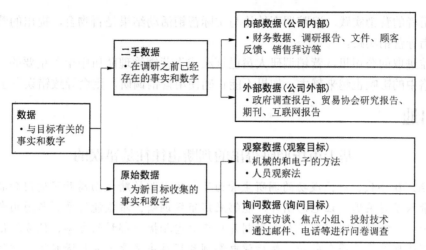

图 4-4 营销调研的数据来源

(3) 资料分析阶段

直接来自于调研的信息还很粗糙，无法很好地满足营销决策所需，因而必须经过处理和分析。这一阶段的主要任务是对收集的资料进行鉴别、整理、统计、分析，得出结论。

营销实践

营销调研必须越过的障碍

狭隘的营销调研观念	许多经理把营销调研仅仅看成是一种发现事实的运作方式。他们心目中的调研人员只会设计问卷、选取样本、执行访问和报告结果，而往往对调查的问题没有做出严谨的界定。当有些调查结果没有对营销决策提供帮助时，就更使管理人员认为营销调研没有作用
调研人员素质参差不齐	有些经理把调研人员与办事人员的工作等同看待，并据此给予报酬。因此，他们可能雇用能力较差的调研人员。由于这些人能力不够，素质较差，缺少训练，创造力不足，从而导致业绩不佳。这些令人失望的结果增加了管理层对调研人员的偏见。这类调研人员的低工资状况也会使这种困境一直持续下去
研究问题设计不当	从营销调研的角度来看，当年可口可乐公司新可乐的失败主要是因为没有很好地设计调研问题。真正的问题是研究消费者如何看待可口可乐这个品牌，而非只是研究可乐的口味
长周期与偶尔的错误	经理需要准确的具有结论性的调研结果，并且希望隔天就能得到报告。但是高质量的营销调研需要时间和费用。当营销调研成本过高和操作时间太长时，经理们就会感到失望
角色与知识差异	产品线经理和营销调研人员之间角色与知识之间的差异，阻碍了营销调研的效果。产品经理需要的是具体、简明和确定的研究结果，而调研人员的报告可能是抽象、复杂和不确定的

(4) 完成调研报告

这是市场调研最后阶段的重要任务。调研报告是市场调研成果的集中展现，是对调研工作最集中的总结，是营销决策的依据来源。因而调研报告要认真撰写，要清晰、准确地反映调研取得的成果和得出的结论。调研报告一般格式包括扉页、目录、摘要、正文、附件、参考文献。为了直观、形象地表达调研结果，在调研报告中要善于运用前述的各种统计图或表。由于市场是不断变化的，在提交调研报告后，调查工作并未真正结束，调研人员还要指导调研结果使用者的营销实践，追踪调查结论与实际营销活动结果是否吻合，提出的营销建议能否有效地指导营销实践。

在日益进取的公司里，营销调研人员已逐渐成为营销管理队伍中至关重要的一员，他们在营销战略中的影响也越来越大。如果不能正确使用营销调研，则会导致错误发生。

案例启迪

基于市场调研得出的判断也往往是错误的

20世纪70年代，一位成功的调研主管为了一项大胆的赌注而离开了通用食品公司，将市场调研带入了好莱坞，让电影制片厂能够采用市场调研，希望能够复制与通用食品公司一样的成功模式。此时，刚好有一个电影制片厂正考虑拍摄一部科幻电影，便委托他进行市场调研，预测这部电影是否会成功，然后该电影制片厂再决定要不要投资拍摄。这位调研主管进行市场调研后认为电影不会成功。其中一项原因是当时的水门事件使美国政府的信任度下降，研究结论是20世纪70年代的美国公民对写实电影的偏好会胜过科幻电影。另外，这个电影剧本的名字还有"战争"这个词，这份研究报告认为那些经历过越战的人们都会对这部电影敬而远之。这部电影就是著名的《星球大战》(Star Wars)。可见，这位调研者对这部电影的研究只是停留在表面，并没有深入地了解电影的内涵。实际上这是一部以外太空为背景，深入探讨人性的爱情、冲突、失去和赎罪的卖座电影。

第三节 定性调研方法

3.1 无结构式访问

无结构式访问又称非标准化访问，它事先不制定统一的问卷、表格和访问程序，而是只给访问者一个题目，由访问者与被访问者就这个题目自由交谈。

（1）重点访问

重点访问又称集中访问，它是集中于某一经验及其影响的访问。这个方法是由美国社会学家默顿（Robert K. Moton）等人创造的。他们在对大众传播媒介，如广播、电视、出版物等的社会及心理效果的研究中，多次使用这种方法。重点访问的特点是预先建立假设，根据假设确定访问的内容与要求，给被访者提供一个特殊的情景，如一种特殊的视频、一段特殊的广播、一段音乐或者观察一种特殊的社会情景，然后在这种情景发生过程之中或结束之后，由调查者对被访者进行访谈，收集被访者的反应。重点访问是建立在这样一个假设基础上的，即通过某种刺激，可使调查对象在情景上产生特殊的反应，研究者从这些反应去获得信息，再加以解释。

案例启迪

定价的秘密

一家零售商调查人们对商品价格的关注程度和认知程度。调查准备阶段包括两部分。首先公司拍摄了一些市场经营的原始资料，包括四个方面：① 拍摄不同商品的价格，根据现实情况，拍摄一些以"8"结尾、以"0"结尾、以"9"结尾和以其他数结尾的商品价格；② 拍摄一些企业的折扣情况，包括全店共同的折价幅度、全店公布的最低折价标准；③ 拍摄一些企业的季节性折价情况，包括标明季节性折价和限定最后折价期限两种情况；④ 拍摄各种促销活动的情况，包括搭配销售、有奖销售等。

其次，公司进行配额抽样，用年龄、性别、文化程度变量作为标准选取样本。调查阶段让被访者分为不同的组，观看视频，然后座谈。此次调查的基本结论是：① 消费者认为以"8"和"0"结尾的价格是整数价格，而以其他数字结尾的价格是非整数价格，有趣的是消费者在感觉上认为58元比59元更贵；② 消费者认为全店有一共同的折价幅度体现了企业的风范，而仅仅公布最低价格则让消费者感到有"被欺骗"的感觉；③ 消费者接受有最后折价期限的折扣策略；④ 促销活动可以导致消费者的随机购买。

（2）深度访问

深度访问又称临床式访问，它是为搜寻特定经验及其行为动机的主观资料所做的访问。深度访问与重点访问相似，都是有重点地提出问题，因此也是一种半结构式访问。深度访问松散而且随意，调查者可以随时随地进行插话，探究问题的原因。但是一般不允许与被访者讨论问题。在市场调查中，深度访问经常用于对态度、意见、情感、动机、价值等方面的研究。

深度访谈研究首先要求访谈员知道自己在做什么，为什么这样做，这样做的意义是什么。其次要求访谈员要有更加高超熟练的访谈技巧和更加成熟完善的人格。深度访谈奏效的核心就在于访谈员能与被访者建立坦诚的工作关系。

营销实践

"奢侈化消费"深度访谈

① 访谈提纲。
- 平时大概多长时间会去逛一次街？通常会去哪里逛街呢？是和朋友一起吗？
- 在购买商品时，若有朋友在场，会听取朋友的意见吗？
- 觉得在最近这一年里，你买过的最贵的东西是什么？怎么会想到去买它呢？当时的情景是怎样的呢？在后来使用的过程中，你觉得它值不值呢？以后还会买吗？
- 你能自由支配自己的钱的时候，有没有奢侈过一回呢？当时是消费了什么？怎么会想到去消费这个了呢？
- 在买一个生活必需品时，比如说牙膏，你会怎样去买它？买一个非生活必需品时，比如说化妆品，你会怎样去买它？
- 这两样东西在购买时，会有什么不同的想法吗？
- 现在我们来做一个词语联想，我说"奢侈"这个词，你会想到什么呢？为什么会想到这个呢？
- 他们说买一个比较奢侈的东西，是想要得到别人的赞赏，你同意这个观点吗？
- 现阶段有没有想要买的奢侈品呢？
- 对"奢侈化消费"的看法是什么？

② 要点记录。
- 买东西时，会和朋友讨论，偶尔听取朋友的意见。
- 但是看自己的需要程度来听取朋友的意见。
- 买东西时，品牌和质量同时看重。
- 买手机受家人和朋友的影响比较大。
- 家庭经济情况比较好，经常逛专卖店。
- 有比较心理，240元和260元的东西会同时和250元作比较，然后240元的东西购买时不会犹豫，而260元的东西购买时，会有心理挣扎。
- 生活必需品的购买，看其功效；非生活必需品的购买，看重经济与实惠的中档商品。
- 对于非生活必需品的购买，受朋友影响较弱，因为觉得这些东西是根据个人需求的不同而购买的。
- 由"奢侈"一词联想到的有"华丽""暴发户""炫耀"。奢侈品不会搭配，或是搭配不到点上，便会有暴发户的感觉。
- 比较希望别人注意到自己，有自己漂亮的东西时，希望得到别人的赞赏，独乐乐不如众乐乐。
- 对于"奢侈化消费"的观点是因人而异的。

③ 结果分析。
- 从访问者方面分析

在访谈过程中，问题比较杂乱，不是完全按照提纲进行访谈，但是当访谈者意识到一个话题没有深究的意义时，便会又回到提纲上。

某些提问不清晰，误导受访者，还有一些关键的信息点可以再深究下去，但是访问者并没有持续下去，受访者的心理并没有被充分挖掘。

访问者在进行访谈时，缺乏经验，控场能力不强，表现得很被动。

- 从受访者方面分析

受访者在购买非生活必需品时，会受到朋友或家人的影响，但是这种影响是潜意识的，当事人并没有注意到。但在回答非必需品购买这一问题时，却说不受影响。

购买物品时注重品牌，一方面是家庭经济条件允许，另一方面是个人爱好比较休闲。

受访者在对奢侈的看法上，觉得奢侈带来的后果有两面性，一种是，搭配得好，用到点上就会比较华丽，让别人羡慕，受到认同；一种是搭配得不好，用不到点上，会给人一种暴发户的感觉，是一种比较令人反感的炫耀。

对于购物后的感觉，受访者认为，不论是不是奢侈化的东西，都比较希望别人注意到自己；自己觉得漂亮的东西，希望得到别人的赞赏；以及独乐乐不如众乐乐，自己喜欢的东西别人也喜欢时，自己会很高兴。

对于"奢侈化消费"的观点是因人而异的。对于家庭条件好的人来说，便不会觉得买一件贵的东西是奢侈化消费，他们会觉得很平常，或者这是一件显示身份的必需品。对于家庭条件不好的人来说，购买比较贵的东西会考虑很多因素，首先是经济因素。

（3）客观陈述法

客观陈述法又称非引导式访问，其最大特色是让被访人对他自己和他所处的社会环境进行一番考察，再客观陈述出来，即访问者鼓励被访者把自己的信仰、价值观念、行为以及他所生活的社会环境客观地加以描述。在使用客观陈述法时，尽量不要打断被访者，让被访者自由发挥，有不明白的问题或者认为被访者没有说清楚的问题要在被访者讲话间断的时候提问，而且这种提问越少越好；不要与被访者讨论问题，仅仅在被访者谈话的过程中，给予被访者一些促进他们继续讲下去的鼓励；在与被访者交谈的过程中，尽量不要过多说明自己的研究目的，尤其不能把自己的研究假设告知被访者；在市场调查中，不要向被访者说明任何产品与服务的特性，被访者说什么，哪怕是错误的也不要解释。

3.2 焦点小组讨论

（1）焦点小组讨论的概念

焦点小组讨论法源于精神病医生所用的群体疗法。营销调研中的焦点小组一般由8～12人组成，在一名主持人的引导下对某一主题或观念进行深入讨论。焦点小组调研的目的在于了解和理解人们心中的想法及其原因。调研的关键是使参与者对主题进行充分和详尽的讨论。调研的意义在于了解他们对一种产品、观念、想法或组织的看法，了解所调研的事物与他们的生活的契合程度，以及在感情上的融合程度。焦点小组通常可以用来测试广告脚本或市场促销活动、定位产品或服务、测试新概念、测试产品的可用性，也可用作小组头脑风暴会议来得到一些想法，在设计问卷时也通常会用到。但是焦点小组不能用来做最终的结论，焦点小组研究的结果在统计上是无效的，最多可用作测量市场的温度计，而不能作为提供精确测量的尺度。

（2）焦点小组的实施过程

焦点小组座谈是目前最为流行的一种定性调研技术，它经常被市场调研人员用来作为大规模调研的事先调查，帮助确定调研范围，产生调研假设，为结构式访问发现有用的信息。小组座谈由于具有小样本的特点，在组织实施过程中存在着许多潜在的误差。为了尽可能减少误差，小组座谈的组织与实施应遵循一定的步骤，如图4-5所示。

图4-5 焦点小组讨论的实施步骤

① 选择焦点小组实施环境。小组座谈一般安排在会议室或专用实验室中，实验室的一面墙上装有一个单向镜，通过单向镜，观察人员能清楚地看到参加座谈者的自然状态；麦克风放在不显眼的地方，为提高录音效果，地板上一般铺设地毯，墙壁四周安放隔音设备；尽量使用圆桌，因为按照小组动力学的原理，圆形可消除不合理的对立和上下关系；在单向镜后是观察室，观察室中有椅子和桌子，用于记笔记，观察室也可装上录音或摄像设备。

一些调研公司在居室而不是在会议室中进行小组座谈，在居室中使参加者像在家里一样，不拘礼节，更为放松。另外也可以不用单向镜，而由视频设备直接播送到较远的观察室中。这个方法的优点是观察人员能来回走动，并可以自由讲话，而不用害怕被小组成员听到。

② 招募焦点小组参加者。小组成员一般是有目的地选择出来的，由具有共同背景或相似购买及使用经历的人组成。这既减少了小组成员在与调研目标无关课题上的冲突，又减少了

在感觉、经历和口头表达技巧方面的差异。这些差异的任何一个方面太大都可能威胁一些小组成员并抑制讨论。大多数公司通过过滤性访问来决定谁将参加某一小组。

典型的小组座谈由8个人组成，人数太少容易为一两个人所左右，人数太多可能没有足够的时间使每个成员都发表他们自己的观点。因为小组座谈的时间几乎不会超过两个小时（一般为一个半小时），开始10分钟用于介绍和解释，余下的80分钟中又有多达25%的时间由主持人使用，如果10个人的话，平均每个人只有6分钟时间。一般性的调研项目有4个小组就足够了。指导准则是后来的小组是否对研究中的现象产生额外的信息，当报酬递减时，小组就可停止。

③ 选择主持人。小组座谈除了有合格的座谈成员外，还应有一个合格的主持人。主持人在刺激小组成员讨论与课题有关的情感、态度、感觉问题以及把话题集中于相关课题上起着关键作用。小组座谈成功的一个重要方面就是参加者是否根据讨论指引互相交谈，而不是只与主持人交谈。主持人需要理解问题的背景、熟悉调研目标以及客户希望从调研过程中收集到的最主要信息；主持人也需要了解小组的规模、小组成员的基本情况。主持人要善于引导讨论，调动小组成员的热情，以使所有调研目标都能达成。不能把小组座谈搞成对小组成员进行的一系列同时发生的访问。

④ 准备讨论提纲。任何小组座谈都需要一个计划好的小组讨论提纲，讨论提纲是座谈会中将要讨论的主题的轮廓，通常由主持人根据调研目标和客户信息产生，一般包括所要调研的问题、出示图片、样品的时间顺序、必须进行解释的地方、准备赠送的礼品内容等。

⑤ 实施小组座谈。小组座谈的执行一般可分为三个阶段：首先，建立融洽的气氛。在座谈会开始之前，应准备糖果、茶点，座谈会一开始，主持人入座进行自我介绍并把调研目标清楚地传达给座谈成员，把活动规则解释清楚，然后是座谈成员一一自我介绍。其次，促使小组成员一起开始热烈讨论。主持人要善于掌握讨论的方向，要保证讨论的话题与调研课题有关，至少不应偏离课题太远。当出现走题时，要不露声色地重新提起主题，使讨论回到主题上来。当出现冷场时，要鼓励小组成员畅所欲言，这要求主持人利用职业、趣味等适当的话题，形成团体意识，并促使感情交流。主持人要不断调整小组成员发言者的次数，力求每人发言次数平均，不鼓励喋喋不休的成员，防止出现领导力量，要有效掌握讨论的控制权。最后是小结。当有关问题都讨论过后，可简要地概括一下讨论的内容，并表示谢意，发放礼金或礼品。

⑥ 准备焦点小组报告。在一个小组座谈完成后会有一个主持人的报告，它有时被称为即时分析。即时分析为观看小组座谈的营销专家与主持人提供了一个讨论的机会，可以使营销专家马上获得主持人头脑中的主要印象并做出相应的反应，在头脑风暴的情形下，也容易产生新的思想和看法。正式的报告要根据客户的需要、调研人员的风格来撰写，通常以描述调研目标、调研报告寻求回答的主要问题、小组成员的性质和特点以及他们是如何被招募进来的等引言为开始，接着是2~3页发现和建议的摘要，报告以调研发现的主题结束。

营销新视野

在线焦点小组座谈

在线焦点小组座谈（Online Focus Groups）可能是目前最热门的网上调研方法了。许多市场调研公司尽管承认在线调研有其局限性，但仍然认为在线焦点小组座谈可以代替传统的面对面的焦点小组座谈。无论是用户还是调研公司，都认为在线焦点小组座谈的优点大于缺点。它的优点包括：不受地域限制；较低的费用；更快的周转期；参与者可以从任何地方选择且不限于一个地区；成员更加坦诚等。批评家们则认为在线焦点小组座谈有很多缺点。比如：无法实现群体动力；无法捕捉非语言信息；委托人无法参与；外部事物的刺激难以实施；主持人的技巧要求高等。相信随着在线技术及各种软件的深入应用，这些缺点终将被一一克服，在线调研将成为未来的主流。

3.3 投射技术

投射技术也是一种无结构的非直接的询问形式，可以鼓励被访者将他们对所关心问题的潜在动机、信仰、态度或感情投射出来。在投射技术中，并不要求被访者描述自己的行为，而是要他们解释其他人的行为。在解释他人的行为时，被访者就间接地将他们自己的动机、信仰、态度或感情投影到了有关的情景之中。因此通过分析被访者对那些没有结构的、不明确而且模棱两可的反应，他们的态度也就被揭示出来了。

（1）投射技术的特点

投射技术的原理和运用方法往往都比较简单，但分析和最终解释都有一定难度，对研究人员的专业素养和经验要求也比较高。

① 投射技术探讨的是内心层面的内容，实际上反映了被访者行为的基本动力和一些潜在的人格特性。所以它并非适用于所有的研究内容，要视情况来使用。

② 投射技术是"没有结构"的。刺激内容无结构，回答不受限制，发挥自由联想。刺激是模棱两可的，它给被访者呈现一些意义不明显的刺激，让其根据自己的体验来说明自己的想法，其实就是将自己的深入想法和人格特征投射到刺激中去。

案例启迪

洞悉人心的方法

一次，佛印与东坡先生一起聊禅，东坡先生突然说："我在打坐的时候，用我的天眼看到大师是一团牛粪。"佛印不以为意，只是淡淡地说："老衲打坐时看到的居士则是我佛如来。"东坡先生因此扬扬得意，事后却听苏小妹说："哥哥，你难道不知道一切外在事物都是内心的投射？你内心是一团牛粪，故看别人是一团牛粪；大师内心是佛祖，故看你也是佛祖。"

③ 在投射技术中，刺激和情境会发生很大作用，因为它具有宽泛和无限制的特性，以便个人自由想象或不自觉地对它做出种种反应，从而把自己的内心情感及感觉投射到环境里去。

（2）投射技术的适用范围

投射法主要适用于下列情况。

① 被访者对自己的动机缺乏认识或受到非理性因素影响时。许多被访者往往对自己行为的动机并不十分清楚，自然就不能对访问者讲明其真正的动机。另外，被访者在被问到有关某种动机或行为时，往往会隐藏自己的真正动机或者行为，因为人们常常认为自己是在追求理性行为。

② 当被访者认为自己的行为可能是社会上的非认可性行为的时候。每一个社会都有其一定的行为规范与道德标准，被访者在访问过程中极少愿意承认自己有违反社会道德标准的行为。凡是被访者在被问到有关非认可性行为的问题时，如果采用直接态度调查法，答案的准确性便会大大降低，只有采用间接动机调查法才能发现被访者的真正动机。

③ 被访者出于礼貌的原因，不愿讲出实情的时候。被访者往往由于礼貌的原因，不回答批评性的问题。当他们被问及有关产品意见时经常说"过得去""还行""一般"等，而这种结果在市场调查中基本上没有意义。

（3）投射技术的基本流程

在定性研究中，投射技术往往为了达到特定目的，事先经过充分准备，事后进行仔细分析。它的基本操作流程通常包括如图4-6所示的五个步骤。

图4-6　投射技术操作流程

① 前期设计。根据特定的研究目的，在准备实施投射技术之前，需要认真考虑被访者的基本人格特征或背景情况。目前还没有哪一种投射技术能适用于所有的研究目的，也没有哪一种投射技术适用于所有的人。有时候为了确保投射结果的准确性，还需要使用不止一种投射技术来了解被访者的想法。所以在设计投射技术的前期，就必须有针对性地进行选择。比如受教育程度较低的被访者可能联想能力比较弱，就不适合用一些太抽象的刺激物；有些很资深的专业人士会觉得一些投射技术像在愚弄他们。这些因素事先都要考虑在内，只有这样才能避免不必要的失误。

② 实施刺激。在实际访问中要针对具体的询问内容，比如态度、动机、品牌、产品、服务等，向被访者出示一些刺激内容，一般是含义宽泛或者寓意丰富的材料，或者为他们营造一个能自由想象的刺激环境。然后要求被访者根据他们的想象和理解表达自己的想法。这些投射刺激看上去很宽泛，实际上是经过精心设计和挑选的。

③ 互动反应。被访者在合适的刺激环境和刺激物面前，会愿意表达出他们的想法。这种反应是无约束的、发自内心的、发散的，同时也是和研究人员互动的。因为定性研究人员了解研究目的，他们需要在被访者反应的过程中，保持对被访者的刺激，进一步激发他们的想法，而且还要把握他们反应的发展方向，避免使被访者产生很多不相干的想法。优秀的定性研究人员往往能使被访者产生很强的投入感，从而提供很多有价值的信息。

④ 交叉分析。通常把被访者表达的内容和他们的背景特征进行交叉分析。因为人们对于外界刺激的反应都是有其原因的，不是偶然发生的；人们的行为都能从他们的人格特征和生活背景中找到联系；人们对于投射技术的反应固然取决于当时的刺激或者情境，但是被访者当时的心理结构、过去的经验、对将来的期望都会对当时的知觉和反应产生很大的影响；人的性格特征和与情感有关的内容大部分处于潜意识中，他们无法凭借其意识说明自己，而当他们面对一种不明确的刺激情境时，却常常可以使隐藏在潜意识中的欲望、需求、动机、冲突等表现出来。

⑤ 最终结果。使用投射技术的目的绝不是使一项研究更有趣或者内容更丰富，而是更好地达到研究目的。如果研究目的是要诊断一个产品目前面临哪些问题，那就从价格、渠道、品牌形象、包装、消费者需求、服务、满意度等多方面进行诊断，这其中会使用到一些投射技术，但最终得出的结论不应该仅仅是对投射技术的分析以及一些消费者原因，而是应该回到研究目的本身，给出一个全面、客观、合理的评价。

知识拓展

常用的投射技术

研究应用类别定义	投射技术举例
用于探测动机的投射技术	自由联想/词语联想；拼图技术；购物篮；角色扮演；泡泡图；表情/情绪板；完形填空
了解态度喜好的投射技术	自由联想/词语联想；使用者形象；拼图技术；类比技术；泡泡图；墓志铭；词语筛选；表情/情绪板；完形填空
品牌形象研究的投射技术	自由联想/词语联想；品牌拟人；使用者形象；品牌晚会；拼图技术；品牌星球；参观工厂；购物篮；类比技术；泡泡图；墓志铭；白日做梦宣传画；词语筛选
启发创意的研究技术	自由联想/词语联想；品牌拟人；拼图技术；品牌星球；类比技术；泡泡图；白日做梦宣传画；词语筛选；表情/情绪板；完形填空
了解潜在需求的投射技术	自由联想/词语联想；拼图技术；购物篮；角色扮演；泡泡图；白日做梦宣传画；词语筛选；完形填空
描述市场环境的投射技术	自由联想/词语联想；品牌晚会；拼图技术；品牌星球；购物篮；泡泡图；词语筛选；完形填空

3.4 观察法

（1）观察法的基本含义

观察法是指访问者利用自身的感官或借助仪器设备观察被访者的行为活动，从而获取市场信息资料的调查方法。观察法最大的特点是被访者是处在自然状态下接受访问的。在营销调研实践中，观察法主要应用在消费者需求的调查、顾客行为的调查、企业经营环境的调查、商品状况调查、产品或服务质量调查、广告调查等领域。

知识拓展

观察法的优缺点

观察法的主要优点首先是能客观地收集丰富的第一手的市场信息资料。观察法有直观性和可靠性。观察法是在被观察者没有觉察到自己的行动正在被观察的情况下进行的，被观察者能够保持正常的活动规律，从而可以客观地收集、记录观察现场实况，收集第一手资料，调查资料真实可靠、准确性高，调查结果更接近实际。其次，观察法简便、易行，有较大灵活性，可随时随地进行调查。再次，观察法受干扰少。它有利于对无法、无须或无意进行语言交流的市场现象进行调查。

观察法的缺点是要受到时间、空间的限制，只能适用小范围的微观市场调查。观察只能看到正在发生的市场现象，而对过去发生的市场现象却无法认识。观察的地域也比较狭窄。另外，观察法只能观察市场的表面现象，而对其内在原因、动机等原则无法认识到。

（2）神秘顾客调查法

在营销领域应用最广的观察法就是神秘顾客法，最早是私人调查者用来防止员工偷窃行为的一种方法。20世纪40年代，Wilmark创造了"Mystery Shopping"（神秘购物）一词，并且开始使用这种方法评估顾客服务；20世纪70—80年代，神秘购物方法开始普及；20世纪90年代，得益于互联网的发展，神秘购物行业经历了前所未有的快速增长阶段，并取得了公众的认可。

目前神秘购物几乎涵盖了所有行业，应用于快餐服务、高档餐馆、酒店、度假村、银行和金融服务机构、公寓、便利店、连锁特色零售店、房地产、自营仓储设施、医疗机构和杂货店等。世界最大的餐饮连锁店——麦当劳公司，是使用神秘顾客检测的成功典范。

由于"神秘顾客"方法具有组织安排的系统性、实施的严密性、考核指标的客观性和咨询分析的科学性，这种先进的管理经验和技术开始渗透和影响到众多企业的管理层，更多行业的客户服务部门和服务质量绩效评估部门已经广泛采用，或者委托专业的市场研究公司采用"神秘顾客"的方法和技术进行服务质量的监控。

营销新视野

新职业：酒店试睡员

"酒店试睡员"不仅是一份非常舒服的工作，而且还是一份很有价值的工作。全国每天有成千上万的异地出行人群在线搜寻最合适他们的酒店，除了关乎酒店的服务质量、地理位置、硬件设施、性价比等选择标准之外，还有很多的细节角度需要考虑，而这些都需要由"酒店试睡员"最直观的体验与最无私的分享来完成，为全国广大出行人士提供更精准的经验指南。

酒店试睡员，顾名思义就是试住酒店，体验酒店的服务、环境、卫生、价格、餐饮等多个方面，比如床垫软硬、空调冷暖、网速快慢、下水道是否畅通、淋浴水流是否过大等，都要在调查后根据自己的感受写成报告，交给公司并在网上发布，为众多网友提供借鉴。调查显示，90%的酒店在线预订用户都会查看和参考他人的酒店评论内容。因此在线旅游网站上客观的海量评论往往能够吸引客人通过供应商预订酒店。

在一般的神秘顾客访问形式分类中，通常可以分为4种形式：神秘顾客拨打客户电话、神秘顾客现场采购、神秘顾客造访企业、神秘顾客进行知识交流。这种分类更多的是从实际的具体操作模式作为标准加以划分的，对于不同企业、不同调查目的项目，神秘顾客访问的操作方式是千变万化的。

> **知识拓展**

神秘顾客的参与模式

实际用户全体验	亲历服务全程的神秘顾客访问方式。成本较高，但是执行难度最低，也最不容易被发现，而且挖掘的信息量也最大
实际用户部分体验	以一种有真实消费需求者的身份，将服务全程中的关键环节或者是重点研究环节进行了体验和检测的神秘顾客访问方式。实现过程的成本要求比第一种要低，挖掘的信息量也比较大，但是操作难度会增加很多
潜在用户全体验	以与被检测者之间的信息交流互动为主、实际的服务感受为辅，收集信息涉及真实购买行为全过程。它更侧重于考察被访者的服务态度、对业务知识的掌握程度等内容。操作的隐蔽性较差，容易引起被检测对象的怀疑，难度较大
潜在用户部分体验	潜在用户部分体验主要集中于收集信息的服务环节，而不是针对服务全程
隐身人	神秘顾客不参与也不影响服务过程的实施，只是观察并记录被检测对象的实际服务过程，因此这种方式的最佳状态就是神秘顾客要能够像空气一样存在而不被觉察，像摄影镜头一样真实而客观地加以记录

第四节 定量调研方法

定量调研方法包括：入户访问、街头拦截访问、中心地点调查、电话访问、邮寄问卷调查、网络调查、产品留置访问、专家调查法等。

4.1 常用方法

（1）入户访问

入户访问是指访问者到被访者的家中或者工作地点进行访问，直接与被访者接触，利用问卷逐个问题地询问，并记录下对方的回答，或是将问卷交给被访者，说明填写要求，等待对方填写完毕后再收回问卷的调查方式。前者属于询问式调查，也称为访问问卷调查；后者要求被访者自己填写问卷，也称为自填问卷调查。

入户访问一般是按照科学抽样方法抽到的样本，逐户进行访问。在被访者家中，一般要按问卷随机表（KISH）抽样选择家庭中具体的被访者。另外，入户访问要求访问者严格按照问卷要求，依题目顺序向被访者询问或者填答。入户访问是目前中国广泛运用的数据收集方法之一。这种访问要求时间、经费、人力充足，需要样本在较大程度上代表总体，具有推断性，其抽样方法基本上属于概率随机抽样。

> **知识拓展**

难以逾越的障碍

入户访问的特点是访问者与被访者之间能够形成面对面的沟通，可以观察样本回答问题的态度，能够得到较高的有效回答率，对于不符合填答要求的答案，可以在访问当时予以纠正，提高问卷调查的信度与效度。同时这种方法可以使用辅助工具进行访问，如图片、样品及音视频等，适合于要向被访者出示产品图片的访问，也适合于需要访问者展示的访问。但是入户访问由于其抽样方法的推断性与严格性，使得这种方法对访问者的要求较高，人力、时间及费用消耗较大。同时由于被访者安全意识的提高，拒访率较高，调查难度越来越大，尤其是在一些高档小区进行的时候，拒访已经成为一个非常大的制约问题。所以，入户访问虽然是理想的调查方法，但如何实施也成为访问者难以逾越的障碍。

（2）街头拦截访问

街头拦截访问，简称街头拦访，是指选定人流较大的户外场所，访问者随机地拦住过往行人，按照问卷选择被访者的要求就地进行问卷调查的访问方式。拦截式访问的调查场所主要包括商业区、商场、街道、医院、公园等。

街头拦截访问的主要目的不一定是要推断总体，所以主要的抽样方法是非概率的抽样。正是由于这种调查与抽样方法的特殊性，使得这种研究方法最主要的分析目标是要了解不同人群的差异。

知识拓展

街头拦截访问的应用

街头拦截访问的特点是整个访问时间短，可以在访问进行时对问卷真实性及质量进行控制，可以节省抽样环节的难度和费用。因此街头拦截访问的问卷不宜太长、太复杂，有时需要展示卡片。其问题主要包括拒访率比较高，不适合太复杂或不能公开问题的调查。

一般认为街头拦截访问抽样代表性不强，但这并不是一个主要问题，因为往往街头拦截访问不是为了推断总体，应该说这种方法不具备推断能力，但是从分析不同群体之间的态度差异角度来讲，街头拦截访问是非常有用、有效的调查方法。

（3）中心地点调查

中心地点调查又叫街头定点访问、厅堂测试、街头租点调查，又称 CLT（Central Location Test）。这种访问是一种综合了入户访问与街头拦截访问的资料收集方式。其主要方式是访问者在户外邀请合格的行人或者是预约被访者到会场依序接受访问。其地点主要选择在人流量大的繁华地带的安静、优雅的会场。这种调查的内容主要是准备测试过程中所需要的必备品与设备，经常做的调查是一些测试类的调查，如口味测试、产品设计测试、命名测试、包装测试、广告测试等。中心地点调查的抽样方法也是以非概率抽样为主，目的是了解不同类型消费者的态度与感受的差别，它不适用于推断总体。中心地点调查的特点是综合了入户访问与街头拦截访问的优点，即在样本选取方式上类似于街头拦截访问，而调查过程类似于入户访问，因此具有易于控制调查质量的特点，适用于较复杂内容的调查，尤其是各种需求的测试。但是这种方法也会遇到与实验法类似的问题，即消费者中心地点的行为是否是消费者平时的行为。

（4）电话访问

电话访问是一种由访问者通过电话向被访者进行访问的资料收集方法。电话访问克服了入户调查被访者接触难以及费用高等问题，同时又解决了街头拦截访问不能推断总体的情况。

最原始的电话访问就是由访问者拨通电话后根据问卷访问被访者。电话访问现在主要有两种形式，即一般的电话访问和计算机辅助的电话访问（Computer Assisted Telephone Interview，CATI）。CATI将传统访问中的拨号、问卷显示、跳答、数据审核、数据存储等步骤全部计算机化。访问者坐在终端对面，头戴小型耳机式电话，通过计算机拨打所要的号码，电话接通之后，访问者就读出屏幕上显示出的问答题，并直接将被访者的回答用键盘记入计算机的记忆库之中。由于CATI将许多的工作交给计算机完成，极大地简化了访问者的工作负荷，有利于访问者将全部精力集中于理解问卷与精确访问，有利于进行控制。但是电话调查的拒访率高，抽样代表性不强，问卷长度受到限制，同时也无法较好判断被访者作答的真实性。

（5）邮寄问卷调查

邮寄问卷调查又称邮寄调查，是将调查的问卷及相关资料寄给被访者，由被访者根据要求填写问卷并寄回的方法。邮寄问卷调查是被访人群地理分布过于分散，或者其他调查方法难以执行的时候经常采用的调查方法。这种调查方法适用于企业调查、特殊人物调查（比如经济界、政治界、新闻界人物等）、特殊项目调查（比如敏感性专题调查、社会公益调查专题等）及报纸、杂志、电台、电视等媒介的读者（观众、听众）的调查。

邮寄问卷调查需要有较完整的被访者抽样框，经常采用简单随机，或者等距抽样等概率的抽样方法抽取样本。邮寄问卷调查的特点是调查成本低，被访者有充足的时间填答问卷，可以对较敏感或隐私问题进行调查等。但是由于调查过程中没有访问者的指导与监控，所以问卷的信度与效度受到影响，同时邮寄问卷调查的回收率也较低，样本代表性略差。

（6）网络调查

网络调查是通过互联网平台发布问卷，由上网的消费者自行选择填答的调查方法。网络调查是互联网日益普及的背景下经常采用的调查方法，其主要优势是访问者与被访者可以互动，即访问者可以即时浏览调查结果。从样本来源角度看，网络调查可以在更为广泛的范围内、对更多的人进行数据收集，资料庞大，同时调查中主要的误差包括抽样、对目标总体的覆盖程度以及测量误差等。

网络调查的特点是调查成本低、被访者有充足的时间填答问卷、有互动性、应用范围广、不受时间地点限制等。但是由于样本代表性差，其潜在的危险是，日益增多的调查越来越良莠不齐，人们也难以区分好的调查与不好的调查。另外，网络调查的价值也受到人们填答意愿的限制。

营销实践

顾客参与Local Motors公司产品设计

Local Motors是美国马萨诸塞州Wareham镇一家制造汽车的小型企业，其汽车网站上允许任何人上传汽车设计创意。网站偶尔还会主办汽车设计大赛，奖金达1万美元。大赛中的注册会员，包括设计工程师和训练有素的交通专家对他们最喜欢的汽车设计或其他有关汽车设计和公司运营的决策进行投票。获奖的设计投入 Local Motors 的汽车生产。会员参加比赛后会一直参与汽车生产过程，包括对汽车开发提出批评和建议。Local Motors 一直致力于在能够吸引汽车设计爱好者和专家的网站上进行营销，从而建立自己的在线汽车设计社区。如果他们的汽车设计得到通过，为了避免知识产权索赔等问题，Local Motors 会要求其在线社区成员签署一份冗长的法律协议。

（7）产品留置访问

产品留置访问是访问员将测试产品及问卷留置给被访者，由被访者试用产品后填写问卷，访问者在一段时期后取回填好的问卷的方式。有的研究项目中，问卷不完全由被访者填写，部分问题可由访问者完成。这种调查方法经常适用于新产品上市前的测试。产品留置调查主要是针对产品目标市场的调查，因此经常采用配额等非概率抽样方法，也有一些普适性较强的产品抽样采用概率抽样的方法。

（8）专家调查法

专家调查法是指以座谈会或邮寄调查的方式对有专长的各类人员群体进行的收集信息资料的方法。具体有头脑风暴法、反向头脑风暴法和德尔菲法，如图 4-7 所示。

> 头脑风暴法是根据调查目标，组织各类专家相互交流意见，无拘无束地畅谈自己的想法，在头脑中进行智力碰撞，产生新的思想火花，使观点不断集中和深化，从而提炼出符合目标的方案

> 反向头脑风暴法的基本要求与头脑风暴法完全一致，只是对一种方案的可行性进行全面质疑、评价和论证。在质疑过程中，鼓励提出可行性设想，以补充和完善原有的方案

> 德尔菲法是以匿名的方式，轮番征询专家意见，最终得出调查结果的一种方法。它是专家会议的发展，使专家意见由圆桌会议的面对面交谈，变成背对背的意见征询

图 4-7 专家调查法的类型

4.2 消费者固定样组调查

固定样组调查是营销调研的一种最基本的调查方式，是选取一组具有代表性的样本，如个人、家庭、组织，连续或定期地记录他们在某些产品或服务范围的活动或意见。根据调查目的，调查可持续一周、一年或更长时间。调查方式可采用电话访问、邮寄问卷、网络连接或入户访问等。主要用于对市场或媒体提供数量化的指标和总体的估计，更多用于对行为而不是态度的研究。

固定样组调查根据调查对象可分为消费者固定样组调查、零售店固定样组调查、经销商固定样组调查等；根据调查内容又可分为收视调查、阅读调查、购买调查等。另外还有同时收集购买情况和收视、阅读情况的单一资源调查。消费者固定样组（Consumer Panel）调查是由家庭或个人组成的一组具有代表性的样本连续或定期地记录某组产品的购买或使用情况，用于了解个人或家庭的行为随时间而变化的情况。

（1）消费者固定样组调查的特点

消费者固定样组调查一般是对所选择的固定的样本，发给登记表由被访者逐日逐项记录或通过其他方式记录消费者的特定活动，并由访问员定期回收、整理、汇总，以迅速而准确地获取所需资料的一种方法。这种调研虽然与一般调查相似，但在方法上有其特点：① 样本固定且样本量大，样本具有连续性，可以进行纵向研究；② 记录的信息较完整，记录项目范围广；③ 效率较高，定期或实时收集数据；④ 反映消费者实际发生的消费行为；⑤ 能提供终极消费者消费模式和行为变化。

（2）消费者固定样组调查的功能

作为一种连续的市场调查方式，消费者固定样组调查具有如下主要功能。

① 监测市场。由于消费者固定样组调查连续记录消费者的消费行为，故其报告具有连续性和时效性两大特点。连续性即数据分析可以进行年度分析、月度分析，甚至按周进行分析；时效性即其数据报告仅比实际滞后很短的时间。其报告可在最短的时间内及时、连续地提供市场规模、市场占有率、消费普及率、产品价格、购买周期、每次购买量、促销形式、户均消费量等基本市场指标，并与上一期或前几期进行比较，使企业及时了解产品类别及其品牌、产品的市场变化，随时了解市场状况，是企业市场运作的晴雨表或仪表盘。

② 分析市场。监测市场仅仅是消费者固定样组调查最基本的功能，通过对消费者消费行为的追踪，运用统计学、营销学理论，对消费者消费行为数据进行深度挖掘，可以对一些监测指标进行内在解释，对企业理解市场变化的原因、诊断品牌发展的健康与否提供支持。

知识拓展

监测消费者市场的常用指标

指标名称	指标解释
品牌忠诚度	品牌忠诚度即某品牌的消费者消费此品牌的量占其消费此类产品总量的百分比。品牌忠诚度也可分为数量忠诚度、金额忠诚度、频次忠诚度等
累积渗透率	累积渗透率评估在一定时间段内曾经至少发生过一次购买的家庭户的比例。有助于企业了解其市场内部的一些情况，如果一个品牌在一定时间段内累积的消费群体低于其竞争对手，那么一种可能就是有必要进行一些广告宣传，以提升其产品知名度，吸引一些尝试购买者；另一种可能是品牌吸引了较多的尝试购买者，而没有太多的消费者重复购买此品牌，那么就有必要了解消费者离开的原因并进行相应的调整
重复购买率	重复购买率是一定时间段内发生过两次以上购买的消费者或至少发生过一次重复购买的消费者占此品牌所有购买者的比例
品牌倾向性	品牌倾向性反映某品牌在某一地点的购买者对此品牌的喜好程度

4.3 问卷调查

问卷调查是市场调查中最常用的资料收集方法，也是定量分析的主要方法。问卷是调查中用来收集资料的一种工具，它的形式是一份精心设计的问题表格。它的用途主要是用来测量被调查者的多种行为、态度和社会特征。

(1) 问卷的基本结构

不同的调查问卷在具体结构、题型、措辞、版式等设计上会有所不同，但在结构上一般都由开头部分、甄别部分、主体部分和背景部分组成，如图 4-8 所示。

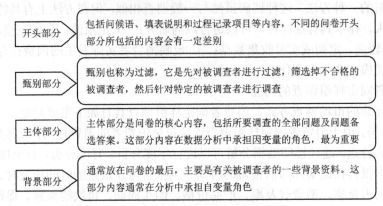

图 4-8 问卷基本结构

(2) 问卷法的类型和特点

根据要求被访者回答问题形式的不同，可分为六种问卷形式，如表 4-2 所示。

表 4-2 常见问卷的类型

自由叙述式	不给被访者提供任何答案，让其按自己的思想用文字自由地回答
多重选择式	让被访者从提供的互不矛盾的答案中选择出一个或几个答案来
是否式	让被访者以"是"或"否"二选一的方法回答提供的答案
评定量表法	让被访者按规定的一个标准尺度对提供的答案进行评价
确定顺序式	让被访者对提供的几种答案按一定的标准做出顺序排列
比较式	把调查项目组成两个一组，让被访者按一定的标准进行比较

这六种问卷类型各有其优点和缺点，要根据研究的目的、任务和被访者的特点选择使用，研究者通常将几种形式并用。问卷法的两个主要优点是：标准化程度高、收效快。问卷法能在短时间内调查很多研究对象，取得大量的资料，能对资料进行数量化处理。问卷法的主要缺点是，被访者由于各种原因，如自我防卫、理解和记忆错误等可能对问题做出虚假或错误的回答；在许多场合对于这种回答要想加以确认又几乎是不可能的。所以要做好问卷设计并对取得的结果做出合理的解释，必须具备丰富的心理学知识和敏锐的洞察力。

营销新视野

"问卷星"的广泛应用

问卷星是一个专业的在线问卷调查、测评、投票平台，专注于为用户提供功能强大、人性化的在线设计问卷、采集数据、自定义报表、调查结果分析系列服务。与传统调查方式和其他调查网站或调查系统相比，问卷星具有快捷、易用、低成本的明显优势，已经被大量企业和个人广泛使用。企业可以进行客户满意度调查,个人可以实施讨论投票、公益调查、博客调查、趣味测试等。问卷星使用流程分为以下几个步骤。

① 在线设计问卷。问卷星提供了所见即所得的设计问卷界面,支持多种题型以及信息栏和分页栏,并可以给选项设置分数(可用于量表题或者测试问卷),可以设置跳转逻辑,同时还提供了数十种专业问卷模板。

② 发布问卷并设置属性。问卷设计好后可以直接发布并设置相关属性,例如问卷分类、说明、公开级别、访问密码等。

③ 发送问卷。通过发送邀请邮件,或者用 Flash 等方式嵌入到公司网站或者通过 QQ、微博、邮件等方式将问卷链接发给好友填写。

④ 查看调查结果。可以通过柱状图和饼状图查看统计图表,卡片式查看答卷详情,分析答卷来源的时间段、地区和网站。

⑤ 创建自定义报表。自定义报表中可以设置一系列筛选条件,不仅可以根据答案来做交叉分析和分类统计,还可以根据填写问卷所用时间、来源地区和网站等筛选出符合条件的答卷集合。

⑥ 下载调查数据。调查完成后,可以下载统计图表到 Word 文件保存、打印,或者下载原始数据到 Excel 导入 SPSS 等调查分析软件做进一步的分析。

问卷星的特点之一是访问者可以轻松创建在线填写的网络问卷,然后通过 QQ、微博、邮件等方式将问卷链接发给好友填写,问卷星会自动对结果进行统计分析,用户可以随时查看或下载问卷结果。另一个特点是样本服务,问卷星样本服务是在在线问卷调查平台的基础上提供的一项增值服务,帮助用户邀请符合条件的目标人群填写问卷,以最低成本在最短时间内回收到所需的宝贵数据。它是进行各种类型市场调查、学术调研的利器。

(3)问卷设计的原则

问卷设计的好坏很大程度上又与设计原则有关,主要设计原则有下面六点,如图 4-9 所示。

图 4-9 问卷设计原则

(4) 问题形式的设计

问题主要有开放式和封闭式两种。开放式问题不为回答者提供具体答案，由回答者自由回答。封闭式问题则在提出问题的同时还给出若干个答案，要求回答者根据自己的情况进行选择填答。

封闭式问题的答案要具有穷尽性和互斥性：一方面要包括所有可能的回答，不能有所遗漏；另一方面各种答案互不相容，不能出现重叠。开放式问题的主要优点是允许回答者充分自由地发表自己的意见，所得的资料丰富生动，还可得到一些意外的收获。其缺点是资料不易编码和统计分析，要求回答者具有较高的知识水平和语言表达能力，需要花费较多的时间和精力，还可能产生大量的无价值资料。封闭式问题的优点是填答问题很方便，省时省力，资料集中，并且便于编码和统计分析。其缺点是资料失去了自发性和表现力，回答中的各种偏误难以发现。一般来说，在大规模正式调查所用的问卷中，通常以封闭式问题为主，开放式问题常常用在小规模的、探索性调查的问卷中，如表4-3所示。

表4-3 问卷问题的种类

名称	描述	例子
A. 封闭式问题		
判断题	只有两种答案的问题	安排此次旅行时，是您亲自打电话给美国航空吗？ ① 是　② 否
多项选择题	有三个或者三个以上答案的问题	这次飞行，您与谁同行？ ① 没有　② 小孩　③ 配偶　④ 旅行团 ⑤ 生意伙伴/朋友/亲戚　⑥ 配偶与小孩
李克特量表	请受访者对于某个描述表示其同意与不同意的程度	小型航空公司的服务通常比大型航空公司好。 1　2　3　4　5
语义差别量表	在两个极端语义之间赋予尺度，请受访者根据自己的感受选择适当位置	美国航空是： 大型公司　　小型公司 有经验的　　没有经验的 现代的　　　老式的
重要性量表	衡量某属性的重要程度	美国航空公司的饮食服务对我而言： ① 非常重要　② 很重要　③ 有些重要　④ 不太重要　⑤ 极不重要
评分量表	对某项属性给予评级，一般是从"差"到"极好"	美国航空公司的饮食服务： ① 很好　② 较好　③ 普通　④ 较差　⑤ 很差
购买意图量表	描述受访者购买意愿的量表	如果在长途飞行中提供空中电话服务，我将： ① 一定购买　② 可能购买　③ 不确定 ④ 可能不购买　⑤ 不会购买
B. 开放式问题		
完全无结构	受访者的回答几乎完全不受限制的问题	你对美国航空有什么看法？

续表

名称	描述	例子
词语联想	向受访者提供几个词汇，请受访者给出看到这些词汇后首先联想到的词汇	当你听到下列事物时，你最先想到的词是：① 飞机　② 美国　③ 旅行
句子完成	请受访者将一个未完成的句子写完	当我选择航空公司时，我最先考虑的因素是：
故事补充	请受访者将一个未完成的故事补充完整	"几天前我乘坐美国航空公司的班机，我注意到飞机里外均是明亮的颜色，这使我感到……"（请补充完整）

4.4 实验法

（1）实验法的含义

实验法是指在既定条件下，通过实验对比，对市场现象中某些变量之间的因果关系及其发展变化过程加以观察分析的一种调查方法。实验法是将自然科学中的实验求证理论移植到市场调查中来，在给定的条件下，对市场经济活动的某些内容及其变化，加以实际验证和调查分析，从而获得市场资料。实验法的应用范围非常广，凡是某一种商品需改变包装、设计、价格和广告策略时都可应用。

知识拓展

实验法的优缺点

优　点	缺　点
① 实验结果具有一定的客观性和实用性 ② 有一定的可控性和主动性 ③ 有助于提高调查的精确度	① 成本高，费时费力 ② 安全性低 ③ 执行困难

（2）实验法的种类

① 事前事后对比实验。采用这一方法需要在同一个市场内。实验之前在正常的情况下进行测量，收集必要的数据；然后进行现场实验，经过一定的实验时间以后，再测量、收集试验过程中或事后的资料数据，从而进行事前事后对比观察，了解实验变数的效果。

② 控制组同实验组对比实验。控制组是指非实验单位，它是与实验组作对照比较的，又称对照组；实验组系指实验单位。控制组同实验组对比实验就是以实验单位的实验结果同非实验单位的情况进行比较而获取市场信息的一种实验调查方法。

③ 有控制组的事前事后对比实验。有控制组的事前事后对比实验是指控制组事前事后实验结果同实验组事前事后实验结果之间进行对比的一种实验调查方法。这种方法不同于单纯地在同一个市场的事前事后对比实验，也不同于在同一时间的控制组同实验组的单纯的事后对比实验。这一实验方法是在同一时间周期内，在不同的企业、单位之间，选取控制组和实

验组,并且对实验结果分别进行事前测量和事后测量,再进行事前事后对比的方法。这一方法有利于消除实验期间外来因素的影响,从而可以大大提高实验变数的准确性。

④ 随机对比实验。随机对比实验是指按随机抽样法选定实验单位所进行的实验调查。在对调查的对象情况比较熟悉、实验单位数目不多的条件下,采用前三种判断方法简便易行,也能够获得较好的调查效果。但是当实验单位很多,市场情况十分复杂时,按主观的判断分析选定实验单位就比较困难。这时可以采用随机对比实验,即采用随机抽样法选定实验单位,使众多的实验单位都有被选中的可能性,从而保证实验结果的准确性。

案例启迪

AC 尼尔森在中国如何做市场研究?

① AC 尼尔森简介。

1923 年,阿瑟·C·尼尔森在美国创建了 AC 尼尔森(A.C.Nielsen)市场研究公司。多年后的今天,AC 尼尔森已发展成为全球领先的提供市场研究、资讯和分析服务的专业公司。

AC 尼尔森是最早进入中国市场的世界著名市场调查公司。自 1984 年开始,尼尔森公司就对中国消费者和发展迅速的中国市场进行了深入的研究。如今 AC 尼尔森已成为国内最具规模的市场研究公司,在北京、上海、广州及成都设有办事处。AC 尼尔森的专业人士经验丰富,他们熟知每一个市场研究环节,从统计和信息处理、先进软件的开发到发展客户业务。AC 尼尔森优质的服务水平逐渐成了市场研究行业的标准。

② 在中国的服务项目。

AC 尼尔森的信息服务策略性地将从概念到最终消费的各个环节紧密联系起来,使客户更好地理解每个有利于业务成功的关键问题,包括"谁""什么""多少""何时""何地"等。凭借在中国多年的调研经验,AC 尼尔森积累了关于中国消费者的态度和动机、消费习惯、品牌偏好、媒介消费模式等方面的研究优势,并在零售、专项、媒介监测三个核心领域上为客户提供全面的、颇具战略价值的信息和洞识。

● 零售研究服务

多年来,AC 尼尔森一直是非耐用消费品制造商和零售商在资讯和分析方面的首要供应商。秉承着这个传统,从 1992 年开始,AC 尼尔森在中国提供对消费品销售的连续性追踪研究,迄今在中国的零售研究业务已增长了 10 倍。目前 AC 尼尔森零售研究覆盖了全国主要城市和城镇的 50 多类非耐用消费品,涵盖食品、家庭用品、健康及美容品、耐用品、糖果及饮料等产业,并汇集成完整的行业资料库。尤其在食品及药品行业,AC 尼尔森的食品及药物指数成为行内量度及了解产品销售行情的标准指标。

● 专项研究服务

AC 尼尔森公司曾在中国 100 多个城市进行专项研究,内容包括产品、价格、消费者、行业、渠道、广告、品牌等众多营销领域,如中国城市居民购物习惯调查报告、中国人最推崇的洋品牌排行、中国茶饮料市场调查报告等。AC 尼尔森的专项研究服务,运用单项和连续的定性、定量分析,针对国内地域文化的不同而描述出形形色色的消费者态度及行为模式,并提出切实可行的战略、策略建议。

● 媒介研究服务

AC尼尔森公司是中国和全亚太地区媒介研究的先驱。早在1996年，尼尔森公司就在中国采用先进的电子个人收视记录仪来获取电视收视率数据，调查的结果已经成为媒体和广告行业的通用指标。此外，尼尔森还进行长期的报纸杂志读者调查、广播电台听众调查、互联网受众研究和广告费用监测，其媒体研究结果已积累成素材丰富的广告媒体库，可随时为各类产品提供广告媒体组合策划。目前，AC尼尔森公司广告媒体监测服务覆盖全国300多个城市的1 000个电视频道和300多份报刊，覆盖了相当于全国超过60%的广告市场。

③ 研究方法及流程

AC尼尔森研究方法科学全面，包括单项和连续的定性、定量分析。作为亚太区内最大的市场研究机构，AC尼尔森透过深入面谈和小组讨论，让客户清楚掌握他们顾客的真正需要。同样，AC尼尔森公司的定量研究服务也以设计严谨、准确度高，享誉中国及整个亚太地区。

通过长期的市场研究经验，AC尼尔森逐渐形成了一套科学有效的市场调查流程，如下图所示。

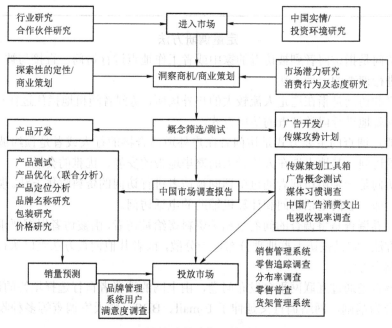

AC尼尔森的市场调查流程

图示小结

营销调研

营销调研是指运用科学的方法与技术系统地、客观地识别、收集、分析和传递有关市场营销活动的各方面信息，为企业制定有效的市场营销决策提供重要依据的过程。营销调研按其性质和目的可以划分为探测性调研、描述性调研、因果关系调研、预测性调研。营销调研的基本步骤是：调研准备、资料收集、资料分析及形成调研报告。

定性调研方法

无结构式访问是一种非标准化访问，访问者和被访者只就访问主题进行自由交谈，包括重点访问（集中访问）、深度访问及客观陈述访问。

焦点小组讨论一般由 8～12 人参加，在主持人的引导下对某一主题或观念进行深入讨论。其实施包括选择环境、选择参加人员、确定主持人、准备提纲、实施座谈、形成报告等环节。

投射技术是一种无结构的非直接的询问形式，通过对投射物的设计，让被访者将他们的潜在动机、信仰、态度、感情等投射出来。实施过程中要考虑前期设计、实施刺激、互动反应、交叉分析及最终结果确认等环节。

观察法是访问者利用自身的感官或借助仪器设备观察被访者的行为活动，从而获取信息资料的方法。神秘顾客调查法是观察法的一种应用。

定量调研方法

入户访问是指访问者到被访者的家中或者工作地点进行访问，直接与被访者接触，利用问卷进行调查的一种方法。

街头拦截访问是指在选定人流较大的户外场所，访问者随机地拦住过往行人，按照问卷的要求就地进行问卷调查的访问方式。

中心地点调查的主要方式是访问者在户外邀请合格的行人或者是预约被访者到会场依序接受访问。其地点选在人流量大的繁华地带的安静、优雅的会场。

电话访问是一种由访问者通过电话向被访者进行访问的资料收集方法。现在主要有两种形式，即一般的电话访问和计算机辅助的电话访问。

邮寄问卷调查是将调查的问卷及相关资料寄给被访者，由被访者根据要求填写问卷并寄回的方法。它是被访人群地理分布过于分散，或者其他调查方法难以执行的时候经常采用的调查方法。

网络调查是通过互联网平台发布问卷，由上网的消费者自行选择填答的调查方法。以网络平台为基础，网络调查又延伸了 E-mail、BBS、聊天室调查等多种收集资料的手段。

产品留置访问是访问者将测试产品及问卷留置给被访者，由被访者试用产品后填写问卷，访问者在一段时期后取回填好的问卷的方式。

专家调查法是以座谈会或邮寄调查的方式是对有专长的各类人员群体进行的收集信息资料的方法。具体有头脑风暴法、反向头脑风暴法和德尔菲法。

消费者固定样组调查是选取固定的代表性样本，连续或定期地记录样本在某些产品或服务范围的活动或意见。其获取的数据可以帮助企业监测和分析市场。

实验法是指在既定条件下，通过实验对比，对市场现象中某些变量之间的因果关系及其发展变化过程加以观察分析的一种调查方法。其主要包括事前和事后对比、控制组与实验组对比、有控制组的事前事后对比、随机对比等具体形式。

问卷是营销调研的主要工具，其一般格式包括：标题、说明词、填写说明、被调研者的基本情况、调研的主体内容、编码、结束语等。问卷由一系列的问题构成，又由问题项和答案项构成。问题包括开放式、封闭式、半开放式、事实式、意见性等，它们的特点及功能存在差异。问题设计要分别遵循问题设计原则和答案设计原则。设计好的问题还必须按一定逻辑顺序进行排序。

复习思考题

1. 企业营销信息系统的构成是怎样的？各子系统的特点是什么？
2. 如何理解探测性调研、描述性调研、因果关系调研及预测性调研？
3. 营销调研的一般过程是怎样的？各阶段的主要任务是什么？
4. 什么是无结构式访问？包括哪些方法？每种方法的特点如何？
5. 什么是焦点小组法？如何实施？
6. 什么是投射技术？操作流程是怎样的？
7. 什么是观察法？有何特点？
8. 什么是神秘顾客调查法？有何特点？
9. 一般定量调研包括哪些主要方法？各种方法的特点是什么？
10. 什么是消费者固定样组调查？有何特点？
11. 如何设计一份高质量的调查问卷？
12. 什么是实验法？有几种常见的实施模式？

营销体验

1. 小组辩论：最好的营销调研是采用定性还是定量研究方法？

营销调研人员在调研方法或技巧方面有其偏好。有些调研人员喜欢通过定性研究方法深入了解消费者态度与产品品牌的相关信息；有些调研人员则认为只有采用量化方法的营销调研才更合理和科学。

正方观点：营销调研应当采取定量研究方法。

反方观点：营销调研应当采取定性研究方法。

2. 小组作业："大学生网购配送平台"项目调研

为了能够给大学生网络购物提供更快捷、优质的配送服务，某物流公司计划联合某高校搭建一个专门服务大学校园的配送平台，目的是确保大学生所购的商品能够及时准确、安全地送达。该公司想了解目前大学生网购物流配送市场的现状以及消费者的需求特点，特别委托某高校大学生进行前期的市场调研，以便为日后的决策提供依据。

作业要求：① 把所学习的营销调研技术运用于营销实践，为该项目的市场开发进行调研，提供决策依据。② 以小组为单位，通过讨论，拟订本小组调研方案。③ 设计调查问卷和访谈提纲，实施调研。④ 完成一份小组调研报告。

案例讨论

速溶咖啡上市之初

当速溶咖啡刚刚生产出来时,生产厂商认为它适合人们追求便利、节省时间的需要,同时由于它的生产成本远低于传统咖啡,因而价格也低,故断定它投放市场必定会大受欢迎,并带来丰厚的赢利。于是他们不惜花费巨资,利用各种宣传工具大做广告。

然而事与愿违,速溶咖啡的销量出乎意料地少。尽管传统咖啡的广告费用少得多,但它还是牢牢地占据差不多整个市场。显然,对速溶咖啡的广告宣传肯定是在某一点上出毛病了。

生产厂商请来消费心理学家研究。消费心理学家采用了问卷调查法,对消费者进行调查。问卷首先询问消费者是否使用速溶咖啡,其次再问那些回答说"不"的人为什么不喜欢。结果,大部分人都回答说"我们不喜欢这种咖啡的味道。"

这个结果使厂家深感奇怪,因为厂家知道,速溶咖啡与传统咖啡在味道上并无区别。毫无疑问,被调查者讲的并不是真正的理由。看来,一定有某种连当事人也不十分清楚的原因影响了速溶咖啡的形象。

于是,消费心理学家设计了如下两张购物表,并把它们拿给妇女们看,让她们按自己的想象描述两位"主妇"的个性特征,如下表所示。

两张购物表

购物表一	购物表二
5 kg 朗福德焙粉	5 kg 朗福德焙粉
2 片沃德面包	2 片沃德面包
胡萝卜	胡萝卜
0.454 kg 内斯速溶咖啡	0.454 kg 马克西维尔鲜咖啡
0.681 kg 汉堡牛排	0.681 kg 汉堡牛排
10 kg 狄尔桃	10 kg 狄尔桃
2.27 kg 土豆	2.27 kg 土豆

这两张购物表区别不大,表中绝大部分项目都相同,只有一项在表一中是速溶咖啡,在表二中是新鲜咖啡。但接受测试的妇女们对两位假想中的"主妇"的个性特征描述就有很大差异了。她们把那个买速溶咖啡的主妇描述成一个懒惰、喜欢凑合、不怎么考虑家庭的妻子,而把那位买新鲜咖啡的主妇描述成一个勤快能干、喜欢做事、热爱家庭的妻子。

这才是隐藏在表层理由下面,连当事人自己也弄不明白的速溶咖啡不受欢迎的真正理由!

这项调查结果使厂家大吃一惊,原来他们在广告中宣传的速溶咖啡的优点——便利、省时,给人们留下的印象是消极的而非积极的。由此厂家意识到,速溶咖啡需要一个受人们欢迎的新形象。

于是,厂商避开原来易在人们心目中形成消极形象的主题——便利、省时,转而着重强调速溶咖啡所具有新鲜咖啡的味道和芳香。他们在杂志的整页广告中,在一杯咖啡后面放上一大堆棕色的咖啡豆,在速溶咖啡包装上写道:"百分之百的纯咖啡"。不久,消极形象逐渐被克服,人们在不知不觉中开始接受了速溶咖啡真正有价值的特点——有效、及时等。速溶咖啡成了西方国家销量最大的一种咖啡。

讨论题:为何采用问卷调查和购物表调查得到了完全不同的结果?

第三篇 价值选择

第三篇　分析化学

第五章
细分市场、目标市场与市场定位

学习目标

- 理解市场细分的概念及其作用,掌握常用细分变量和方法;
- 理解目标市场的评估及其选择,掌握目标市场营销策略;
- 理解市场定位的含义,掌握市场定位的过程和方法。

关键术语

- 市场细分(Market Segmentation)
- 细分变量(Segmentation Variables)
- 地理细分(Geographic Segmentation)
- 人口细分(Demographic Segmentation)
- 年龄细分(Age Segmentation)
- 行为细分(Behavioral Segmentation)
- 利益细分(Benefit Segmentation)
- 目标市场(Target Market)
- 无差别营销(Undifferentiated Marketing)
- 差异化营销(Differentiated Marketing)
- 集中化营销(Concentrated Marketing)
- 市场定位(Market Positioning)

知识结构

先思后学

"汤臣一品"楼盘的 STP 战略

"汤臣一品"是由汤臣集团有限公司开发的楼盘，位于上海市陆家嘴滨江大道旁。占地 2 万多平方米，总建筑面积达 11.5 万多平方米，由 4 幢超豪华滨江住宅和 1 幢高级会所组成。该项目最高楼层为 44 层，高度达 153 米。"汤臣一品"楼盘以单价 13 万元/平方米成交后，一夜之间创造了中国豪宅的天价，但是随后的销售便陷入了低谷。

"汤臣一品"楼盘按照人口的社会构成划分，将其主要客户确立在高收入阶层，由于其细分市场客户的档次太高，导致容量不足，项目销售出现滞销。另外，从市场调查反馈的信息看，顾客并不认可"汤臣一品"的产品差异化，并对产品有颇多异议。在市场定位方面，其目标对象是位居福布斯全球排行榜的亿万级富豪，即巅峰世界的领袖人物。然而调查显示，无论其名称是"汤臣海景公寓""汤臣国宝"还是"汤臣一品"，都没有把握住目标客户"凌驾巅峰，俯瞰天下"的心理渴望。首先，顾客认为"海景公寓"很普遍，没有独特性；其次，认为"汤臣国宝"的联想并不好，让人觉得好像是卖"大熊猫"。因此，顾客认为即使是"汤臣一品"的命名，给人带来的联想，如果从古代官衔角度，也只能联想到"一人之下，万人之上"的气势，远没有把巅峰世界领袖人物的"我就是国王"那种睥睨天下的雄心壮志表现出来。

"汤臣一品"的案例说明，基于市场细分的目标市场选择和市场定位对企业来说是十分重要的，它在战略层面上决定企业营销的成败。

本章阐述在战略层面帮助企业进行决策的市场细分、目标市场选择及其市场定位的基本理论，包括阐述市场细分的标准、方法，目标市场的评估、选择方式及其战略，以及市场定位的过程和方法。

第一节　市　场　细　分

1.1　市场细分的概念及其作用

市场细分是指根据构成总体市场消费需求及购买行为的差异性，将整体市场划分为若干个相类似的消费者群体。在细分后的若干细分市场中，同一细分市场具有共性需求，不同细分市场具有差异化需求。通过细分有助于企业更好地认识市场需求的共性和差异性，为目标市场选择和市场定位奠定基础。

（1）发现可以利用的市场机会

通过细分可以划分出不同的子市场，通过对各细分市场需求满足度评估，从中识别那些需求尚未得到满足或低满足度的子市场，这便是最好的市场机会，因为市场机会就是未满足或未完全满足的市场需求。

（2）合理配置资源

基于市场细分，不仅可以掌握细分市场的需求满足度，而且也可以把握各细分市场的需求特点，然后企业可以将自己的资源与细分市场进行最佳匹配和最佳组合，实现企业资源的合理配置。

(3) 制定合理的营销策略

在市场细分基础上,企业对各子市场需求的认识和把握更加清楚、准确,有利于提供更有针对性的产品、服务和设计适合的营销组合策略。

案例启迪

大量营销——福特汽车公司早期的营销特点

在 20 世纪初期,福特大量制造单一型号的黑色 T 型轿车,大大降低了成本,以低价格进行销售,进一步刺激了汽车市场需求规模,有效地支持了汽车产能的进一步扩大。最后大规模营销方式使福特取得了成功,成就了当时的福特时代。

福特汽车为何在当时提供单一产品也能取得成功?这是与当时的营销环境相适应的。在那时,人们能拥有一辆车就很知足了,至于车的性能、专门配置、内饰、款式等不在考虑之列,也即人们对车的需求是趋同的、大众化的;再加上当时的汽车处于供不应求的市场状态,更强化了人们对拥有车就足矣的需求特点。

通过大量生产、大量分销单一产品,使生产成本、销售成本最小化,从而降低价格,刺激市场需求,扩大企业销售量,使企业获取更多利润的营销方式即为大量营销。这种营销方式的特点体现为:大批量生产、大批分销;品种规格单一,利于规模经济;低价刺激市场,扩大市场规模,进而促进产能扩大。相应地,这种营销方式成功的条件为:第一,消费需求具有相似性;第二,市场处于供不应求的状态;第三,市场竞争不激烈,价格是主要竞争手段;第四,低价能刺激市场,从而推动市场规模进一步扩大,一定程度上,市场规模与生产规模形成良性循环,互相促进。

1.2 细分变量

(1) 消费者市场细分

细分变量就是指影响需求差异的那些变量。细分变量往往具有层次性,依据何种变量进行的细分就相应叫作这种变量细分,如依据地理变量进行的细分就叫作地理细分。消费者市场常用细分变量如表 5-1 所示。

表 5-1 消费者市场常用细分变量

细分变量	举 例
地理细分	● 国家:欧美、中亚、东亚、东南亚、中东、拉美、非洲、西亚、北亚、澳大利亚/发达国家、发展中国家。 ● 地区:南方、北方或西北、华北、华东、华南等。 ● 城市规模:超大城市、特大城市、大城市、中等城市、小城市等。 ● 人口密度:人口密集区、中等区、稀少区、极稀区。 ● 气候:寒带、温带、热带/海洋性、大陆性。 ● 地形地貌:平原、高原、盆地、山地、丘陵
人口细分	● 年龄:学龄前、小学生、中学生、青年、中年、老年。 ● 性别:男性、女性。 ● 家庭规模:单身、二人世界、三口之家、四口之家、家族。 ● 家庭生命周期:单身、新婚期、满巢期、空巢期与解体。

续表

细分变量	举 例
人口细分	● 民族：汉族、五十五个少数民族。 ● 籍贯：中国大陆、中国台湾、中国香港、中国澳门、海外华侨、外籍在华人士。 ● 宗教信仰：佛教、道教、天主教、基督教、伊斯兰教。 ● 受教育程度：文盲、小学、初中、高中、大学本科、硕士、博士等。 ● 经济收入（月收入）：1 500元以下、1 500～3 000元、3 001～5 000元、5 001～8 000元、大于8 000元。 ● 职业：国家机关、党群组织、企业、事业单位专业技术人员，办事员，商业、服务业人员，农、林、牧、渔、水利业生产人员，生产、运输设备操作人员及有关人员，军人，不便分类的其他从业人员等
心理细分	● 生活方式：传统型、新潮型、节俭型、奢华型、严肃型、活泼型、乐于社交型、爱好家庭生活型等。 ● 个性：活泼好动型、沉默寡言型、传统保守型、优雅型、追逐潮流型、放荡不羁型。 ● 购买动机：求异心理、求实心理、攀比心理、求新心理、炫耀心理、求美心理等。 ● 价值取向：理性型、追求完美型、服务型、无私奉献型、利益至上型、信仰至上型、追求权力地位型。 ● 商品供求形势：供过于求、供不应求、供求平衡。 ● 销售方式的感应程度：敏感型、迟钝型、理智型、排斥型。 ● 阶层：目前中国已形成十大社会阶层，包括国家与社会管理者，经理人员，私营业主，专业技术人员，办事人员，个体工商户，商业服务人员，产业工人，农业劳动者，城乡无业、失业、半失业者
行为细分	● 消费者进入市场的程度：经常购买者、初次购买者、潜在购买者。 ● 消费的数量：大量客户、中量客户、少量客户。 ● 对品牌的忠诚度：忠诚者、转变者、多变者。 ● 品牌偏好：单一品牌忠诚者、多品牌忠诚者、无品牌偏好者。 ● 购买或使用产品的时机：普通时机、特殊时机（节假日）。 ● 使用率：经常使用、偶尔使用、从未使用。 ● 对产品的态度：相当热情、无所谓、厌恶反感
利益细分	● 化妆品：美白、祛斑、保湿、防晒。 ● 牙膏：美白、防蛀牙、口气清新、全面护理、经济实惠。 ● 服装：舒服、实惠、个性、大方。 ● 汽车：安全、省油、贵族、时尚、实惠。 ● 食品：包装抢眼、营养、美味、独特等

① 地理变量。不同地理环境下，人们的需求是有差异的。地理细分变量包括国家、地区、城市规模、乡村、人口密度、气候、地形地貌等。地理细分变量直观，容易识别，也容易取得认识上的一致，但这类细分变量是静态变量，同一地理区域的消费者对同一类产品的需求还会受其他因素诸如年龄、性别、收入、受教育程度等影响，因而有必要依据其他因素作进一步细分。

营销新视野

地理集群分析法

有些研究将地理数据和人口统计数据相结合，可以对消费者及其周边地区的群体进行更为详细的描述。克拉利德斯公司（Claritas Inc.）开发了地理集群分析法（Geoclustering

Approach),被称为 PRIZM(Potential Rating Index by Zip Markets)。根据邮政区域市场的潜在排序指数,它把 50 多万人的邻近居民划分为 14 个不同的群体和 66 种不同的生活方式,称为 PRIZM 集群。这些群体考虑了 39 个因素,这些因素可以分为 5 大类别:① 受教育水平和富裕程度;② 家庭生命周期;③ 城市化;④ 种族与民族;⑤ 流动性。居民根据邮政编码或者人口普查区和街区来分类。这些集群是通过以下名称进行描述的,例如,贵族阶层、成功人士、衣锦还乡者、拉丁裔人、不骑马的牛仔和乡下人。归为一类的居民有类似的生活方式、类似的汽车、类似的工作并读相似的杂志。以下是四种 PRIZM 集群。

- 数字化的年轻人(Young Digerati):他们是居住在城市边缘时尚社区的单身人士或夫妇,熟悉高科技。这群人富有、受过高等教育,并且涵盖了各个种族。在数字化年轻人的社区内,到处都是时尚的公寓和大厦、健身俱乐部和时装专卖店、休闲餐厅,以及各种酒吧——供应果汁、咖啡、啤酒等各种饮料。

- 环城快道区域的人口(Beltway Boomers):他们是人数庞大的婴儿潮群体中的一部分,上过大学,属于中上层社会阶层,拥有自己的房产。尽管这一群体的人大部分都属于晚婚,但是他们还是会养育子女,在舒适的郊区生活,他们的生活方式依然是以孩子为中心。

- 四海为家者(Cosmopolitans):这些移民及其后代来自不同地区,具有不同文化背景,使用多种不同语言来美国实现其美国梦。有些单亲家庭以及那些有子女或无子女的夫妇在各种贸易和公共服务领域努力工作,并以此来致富。他们通常都是大家庭,与居住在城市中的其他社会群体有很大的不同。

- 老旧的工业市镇居民(Old Milltowns):美国一些曾经因采矿和制造业而兴旺的城市现在开始衰老,居民也都上了年纪。现有居民多是退休的单身汉和夫妇,他们居住在 20 世纪 60 年代以前建的房子中,而且收入比以前也少了很多。为了打发空闲的时间,他们热衷于园艺、缝纫,在老兵俱乐部中社交,或者是在休闲餐厅就餐。

营销人员可以使用 PRIZM 法来回答一系列问题:哪个地理区域中包含最有价值的顾客?在这些细分市场中我们可以渗透到怎样的深度?在每个地区,哪些分销渠道和促销媒介能够最好地接触到企业的目标顾客群体?地理集群法可以很好地抓住美国人日益增加的多样性。Ace Hardware 公司使用 PRIZM 细分法来指导企业在众多领域的决策:直接邮寄、广告、伙伴关系、选址、新概念、店铺的本土营销。在《蔬菜宝贝历险记》(Veggie Tales)成功的带领下,Clear Channel Communications 公司使用地理集群信息向各种娱乐场所中想要全国旅游的潜在目标消费者发送电子邮件。

随着数据库成本的下降,个人电脑的普及,软件变得更易使用,数据不断整合,以及互联网的日益发展,使得小规模组织进行微观细分营销成为可能。

② 人口统计变量。常用的人口统计变量包括年龄、性别、收入、教育、职业、家庭生命周期等,是细分消费者市场最常使用的变量之一。

营销新视野

性别细分与市场营销

男性和女性在态度和行为上是具有差异的,这种差异有一部分是源于遗传因素,还有一部分则是源于社会化的作用。例如，女性有更强的公共倾向，而男性有更强的自我表现和目标导向。女性容易更多地投入到她们周围现实的环境中，而男性更关注环境中可以帮助他们达到目标的某一部分。一项测试男女消费方式的研究发现，男性往往是被动地接触产品，而女性往往无须促销，就会主动地接触产品；男性会仔细看产品的相关信息，而女性则更愿意按照自己的方式来对产品进行判断。一项研究表明，在美国和英国，女性控制或影响着80%多的消费者产品和服务，在购买新居时，75%的决策是由女性做出的，有60%购买新车的决策是完全由女性做出的。性别差异长期以来被应用于服装、发型设计、化妆品和杂志中。雅芳开设了一项60亿美元的业务专门为女性提供美容产品。一些产品被定位得更男性化或女性化。吉列生产了迄今为止最成功的女性去毛产品系列 Venus，占据了50%的市场，该产品系列通过产品设计、包装和广告强化了其女性特征。

然而，只是将产品分为适合男性或女性是不够的。现在男性市场和女性市场上都出现了超级细分市场。为了扩展到都会型男（Metrosexual）市场，联合利华的 Axe 品牌就包含了"添加仙人掌精华的沙漠矿物质蛇鳗淋浴磨砂"，该产品的成分听起来比"包含植物精华的去角质香皂"更为粗犷。而且联合利华通过"真美无界限"活动，将目标市场选定为那些看上去不像，或希望自己像时尚模特的女性市场，最终活动广受赞誉。

多芬（DOVE）的"真美无界限"活动让各种体形、身材和肤色的女性身着内衣摆出自豪的姿态，宣称并不只是销售香皂的载体，而且"旨在改变现状，提供一种更为广泛、健康和民主的审美"。推动力是一项由多芬发起的全球研究，主要研究女性看待自己和美丽的态度。在研究中，只有2%的女性认为自己是美丽的，所以神采飞扬的各种体形的模特或长相普通的女性出现在广告中时，不仅女性，所有人都开始关注。即使是向来反对在广告中描述女性体态的全国妇女组织（National Organization for Women，NOW），也赞扬这是一次"将广告行业推进一步"的活动。

之前比较倾向于男性市场的行业，如汽车工业，也已经认识到了要使用性别来进行市场细分，并且对汽车的设计和销售方式进行了调整。在购车时，女性与男性的区别是很大的；女性会更多地受到环境的影响，更在意车的内在风格，她们将与安全有关的属性视为在意外中帮助其生还的功能，而非避免事故发生的功能。

研究表明，80%的家庭改善项目都是由女性发起的。Lowe 把商店设计成宽敞的走道——为了让购物车进退自由，并供应一些大件的用具和一些高档的家具。如今它的一半顾客都是女性，这迫使他们的很多传统竞争对手，如家得宝（Home Depot），通过"女性之夜"活动来吸引女性顾客。另外一个比较火的零售趋势是一些运动用品店和精品店，如 Lucy、Paiva、Nike Women 开始以女性作为目标市场。

③ 心理变量。心理变量具体包括个性、生活方式、社会阶层、购买动机、价值观等。个性影响着人们的消费观念和消费行为，人们希望借助于所消费的产品来凸显自己的个性，因而倾向于选择能反映自己个性的、与自己个性相吻合的商品。生活方式不同的消费者的需求存在差异，因而可以依据生活方式来细分市场，但生活方式细分变量有时不容易识别，也不易取得统一认识。社会阶层是指全体社会成员按照一定等级标准划分为彼此地位相互区别的社会集团。同一社会阶层成员之间态度、行为、模式和价值观等方面具有相似性，不同阶层成员存在差异性。

知识拓展

VALS 模 型

VALS（价值观和生活方式结构，Value and Life Styles，VALS），是由美国斯坦福咨询研究所（SRI Consulting Business Intelligence，SRIC-BI）建立的。这个系统的理论前提是：个人的生活方式受"自我导向"和"个人资源"两方面因素的制约。"自我导向"是指人们自我社会形象形成的活动和态度。它有三种形式：原则导向——这种人的行为总是根据原则办事；地位导向——这种人喜欢在有价值的社会背景下寻找一个安全的地位；行动导向——这种人试图用确实的方法去影响环境。"个人资源"包括心理方面的、体力方面的、人口统计方面的物质观和个人能力。

VALS 细分系统以 4 个人文统计问题和 35 个态度问题的回答为基础，然后根据被访者的回答用心理图案学将美国成年人的态度划分为 8 个群体。

● 实现者（Actualizers）

这些消费者占美国调查人口的 8%，平均年龄为 43 岁，大学文化，平均收入为 58 000 美元。他们有最高的个人收入，受社会尊重，拥有最丰富的个人资源。他们具有高度自信、高收入和高等教育水平。他们的购买活动体现趣味、独立和个性，乐于赶时髦，善于接受新产品、新技术、新的分销方式。不相信广告，阅读大量的出版物，轻度电视观看者。他们可以融入所有的自我导向之中，利用自己的财富来显示他们个人的格调、品位和特点，具有广泛的兴趣。

● 满足者（Fulfilleds）

这些消费者是"原则导向"中的个人资源丰富者，占美国调查人口的 11%，平均年龄 48 岁，平均收入为 38 000 美元。他们成熟、满足、富于思考，受过良好教育，并从事专业工作；一般已婚并有年龄较大的小孩的人，休闲活动以家庭为中心。他们业余生活的主要场所是家，但他们对世界上发生的事情了解甚多，他们愿意接受新观点和社会的新变化；他们有很高的收入，但是消费起来很实际，在他们的消费中更加面向价值观念。

● 成就者（Achievers）

这些消费者是"地位导向"中的个人资源丰富者。他们受过大学教育，占人口的 13%，平均年龄为 36 岁，平均收入为 50 000 美元，是成功的工薪阶层。他们注重形象、崇尚地位和权威，主要偏好已确定的、有威望的产品，以表现出他们的成功和高贵。中度电视观看者，阅读商务、新闻和自助出版物，从工作和家庭之中得到满足，并喜欢从工作的成功中显示自己。他们在政治方面保守，尊重权威，安于现状。

● 体验者（Experiencers）

这些消费者是"行动导向"中的个人资源丰富者，占美国调查人口的 12%，平均年龄为 26 岁，平均收入为 19 000 美元，略低于 20% 的人已经完成了大学教育。他们是细分市场中最年轻的群体，他们精力充沛，喜欢参加体育锻炼和社会活动；他们又是贪婪的消费者，在服装、快餐、音乐和青年用品上花费较多的可支配收入，并喜欢尝试新产品和新服务。

● 有信仰者（Believers）

这些消费者是"原则导向"中的个人资源贫乏者，占人口的 26%，平均年龄为 58 岁，平均收入为 21 000 美元。它是 VALS 的细分市场中最大的细分市场。他们传统、保守、信守现成规则，不喜欢创新，收入有限，喜欢购买本国产品和老牌货。他们生活的中心是家庭、社区和国内。他们受教育的程度很低，偏好变化较慢，重度电视观看者，阅读有关退休、家庭/花园和感兴趣的杂志，他们中的三分之一以上的人已经退休。

- 奋斗者（Strivers）

这些消费者是"地位导向"中的个人资源贫乏者，占调查人口的13%，平均年龄为34岁，平均收入为25 000美元。他们的价值观和成功者相同，但经济、社会和心理资源很少；寻求从外部获得激励、赞赏和自我界定；将金钱视为成功的标准，因常感经济的拮据而抱怨命运的不公，易于厌倦和冲动；他们中的许多人追赶时尚，企图模仿社会资源更为丰富的人群，但总是因超越其能力而倍感沮丧；有限的灵活收入，但能够保持信用卡平衡。花销主要在服装和个人保健产品上，与阅读相比，更喜欢观看电视。

- 生产者（Makers）

这些消费者是"行动导向"中的个人资源贫乏者，占美国调查人口的13%，平均年龄为30岁，平均收入为30 000美元，受过高中教育。他们很实际，并容易自足，他们注重家庭、工作和运动，对物质财富或世界事件不感兴趣，作为消费者他们喜欢实用的产品。他们认为商店的存在是为了体现舒服、耐性和价值观，不被奢侈所动，仅购买基本的东西。听收音机、阅读汽车、家用机械、垂钓和户外杂志。

- 挣扎者（Strugglers）

这些消费者的收入最少，个人资源极其贫乏，占人口的14%，平均年龄为61岁，是全部细分类型中年龄最大的一类，平均收入为9 000美元。他们购买商品相对稳定，生活窘迫，教育程度低，缺乏技能，没有广泛的社会联系；一般年纪较大，常为健康担心，常受制于人和处于被动地位；他们最关心的是健康和安全，在消费上比较谨慎，对大多数产品和服务来说，他们代表了一个中等程度的市场，对喜爱的品牌比较忠诚，使用赠券，观察销售，相信广告，经常观看电视、阅读小型报和女性杂志。

④ 行为变量。具体包括追求利益、购买时机、使用数量、消费者与市场的密切程度等。消费某种商品时想从中得到的功能和效用，即追求的利益，它直接决定着消费动机和购买行为。对于购买时机，一方面根据是否节假日购买细分，另一方面根据是否经常购买。

案例启迪

高价酒的市场细分

美国ConstellationWines公司在其高价酒市场上识别出了六个不同的利益细分市场。

狂热者（Enthusiast，占市场的12%）：主要是那些平均年收入为7.6万美元的女性。这其中有3%的"奢侈品狂热者"倾向于高收入男性。

形象追求者（Image Seekers，20%）：主要包括平均年龄为35岁的男性。他们通常用酒作为其身份的标志，为了确保他们可以得到好酒，他们愿意支付更高的价格。

理智购买者（Savvy Shoppers，15%）：他们喜欢购物，并且认为他们没有必要为了一瓶好酒而花费很多钱。他们很喜欢廉价酒。

传统购买者（Traditionalist，16%）：他们具有很传统的价值观，喜欢购买他们听过的品牌，并且喜欢购买老酿酒厂生产的酒。其平均年龄为50岁，有68%为女性。

满意的饮者（Satisfied Sippers，14%）：对酒并不是十分了解，他们倾向于购买相同的品牌。他们饮用的酒中有一半是白葡萄酒。

受控制者（Overwhelmed，23%）：潜在的具有吸引力的目标市场，他们常常因买酒而感到困扰。

按消费者对商品的使用数量，可细分为大量使用者市场、中量使用者市场和少量使用者市场。依据消费者与市场的密切程度，可以细分为常规消费者、初次消费者和潜在消费者市场。这种细分的意义更多地体现在对企业营销策略的作用上，如企业尽量维持常规顾客的同时，吸引初次顾客并逐渐使之转化为常规顾客，刺激潜在顾客的购买欲望，并使之成为初次购买者，进而转化为常规顾客。

案例启迪

历史上汽车制造商的市场细分

德国大众汽车公司在市场调查后，发现美国汽车使用者可分为三类：一是讲排场；二是重质量；三是考虑经济因素。在考虑经济因素的人中又有两类：其一，喜欢标新立异，别人开大车，我偏开小车；其二是惜金如命，要廉价节约。这两种用户约占美国购车人的10%，但仍是一笔不小的数字。德国大众汽车公司生产了一种甲壳虫轿车，打算投放美国市场。当时美国的一些大汽车公司根本不把这不知名的小车放在眼里，大众公司强调甲壳虫车的特点是省油，在投入市场之后，不起眼的"甲壳虫"车很快跻身于美国这个汽车王国。到1964年，其销量已达40万辆，一跃成为美国小型轿车市场中难以匹敌的霸主，并于1981年达到全球销量2 000万辆。

通用汽车的多品牌战略源自20世纪初通用汽车创始人之一的威廉·C·杜兰特。他在任之时，重组别克以及收购凯迪拉克、奥兹莫比尔等多个品牌。随后上任的斯隆将杜兰特的理念进一步发扬光大，弘扬了市场细分理论。斯隆认为不同的消费者有不同的个性化需求，必须通过品牌对市场进行细分。1924年，斯隆在股东年度报告中阐述了著名的"不同的钱包、不同的目标、不同的车型"市场细分战略，根据价格范围对美国汽车市场进行细分，最终目标是通用汽车每个品牌的产品针对一个细分市场。

所以在通用汽车的鼎盛时期，其旗下拥有凯迪拉克、别克、雪佛兰、土星、庞蒂亚克、奥兹莫比尔、欧宝、SAAB等多个品牌，参股五十铃、菲亚特等多家汽车公司，组成了一个庞大的汽车帝国。

随着时间的推移，多品牌战略日渐显露出其弊端。首先，各个品牌都在独立运作，各干一套，无形之中增大了成本。其次，实施多品牌战略的初衷是对市场进行细分，但由于品牌过多，致使品牌之间的界限模糊不清，不仅给消费者带来选择的困惑，也造成了品牌之间的内耗。更为关键的是，由于旗下品牌太多，通用汽车一直无法集中力量开发一款或数款能够真正拉动销量的全球战略车型。丰田、本田的崛起，根本原因就在于Corolla、Camry、Accord、Civic等全球战略车型的优异表现。但是通用汽车却一直没有一款真正意义上的全球战略车型。相反，它不停地在各个细分市场上进行研发，不仅加大了研发成本，而且失去了宝贵的市场和利润增长空间。

市场细分是必要的，但过度细分只会增加制造成本和营销成本。

（2）组织市场细分

组织市场的细分变量往往与消费者市场不同。常用的组织市场细分变量有：

① 统计学变量。包括行业、用户规模、投资者关系、客户地理位置等。

② 用户运营变量。如客户的技术水平、技术能力、生产工艺水平、生产能力、设备现状、管理水平和管理模式、资金状况、企业价值观、产品采购与使用历史等。

③ 用户购买行为变量。它是指采购部门的组织结构、权力结构、买卖关系性质、采购标准、采购方式等。

④ 环境因素变量。如订单的紧迫程度、产品使用环境、订单大小、对服务的依赖程度、用户产品的最终使用者的需求等。

⑤ 购买者的个性变量。它主要是指购买者个人的价值观。

营销实践

如何确定组织市场细分变量

企业统计变量 ● 行业：我们应该服务于哪个行业？ ● 公司规模：我们应该服务于多大规模的公司？ ● 地点：我们应该服务于哪些地理区域？
经营变量 ● 技术：我们应该把重点放在客户重视的哪些技术上？ ● 使用者状况：我们应该服务于重度使用者、中度使用者、轻度使用者还是未使用者？ ● 客户能力：我们应该针对需要大量服务的还是少量服务的客户？
购买方式 ● 采购职能组织：我们应该服务于拥有高度集中采购组织的公司还是分散采购的公司？ ● 权利结构：我们应该服务于工程导向、财务导向还是其他导向的公司？ ● 现有业务联系的本质：服务于和我们有牢固关系的公司还是简单追求最理想的公司？ ● 总体采购政策：应该服务于喜欢租赁、签订合同、进行系统采购还是采用投标的公司？ ● 采购标准：我们应该服务于追求质量、服务还是价格的公司？
环境因素 ● 紧急性：我们是否应该服务于需要快速、随时交货或提供服务的公司？ ● 具体应用：我们是否应该关注于我们产品的某一种应用而不是所有的应用？ ● 订单规模：我们应该着重于大订单还是小订单？
个人特质 ● 购买者与销售者的相似性：我们是否应该服务于那些人员和价值观与我们相似的公司？ ● 对风险的态度：我们应该服务于偏好风险的公司还是规避风险的公司？ ● 忠诚度：我们是否应该服务于对其他供应商表现出高忠诚度的公司？

1.3 细分方法

选择了合适的细分变量，为市场细分提供了细分依据，还需要进一步确定采用什么样的细分方法。依据细分变量的多少及细分思路的不同，细分方法分为以下几种。

（1）单因素法

只选用一个细分变量作一次细分就能够将整个市场细分为若干顾客群体，并且同一群体内的需求保持相似。这种方法细分工作量少，但是由于在现实中消费者的需求是复杂的，要受多种因素的影响，因而这种细分方法在现实中很少用，主要适用于需求差异简单的组织市场。

（2）综合多因素法

消费者的需求受多种因素影响，差异性强，需要综合考虑多个细分变量进行细分。尽管这种细分方法涉及两个以上因素，细分工作量大，但可以使企业对需求差异复杂的市场有更清晰的认识，是实践中常用的方法。

知识拓展

美国组织市场的细分

细分基础	细分变量	典型分类
地理	全球/地区/国家 统计区 人口密度	欧盟、南美等；美国、日本、印度等 大都市统计区；小城市统计区；人口普查区等 城市、郊区、小城镇、农村
人口	北美产业分类系统代码 北美产业分类系统部门 雇员人数 年销售额	部门；分组；产业集团等 农业、林业、采矿业、公用事业等 1～99人；100～499人；500～999人；1 000～4 999人；5 000人以上 100万美元以下；100万～990万美元；1 000万～4 999万美元等
行为	店铺数量 商品种类 用途 应用领域 购买地点 购买者 购买类型	1～9个；10～49个；50～99个；100～499个；500～999个；1 000个以上 产品；服务 安装；组装；成品等 办公；生产等 集中；分散 个人购买者；群体购买者 第一次购买；更新购买；直接重购

（3）系列因素法

当细分市场所涉及的因素是多项的，并且各因素是按一定的顺序逐步进行，可由粗到细、由浅入深，逐步进行细分，这种方法称为系列因素细分法。实行这种方法，目标市场将会变得越来越具体。这种细分方法工作量明显减少，针对性却增强，因而在实践中广泛应用。

营销实践

市场细分的典范：宝洁公司

宝洁公司在进入中国时的市场细分可谓业界典范，宝洁对每个细分出来的市场都加以分析和衡量，根据自身和市场的特点去选择目标市场。

① 按地理变量细分市场。

宝洁公司的地理细分主要表现在产品技术研究方面。如宝洁经过细心的化验发现东方人与西方人的发质不同，于是开发了营养头发的潘婷，满足亚洲消费者的需要。针对不同的地区，主推的产品也不同，比如在偏远的山村地区，则推出了汰渍等实惠便宜的洗涤产品，洗发水则有飘柔家庭装等。对于北京、上海、香港以及更多的国际大都市则主推玉兰油、潘婷等高端产品。

② 按人口变量细分市场。

年龄：宝洁广告画面多选用年轻男女的形象，大都选取青春偶像作为广告代言人。宝洁的市场定位为青年消费群体，其高份额的市场占有率充分证明了定位的正确性。

收入：收入是进行市场细分的一个常用人口变量，收入水平影响消费者需求并决定他们的购买能力。宝洁的洗衣粉初入中国市场时，调研发现中国消费者对洗衣粉的功效要求不高，用量是西方国家的 1/10。市场细分如下：碧浪定位于高价市场，为 5%的市场占有率；汰渍定位于中价市场，为 15%的市场占有率；在中国收购和合资的当地品牌熊猫、高富力、兰香定位于低价市场。

性别：生活中男性与女性在某些产品需求和偏好上有很大的不同，那么产品也应该迎合这些差异才能更好地满足消费者的需求。如宝洁公司旗下的吉列品牌剃须刀、刀片及其他剃须辅助品，专门为男士设计了锋速三、超级感应、感应、超滑旋转等系列产品，专门为女士设计了吉列女士专用刀架、刀片 Venus，吉列女士超级感应系列等产品，深受消费者的喜爱。

③ 按心理变量细分市场。

宝洁公司实施全球化战略，意味着无论顾客在世界的哪个位置，他们必须满足其需要，满足对同类产品的不同需求。宝洁做到了这一点，并使其成为企业成功的秘诀之一。

社会阶层：宝洁公司就很好地利用了社会阶层这一特点对不同阶层进行营销。社会地位较高的购买者从产品中可以体现个人品位，处于社会底层购买者则更注重的是它的价值。例如：宝洁公司国际著名护肤品牌 SK-II 针对的就是社会地位较高的购买者，精华露从 800 到 1 200 价格不等，而 OLAY 的产品面对的是中下等消费者。

生活方式：人们追求的方式有所不同，有的追求典雅恬静、有的追求时尚新颖、有的崇尚简约等。宝洁公司利用人们对生活的追求不同分别设计出不同性质的产品。例如：面对广大家庭主妇型消费者，宝洁公司推出了桶装洗发水、沐浴露，适合于家庭用。而对于大学生群体或者经常外出的人们，宝洁公司同时推出了易携带的洗护二合一产品。对于白领一族，宝洁公司推出了亚洲区第一彩妆品牌：ANNASUI（安娜苏）。

④ 按行为变量细分市场。

根据产品的使用率，以及品牌的忠诚度和使用者地位、购买时机等，宝洁公司也有不同的应对政策。宝洁根据不同的消费者群体，推出海飞丝、潘婷、飘柔、沙萱、伊卡璐等不同利益诉求的洗发产品。

通过多品种的品牌设计，宝洁公司的市场占有份额大大得到提高，这是单个品牌难以达到的。大量事实表明，单个品牌的商品具有的特征比较单一，只能吸引部分消费者，其余的消费者可能被别的产品吸引过去。而多品牌战略能够满足不同消费者的需求，同时产生品牌规模效应，使叠加后的品牌更具有吸引力。

市场细分并非越细越好，市场规模将会因过度细分而缩小，进而限制经营规模，影响收益；基于更细市场细分的微观营销和定制营销的实施需要相应条件，比如定制营销对企业信息收集与反应能力、柔性制造系统、产品设计与创新能力等提出相应要求，而这些要求并不是所有企业都能达到的。所以企业界又出现了"反细分"的理论，即将过度细分的子市场再度归并，也叫同合化理论。反细分化营销（市场同合化）就是要求企业应在兼顾成本和收益分析的基础上，对市场进行适度细分。

知识拓展

基于不同细分视角的营销形式

大众营销。大众营销是典型的产品导向方式，就是使用同样的营销组合含糊不清地针对每一个顾客。大众营销假设每一个人都是一样的，并且认为每一个人都是潜在顾客，试图把产品卖给每一个人。

目标营销。把构成一个市场的大部分进行分解，实施目标营销，使得企业的产品或服务更紧密地与一个或多个细分市场的需求相一致。目标营销是为特定的目标客户制定营销组合。

特色营销。特色营销也叫利基营销，是更窄地确定某些群体，把注意力集中在细分市场内部的亚群体上。这是一个小市场，并且它的需要没有被服务好，或者说还有获取利益的基础。这种营销有时又称缝隙营销或补缺营销，也称为狭缝市场营销，是指企业为避免在市场上与强大竞争对手发生正面冲突，而采取的一种利用营销者自身特有的条件，选择由于各种原因被强大企业忽视的小块市场作为其专门的服务对象，对该市场的各种实际需求全力予以满足，以达到牢固地占领该市场的营销策略。

微观营销。微观营销是指企业必须研究消费者的特点，根据消费者的需求生产、销售产品和服务，使自己的产品、服务和营销方案与地理、人口、心理和行为因素相适应。以前大型消费品企业习惯于采用大市场营销战略，即对同一种产品用同一种方式进行市场营销并卖给所有的消费者。但是许多企业正采用微观市场营销战略，这些企业使自己的产品和营销方案与地理、人口、心理和行为因素相适应，并使之逐步取代了原先的标准化营销模式，包括本地营销和个体营销两种模式。

本地营销。本地营销涉及为满足当地顾客群体城市、相邻地区甚至具体的商店的需要和需求的特制品牌和促销活动。

个体营销。个体营销也被称为一对一营销、定制营销和单一市场营销，是指为客户的需求和偏好制订产品和营销计划。

1.4 细分有效性标准

细分变量和细分方法都有很多种，企业有可能采用不同的细分方法，但并非每一种细分均有效，所以有必要进行市场细分的有效性检验，为后续的目标市场选择提供良好的基础。细分的有效性标准如图5-1所示。

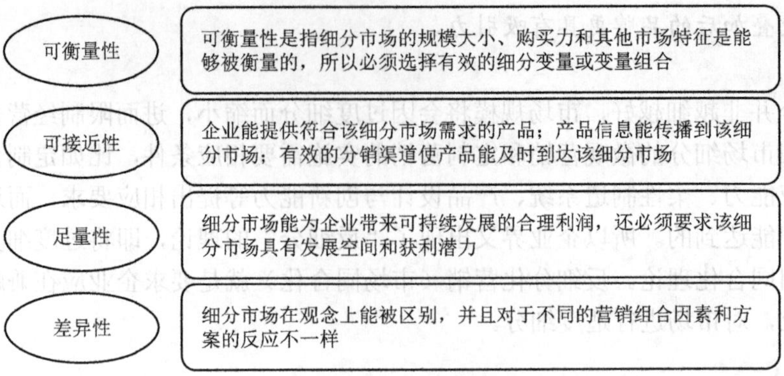

可衡量性	可衡量性是指细分市场的规模大小、购买力和其他市场特征是能够被衡量的,所以必须选择有效的细分变量或变量组合
可接近性	企业能提供符合该细分市场需求的产品;产品信息能传播到该细分市场;有效的分销渠道使产品能及时到达该细分市场
足量性	细分市场能为企业带来可持续发展的合理利润,还必须要求该细分市场具有发展空间和获利潜力
差异性	细分市场在观念上能被区别,并且对于不同的营销组合因素和方案的反应不一样

图 5-1 市场细分的有效性标准

营销新视野

"左撇子"市场有多大?

每年的 8 月 13 日是"国际左撇子日",每逢该节日来临,各大媒体对"左撇子"的报道开始日益增多,以往鲜有人关注的左撇子产品也跟着一下子红火起来。左手剪刀、左手键盘、逆时针钟表……一时间充斥了各大网络门店,左撇子产品针对的已不仅仅是左撇子,也成为时下部分年轻人追求个性的一种选择。

有关资料显示,"左撇子"在我国总人口中占 6%~7%。也就是说,13 亿人口中,将近 1 亿人是"左手人"。但是由于现实生活中大多数人习惯使用右手,几乎所有的商品都是为这些"右手人"考虑和设计的,"左撇子"市场因此也被大大忽略,在我国长期处于一个空白状态。如今"左撇子"概念虽然火了,但对于想拓展该领域的商家来说,却依然有很多问题难以解决。

在欧美国家,由于市场的成熟,针对左撇子的产品有 2 000 多种。而在国内,到目前为止也只有 50 多种,如果从国外进口的话,价格至少要比国内贵 10 倍以上,很不现实。品种的稀缺,很难支撑起一个完整的专营店。事实上,在国内还没有一家完全意义上的左撇子专卖店。但是在网络上的店铺已经有不下 50 多家。目前无法做传统专卖店的原因是受到生产方面的限制,根据国内现状,很难出现专门创办左撇子产品研发和生产的工厂。比如:一把左撇子用的尺子,市价只有 3 元多,但专门做这个模具却要花费 4 万多元,这种成本是一般工厂无法承受的。

尽管如此,对于左撇子产品未来的市场,许多企业还是充满了信心。左撇子产品毕竟拥有庞大的用户群体,只是需要发展时间。

第二节 目标市场选择

目标市场就是企业在市场细分的基础上,综合考虑细分市场的竞争状况、市场规模和发展潜力,及企业自身资源与发展目标等因素的前提下所选择的企业能为之有效地提供产品或服务的一个或几个细分市场。

2.1　评估细分市场

由于企业资源有限，面对经过市场细分活动划分出的细分市场，企业必须要学会理智地判断，有所为而有所不为，将有限的资源用在那些最有吸引力、企业又有能力为之服务的细分市场上。细分市场的评估主要从市场吸引力和企业目标与资源能力两个方面展开。

（1）市场吸引力

决定市场吸引力的主要因素有：市场规模大小、市场成长性、市场竞争结构、市场进入难度、市场透明度、市场生命周期、市场经验曲线、关键经营因素与本企业优势的相关性，以及企业保持差异化优势的能力等。其中前三个因素对市场吸引力的作用最大，因而往往更被大多数企业所关注。

① 市场规模与成长性。市场规模对市场吸引力的影响主要体现在它带给企业的规模效应上。市场规模越大，企业运作空间越大，越容易形成规模经济，降低产品成本，企业获利的可能性和程度也越大。但规模大的市场也越容易被更多的企业所吸引和关注，所以仅仅根据市场规模评估市场吸引力是远远不够的。市场成长性为企业进入该市场后持续发展提供了市场空间保障。市场成长性可以通过对历史和当前的市场销量数据的收集和统计分析而初步获得。市场增长率越高、越持久，则其成长性越好，在选择目标市场时应当考虑。

② 市场竞争结构（五力模型）。任何企业在制定营销策略时都必须考虑竞争状况。规模大、成长性好的市场吸引力大，但竞争可能往往也剧烈，这在一定程度上降低了其吸引力，所以评估细分市场的吸引力时，市场竞争状况不得不予以考虑。

根据迈克尔·波特的压力模型思想，供应商影响一个行业的主要方式是提高价格，以此榨取买方的盈利；购买者的讨价还价能力也能够给行业的盈利造成威胁，购买者能够强行压低价格，或要求更高的质量或更多的服务；新进入者的威胁表现在带来大量的资源和额外的生产能力，并且要求获得市场份额；替代品的威胁是指那些与客户产品具有相同功能的或类似功能的产品的提供方带来的影响；行业内现有竞争者的竞争常常表现在价格、广告、售后服务等方面，其竞争强度与许多因素有关。

③ 其他因素。市场吸引力还受到市场透明度、市场生命周期、市场经验曲线、关键经营因素与本企业优势的相关性，以及企业保持差异化优势的能力等影响。

（2）企业目标与资源能力

吸引力大的市场是企业目标市场选择的备选对象，但仅有吸引力还不够，还必须考虑企业能否驾驭这些市场，为目标顾客提供相适应的产品，能否符合企业既定的发展目标。企业资源能力分析可以从战略资源、产品技术资源、产品原材料资源、营销渠道资源、品牌资源等方面进行。

营销新视野

移动互联网的市场细分格局

移动互联网市场拥有非常巨大的市场空间，巨大的机遇引发了企业的竞争，同时也引发了很多传统行业的转型。整个移动产业在竞争之下派生出众多的细分领域，同时移动互联网产业链条开始变得日趋完善，迎来了移动互联网市场细分的新格局。

① 移动安全市场。

许多的信息数据泄密事件引起一阵哗然,而移动安全的话题开始逐渐被大众重视,在移动互联网系统完全不成熟的前提下,安全是一个很核心的指标。从整个商务支付渠道或者说整个市场的推动来说,安全作为其中一个保障型的市场,会引起很多厂商对安全的重视,同时也是移动互联网市场细分的核心领域。最新分析数据显示,智能手机正成为黑客瞄准的主要目标,而随之而来的信息安全问题也成为企业 IT 部门的关注重点。

② 移动内容市场。

在移动互联网领域,移动平台的核心价值并不是平台本身怎么样,而是帮助用户快速通过它获取内容,内容还是用户最想拿到的东西,而移动内容领域也将是移动互联网市场细分的重点。很多传统互联网内容企业在平移到移动平台后优势仍然存在,比如用户基数、服务器资源等。尽管正面与巨头企业竞争非常困难,但是由于市场空间巨大,很多新兴的移动互联网企业在更细分的领域找到了自己的立足之地。

③ 移动搜索市场。

移动技术的发展让移动搜索成了移动互联网里最贴近用户生活的重要应用之一,正在积聚无限的想象空间,展现出比 PC 端搜索更加广阔的前景:一方面,用户越来越多地使用移动搜索;另一方面,用户群正促使互联网厂商、终端设备商以及通信运营商积极开拓移动搜索美好的未来。在 Google、微软 Bing 以及百度搜索进军移动搜索市场之后,很多新兴的移动互联网企业将目光投射到移动搜索的细分领域,比如移动位置搜索、移动物品价格搜索等。

④ 移动娱乐市场。

移动娱乐(游戏)在发展前景上保持着更健硕的势头,移动娱乐应用内容的体系化梳理将带动移动娱乐营收端的快速发展;原有移动娱乐的内容新产品化包装,也将带来移动娱乐市场的快速发展;位置服务的应用崛起,将带动传统娱乐内容的激变,带动移动娱乐的商业价值凸显。在移动娱乐(游戏)领域的细分,各个游戏厂商已经开始早早布局,很多早期转型的移动企业尝到了甜头,比如 EA、CAP 等;但是也有很多企业布局稍晚尝到了失败的苦果,比如任天堂;当然也有很多新兴的游戏公司借助移动互联网平台开始飞速成长。

2.2 目标市场选择方式

(1) 密集单一市场

公司选择一个细分市场集中营销,可能是具备了在该细分市场获胜必需的条件,或者企业可能资源有限,只能在一个细分市场经营,又或者这个细分市场中可能没有竞争对手。通过密集营销,更加了解本细分市场的需要,并树立特别的声誉,因此便可在该细分市场建立巩固的市场地位。但是密集营销相对而言风险更大,个别细分市场可能出现一蹶不振的情况,或者某个竞争者决定进入同一个细分市场。所以许多公司宁愿在若干个细分市场分散营销。

(2) 有选择的专门化

选择若干个细分市场,其中每个细分市场在客观上都有吸引力,并且符合公司的目标和资源。但在各细分市场之间很少有或者根本没有任何联系,然而每个细分市场都有可能赢利。这种多细分市场优于单细分市场,因为这样可以分散风险,即使某个细分市场失去吸引力,仍可继续在其他细分市场获取利润。

（3）产品专门化

集中生产一种产品，向各类顾客销售这种产品。通过这种选择，在某个产品方面树立起很高的声誉。但是如果产品被替代品代替，就会发生危机。

（4）市场专门化

专门为满足某个顾客群体的各种需要而服务，通过为特定的顾客群体服务，获得良好的声誉，并成为这个顾客群体所需各种新产品的代理商。但如果该顾客预算削减，就会减少从这个代理商购买产品的数量。

（5）完全市场覆盖

用各种产品满足各种顾客群体的需求。只有大公司才能采用完全市场覆盖战略，例如国际商用机器公司（计算机市场）、通用汽车公司（汽车市场）和可口可乐公司（饮料市场）。

目标市场模式选择示意如图 5-2 所示，其中：M 表示市场，P 表示产品或服务。

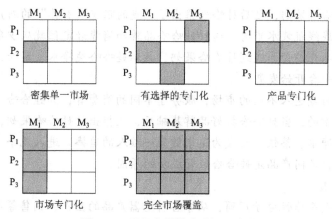

图 5-2　目标市场模式选择示意图

案例启迪

目标市场选择模式案例

● 密集单一市场

澳大利亚奥普卫浴电器有限公司是专业从事卫浴电器研发的公司，其代表产品"奥普浴霸"（浴室取暖设备）在国内外颇受欢迎，仅此一项，奥普公司在中国地区的年销售额便超过2亿元。在中国市场奥普公司靠"奥普浴霸"系列产品而成名，"浴霸"因奥普公司在中国内地引进和发展而成为一个行业。多年前，当中国人"随时在家洗个热水澡"的梦想因热水器的大量上市而变成现实时，人们又感到洗浴时浴室的温度太低，正当无奈之际，"奥普浴霸"在中国部分城市上市，立即引起强烈反响，产品供不应求。今天奥普浴霸成为家庭浴室必备用品。作为行业的开拓者和领先者，奥普是成功的。

作为一个企业必须集中所有优势，在一个专业的领域上开发经营，这样才能把工作做得系统、做得细致。奥普集中了所有的技术优势、品牌优势，定位于卫浴电器产品的开发和推广。奥普的战略目标是集中优势资源努力建造一个品质卓越、品位高尚、品牌国际化的卫浴电器品牌。

- 产品专门化

饮水器厂只生产一个品种，同时向家庭、机关、学校、银行、餐厅、酒店等各类用户销售。其优点是企业专注于某一种或某一类产品的生产，有利于形成某一种或某一类产品的生产和发展技术上的优势，在该领域树立形象。其局限性是当该领域被一种全新的技术与产品所代替时，产品销售量有大幅度下降的危险。

- 市场专门化

某工程机械公司专门向建筑业用户供应推土机、打桩机、起重机、水泥搅拌机等建筑工程中所需要的机械设备。经营的产品类型众多，能有效地分散经营风险。但由于集中于某一类顾客，当这类顾客的需求下降时，企业会遇到收益下降的风险。

- 有选择的专门化

娃哈哈利用自己的品牌效应，不失时机地进行了品牌的延伸。最早在杭州推出新产品"酸酸的，甜甜的"娃哈哈果奶，之后娃哈哈推出了"我的眼里只有你"的新产品纯净水，经营领域扩大到第二条战线瓶装水市场。这样娃哈哈品牌和消费者定位就从少年儿童成功延伸到了成年人。娃哈哈从儿童营养液到娃哈哈果奶，再到娃哈哈纯净水、茶饮、格瓦斯，娃哈哈立足于饮料产业的平台开始发展。

娃哈哈在不同时期进入不同的市场，服务于不同的消费者，如娃哈哈最先推出的儿童营养液，是服务于儿童的；当娃哈哈打好品牌基础后，又推出了娃哈哈果奶，成了青年人的追捧；之后又推出纯净水、茶饮，又成为追求健康一族人的追捧。进入几个细分市场，为几种不同的消费群体提供不同产品是娃哈哈经营成功的原因。

- 完全市场覆盖

日本松下集团是全球性电子厂商，从事各种电器产品的生产、销售等事业活动。日本松下电器产业株式会社自创立以来，其品牌产品涉及家电、数码视听电子、办公产品、航空等诸多领域而享誉全球。这种全方位进入模式适用于实力强大的企业。在这种模式下企业生产多种产品，向各类顾客销售各种产品，可以扩大企业的生产渠道和销售渠道，有利于企业占据市场。

2.3 目标市场营销战略

选择目标市场以后就明确了企业应为哪一类用户服务，并满足他们的哪一种需求。也就是说，要确定目标市场的营销活动如何组织和开展。三种目标市场营销战略可供考虑，即无差异营销战略、差异化营销战略和集中化营销战略。

知识拓展

目标市场营销

人们不禁会思考，随着环境的变化，人们消费需求的差异越来越多样化，差异化也越来越明显，甚至发展到现代的个性化。在此背景下，企业是否有必要，也能够适应个性化需求进行量身定做呢？其实这是没必要的，因为从社会行为学、心理学角度看，人们对同类产品的需求总可以被划分出若干群，群内各个个体的需求极为相似，因而企业需要关注的是有着极为相似需求的消费群;另一方面,这也是不可能的,因为量身定做意味着企业要设计生产许多类产品,生产、营销成本极大地提高,管理也变得相当复杂,对企业经营是不利的。对企业来说,找到对企业有吸引力的,且企业能为之服务的、有着相似需求的顾客群,而不宜细化到单个人,进而提供能为这个群体带来价值、留下鲜明形象的产品,才能使营销有效。带着以上思考,市场营销便进入目标市场营销阶段。

该阶段始于20世纪50年代,当时西方国家的社会、经济、政治和文化等发生了深刻变化,以前的市场营销方式已不再生效,企业又一次寻求新的、适合的营销方式,目标市场营销引起了人们的兴趣。目标市场营销的特点可归结为以下几点:一是基于消费需求差异的把握来识别不同需求的顾客群,即市场细分;二是基于各细分市场的评估,选择一个或几个企业能有效为之服务的细分市场作为服务的对象,即目标市场选择;三是确定要塑造有别于竞争产品的个性特色,即目标市场定位;四是设计并实施营销策略,满足目标市场需要,即营销组合策略的制定与实施。由此可见,目标市场营销战略从市场需求、企业能力、竞争三个角度来全面地认识市场、适应市场、驾驭市场,提高营销的精确性和成功率。

(1)无差异营销战略

无差异营销战略就是企业把整个市场作为自己的目标市场,只考虑市场需求的共性,而不考虑其差异,如图5-3所示。这时企业对整个市场只采取一种营销组合策略,它是建立在顾客需求的共性十分明显,甚至就是同质市场的假设前提下的。随着市场发展,需求差异程度提高,无差异营销战略受到了越来越严重的挑战。

图5-3　无差异营销战略

(2)差异化营销战略

差异化营销战略是在将整个市场细分为若干子市场的基础上,针对不同的子市场,设计不同的营销组合策略,以满足不同的消费需求。这种战略考虑了细分市场的需求差异化,能很好地满足细分市场的不同需求,有利于提高顾客忠诚度,扩大销售并抵御竞争者进入,如图5-4所示。

(3)集中化营销战略

集中化营销战略就是在细分后的市场上,选择单一或少数几个经过缜密定义的细分市场作为目标市场,实行专业化生产和销售。采用这种战略的企业对目标市场有较深的了解,也是大部分中小型企业在初期应当采用的战略,如图5-5所示。

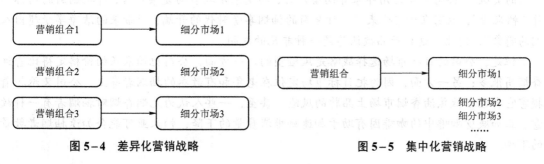

图5-4　差异化营销战略　　　　　　　图5-5　集中化营销战略

三种目标市场战略各有利弊,选择目标市场时,必须考虑企业面临的各种因素,如细分市场的市场规模和发展潜力、竞争结构、企业自身资源和目标及其与细分市场经营成功的关键因素等。

案例启迪

帕米亚无烟香烟的选择

帕米亚无烟香烟是一种尼古丁含量极其低、无烟无灰、具有环保和避免被动吸烟危害等显著优点的一种新产品,也是作为传统香烟的替代品上市的。

吸烟成为一个复杂的社会文化现象时,单纯以损害自己和他人的健康方面考虑吸烟问题过于简单。造成吸烟的原因主要为模仿。吸烟人一般都是在青少年时期,老师、家长或者所尊敬的人,影视中的英雄人物、领袖人物的吸烟行为在他们之中往往起到导向作用,青年人因好奇尝试吸烟,吸烟后因上瘾很难再戒掉。在这样的吸烟环境背景下,美国RJR公司推出了"洁净者之烟"——帕米亚无烟香烟。

1998年下半年,美国RJR公司的帕米亚无烟香烟在美国亚特兰大、圣路易斯、费尼克斯等城市试销,但是销售量并不理想,再购率很低。

对于大多数人来说,帕米亚无烟香烟是个"新玩意儿",它的一端有一个碳头和几个有趣的圆珠,香烟中的尼古丁来源于此,尼古丁被耐燃的铝薄纸包裹。这种烟很难点燃,一般要点三四次,原因是它不像一般香烟那样燃烧,并且不产生烟灰,吸过与没吸过在外表上无明显区别,价格比普通香烟高25%。RJR公司为此烟的生产和促销投入3亿多美元,它没有采用以往"万宝路"香烟等比较成功的形象广告,而采用比较复杂的印刷广告(顾客买"帕米亚"时,会同时得到三页文字说明书),还采取了买一送二的鼓励方式。公司把"洁净者之烟"作为帕米亚的主题广告概念,宣传帕米亚是"一种全新的吸烟享受时代的开端"。但是,帕米亚的真正利益者非吸烟者个人,而是环境和他人。而RJR公司对帕米亚香烟的目标市场定位极其广泛,包括:25岁以上,受过良好教育的文雅的吸烟者;试图戒烟和寻求替代品者;吸烟成瘾者;生活富裕者;寻求低焦油含量者;老年吸烟者。

帕米亚无烟香烟在推向市场时遇到重重障碍,其中原因之一就是,目标市场定位极其广泛。定位为"洁净者之烟"本为体现出低焦油含量,但是却没有真正体现出焦油含量低,只是体现出了对环境的污染少,不够具体。市场定位于"技术上的突破、非凡的发明",这与现实的连接性较小,推广较为困难,目标客户差异不明,过于宽泛。

为了吸引目标市场,RJR公司把"洁净者之烟"作为广告语,这种无烟香烟定位于"技术上的突破"。公司较少运用印象导向型广告,而是采用较多的复杂广告,并把创新的商标称作"帕米亚",原因在于它代表"一种全新的抽烟享受时代的开端,所带来的洁净享受超出人们的想象",因此,这种产品被认为是一种非凡的发明。

但是,公司的目标市场选择战略是风险型的。一方面,公司把帕米亚的价格定得比普通香烟高很多;另一方面,因为把目标市场定位在老年和有教养的抽烟者身上,公司又承担着损害它自己在低焦油香烟市场上品牌的风险。甚至,一些人认为无烟香烟对抽烟者有一种敌意。正如减少咖啡中的咖啡因有助于加速咖啡消费量的下降,帕米亚可能会加速抽烟者数量的下降。

按照 RJR 公司的调查，消费者在口味测试中通常给帕米亚香烟很高的分数，当然这只是粗略地和该公司低焦油品牌中的一种 Winston Lights 牌香烟相比。为了进行消费者对帕米亚香烟反应的独立测试，在亚特兰大哈斯菲尔德国际航空公司，又对大约 24 位吸烟者进行了调查。调查显示了一些抽烟者对香烟的想法，并且指出 RJR 公司面临的一些营销问题。

一些抽烟者在调查中谈到他们不喜欢帕米亚是由于不习惯它的味道，他们也许会在不允许冒烟的地方把帕米亚作为要买的第二品牌。另外，一些人喜欢把它作为戒烟的一个步骤。总之，批评帕米亚的人几乎比表扬它的人多一倍。RJR 公司的官员受到这一结论的触动，并解释说，在参加帕米亚测试的 2 000 多名试抽者中，许多人确实需要花费时间去适应它，但是一旦最初对它持怀疑态度的人习惯了，他们就会喜欢它。因此，RJR 公司需要使抽烟者去试抽较多的帕米亚香烟。为了在最重要的市场扩大它的试用范围，公司采用了买二送二的方法，在一些零售商那里，可以一次得到四包。公司认为可以通过降低焦油含量以减少顾客对帕米亚持有的抵触情绪，并在长时间使用中对帕米亚产生好感。问题是有多少人能持续，在航空公司的调查中发现，一位抽烟者吸了两口就扔掉了，因为他认为味道太难适应。另外，帕米亚用法的复杂性和口味怪成为一个明显的问题。几乎所有的抽烟者在点烟时都遇到了麻烦，大多数情况下需要点两三次才能点着。

RJR 公司迫切需要把帕米亚推向成功。从 1981 年开始，它就从事制造香烟，到目前为止，据估计已经在制烟方面投资了几亿美元。近年来 RJR 公司在美国香烟市场的份额已经有很大幅度的下降，而其主要竞争对手菲利浦·莫利斯的市场份额却一直在上升，RJR 公司希望这种无烟香烟能够吸引顾客，并阻止公司市场份额的下降。但产品的市场定位太过宽泛、不具体，不彻底了解香烟消费的需求，目标人群定位不够准确，广告宣传向消费者传达的信息不够明确，过于复杂的香烟使用程序等不利因素，让帕米亚香烟很难在市场上占据有利地位。

RJR 公司首先要明确产品的目标市场，对市场细分有确定的概念，然后从产品本身入手，改进香烟的口味；其次是改变产品的推广方式，要从心理上引导吸烟者，加强形象型广告的投放，把吸无烟香烟的人描述成最具绅士风范的人，也可以加强对不吸烟的主妇的促销，建议她们买给自己的丈夫在家使用，产品定位不能再是简单的高收入的消费者，应该降低成本；最后简化香烟的使用说明，让香烟的使用简单明了，使帕米亚的真正利益者不再只是环境和他人，最重要的是吸烟者个人。

产品虽然有明显的优点，但对吸烟者本人却没有什么利益，而促销的说明书又太长，"洁净者之烟"的广告主题缺乏个性。公司可以先把"吸烟成瘾者"列为目标市场，把帕米亚香烟定位于适合在不能吸传统烟的时间和场合享用的替代品，也可以考虑把年轻的刚开始吸烟者作为目标市场，以"全新的吸烟享受"为号召，使其形成吸帕米亚香烟的习惯。

第三节 市 场 定 位

市场定位就是根据竞争者现有产品在市场上所处的位置，针对消费者对该产品某种特征或属性重要程度的认知，强有力地塑造出本企业产品与众不同的、给人印象鲜明的个性或形象，并把这种形象生动地传递给消费者，从而使该产品在市场上确定适当的位置。市场定位是企业全面战略计划中的一个重要组成部分。市场定位绝不是一蹴而就的，它必须综合考虑企业竞争者、消费需求、企业自身经营条件等，按照一定的步骤进行。

3.1 市场定位过程

市场定位的实质是竞争定位，要能够塑造出独特的、能在顾客心目中留下鲜明印象的产品或服务的市场形象，即追求差异性，而差异性的塑造必须了解竞争者的产品特征、竞争优势与劣势，充分发挥本企业的竞争优势，同时又能够与消费者追求的价值相一致，以更好地满足消费需求。

（1）识别可能的竞争优势

消费者一般都会选择那些给他们带来最大价值的产品和服务。因此赢得和保持顾客的关键是比竞争者更好地理解顾客的需要和购买过程，以及向他们提供更多的价值。常见的差异化实现途径如图5-6所示。

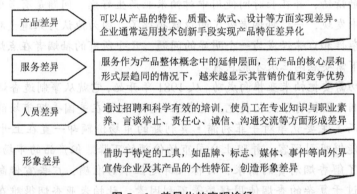

图5-6　差异化的实现途径

案例启迪

差异化营销的经典案例

● 在原料方面差异化

依云矿泉水是世界上最昂贵的矿泉水，传说每滴依云矿泉水都来自于阿尔卑斯山头的千年积雪，然后经过15年缓慢渗透，由天然过滤和冰川砂层的矿化而最终形成。大自然赋予的绝世脱俗的尊贵，加之成功治愈患病侯爵的传奇故事，依云水成为纯净、生命和典雅的象征，以10倍于普通瓶装水的奢侈价格来销售。

哈根达斯宣传自己的冰激凌原料取自世界各地的顶级产品，比如来自马达加斯加的香草代表着无尽的思念和爱慕，比利时纯正香浓的巧克力象征热恋中的甜蜜和力量，波兰的红色草莓代表着嫉妒与考验，来自巴西的咖啡则是幽默与宠爱的化身，而且这些都是100%的天然原料。"爱我，就请我吃哈根达斯"，自1996年进入中国，哈根达斯的这句经典广告语席卷各大城市。一时间，哈根达斯成了城市小资们的时尚食品。而看看哈根达斯的定价，就该让工薪阶层咋舌了，最便宜的一小桶也要30多元，贵一点的冰激凌蛋糕要400多元。

养生堂买断了浙江千岛湖20年的独家开发权之后，发动了针对纯净水的舆论战。广告词"农夫山泉有点甜"带有明显的心理暗示意味，为什么甜？因为是天然矿泉水，因为含有多种微量元素,所以在味道上不同于其他水。
- 在设计方面差异化

苹果公司的产品一向以设计见长,iMac、iPod、iPhone、iPad 等一个个让人耳目一新的产品冲击着用户的心理防线,将苹果品牌变身为时尚与品位的先锋。

Swatch 手表创新性地定位于时装表,以充满青春活力的城市年轻人为目标市场,以"你的第二块手表"为广告诉求,强调它可以作为配饰搭配不同服装,可以不断换新而在潮流变迁中永不过时。Swatch 的设计非常讲究创意,以新奇、有趣、时尚、前卫的一贯风格,赢得了"潮流先锋"的美誉。而且不断推出新款,并为每一款手表赋予别出心裁的名字,5 个月后就停产。这样个性化的色彩更浓,市场反应更加热烈,甚至有博物馆开始收藏,有拍卖行对某些短缺版进行拍卖。

- 在制作工艺方面差异化

真功夫快餐挖掘传统烹饪的精髓,利用高科技手段研制出"电脑程控蒸汽柜",决定将"蒸"的烹饪方法发扬光大。为了形成与美式快餐完全不同的品牌定位,真功夫打出了"坚决不做油炸食品"的大旗,一举击中洋快餐的"烤、炸"工艺对健康不利的软肋。

- 在渠道方面差异化

戴尔电脑的网络直销消除了中间商,减少了传统分销花费的成本和时间,库存周转与市场反应速度大幅提高,而且能够最清晰地了解客户需求,并以富有竞争性的价位,定制并提供具有丰富选择性的电脑相关产品。想订购的顾客直接在网上查询信息,5 分钟之后收到订单确认,不超过 36 小时,电脑从生产线装上载货卡车,通过快递网络送往顾客指定的地点。

- 在功能方面差异化

顾客选购商品是希望具有所期望的某种功效,王老吉原本是区域性的中药凉茶,经过运作,淡化其成分,凸显其功能,从而创造出一个新品类——预防上火的饮料!"上火"是人们可以真实感知的一种亚健康状态,"降火"的市场需求日益庞大。而凉茶的"预防上火"和"降火"功效,是与其他饮料相比的核心优势,因此重新定位之后的王老吉畅销全国。

- 在服务方面差异化

迪士尼公司认为首先应该让员工心情舒畅,然后他们才能为顾客提供优质服务,首先让员工们快乐,才能将快乐感染给所接待的顾客。别忘了人们来到迪士尼就是为了寻找欢乐,如果服务不满意,扫兴而归,那还会有什么人再来呢?因此公司注重培训和员工福利,重视构建团队及伙伴关系,以此提高服务水准。

海底捞火锅连锁店为劳动密集型企业尊重和激励员工做出了表率。其管理层认为:客人的需求五花八门,仅仅用流程和制度培训出来的服务员最多只能算及格。因此提升服务水准的关键不是培训,而是创造让员工愿意留下的工作环境。和谐友爱的企业文化让员工有了归属感,从而变被动工作为主动工作,变"要我干"为"我要干",让每个顾客从进门到离开都能够真切体会到其"五星"级的细节服务。这些付出也为海底捞带来丰厚的回报,旗下多家连锁店一直稳稳占据着所在城市"服务最佳"的榜首位置。

- 形象方面差异化

形象因素与设计和制作工艺有一定联系,但也可以独立出现。万宝路让同质化的香烟与众不同,秘诀就在于为品牌注入了豪迈阳刚的牛仔形象。赋予品牌某种精神和形象,可以满足顾客的某些精神需求,这种精神沟通以实体商品为基点,又脱离于商品实体之外,为顾客创造了附加的心理价值,可以建立与顾客之间更加牢固、更加密切的情感联系。

(2) 选择合适的竞争优势

假定企业已很幸运地发现了若干个潜在的竞争优势,就有必要选择其中若干竞争优势,据以进行准确的市场定位。企业在定位时应该尽量避免以下常犯的错误。

① 定位不足。由于差异化设计与沟通不足,消费者对企业产品难以形成清晰的印象和独特的感受,认为与其他产品相比没有什么独到之处,甚至不容易被识别和记住。

② 定位过分。定位过分是指企业将自己的产品定位过于狭窄,或者过分强调甚至夸大某一方面的差异。定位过分限制了消费者对企业及其产品的了解,同样不利于企业实现营销目标。

③ 定位模糊。定位模糊是指由于企业设计和宣传的差异化主题太多或定位变换太频繁,致使消费者对产品的印象模糊不清。混乱的定位无法在消费者心目中确立产品鲜明、稳定的位置,必定失败。

(3) 传播市场定位

一旦选择好市场定位,企业就必须采取措施把理想的市场定位传达给目标市场。企业的市场营销组合必须支持这一市场定位战略。

并非所有的商品差异化都是有意义的或者是有价值的,也不是每一种差异都是一个差异化手段。所以公司必须谨慎选择能使其与竞争者相区别的途径。有效的差异化应该能够为产品创造一个独特的"卖点",即给消费者一个鲜明的购买理由。有效的差异化必须遵循以下基本原则,如表5-2所示。

表5-2 有效差异化的原则

原则	含义
重要性	该差异化能使目标顾客感受让渡价值较高带来的利益
独特性	该差异化是竞争者并不提供的,或者企业以一种与众不同的方式提供
优越性	该差异化明显优于通过其他途径而获得的相似利益
可传播性	该差异化能被看到、理解并传播
排他性	竞争者难以模仿该差异化
可承担性	购买者有能力为该差异化付款
盈利性	企业将通过该差异化获得利润

案例启迪

巨人的瑕疵——不用"洗衣粉"的洗衣机

海尔是中国企业的一个奇迹,更是一个骄傲。在海尔的成功中,创新占有重要意义,这一点从其市场理念可以看出来:"市场唯一不变的法则就是永远在变""只有淡季的思想,没有淡季的市场""否定自我,创造市场"……

相信很多人都记得海尔曾经推出过一种用来洗土豆的洗衣机,姑且不说其销路如何,但至少可以让人感受到海尔人面对市场的大胆创新思维。创新是对的,"市场唯一不变的法则就是永远在变"也是对的,但关键是创新一定是符合市场规律的创新,否则创新就只赚眼球不赚票子。海尔不用洗衣粉的洗衣机就是这样一个带有瑕疵的产品。

① 很大的差异化,但不是优势。

国内洗衣机市场早已是一个成熟市场,洗衣机已经普及,成为国人生活中不可缺少的家电产品。因此在这样的市场下产品选择就要遵循成熟市场产品选择的科学策略——选择具有差异化优势的产品。但海尔"不用洗衣粉的洗衣机",只是一个有差异化,但没有差异化优势的产品。海尔"不用洗衣粉的洗衣机"的特点是比较突出的,让它在众多同类产品中无疑大赚眼球,但很可惜这不是什么太大的优势,甚至还是劣势。

② 不用洗衣粉不是太大的优势。

"不用洗衣粉的洗衣机"与"用洗衣粉的洗衣机"的区别是什么?很明显在洗衣粉上。不用洗衣粉能否算优势?顾名思义,不用洗衣粉的洗衣机会比用洗衣粉的洗衣机省下洗衣粉。可在省钱方面能是优势吗?一袋洗衣粉才多少钱,一年才少用多少袋洗衣粉?这个数目相对于洗衣机价格而言太小了。如果是同等的价格,一个不用洗衣粉,一个用洗衣粉,那么这个优势比较明显。可是"不用洗衣粉的洗衣机"的价格远远高于竞品,因此这种优势已经模糊了,不成为什么优势了。

③ 不用洗衣粉不是优势,而是劣势。

"不用洗衣粉好吗?"暂且不说它的价格,就说如果老百姓认可它省钱,会考虑它,可是它还是有一个更关键、也更严重的问题存在:"不用洗衣粉能洗干净吗?"如果你无法洗干净,那将是一个劣势,"不用洗衣粉"就只是一个为了吸引人的噱头,中看不中用。在这方面,海尔"不用洗衣粉的洗衣机"没有解决这个疑问。

你没有什么证据证明你洗的效果跟洗衣粉一样,或者说效果比洗衣粉还要好,至少这一点你没有在广告宣传中体现出来,而事实上这是一个无法被证明的事情。如果不用洗衣粉洗不干净的话,消费者还是会选择用洗衣粉,那消费者选择一个所谓"不用洗衣粉"的洗衣机,还不如选择一个用洗衣粉的洗衣机,毕竟让人放心、能洗干净啊!洗衣服本来就是为了让衣服干净啊。这样一来,所谓的差异化不仅不是什么优势,反而是劣势。

不仅价格高,而且还有可能洗不干净。与竞品相比,就有了两个非常明显的劣势,消费者怎会选择这样的产品?千万不要低估消费者的智商,消费者要的不是噱头。企业一定要学会换位思考,脱离自我角度,多从消费者角度出发。同时,海尔"不用洗衣粉的洗衣机"也深刻地说明:没有永远卓越的企业,没有永远不犯错误的企业,即使是再成功的著名企业也有打盹儿的时候。

3.2 市场定位方式

(1)避强定位

避强定位是企业避免与强有力的竞争对手发生直接竞争,而将自己的产品定位于另一市场的区域内,使自己的产品在某些特征或属性方面与强势对手有明显的区别。这种方式可使自己迅速在市场上站稳脚跟,并在消费者心中树立起一定的形象。由于这种做法风险较小,成功率较高,常为多数企业所采用。

（2）迎头定位

迎头定位是企业根据自身的实力，为占据较佳的市场位置，不惜与市场上占支配地位、实力最强或较强的竞争对手发生正面竞争，从而使自己的产品进入与对手相同的市场位置。由于竞争对手强大，这一竞争过程往往相当引人注目，企业及其产品能较快地被消费者了解，达到树立市场形象的目的。这种方式可能引发激烈的市场竞争，具有较大的风险。因此企业必须知己知彼，了解市场容量，正确判定凭自己的资源和能力可以达到的目的。

（3）重新定位

重新定位是企业对销路少、市场反应差的产品进行的二次定位。初次定位后，如果由于顾客的需求偏好发生转移，市场对本企业产品的需求减少，或者由于新的竞争者进入市场，选择与本企业相近的市场位置，这时企业就需要对其产品进行重新定位。一般来说，重新定位是企业摆脱经营困境，寻求新的活力的有效途径。

案例启迪

云南白药牙膏——防止"牙龈出血"撬动上亿牙膏销售

中国牙膏市场始终是一个备受关注的黄金市场。2005年，我国牙膏消费达45亿支，整个口腔清洁用品市场的规模接近78亿元。2010年，我国市场规模达到181亿元。牙膏市场也是一个充满激烈竞争的市场，既有跨国巨头宝洁、联合利华等强势品牌加入，还有众多本土传统企业，如两面针、田七、冷酸灵等，同时，更有隆立奇、立白等日化企业加入。可以说，牙膏市场是一个既充满财富机会又充满操作难度的市场。

2005年，国内著名医药企业云南白药也开始进军牙膏市场。云南白药是中国中药的著名品牌，历史悠久。云南白药膏创制于1902年，因其独特止血、化瘀功效更被称为"中华瑰宝，伤科圣药"。根据市场需求，云南白药推出了针对"牙龈出血、口腔溃疡"等口腔问题的云南白药牙膏。虽然云南白药此举在行业内引起了巨大争议，但短短两年时间，云南白药牙膏还是交出了一份不错的答卷。在云南白药披露的2006年报中显示，已经取得了上亿元的销售业绩。云南白药牙膏的销售可能还没有达到最理想状况，但至少已经证明云南白药进军牙膏市场的成功！

云南白药牙膏所处的市场，是一个成熟的市场，成熟市场产品选择的科学策略是差异化优势的大小。与同类产品相比，云南白药牙膏所针对的"牙龈出血、口腔溃疡"等问题无疑具有较强的差异化优势。

● 同类竞品卖点

目前国内牙膏市场主要有：高露洁、佳洁士、中华、两面针、田七、黑妹、冷酸灵、蓝天六必治、黑人、竹盐、洁银、洁诺、草珊瑚、永南、美加净、白玉等近20个品牌。其中以高露洁和佳洁士为代表的外资品牌牢牢把持第一阵营，占据了中国牙膏市场近五成的市场份额（高露洁26%、佳洁士19%、中华10%）；第二阵营是年产量1亿支以上的几大国产品牌，如黑人、两面针、冷酸灵、六必治、立白等。目前这些产品主要针对的功效是：①"坚固牙龈、防止蛀牙"（高露洁、佳洁士的主要功效）；②"美白牙齿"；③"空气清新"；④"清凉感受"；⑤"双层保护"；⑥"全效"。

● 云南白药的差异化卖点

云南白药牙膏与竞品相比，具有明显的差异化优势。云南白药牙膏主打的是防止"牙龈出血、牙龈炎、牙周炎、牙龈萎缩和口腔溃疡"等六大口腔问题市场，我们可以看到这些市场是一个几乎没有其他竞品涉入的空白市场，同时在解决这些问题时，云南白药牙膏自身有很强的消费者认同优势。

首先，牙龈出血等问题人群巨大。中国患有牙龈出血的人群比例比较大，据统计，80%的人都有不同程度的牙龈出血。其次，消费者存在明显需求。在中国，牙医一直是一个收入不错的职业，而口腔医院也一直是效益比较不错的医院，近日国内包括佳美在内的多个口腔医院都相继传出上市的计划。这些牙医、口腔医院的一部分收入就是来源于牙龈出血等六大问题。再次，云南白药牙膏的著名中药品牌能给予很好的认同优势。因为"牙龈出血、牙龈炎、牙周炎、牙龈萎缩和口腔溃疡"等六大问题，都给消费者以疾病的心理概念，非一般牙膏所能解决。可以说，云南白药牙膏的选择具有明显差异化优势。目前，市场也证明了云南白药这一选择是正确的。

医药市场竞争激烈，如何提升业绩，对于众多医药企业而言也是一道难题，以医药优势进行功能性日化产品、化妆品的延伸是一条值得尝试的思路。向功能性日化、化妆品延伸，著名医药企业所具有的医药品牌优势，是这些领域里传统企业所不具有的。云南白药进军牙膏市场，是云南白药企业尝试的开始，公司下一步准备进军面膜市场。同样的例子，还有云南滇虹药业，进军洗发市场，推出"康王"这一药物去屑概念的洗发产品；南方著名的中药配方片仔癀，也推出了相关的日化产品。对于这些著名医药企业向功能性日化、化妆品的延伸之路，我们充满期待。

图 示 小 结

市 场 细 分

市场细分是指采用恰当的细分变量将整体市场划分为若干能相互区分的子市场。同一细分市场具有类似需求，不同细分市场具有相异需求。常见细分变量包括地理、人口统计特征、心理、行为等。细分方法有单因素细分、综合多因素细分及系列多因素细分。有效的市场细分，必须遵循可衡量性、可进入性、可盈利性及可行性等原则。

目标市场选择

选择目标市场：一要坚持市场吸引力原则，从市场的规模、成长性及竞争结构等角度进行分析；二要与企业目标和资源能力相一致。目标市场营销战略包括无差异营销、差异化营销和集中化营销。无差异营销战略是指企业对整个市场只采取一种营销组合策略。差异化营销战略是指企业对不同细分市场，分别采用不同的营销组合策略。它适用于企业实力强、产品差异性强、顾客需求差异明显的市场。集中化营销战略是指企业将所有营销努力集中于某个单一或几个经过缜密定义的细分市场。

> **市场定位**
>
> 市场定位就是塑造本企业产品鲜明的个性和独特的形象,并通过适当的传播手段传递给消费者,从而确立该产品在市场中的相对位置。识别可能的竞争优势、选择独特的竞争优势并进行定位的传播是定位的基本过程。避强定位、迎头定位、重新定位是常见的定位方式。

复习思考题

1. 如何理解市场细分的概念及其作用?
2. 如何进行消费者市场和组织市场的细分?
3. 作为目标市场必须满足哪些条件?
4. 目标市场营销战略有哪些?各自的优势与不足是什么?
5. 什么是市场定位?简述市场定位的过程。
6. 市场定位的方式及其特点是什么?

营销体验

1. 小组辩论:大众营销过时了吗?

由于互联网和定制营销的发展,企业正在逐步采用更为精细化的细分方案,一些人称大众化营销已经死亡;另一些人则提出,大品牌针对大众化市场制定营销方案时,仍存在客观的营销空间。

正方观点:大众化营销已经过时;

反方观点:大众化营销仍是建立盈利品牌的可行做法。

2. 小组交流:某品牌 STP 分析

选取一个你熟悉的品牌:(1)对其在中国市场的市场细分——目标市场选择与市场定位进行分析,明确其目前 STP 战略的特点;(2)根据细分出来的市场结构,分析其今后是否还有可以进入的目标市场,以及如何进行准确的定位;(3)在小组中交流你的品牌分析方案。

案例讨论

宝洁公司的洗衣粉品牌

宝洁公司至少已找到 11 个重要的洗衣粉细分市场以及无数的亚细分市场,并且已开发了满足每个细分市场特殊需要的不同品牌。11 个宝洁品牌针对不同的细分市场分别进行了不同的定位。

(1)汰渍。它是针对洗衣额外费力情况的全能家庭洗衣粉。"汰渍来,污垢出",源于汰渍"如此强效,能洗白纤维内层"。

(2)护肤快乐。具有"卓越的清洁和保护功能,使你家中的衣物干净清爽,亮洁如新"。

快乐还采用特殊配方，适用于热水、温水和冷水，认为可以带给顾客的是"全能快乐"。快乐"经皮肤学家验证不含刺激性香味，不具有染色作用"。

（3）博德。博德是带织物柔软剂的洗衣粉。它具有"清洁、柔软和控制静电"三大功能。液体博德还能"使柔软后的衣物有怡人的清香"。

（4）甘原先。它是宝洁公司的含酶洗衣粉，现在的重新定位是使衣服干净，有怡人清香——像阳光一样清新。

（5）埃拉。它是"天生去污手"，"能去除顽固污渍，也是洗衣的好帮手"。

（6）德洗。它是宝洁公司的价值所在，"能去除顽固污渍"，且"只要很低的价格"。

（7）奥克雪多。它含有漂白剂，可"使你的白衣服真白，使你的各色衣服更亮，所以不必再用漂白粉，只需一盒奥克雪多"。

（8）索罗。它是含织物柔软剂的液体洗衣剂，着重针对主要液体洗衣剂市场所在的东北区。

（9）醉肤特。其配方也适用于婴儿尿布和衣物。它所含的硼砂是"大自然的自然清洁剂"，进行值得你信赖的清洗。

（10）象牙雪。纯度达99.44%。它是适用于尿布和婴儿衣物的中性温和肥皂。

（11）碧浪。它是针对西班牙裔市场的高效清洁剂，也是墨西哥的第一大品牌，同时还是宝洁公司在欧洲的主要品牌。

通过细分市场和采用多种洗衣粉品牌，宝洁公司吸引了几乎所有偏好群体中的消费者。其品牌总和在全球市场获得了极高的市场占有率。

讨论题：

（1）找出洗衣粉产品的所有细分标准，然后列出一张洗衣粉产品的细分表，包括细分标准、具体的细分市场。

（2）根据你列出的洗衣粉产品细分表，分析宝洁公司的产品占有了哪些细分市场，又是如何定位的。

（3）根据你的产品细分表，看看是否还有企业没有进入竞争薄弱的细分市场。如果中国企业加入，应该如何进行产品定位？

第四篇 价值组合设计

第六章
品 牌 决 策

学习目标

◎ 理解品牌的内涵、构成要素及其价值；
◎ 掌握品牌命名决策、归属决策及开发决策的特点，熟悉各种决策的基本要求；
◎ 理解品牌资产的战略意义、构成及其有效管理。

关键术语

◎ 品牌（Brand）
◎ 品牌价值（Brand Value）
◎ 品牌名称（Brand Name）
◎ 品牌标志（Brand Mark）
◎ 商标（Trademark）
◎ 制造商品牌（Manufacturer Brand）
◎ 自有品牌（Private Brand）
◎ 许可品牌（Licensed Brand）
◎ 联合品牌（Co-Branding）
◎ 品牌资产（Brand Equity）
◎ 产品线延伸（Line Extension）
◎ 品牌延伸（Brand Extension）
◎ 品牌命名（Brand Naming）
◎ 品牌归属（Brand Ownership）
◎ 品牌开发（Brand Development）

知识结构

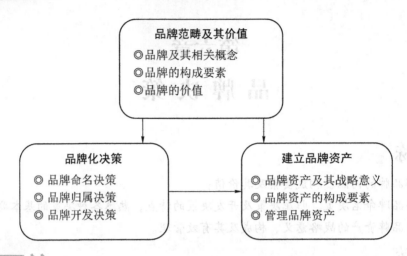

先思后学

可口可乐的配方改变

1985年4月,可口可乐公司做出了一项重大决定:为了适应消费者对甜味更加偏好的变化,公司决定放弃原来已有99年历史的神秘的"7X"配方,推出一种新的可乐。在新可乐推出前,是在产品大类中加入新口味的可乐,还是用它来替代老可乐?经反复讨论,可口可乐公司的高级经理们一致同意改变可口可乐的味道,并把旧可乐撤出市场。新可乐上市的消息发布后,81%的美国人在24小时内知道了这一消息。1.5亿人试用了新可乐,这也超过了以往的需求量,达到了5年来的最高点。在刚上市的4小时内,公司大约接到了650个电话。到5月中旬,每天除了收到倾泻而来的愤怒信件外,还要接听5 000次电话。公司增加了83条电话线,雇用了一些新职员来处理这些反应。由于宣传媒介的煽动,消费者的怒气迅速扩展到全国。堪萨斯大学社会学家安东尼奥描述道:"有些人感到一种神圣的象征被粗暴地践踏了。"可口可乐公司不得不开始认真考虑怎样挽救这一衰落景况。于是公司决定在"传统可口可乐"的商标下,恢复老可乐的生产,同时将保留新口味的可乐,并称之为"营养可乐"。消息对外宣布后,ABC广播公司中断了正在播出的广播剧,播送了这条新闻。因为老可乐的恢复,使可口可乐公司的股票上升到12年以来的最高水平。

可口可乐这次配方改变决策的失误,唤醒了人们对品牌在企业成长与发展中战略地位与价值的深度思考。可口可乐用新配方产品代替老产品在市场上遭到拒绝,折射出了可口可乐已经在消费者心目中建立起了品牌偏好、消费习惯及高度的品牌忠诚,正如其公司的一位高管曾经说过的一句话:如果可口可乐一夜之间被大火化为灰烬,第二天一早世界上所有的银行都会纷纷为其提供重建的贷款。这就是可口可乐的品牌价值。

本章阐述品牌的内涵、要素,企业品牌化决策涉及的命名、归属及开发决策,以品牌作为企业无形资产的内涵、构成战略价值及其管理。

第一节　品牌范畴及其价值

1.1　品牌及其相关概念

在日常生活中，消费者视品牌为产品的一个重要组成部分，因此需要营销人员通过各种营销手段创造、维持、保护及提升企业产品和服务的品牌价值。美国营销学会将品牌定义为"由名称、术语、标记、符号、设计或它们的组合构成，用于识别某个或某群销售者的产品或服务，使之与竞争对手的产品和服务相区别"。因此，品牌是通过某些方式将自己与满足同样需求的其他产品或服务区分开的一种产品或服务。从品牌的产品性能角度看，差异可以是功能的、理性的或有形的；从品牌表达信息的角度看，差异也可能更符号化、感性和无形。企业管理者要做出许多与品牌有关的决策，其中包括确定品牌名称、品牌标志和商号名称等。

品牌名称是品牌中能够用语言来表达的部分，包括字母、单词和数字等，如"七喜""百事可能""IBM""999"等。品牌名称通常是某产品最具区别性的特征。没有品牌名称，一家厂商就无法将自己的产品与竞争者的产品区别开来。对消费者而言，品牌名称和产品本身一样重要。事实上，有许多品牌名称已经成了产品的代名词，如思高（Scotch Tape）录音带和施乐（Xerox）复印机，这些品牌名称的拥有者们往往要通过促销活动尽力保护它们，以免被当作普通的录音带和复印机名称使用。

构成品牌的元素中有一部分并不是由文字组成的，通常为某种符号或设计，这部分元素称为品牌标志。如麦当劳的"金色拱形"标志、苹果公司播放器极具特色的"黑色人景"标志等。

商标（Trade Mark）是一种法定的名称，表示拥有者对品牌或品牌中的一部分享有专有权，并从法律上禁止他人使用。

商号名称（Trade Name）是一个组织合法的全称，而不是某个产品的全称，如福特汽车公司。

当今时代，建立品牌对企业来说已经变得越来越重要，以至于几乎没有无品牌的产品。盐装在有品牌的容器里，普通螺母和螺栓的包装上贴有经销商的标签，汽车零部件，如火花塞、轮胎、过滤器等，都有自己的品牌名称，以区别于竞争者的牌子。甚至水果、蔬菜也被打上了品牌，如北京新发地蔬菜、大兴西瓜等。

建立品牌在许多方面有利于购买者购买。品牌名称可以帮助消费者找到有利于他们的产品，还可为消费者提供产品质量信息。经常购买同一种品牌的消费者知道他们每次都会买到具有相同特点、质量及利益的产品。建立品牌也给销售者带来许多优势。品牌名称成为展示产品特殊质量的符号。品牌名称和商标还为独有的产品特色提供法律保护，否则就有可能被竞争者仿制。

观点透视

学术界对品牌的不同界定

① 符号说。这类定义着眼于品牌的识别功能，它从最直观、最外在的表现出发，将品牌

看作是一种标榜个性、具有区别功能的特殊符号。美国营销学家 Philip Kotler 认为：品牌就是一个名字、称谓、符号或设计，或是上述的总和，其目的是要使自己的产品或服务有别于其他竞争者。

② 综合说。这类定义从品牌的信息整合功能上入手，将品牌置于营销乃至整个社会的大环境中加以分析，认为品牌是有形和无形要素的组合。Lynn B.Upshaw 认为：从更广的意义上说，品牌是消费者眼中的产品和服务的全部，也就是人们看到的各种因素集合起来所形成的产品的表现，包括销售策略、人性化的产品以及两者的结合等，或是全部有形或无形要素的自然参与，比如品牌名称、标识、图案等要素。

③ 关系说。这类定义从品牌与消费者沟通功能的角度来阐述，强调品牌的最后实现由消费者来决定，认为品牌最终能够被认同是与消费者的情感化消费密不可分的。联合利华公司董事长 Michael Perry 认为：品牌是消费者对一个产品的感受，它是消费者在其生活中对产品与服务的感受而滋生的信任、相关性与意义的总和。

④ 资源说。这类定义着眼于品牌具有的价值，站在经济学的立场上，突出品牌作为一种无形资产给企业带来的财富和利润、给社会带来的文化及时尚等价值意义。美国学者 Alexander L.Biel 认为：品牌资产是一种超越生产、商品及所有有形资产以外的价值，品牌带来的好处是可以预期的未来进账远超过推出具有竞争力的其他品牌所需的扩充成本。

1.2　品牌的构成要素

品牌作为一个集合概念，包括以下六个方面的要素。

（1）属性

品牌代表特定的商品属性，这也是品牌能满足消费者物质需求的客观基础。例如，奔驰轿车代表着工艺精湛、制造精良、昂贵、耐用、行驶速度快等高档轿车的属性。多年来其广告一直强调奔驰轿车是"全世界无可比拟的工艺精良的汽车"。

（2）利益

品牌还代表着特定的利益，商品的属性实际是通过转化为功能性利益或情感性利益来最终满足消费者的物质或精神方面的需求的。例如：奔驰轿车"耐用"的属性可以转化为功能性利益，即消费者可以几年不买车了；"昂贵"的属性可以转化为情感性利益，即让消费者感到自己很重要并令别人羡慕。

（3）价值

品牌体现了生产者的某种价值感，如奔驰体现高性能、安全、声望等。这在客观上要求企业营销人员能分辨出对这些价值感兴趣的购买者群体。

（4）文化

品牌还附着了特定的文化。如奔驰轿车体现了有组织、高效率和高品质的德国文化。

知识拓展

品牌的文化维度

大多数品牌体验都是个人化的，即每个消费者都以自己的方式解读不同品牌的社会文化含义。某一品牌的吸引力多半取决于它能在多大程度上影响消费者的感情，而这种影响又基于品牌所代表的形象以及它能引发的联想。对某种品牌机电而言，如哈雷－戴维森、谷歌、苹果强势品牌，它们能引起消费者近乎狂热的崇拜。这些品牌通常会形成忠于自己的顾客群，他们利用聚会、网上论坛、博客、播客或其他方式相互交流。它们甚至能帮助顾客建立自己的身份认同感和自我观念，还可能会成为他们自我表现的媒介。

事实上，文化品牌这一术语早已出现。它被用于解释品牌是如何向消费者传递他们认为可用于塑造自我形象的强烈信念的。消费者对某品牌的认识独立存在于其思想中，而营销者是无法对此进行直接控制的，认识到这一点非常重要。品牌所包含的每一个方面都要受消费者的情感、解读能力和记忆等因素制约。了解了品牌如何影响消费者的购买行为，营销者就能培养出忠诚的顾客。

（5）个性

品牌代表了一定的个性，不同的品牌往往使得人们产生不同的品牌个性联想。如奔驰会使人联想到一位有品位的老板、一头有权势的狮子，或一座质朴的宫殿。

（6）用户

品牌还能体现购买或使用产品的消费者类型。如果我们看到一位20来岁的女秘书驾驶一辆昂贵的豪华品牌轿车往往会感到吃惊，而如果是一位事业有成的企业家或高级经理来驾驶好像就更符合情理一些。

知识拓展

名牌的效应

名牌是知名品牌或强势品牌。名牌可通过其独特的效应，引领产品和企业的发展。名牌的效应表现在以下几个方面。

① 聚合效应。企业的品牌成为名牌，不仅可获得较好的经济效益，而且可以利用品牌资本使企业不断发展壮大。名牌企业或产品能聚合社会的各种资源，如社会资本、人才、管理经验及政府的政策都会倾向名牌企业或产品，从而推动企业的快速发展和成长。

② 磁场效应。名牌会以其较高的知名度和美誉度在消费者心目中建立起威信，从而像磁石一样吸引消费者。消费者往往会在名牌的吸引力下，形成品牌忠诚，反复购买、重复使用，并形成口碑效应。

③ 带动效应。名牌产品或企业能带动企业或地区经济的发展。一个企业有了名牌产品，就可以优化企业的内部资源，使资源得到充分利用，发挥最大的效用；同时积蓄力量，积累经验，等到时机成熟时衍生、创造出更多的名牌来，使企业不断成长壮大。

1.3 品牌的价值

品牌因其在市场中影响力和价值的不同而各有千秋。一个有影响力的品牌往往有很高的品牌价值。品牌价值的高低取决于消费者对品牌的忠诚度、品牌知名度、品牌所代表的质量、品牌辐射力的强弱及其他资产，如专利、商标和商业渠道等。

（1）高价值的品牌是企业的宝贵资产

如今，全球一些机构通过部分指标每年评估出一些品牌的价值。例如，品牌价值及战略咨询公司 Brand Finance 每年都会评估全球数千个知名品牌，并在年度"Brand Finance 全球 500 强"报告中列出最强大及最具价值的品牌。2016 年，凭借《星球大战》和《原力觉醒》，迪士尼成了全球最强大的品牌。品牌价值是企业长期战略资产的积累。如今很多行业都将品牌看作是一种关键资源和一种与顾客建立牢固关系的有效载体。

（2）品牌带给消费者多方面好处

品牌既可以让顾客了解产品的来源或制造者，又可使顾客（个人消费者或组织消费者）追究制造商或分销商的责任。消费者依靠其品牌化评估同类产品的不同；通过以往的产品体验和企业营销活动了解品牌，发现哪些品牌能满足自己的需求，哪些不能。随着消费者的生活日趋复杂，生活节奏日趋加快，时间日益宝贵，品牌在简化决策过程、降低风险方面的作用也日益重要。

（3）高价值品牌为企业带来许多竞争优势

一个优秀的品牌会在消费者群体中享有很高的知名度和忠诚度。消费者希望商店里有该品牌，因此增强了企业与经销商讨价还价的能力。又由于该品牌具有很高的信誉度，企业能够比较容易地推出系列产品，拓展品牌。比如可口可乐用它的知名品牌来推介减肥可乐（Diet Coke），宝洁公司推出它的象牙洗涤剂。总之，一个有影响力的品牌能够使企业在激烈的市场竞争中增强防御能力。

（4）品牌可代表某种质量水平，使满意的消费者重复购买产品

品牌忠诚为企业提供了可预知的、有保障的需求，也为试图进入该市场的其他企业设置了壁垒。品牌忠诚度可被转换为消费者愿意接受高于一般产品 20%～25%的价格。竞争者可轻易模仿产品制作过程和设计，但很难与品牌拥有者通过多年的营销活动和产品体验在消费者心中形成的印象相抗衡，因此，品牌化是企业获得竞争优势的有效手段。

在当今时代，品牌是企业重要的战略资产，比企业的产品和设备更重要。每个有影响力的品牌都代表了一个忠诚的顾客群，这样，品牌价值的基本资产就是顾客价值。这表明，在市场中营销的重点应该是拓展忠诚顾客的终身价值，而品牌管理则是重要的实现途径。

营销新视野

2016 年《中国 500 最具价值品牌》状况

由世界品牌实验室（World Brand Lab）主办的"世界品牌大会"于 6 月 22 日在北京举行，会上发布了 2016 年（第十三届）《中国 500 最具价值品牌》分析报告。在这份基于财务、消费者行为和品牌强度的监测报告中，国家电网以 3 055.68 亿元的品牌价值荣登本年度品牌价值榜首。占据榜单前五名的还有腾讯（2 875.92 亿元）、工商银行（2 748.32 亿元）、中国人寿（2 536.28 亿元）和海尔（2 218.65 亿元），它们都是中国的"国民品牌"，也都迈进了世界级品牌阵营。

报告显示，2016 年《中国 500 最具价值品牌》的总价值为 132 696.30 亿元，比去年增加 24 564.74 亿元，增加幅度为 22.72%。世界品牌实验室主席、诺贝尔经济学奖得主罗伯特·蒙代尔教授（Robert Mundell）说："2016 年是世界品牌实验室编制中国品牌报告的第 13 个年头。2004 年入选门槛仅为 5 亿元，前 500 名品牌的平均价值为 49.43 亿元。12 年以后的 2016 年，入选门槛已经提高到 22.65 亿元；而前 500 名品牌的平均价值高达 265.39 亿元，增加幅

度为 436.90%。"

据世界品牌实验室分析，一个区域的竞争实力，主要取决于其比较优势，而品牌效益直接影响着地区比较优势的形成和发展。从本届《中国 500 最具价值品牌》地区分布来看，北京有 105 个品牌入选，名列第一，主要原因是盈利能力强的央企总部集中在北京；广东和山东分别有 79 个和 42 个品牌入选，位居第二和第三。根据入选品牌影响力范围大小，按照区域性、全国性和世界性对品牌进行划分。榜单中具有全国范围影响力的品牌有 443 个，占 88.60%；具有世界性影响力的品牌数为 44 个，这一数据比去年有所提高。

本年度《中国 500 最具价值品牌》排行榜中，共有来自食品饮料、纺织服装、文化传媒、信息技术、家用电器等在内的 23 个相关行业的品牌入选。其中食品饮料业依然是入选品牌最多的行业，共有 75 个品牌入选，占总入选品牌数的 15.00%。入选数量位居第二到第五的行业分别是轻工（56 个）、建材（42 个）、传媒（38 个）、纺织服装（37 个）、汽车（37 个）。本年度共有 35 个中国品牌的价值超过 1 000 亿元，比去年增加了 10 个。其中品牌价值在 2 000 亿元以上的品牌有 8 个；品牌价值在 1 000 亿元到 2 000 亿元之间的有 27 个。

第二节　品牌化决策

2.1　品牌化的内涵及其主要决策

如何打造品牌？虽然企业可通过营销活动刺激品牌创新，但品牌本质上是根植于消费者心中的。品牌实质是根植于现实而又映射出消费者感知的实体。

品牌化是指赋予产品或服务以品牌的力量。品牌化的核心在于创造差异。使一个产品品牌化，企业要通过确定品牌名称和其他品牌因素让消费者知道产品是"什么"，还要让消费者了解产品的功能、值得关注的方面。品牌化包括创建意识结构，以一种便于消费者最终做出购买决定并使企业从中获益的方式，帮助消费者梳理有关产品和服务的知识。

为成功地实施品牌化战略、创造品牌价值，企业须使消费者相信不同品牌的产品和服务存在很大差异。品牌化的关键在于，使消费者发现同一类的不同品牌存在差异。品牌差异往往与产品本身的特性或利益密切相关。吉列、索尼、3M 等企业能在数十年里保持行业领先地位，重要原因之一就在于它们持续不断地创新。另一些品牌依靠与产品无关的方式获得了竞争优势，如可口可乐、御木本（Mikimoto）等企业从消费者的动机和需求出发，围绕其产品创造与之相关的、有吸引力的产品形象而成了行业中的佼佼者。

品牌化无所不在，有顾客选择的地方就有品牌化。其对象可以是实体商品（如大众汽车、三星手机）、服务（如北京友谊宾馆、东方航空公司）、卖场（如华联超市、东安市场）、人物（如某体育明星、某影视明星）、地区（如北京市、西北地区）、组织（如某公益组织、某证券交易所）以及理念（如计划生育、节约用水）等。

知识拓展

可以不使用品牌的商品

品牌具有多种功能和作用，但并不意味着所有的产品都应建立品牌。因为建立品牌要增加投入，如设计费、制作费、注册费、广告费等，并且要承担市场风险；从便于识别、促进销售的角度出发，如果其积极意义很小，甚至得不偿失，就可以考虑不使用品牌。

以下几类商品可以考虑不使用品牌：① 商品本身并不具有因制造者不同而形成的质量特点，如电力、煤炭、木材等产品；② 习惯上不必认品牌购买的商品，如食用油、草纸等；③ 生产简单，没有一定的技术标准，选择性不大的商品，如小农具、品种繁多的小商品；④ 临时性或一次性生产的商品。

企业将产品或服务品牌化，需要管理者对品牌的建立做出决策。图6-1为建立品牌的主要决策，包括品牌命名、品牌归属以及品牌开发。

图6-1 建立品牌的主要决策

观点透视

亚洲品牌的国际化挑战

悦榕集团董事长何光平认为，亚洲品牌走向国际化面临五个挑战。

① 亚洲企业须克服传统的本土观念。在亚洲一些国家，在本地市场上越强势的品牌，越难跨越本土经营的思维束缚和以国际化的方式思考和行动。日本和韩国的消费品品牌从一开始就以出口为导向，而印度和印度尼西亚的国内品牌仍然主要面向国内市场。

② 亚洲品牌须拥有基于全球视角的企业文化。

③ 亚洲品牌走向国际化，要面对保持亚洲品牌识别的挑战。悦榕度假村在人们心目中的典型形象是具有热带海滨胜地的风情和东南亚人的殷勤好客。而当悦榕集团在希腊、墨西哥和中亚地区设立疗养胜地时，人们对悦榕集团能否跨越文化差异产生了质疑。品牌应具有显著特性，但不应拘泥于一种文化。

④ 亚洲品牌应摆脱廉价劣质的形象。依靠低价策略的亚洲企业应认识到，价格优势很容易被提供更低价格的企业取代。

⑤ 即使是规模较小的亚洲企业，也应像国际化企业一样思考问题。在数字时代，小公司也能迎对以进入国际市场作为目标的挑战。

2.2 品牌命名决策

（1）品牌命名要求

一个好的命名可以促进一种产品的成功。然而，选择和确定品牌名称并不是一件容易的事情，需要营销者认真地评价产品及其利益、面对的目标受众等。

营销实践

品牌命名要求

理想的品牌名称具备以下几个方面属性。

① 应当表明有关产品带来的好处和质量特征,比如 Sunkist(新奇士,意为受阳光照射)橙子和 OFF(扫灭)除虫气喷剂。

② 应当易于发音、识别和记忆。短名称比较好,比如 Tide(汰渍)。但是有时长名字效果也很好,比如"Love my Carpet"(钟爱我的地毯)地毯清洗剂,"I can't Believe It's Not Butter"(我不相信这不是黄油)人造黄油。

③ 应当独特、鲜明。比如 Taurus(金牛座)、Kodak(柯达)、Exxon(埃克森)。

④ 要便于扩展。Amazon.com 起初是一个销售图书的网站,但扩展到其他业务时该名称仍可使用。

⑤ 应当易于翻译成外语。在花费 1 亿美元将其品牌名称换成埃克森之前,新泽西标准石油公司检验了 150 多个国外市场中 45 种语言下的若干个名称,公司发现,Enco 这个名称的日语发音的意思是引擎停止运转。

⑥ 应当能够注册并得到法律保护。如果一个品牌名对现有的品牌名构成侵权,就不能够注册。

品牌名称一经选定,就必须得到保护。许多企业竭力树立自己的品牌名,希望它能够最终代表整个产品类别。像 Kleenex(面巾纸)、Levi's(牛仔裤)、Jell-O(果冻)、Scotch Tape(透明胶带)、Formica(家具塑料贴面)、Ziploc(食品密封塑料袋)和 Fiberglas(玻璃纤维)等品牌都取得了这种成功。但是,这种成功可能会危及公司对这个名称的所有权。许多起初受到保护的品牌名,比如 Cellophane(玻璃纸)、Aspirin(阿司匹林)、Nylon(尼龙)、Kerosene(煤油)、Linoleum(油布)、Yo-Yo(悠悠)、Trampoline(弹簧床垫)、Escalator(滚梯)、Thermos(热水瓶)和 Shredded(精小麦),现在已成为任何经销商都可以使用的普通名称。

(2)品牌命名方法

企业对产品或服务实施品牌化,常用的有以下四种方法。

① 单独命名。宝洁公司就采用了这一策略,如海飞丝、潘婷、飘柔等。单独命名的最大优势在于,企业没有将其声誉和产品紧密相连。如果某一产品在市场上遭遇失败或质量低劣,企业名称和形象不会因此遭到破坏。企业通常对属于同一类但拥有不同质量的产品采用不同的品牌名称。

② 统一命名。菲利普公司采用了这一策略。采用统一命名的优势是无须不断研究新的命名并投入高额广告费用创建品牌名称认知,开发费用也较低。另外,如果制造商的声誉很好,新产品的销售情况一般也比较好。再者,一般人们习惯于想知道他们购买的产品是由哪家厂商生产的,这一特点对采用统一命名很有利,这当然也适合采用单独命名加企业名称的情形。从面膜到清洁剂,花王公司所有的产品都采用同一名称。宝洁公司虽然为不同产品单独命名,但其在亚洲市场的广告,却总是将企业的标识和口号(让你的生活更美好)放在广告最后,以提高企业在该地区的知晓度。

③ 分类命名。松下公司采用这一策略，即将所有的视听产品命名为 Panaso-nic，将普通电器命名为 National。如果各种产品区别度较大，一般就不适合采用统一命名。企业往往为同一类别不同质量的产品取不同的名称。例如，当丰田引进高端豪华汽车时，便将其命名为雷克萨斯。

④ 企业名称与单独名称相结合。索尼公司采用了这一策略，如索尼高清液晶平板电视（Sony Bravia）、索尼随身听（Sony Walkman）、索尼笔记本电脑（Sony Vaio）、索尼游戏站（Sony Play Station）。本田和惠普也采用该策略。企业名称赋予新产品嫡系出身的身份，而独立名称则赋予新产品个性。

前两种命名策略有时分别称为"多品牌组合"和"单一品牌"，是品牌关系连续统一体的两个极端。后两种则处于该连续统一体的中间，或者说是前两种策略的组合。企业是采用单一品牌决策还是多品牌组合决策需要考虑的问题是不同的，如表 6-1 所示。

表 6-1 不同的品牌关系和决策

单一品牌决策	多品牌组合决策
单一品牌通过以下哪种方式为供应品做出贡献： ● 增加联想来强化价值主张 ● 通过组织联想增加信誉 ● 增加传播的有效性 要考虑与新供应品建立联想是否能强化单一品牌的价值	市场对独立品牌具有大量需求，因为该品牌能够： ● 创造并拥有联想 ● 代表着不同的新供应品 ● 处理渠道冲突 要考虑原有业务是否支持新品牌名称

营销实践

如何进行品牌的命名

总结典型企业品牌命名的特点，可以归纳出以下常用的方法。

● 人名命名。如麦当劳、波音、劳斯莱斯、狗不理等。
● 地名命名。如茅台、天山、鄂尔多斯、燕京、古越龙山、桑塔纳等。
● 字首组合命名。由英文缩写或拼音字母组成，如 TCL、LG、IBM、3M、NEC、BMW、GE、HP 等。
● 企业名称命名。以企业的名称作为产品品牌的名称，如联想、格力、双星、长虹、飞利浦、新飞等。
● 数字命名。如 999、505、666、555、888 等。
● 寓意命名。如抵羊、轻骑、金利来、娃哈哈、活力 28 等。
● 吉祥命名。如双喜、平安、福临门、幸福、永久、万家乐等。
● 民俗命名。考虑各国、各民族的历史传统、文化特色、风俗习惯、喜好等进行命名，如红旗、凤凰、孔雀、大中华、六必居、东风、飞天、英雄等。

2.3 品牌归属决策

根据品牌所有权的归属主体，形成了不同主体类型的品牌归属决策。

（1）制造商品牌

制造商品牌是由生产商创立的，旨在确保顾客购买时将生产商与它们的产品同等看待。如海尔家电、格力空调等都是制造商品牌。制造商品牌长期以来统治着零售业。创立这种品牌的生产商需要参与分销、促销以至定价决策。制造商可以通过促销、质量控制和质量保证等措施提高产品的顾客忠诚度。对于制造商而言，这种品牌是一笔宝贵的财富。制造商要努力刺激产品需求，以激励经销商销售其产品。

（2）商店品牌

分销者自有品牌也称为商店品牌或经销商品牌，是由经销商（批发商或零售商）创立并拥有的。商店品牌的主要特点是产品与其制造商被分离开来。零售商或批发商可以利用自己的商店品牌进行更为有效的促销、创造更高的毛利并改善商店的形象。利用商店品牌，零售商或批发商可以以最低的成本销售符合一定质量标准的产品而又不会泄露不便公开的与制造商有关的信息。

制造商品牌和商店品牌之间的竞争日益激烈。为了与制造商品牌竞争，零售商往往会努力提高消费者对自有品牌的信心。对于制造商而言，创立多种制造商品牌和分销系统已成为对抗来自分销商自有品牌日益激烈的竞争的有效手段。创立了新的品牌名称，制造商就可以对营销组合的各个组成元素进行调整，以吸引不同的目标市场群体。

知识拓展

中间商品牌的优劣

近年来，在西方市场上中间商品牌颇为流行。例如，著名的零售企业西尔斯公司已创立的若干品牌，在消费者中间享有盛誉，该公司现在90%以上的商品都有自己的品牌。但这不是任何中间商都能做到的，因为用自有品牌要对制造商供应的产品的质量严加控制；要大批进货，占压资金；要花大量的费用进行促销活动；还要承担各种风险——失火、失盗、过期、污损等。尽管有这些不利之处，仍然有许多中间商奋力建立自己的品牌，因为这可使他们获得较多的利益。中间商通过自己的品牌不仅可以控制价格，而且在某种程度上可以控制生产者。中间商通常找一些生产能力过剩的厂商，让他们按规定条件进行生产，中间商用自有品牌销售，这样就可以降低成本，从而降低售价，提高竞争能力；同时也可以培养顾客的品牌偏好，使顾客乐于来商店买那些独家经营的商品。

随着中间商品牌的迅速发展，制造商与中间商之间的"品牌战"也愈演愈烈。当然，在这种竞争中，中间商有许多优势：① 由于零售商店营业面积有限，零售网多数控制在中间商手里，因而制造商特别是那些小厂商很难以自己的品牌打入零售市场；② 中间商特别是大零售商，对保持自有品牌的信誉特别关注，从而赢得广大消费者的信任；③ 中间商品牌通常比制造商品牌价格低；④ 中间商在商品陈列上往往把最好的位置留给自有品牌，同时对库存的变动情况也比较注意。而制造商品牌的处境则困难重重，传统优势正在减弱。因此，美国有些营销学家预言，除了实力雄厚的著名品牌外，制造商品牌将逐渐被中间商品牌所取代。

商店品牌数量的增长一直处于稳定状态，其中的一个原因是：零售商对制造商品牌进行广告宣传，将顾客吸引到自己的商店中，但却借机销售自有品牌（尤其是面向那些对价格比较敏感的顾客时）。另一个原因是：销售自有品牌的零售商可以与制造品牌的生产者进行谈判，从而得到更有优势的价格。为了与商店品牌进行竞争，一些制造商品牌生产者已经不再提高价格，甚至开始降价，这就缩小了其与商店品牌的价格差距——购买商店自有品牌的主要好处。从传统上来看，商店品牌都是直接模仿与其构成竞争关系的制造商品牌的包装，却没有承担什么大的法律责任。然而，对那些经营商店自有品牌的人来说，使用这样的包装承担的法律风险正在增大。

一些商店品牌产品是由那些只生产商店品牌产品的专业化厂商生产的，而另一些则是由生产制造商品牌产品的厂商生产的。有时，既生产商店品牌产品又生产制造商品牌产品的厂家，会发现生产分销者自有商店品牌产品有利可图，因而很难放弃这种唾手可得的好机会。如果一家厂商决心不为销售者生产自有品牌产品，那么其竞争者则可能不会放过这种机会。而且，当自己生产的制造商品牌产品尚未达到生产高峰期时，厂商可以通过生产商店自有品牌产品对过剩的生产能力加以利用。公司最终决定是生产商店品牌产品还是生产制造商品牌产品，要根据资源、生产能力和企业目标的具体情况而定。

营销新视野

西方的制造商品牌与商店品牌竞争

一直以来，制造商品牌统占了零售业。但在西方，越来越多的零售商和批发商建立了自己的自有品牌或商店品牌。例如，西尔斯自创的死硬派电池、巧匠牌工具、肯摩尔电器和风霜油漆等，沃尔玛连锁店推出的"山姆的选择"饮料及食品、春天谷营养食品、奥尔·罗依狗食，以及白云牌厕纸、尿布、去垢剂、织物软化剂等与国内其他名牌抗衡。建立自有品牌的仓储和促销费用虽然很大，但是它们却能为商家带来较高的利润。同时，由于该产品是中间商的专营品牌，顾客不能从竞争商那里购得，所以增加了商店的客流量和顾客对产品的忠诚。

在制造商品牌和商店自有品牌之间的竞争中，零售商占许多优势：他们有权决定储备哪些产品，将产品放在货架的什么位置，在当地促销中特别推荐哪些产品，等等。零售商对自己商店品牌的定位低于同类制造商品牌，这对讲究预算开支的顾客很有吸引力，尤其在经济不景气时期。而且，绝大多数购买者都知道商店品牌经常是由较大的制造商建立的。大多数零售商也向制造商收取场地费——零售商在接受新产品并在货架上为它们找到摆放位置之前向制造商收取的费用。

由于商店品牌在质量上的改进，以及消费者对商店的信任，使得制造商品牌正面临着严峻挑战。例如，加拿大的劳伯劳（Loblaw）超市连锁店，它的"总统首选德克登"（Decadent）牌巧克力甜饼是目前加拿大甜饼业的领导品牌，劳伯劳的自有品牌"总统首选可乐"占劳伯劳罐装可乐销售量的50%；在此成功的基础上，其自有品牌已经扩张到食品类的广泛领域。例如，在"总统首选"品牌下，它有超过2 500种产品，从速冻到纸包成品和盒装肉制品。由于它的品牌如此受欢迎，劳伯劳在全美和8个其他没有自己商店的国家发放品牌经营许可给零售商。"总统首选德克登"牌巧克力在芝加哥的宝石（Jewel）食品店中也有销售，并且其销售量还高居榜首，甚至打败了纳贝斯克（Nabisco）的"啊嗬"（Chips Ahoy）品牌。公司还提供网站，顾客可以直接上网购买其品牌的产品。

在美国超级市场上，如果把所有自有标签作为一类品牌的话，其产品名列 40%杂货类产品的第一、第二或第三名。它们总共攫取了超过 20%的美国超市市场份额。自有标签在欧洲表现得更为突出，分别占到英国和法国超市销售量的 36%和 24%。法国零售业巨头家乐福（Carrefour）经销 3 000 多种内部品牌的产品，而且种类繁多，从食物油到汽车蓄电池。为了抵挡住自有品牌的进攻，制造商品牌的营销人员不得不投资搞市场调研以开发新品牌、新特色和不断改进质量。他们必须设计出强有力的广告方案，用以维持较高的产品知名度和消费者偏好。而且，为了节省销售费用和改善共同经营，他们必须想方设法和主要的经销商合作。

（3）许可品牌

大多数制造商要花上多年时间和几百万美元树立自己的品牌。不过，一些企业通过许可品牌，使用其他制造商已经树立的名称或符号、知名人士的名字、流行读物或者时髦电影中的角色。使用的企业支付一定的费用，便能够很快获得已经被认可的品牌名称。

许可经营当中发展最快的就是公司整体品牌许可。越来越多的营利和非营利组织将自己的名称许可经营以获取额外的收入，提高品牌知晓度。例如，可口可乐在 57 个国家拥有 320 个许可证，制造了超过 1 万种产品——从童装、男用内裤到耳环，甚至是形状像可口可乐罐一样的鱼饵。每年，受许方以可口可乐的品牌销售出价值 10 亿美元的产品。

品牌授权是指公司通过授权协议允许其他机构在其产品中使用自己公司的品牌，并为此收取一定的授权费。品牌授权是一种非常盛行的品牌战略。授权费最低可占批发收入的 2%，最高可达 10%以上。例如，柯尔（Kohl's）百货公司授权某些公司在生产的休闲运动鞋上使用其"Tony Hawk"品牌。被授权方负责产品的生产制造、销售和广告宣传，如果产品失败还要承担由此造成的损失。从前，只有为数不多的公司愿意授权其他公司使用自己的商标，但今天品牌授权行为已经成为总额达几十亿美元的交易。在美国，排名第一位的授权公司是沃特迪士尼公司，NFL、NCAA、NASCAR 和职棒大联盟（Major League Baseball），都是美国主要的品牌授权者，它们授权其他厂商生产以其品牌命名的产品。

通过品牌授权，可以帮助公司获得额外收入，实现低成本扩张，树立新形象并保护商标。为了保护自己的商标，可口可乐公司授权其他公司使用自己的商标，这个商标出现在了玻璃器皿、收音机、卡车、服装等产品上。品牌授权的缺点是缺少生产控制，可能会损害公司的名誉，也会让消费者承受太多挂有同一品牌名称但与此无关联的产品的广告轰炸之苦。此外，由于选择的时机不对、分销渠道不合理或产品与名称不对路，品牌授权行为也有失败的风险。

营销新视野

许可品牌渗透到各行业

近年来，同名称和影视角色的许可业务发展迅速。如今在美国和加拿大，许可经营产品的年销售额已经达到 2 300 亿美元。例如，华纳兄弟公司已经使得其巨星总动员成为最受欢迎的许可之一。有超过 225 个受许者通过卖宾尼兔、达菲鸭、来亨鸡或是巨星总动员一百多个卡通角色中的一个，赚了几十亿美元。类似的，Nickelodeon 公司也有一些许可品牌，像小冒险家朵拉、海绵宝宝。这些许可产品每年卖出 50 亿美元。一个品牌许可专家说："谈到消费产品品牌的许可，Nickelodeon 可以说已经证明它能够点石成金。"

服装以及服装配饰的经销商要花费很高的许可费来为自己的产品装点门面。使用知名时装设计师的名字或姓氏，比如 Calvin Klein（美国最成功的时装设计师和企业家之一）、Tommy Hilfiger（美国著名服装设计师，全美三大休闲品牌之一）、古姿（Gucci）或阿玛尼（Armani）等。

儿童产品的经销商把卡通形象的名字用在服装、玩具、文化用品、亚麻织物、玩具娃娃、午餐盒、麦片和其他产品上。这些角色的名字，从经典的诸如芝麻街、迪士尼、史努比、小熊维尼（Winnie the Pooh）、Muppets 木偶、大丹狗斯酷比（Scoby Doo）、儿童小说家苏斯博士书中的角色到天线宝宝（Teletubbies）、皮卡丘（Pokeman）、飞天小女警（Powerpuff Girls）、淘气小兵兵（Rugrats）和可爱小蓝狗（Blue's Clues）。几乎一半零售玩具的销售额来自于《蜘蛛侠》《哈利·波特》《蝙蝠侠》《指环王》《狮子王》之类的电视节目和电影的产品。

（4）联合品牌

联合品牌是指在一种产品上使用两个或多个品牌。营销者采用联合品牌策略是为了利用多个品牌的资产。这种策略在食品加工和信用卡行业中应用最为普遍。例如，卡夫食品公司的卡夫奶酪品牌与奥斯卡-梅耶午餐肉品牌（卡夫公司的另一个品牌）就进行了合作。进行合作的品牌也可能属于不同的公司。一些信用卡公司（如美国运能、威士和方事达）与其他一些品牌（如通用汽车、AT&T 以及一些航空公司）开展了合作。

成功的联合品牌利用了顾客对进行合作的品牌的信任和信心。如果联合品牌没有取得成功，那就意味着进行合作的两个品牌都会受到连累。一般来说，联合品牌中所涉及的两个品牌在顾客看来应该是相辅相成的。联合品牌能帮助一家企业将自己的产品与竞争者区分开来。借助进行品牌联合的合作伙伴的产品开发技术，一家企业可以生产出与众不同的产品。建立联合品牌还可以使合作双方发挥各自的分销能力。

案例启迪

联合品牌共同创造顾客价值

耐克和苹果合作推出了"耐克+iPod"，让跑步者将他们的耐克鞋与 iPod 连接起来，实时追求和强化跑步效果。它们的宣传口号是："你的 iPod Nano 或者 iPod Touch 将成为你的教练。你的私人教练。你最喜爱的伙伴"。"耐克+iPod"品牌给苹果公司创造了在运动和健身市场展露身手的机会，并帮助耐克为顾客创造价值。

奇巧（KitKat）和谷歌合作，推出了安卓 KitKat 操作系统。传统上，谷歌以甜品命名其安卓操作系统的不同版本（因为安卓设备"使我们的生活如此甜蜜"），如纸杯蛋糕、蜂巢、软糖等。这次，它以"我们最喜欢的巧克力奇巧"为新版本命名。而奇巧则推出了一款以安卓机器人为代言的特别产品。这一合作品牌提升了两个品牌的市场影响、趣味及认知度。

2.4 品牌开发决策

在品牌开发方面，企业有四种策略选择：第一，产品线延伸策略，将现有的品牌名延伸到现有产品类别中的新样式、新规格和新风格的产品上；第二，品牌延伸策略，把现有的品牌名延伸到新的产品类别上；第三，多品牌策略，在相同的产品类别中引入新品牌；第四，新品牌策略,在新的产品类别中引入新品牌,如图 6-2 所示。

（1）产品线延伸策略

产品线延伸就是当企业在一个给定的产品类别中引进新产品的时候,仍然使用原来的品牌,这些新产品包括新口味、新样式、新色彩以及新包装规格等。例如,达能公司（Dannon）推出了几种通过产品线延伸而来的新产品,包括七种新酸奶口味、一种脱脂酸奶以及一种大的经济装酸奶。绝大多数新产品活动都属于产品线延伸的范畴。

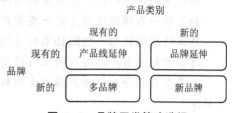

图 6-2　品牌开发策略选择

企业可以将产品线延伸作为推出新产品的一种低成本、低风险的方法,以满足消费者多样化的需求。通过延伸,可以帮助企业利用过剩的生产能力,并从分销商那里争得更多的货架位置。

产品线延伸也有其风险：其一,如果品牌名过度延伸,就会使其失去特定的内涵,也会让消费者混淆或者感到不知所措。其二,延伸新产品销售量的扩大可能会影响产品线上其他产品的销售。例如,纳贝斯克公司的无花果 Newtons 饼干演变成一个全面产品线 Newtons 水果味饼干,包括越橘味、蓝莓味和苹果味;虽然所有的产品都做得很好,但是原来的无花果 Newtons 饼干的口味、销量等也都被稀释了。其三,增加的产品项目无疑会加大分销和管理的投入和控制难度。当然,如果能够抢走竞争品牌的销售量,而不是与企业的其他产品同室操戈,那么这样的产品线延伸战略无疑是最成功的。

（2）品牌延伸策略

品牌是企业最有价值的资产。企业推出一系列以其最强势的品牌名称命名的新产品,以充分利用强势品牌这一资产,这就是品牌延伸策略。据研究统计,大量最成功的新产品往往都是品牌延伸的产物,如微软的 Xbox 视频游戏系统、苹果的 iPod 数字音乐播放器等。

① 成功的特质。评判一个有潜力的新产品延伸品牌,可依据其能否有效地将现有品牌资产从母品牌传递到新产品上,以及延伸品牌反过来能否有效地提升母品牌的品牌资产。例如,佳洁士美白牙贴就是利用佳洁士在牙齿护理方面的强大声誉,实现了品牌在牙齿增白领域的成功延伸,同时也增强了佳洁士牙齿护理权威的品牌形象。成功的品牌延伸是要看它是否与其在顾客心中的形象相匹配,因为顾客可能从多个方面评判延伸品牌与其想象是否匹配,如产品的物理性能、使用场合、服务的目标顾客等。此外,在评价延伸品牌时,还要注意全面考虑顾客关于品牌知识的结构以及品牌联想的效果。

观点透视

品牌延伸的洞察

理论界对品牌延伸进行了深入的研究,以下是学者们一些主要研究成果的汇总。

当母品牌能产生有利的联想,且母品牌与延伸产品相互匹配时,品牌延伸一般会取得成功。有很多种匹配的基础：与产品相关的特征和利益;不与产品相关,而是与一般使用情况或者顾客类别相关的特征和利益。

根据顾客对产品类别的知识,顾客对品牌的匹配感知可能建立在技术或生产工艺的共性,或更表层的考虑因素基础上,例如必要的或者情景性的补充。

高质量品牌往往比一般质量的品牌扩展得更远,尽管这两种类型的品牌均有各自的界限。

如果某一品牌被认为是某一类型产品的典型代表,它就很难扩展至其他类别。

具体特征的联想一般比抽象利益的联想更难向外延伸。

消费者对原有产品类别的积极联想可能在延伸产品时转变为消极联想。

消费者可能会对延伸产品产生消极联想,这种消极联想有时候甚至来自于其他所谓的积极联想。

有时候一个品牌看上去很容易延伸至某一产品类型,而实际上却很难做到。

一个成功的品牌延伸不仅能够有利于母品牌的形象,而且能使这一品牌向更远的方面延伸。

只有在延伸品牌和母品牌之间具有较强的匹配性时,那些失败的延伸品牌才会对母品牌形象造成破坏。

一次失败的品牌延伸并不意味着企业不能够再次出击,企业还可推出一个更相似的延伸品牌。

垂直品牌延伸比较难,而且一般需要企业实施次级品牌战略。

对延伸品牌进行最有效的广告战略是突出延伸品牌的信息,而不是让人们想起母品牌。

② 品牌延伸的优势。品牌延伸的优势首先表现在能够增加新产品成功的机会。基于对母品牌及母品牌与新产品相关程度的了解,顾客会做出推断,对新产品可能的构成和功能产生预期。例如,索尼推出 Vaio 新款多媒体笔记本电脑时,发现顾客基于对索尼其他产品的体验和了解,对这款新产品的性能具有比较高的预期。

通过使顾客产生积极的期望,品牌延伸减少了风险。由于通过品牌延伸推出的新产品潜在地增加了顾客需求,企业会较容易说明零售商库存和促销该产品。从营销传播的角度看,针对品牌延伸产品的推广活动无须创建品牌和新产品的知晓度,而只需专注于新产品本身。

因此,品牌延伸能减少新产品的营销成本,避免推出新品牌面临的诸如知名度低、经费投入等困难和问题,提高分销的效率。延伸品牌采取相似或实际上相同的包装和标签,往往能降低生产成本,还能在零售店创造广告效应,从而获得更多关注。通过品牌延伸,还可使那些因枯燥、厌烦和其他因素影响而渴望变化的顾客,转向企业的不同产品,仍在企业的品牌家族中成为忠诚消费者。品牌延伸还能为企业带来反馈利益,即在品牌延伸之后,反馈利益有助于企业向顾客澄清品牌的意义和核心价值,或增进顾客对企业的依赖感。

案例启迪

一些成功的品牌延伸

米其林、固特异轮胎这两家知名的橡胶轮胎企业近年来大力推行品牌延伸。米其林的延伸可分为三类:① 汽车和摩托车相关产品;② 人们在工作、运动和休闲时所穿的袜子、服装、饰物和设备;③ 个性饰物,如礼物和收藏品。与米其林相似,固特异的产品与汽车行业密切相关,如千斤顶和汽车修理工具,同时它也向消费者市场延伸。因此,除了上述产品,固特异公司还在销售自己的车窗清洁布、汽车内饰件、技工手套、软管喷嘴等。

尼康公司成功地将其在照相机镜头行业的领先地位延伸到眼镜片行业，这一成功延伸的好处之一是为随后的延伸奠定了良好的基础。

Billabong作为高质量冲浪服饰的设计者和生产商，与青年冲浪团体建立了品牌依赖。在这一领域的成功，使它得以进一步扩展到年轻人喜好的其他领域，如滑雪、滑冰等。

星巴克通过增加在超市出售的包装咖啡、连锁茶室，推出单人家用咖啡、意式浓缩咖啡及拿铁咖啡机等，在其咖啡连锁店业务之外实现了不断扩张。

宝洁公司借助其家庭清洁先生（Mr.Clean）品牌的影响推出了几条新产品线：清洁坐垫（魔法橡皮擦）、浴室清洁工具（Magic Reach）以及家庭汽车清洁套装（清洁先生AutoDry），甚至还推出了以清洁先生冠名的汽车清洗液。

③ 品牌延伸的缺陷。品牌稀释是指消费者不再将品牌与特定产品或高度相似的产品联系在一起，并减少对该品牌的偏好。定位理论的创始人艾·里斯和杰克·特劳特称之为"产品线延伸陷阱"。例如，吉百利公司将品牌延伸至主流食品如土豆泥、奶粉、饮料等时，就可能面临失去其作为巧克力和糖果品牌特殊意义的风险。

如果顾客认为企业推行的品牌延伸不适宜，就会对品牌的完整性和能力产生怀疑。不同的产品线延伸会混淆顾客的思维，甚至使顾客产生挫败感：究竟什么样的产品才是自己想要的？结果将导致他们倾向于那些"经考验证明是好的"产品或通用的产品，而拒绝新的延伸。此外，零售商也可能不得不放弃很多新产品和新品牌，因为它们无法为其提供足够的货架和展示空间。对于企业来说，最糟糕的情形是，品牌延伸不仅未能成功，还在这一过程中伤害到母品牌的形象。

如果品牌延伸带来了很高的销售额并实现了销售目标，有可能是顾客从母品牌产品转向了延伸品牌造成的，这对企业来说是通过延伸的品牌使得顾客留在了企业品牌的消费群体中。反过来说，如果企业不对产品类别进行延伸，顾客将可能转向竞争品牌。例如，汰渍洗衣粉的市场份额一直能够维持在一定的水平，就是因为销售额来自不同的产品线延伸品牌，如有香味的和没有香味的粉状、块状、液体状等多种形式的洗衣粉。

案例启迪

法国比克公司的品牌延伸

法国比克公司强调其产品的廉价和一次性。公司在20世纪50年代后期开创了一次性圆珠笔市场，在70年代早期推出了一次性打火机，在80年代早期推出了一次性剃须刀。但公司在1989年以同样的战略在美国和欧洲营销比克香水时，却遭遇了失败。它推出了两款女士香水（Nuit和Jour）和两款男士香水（Bic for Men和Bic Sport for Men），它们都装在0.25盎司的喷雾瓶子中，看上去像肥大的打火机，每瓶售价5美元。这些香水大量陈列在比克分销店收银台旁的货架上。当时，公司管理者认为，该产品传承了比克的品质：物美价廉、便于购买和使用。该品牌延伸的推广活动耗资2 000万美元，投入了以宣传时尚人士喜爱香水为主题和以"巴黎在我的口袋里"为结束语的广告，并展开了相应的促销活动。然而，比克在香水行业属于"新面孔"，没有权威性，加之顾客容易产生"廉价"等负面联想，该延伸最后以失败告终。

(3) 多品牌

企业在同一类产品中经常使用新品牌。例如，宝洁公司在每个产品项目下都有不同的品牌。多种品牌战略可以使企业建立不同的产品特色和迎合顾客不同的购买动机，还能使企业稳固占据销售商的货架，或者帮助企业通过建立侧翼或出击者品牌来保护主打品牌。例如，精工（Seiko）公司用不同的品牌来命名较高价格的手表（Seiko Lasalle）和较低价格的手表（Pulsar），从而保护了其主流精工品牌的侧翼。此外，为了适应不同文化或语言的需要，企业可以为不同的地区或国家建立独立的品牌。例如，宝洁公司凭借汰渍品牌控制了美国洗衣粉市场，仅这一种品牌就占了40%的市场份额。但在北美以外，宝洁公司的碧浪洗衣粉品牌处于主导地位，其年销售量达15亿美元，成为欧洲仅次于可口可乐的第二大包装商品品牌。在美国，碧浪针对的是西班牙裔顾客市场。

多品牌的缺点是，每种品牌也许只能获得一小部分市场份额，而且每一种利润可能都不高。对此，企业要避免把资源分摊在众多品牌上的做法，只建立几个较高利润水平的品牌。这些企业应该减少已有的品牌数量，并建立起比较严格的新品牌筛选程序。

案例启迪

一些公司的品牌削减战略

以多品牌战略而著称的联合利华公司旗下曾拥有1 600多个品牌，如立顿、多芬、和路雪等品牌都是消费者耳熟能详的。然而，经过分析发现，公司75%的销售来自其中的400个品牌，这400个品牌的年增长率约为4.6%，有很高的利润。如果集中精力发展这400个品牌，必然对公司业务的增长有很大的益处。2000年2月，联合利华公司董事长尼尔·菲兹杰拉德向媒体宣布，在全球范围内推行"品牌精简"活动，砍掉公司的1 200个品牌，而只保留400个品牌。当时联合利华公司的发展部负责人巴特勒说："公司总共有1 600多个品牌，但却没有1 600个好的经营理念。公司再也无法容忍众多小品牌一方面耗费公司有限的广告资源，另一方面又不能给公司带来规模效益的局面持续下去了。"经过对品牌规模的削减和资源的整合，到2004年，联合利华公司的一线品牌占到了公司全部业务的90%～95%，年增长率达到5%～6%。

通用汽车公司近年来从自己的品牌组合中删减了许多品牌，包括土星、奥兹莫比尔、庞蒂亚克、悍马、萨博等。

福特汽车公司在扭亏为盈的战略中，删除了水星（Mercury）产品线，出售了沃尔沃，并将福特旗下的车型从97个减少为不足20个。

(4) 新品牌

企业在进入新的产品类别而公司现有品牌都不适合的情况下，可以建立一个新品牌。比如，本田公司建立讴歌（Acura）品牌，以将其豪华车区别于本田其他的车型。丰田专门制造的Scion汽车，是一款迎合时尚青年需求的新品牌汽车。日本松下公司为其不同的产品系列使用不同的名称，如Technics、Panasonic、National和Quasar。

设立太多新品牌可能会导致公司资源的分散使用。一些公司如宝洁、富莱托雷（Frito-Lay）等正在追寻"大品牌"（Megabrand）战略，即消除那些较弱的品牌，将营销开支集中于在其产品类别中能够占据较高市场份额的少数几个品牌。

知识拓展

品 牌 组 合

品牌组合是指企业向消费者提供的特定产品类别中所包含的全部品牌和品牌线。为赢得不同的细分市场，企业为其设计和营销不同的品牌。作为品牌组合的一部分，品牌扮演着众多特殊的角色。

侧翼品牌。侧翼品牌或出击者品牌是企业应对竞争者品牌的主力军，可帮助那些更重要的和更能盈利的旗舰品牌保持原有地位。例如，新加坡航空公司推出虎牌航空公司与竞争者在折扣航线市场展开竞争。在设计侧翼品牌时，营销者应像走钢丝一样谨慎地做出选择。侧翼品牌不应比旗舰品牌更有吸引力，否则它会夺取旗舰品牌的销售额。同时，如果侧翼品牌在品牌组合中与其他品牌具有某种联系，例如源于同一品牌化战略，那么，该侧翼品牌就不应定价过低，以免对其他品牌造成负面影响。

现金牛品牌。企业可能保留一些销售额下降的品牌，因其仍能保有足够的顾客，或不必提供任何实际的营销支持仍能盈利。企业可以从这类现金牛品牌的现有品牌资产中继续获利。例如，尽管技术的进步使吉列的主打产品变成了新剃须刀锋速3，但吉列仍销售其老款产品，如特拉克2、阿特华和感应等，因为撤出这些品牌并不一定能使顾客转向吉列的新品牌，而保留这些老品牌也许能使吉列获得更多利润。

低端品牌。组合中价位相对较低的品牌通常起到将顾客引进该品牌组合的作用。零售商青睐这种"气氛烘托者"，因为它们有可能引导顾客转向高端品牌。例如，宝马公司推出"3系列"汽车的部分原因就是吸引新顾客和扩大品牌影响范围，希望这些顾客将来在以旧换新时转向宝马的高端产品。

高声望品牌。定价相对较高的品牌能为整个品牌组合增加声望和信誉。例如，雷克萨斯的声誉有助于提升丰田公司积极的形象。

第三节 建立品牌资产

3.1 认识品牌资产及其战略意义

（1）认识品牌资产

品牌资产是指品牌赋予产品和服务的附加价值。该价值可通过消费者对品牌的联想、感知和行动体现，也可从企业的价格、市场份额和利润中体现。品牌资产是企业一项重要的、具有心理和财务双重价值的无形资产。

营销者和学者从不同角度研究品牌资产。以顾客为基础的方法从消费者（个人或机构消费者）的角度研究品牌资产。以顾客为基础的品牌资产模型假设：品牌力取决于顾客能从品牌身上看到、读到、听到、了解到、感觉到的东西。也就是说，品牌力存在于当前或潜在顾客心中,是其直接和间接的品牌体验。

基于顾客的品牌资产是指消费者因拥有的品牌知识不同,对品牌的市场反应也不尽相同。告知顾客的品牌与没有告知的相比,如果顾客对该产品及其营销活动反应比以往更积极,该品牌就是具有积极反应的基于顾客的品牌资产。反之,如果顾客对该产品的营销活动反应不积极,该品牌就是具有消极反应的基于顾客的品牌资产。

基于顾客的品牌资产有以下特点。第一,品牌资产来自顾客的不同反应。如果顾客的反应相同,竞争的焦点将很可能集中于价格。第二,这些不同的反应是因顾客对品牌的理解不同导致的。品牌知识是指消费者记忆中所有与某品牌相关的想法、感觉、印象、体验和信念等。品牌应使顾客产生强烈、良好、独特的品牌联想,由此带给产品较好的销售绩效。如在汽车消费领域,消费者往往将安全与沃尔沃品牌、超值与现代汽车品牌、可信与丰田品牌联系在一起,这种积极正向的品牌联想无疑会带给品牌拥有企业更高的市场价值。第三,由顾客的不同反应所构成的品牌资产,在所有与品牌营销相关的感知、偏好和行为中都有所体现。

观点透视

扬·罗必凯公司如何评价品牌优势

广告代理商扬·罗必凯公司从顾客感知的 4 个维度测量品牌优势:差异化,测量是什么使得某品牌独树一帜;关联度,测量消费者感知的产品满足其需要的程度;品牌知识,测量消费者对该品牌的了解程度;尊重,测量关心和尊重某品牌的程度。

强势品牌在以上 4 个方面都有很高的得分。也就是说,一个品牌必须是容易识别的,使得消费者能够在众多品牌中选择它;品牌还要在与消费者的需要相关联的各个方面表现突出;消费者在对品牌做出反应之前,还必须知道并了解品牌;同时,消费者的品牌熟悉度必须形成一种强有力的、积极的消费者品牌关联。

(2) 品牌资产的战略意义

品牌并不只是一个名字或是一个象征。品牌表达了消费者对一个产品或服务性能的认知和感受,表达了这个产品或服务在消费者心中的意义。最终,品牌存在于消费者头脑中。因此,建立强势品牌的真正价值在于获得消费者的偏好和忠诚。

品牌在市场上的影响力和价值各不相同。有些品牌,像可口可乐、汰渍、耐克、哈雷·戴维森、迪士尼等,保持了它们的强势地位已有多年,甚至很多代。这些品牌在竞争战中获胜并不仅仅是因为它们为顾客创造了一种特殊的利益、可信的服务或新的技术,更为重要的是,它们的成功来自与文化建立的深厚联系。

一个强势品牌具有较高的品牌资产。品牌资产是一种积极的差异化结果,这种努力将使得品牌名称影响到消费者选择产品或服务的决策。衡量品牌资产大小的一个方法,就是看消费者愿意为某品牌的产品多支付多少。一项研究发现,相对于竞争性的品牌来说,72%的消费者愿意为他们喜欢的品牌多支付 20%的溢价;40%的消费者愿意多支付 50%的溢价。汰渍和亨氏的偏爱者愿意多支付 100%的溢价,忠诚的可口可乐饮用者愿意支付 50%的溢价,而沃尔沃的使用者则愿意支付 40%的溢价。

知识拓展

强势品牌的营销优势

- 提高对产品性能的感知
- 增强应对竞争对手营销行动的能力
- 更多的利润
- 提高顾客对降低价格的敏感度
- 提高营销传播的有效性
- 增加品牌延伸的机会
- 具有更高的忠诚度
- 增强应对营销危机的能力
- 顾客对提高价格的抵制心理下降
- 获得更多的商业合作和支持
- 存在可能的许可经营机会

高资产的品牌是非常有价值的资产,可以为一个企业提供多方面的竞争优势。一个强势品牌具有很高的品牌知晓度和忠诚度。由于消费者期望商店经营有品牌的商品,所以企业在与经销商谈判时就拥有更大的主动权。因为品牌名包含着承诺和信任,企业能够更容易地推出新产品或者进行品牌扩展。比如可口可乐公司借助品牌声誉成功推广了健怡可乐(Diet Coke),宝洁公司则将象牙牌(Lvory)餐具洗涤剂成功推向了市场。一个强势品牌可以为企业抵御价格竞争提供一定的防御壁垒。

总之,一个强有力的品牌是与顾客建立可获利的牢固关系的基础。因此,品牌资产潜在的意义就是顾客资产——品牌所创造的顾客关系的价值。一个强势品牌非常重要,但是它真正代表的是可获利的顾客忠诚。营销的核心是利用品牌这种有价值的工具创造和提升顾客资产及其价值。

观点透视

中国品牌的发展方向

2016年6月22日,在由世界品牌实验室(World Brand Lab)主办的"世界品牌大会"上,针对大会发布的《中国500最具价值品牌》分析报告,一些来自全球商业研究领域的著名学者发表了评价观点。

来自法国欧洲工商管理学院的琼·克劳德·拉里齐(Jean-Claude Larreche)教授指出,中国品牌要全球化,首先要解决"可持续性"问题,即将品牌的可持续发展纳入核心价值观,而不仅仅是将其当作次要问题来处理。消费者购买的是品牌产品,而不是阅读企业的社会责任报告。他们会通过评估品牌是否有助于他们和他们的孩子的未来,来决定品牌的未来。欧洲的数据表明,在1985年以后出生的人中,将近90%的人希望品牌能体现出保护环境的责任。

来自英国剑桥大学(Cambridge)的教授斯蒂芬·埃文斯(Steve Evans)指出,品牌成功的前提是社会的成功和地球的健康。当世界各国在努力处理长期开采(矿产)和排放(气候变化)时,消费者也在努力想要过上健康的生活,而品牌必须寻求其基本的长期价值。通过慈善活动来提升品牌形象的日子早已结束了。企业要转变思维模式,彻底实现工业流程变革,节约能源和资源,最终实现生态效益与可持续发展,从而真正地实现品牌的基业长青。

牛津大学（Oxford）赛德商学院的斯蒂芬·沃格（Stephen Woolgar）教授认为，有证据表明，随着消费者受教育程度和知识水平的提高，越来越多的消费者开始谈论产品和品牌的可持续性。在消费者对肉制品和乳制品的信任逐渐减少的同时，他们对更为清洁、节能产品的信心正在逐渐上升。中国市场的容量决定了为品牌制定一个可持续发展战略的重要性。譬如说品牌的可持续性需要考虑到产品与经济、环境和社会相互联系和重叠的部分。

世界品牌实验室主席罗伯特·蒙代尔（Robert Mundell）教授说，一个伟大的品牌要想可持续发展，必须和社会、自然和道德紧密相连。可持续发展的核心思想是，经济发展、保护资源和保护生态环境协调一致。无论是制造能力、技术水平还是管理能力，"中国制造"和"德国制造"并没有天壤之别，但中国的设计和品牌，特别是品牌背后的价值观和道德观，与德国、法国、意大利等还是有很大的距离。品牌成功的制高点是什么？是商业道德。

3.2 品牌资产的构成要素

品牌资产作为一个品牌的市场实力所带来的营销与财务上的价值，有一部分表现为实际财产形式，如专利和商标。除此之外，品牌资产还包括四个主要部分：品牌知名度、品牌忠诚度、品牌认知度以及品牌联想度，如图6-3所示。

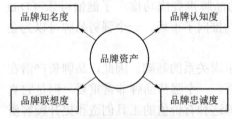

图6-3 品牌资产的主要构成要素

顾客从对品牌的认知可以达到对品牌的熟悉，进而对品牌产生依赖。当在熟悉和不熟悉的品牌之间做出选择时，顾客更可能选择自己熟悉的品牌。原因在于他们认为熟悉的品牌更值得信赖，而且质量更佳。一般熟悉的品牌会更容易进入顾客购买选择的考虑范围。

品牌忠诚度增强了一个品牌的对抗竞争能力。有了较高的品牌忠诚度，企业就可以保住现有的顾客，引来新顾客。由于顾客希望能随时随地买到他们喜爱的品牌，零售商也会不遗余力地销售这种人气指数高的产品。

顾客会将某一品牌与某一质量水平相联系。某种品牌名称可能会成为高质量的代名词，顾客借之判断产品的真实质量水平。在很多情况下，顾客自己并不能对某产品的真实质量水平做出判断。这样，他们就会将品牌名称作为判断产品质量的指标。因而，品牌认知度高的产品价格就高，从而使其营销者避免了残酷的价格竞争。同时，某品牌较高的认知度令营销者易于推出与它有关的延伸性产品，因为顾客对该品牌质量的良好印象会转移至与其相关的其他产品之上。

品牌会引发消费者的一系列联想。有时，营销者会努力将某种特定的生活方式（有些情况下是某种个性特征）与某一特定品牌相联系。例如，一提起米其林轮胎，顾客就会联想到要注意保护家人的安全；一提起德比尔斯钻石，人们就会想到直至地老天荒的爱情（"钻石恒久远，一颗永流传"）。积极正向的各种联想会大大增加品牌资产。

对一个企业来说，品牌资产代表了一个品牌的价值，一家企业（或一个组织）之所以会以溢价购买某公司的某一品牌，是因为购买现成的品牌要比自己从无到有地创立发展一个品牌合算且风险低。品牌资产赋予一个品牌获得并保持一定市场占有率的能力，这样便能保证企业销售收入的稳定。

案例启迪

苹果与创新科技

苹果公司践行其首席执行官史蒂夫·乔布斯（Steve Jobs）所定义的"创造伟大的产品，改变人们的生活"的使命，赢得了品牌忠诚。在其最畅销产品 iPod 的营销活动中，苹果请姚明为 U2 产品签名以树立其偶像地位。苹果的一些最具影响力的活动甚至不是由公司发起的。如在曼哈顿一家时尚俱乐部，每周二晚上有两名 DJ 主持的"打开 iPod—DJ 晚会"。苹果耗资 2.93 亿美元建立了 73 家零售店，以打造其富于激情的品牌。公司转向零售店的目的在于，让更多的人看到和接触到苹果产品，亲自体验能给他们带来什么。

苹果在 MP3 播放器市场的竞争者——创新科技，一直想获得与苹果品牌一样的成功。创新科技试图在每一项产品上亦步亦趋地与苹果抗衡。苹果推出具有 4 种颜色的播放器，创新科技就推出 10 种颜色。与"迷你 iPod"相比，创新科技的播放器更小，更便于携带，存储容量更大，电池待机时间更长，还有收音机功能，价格也更低。创新科技还在广告上投入了 1 亿美元。然而，其在战术方面的缺陷大大削弱了广告的效果。当苹果推出有 U2 签名的特别版 iPod 后，创新科技报复性地推出有其创始人沈望傅签名的特别版播放器。遗憾的是，消费者对于有首席执行官签名的 MP3 播放器兴趣不大。创新科技发起一系列促销活动，如 iBet-ter 活动，即 iPod 的拥有者可用旧的 iPod 免费换得创新科技的播放器。虽然煞费苦心，但该品牌并未得到强化，反而获得"iPod 杀手"的绰号，在人们心目中仍然是个"邋遢女人"的形象，无法与苹果的"情感都市丽人"形象相提并论。结果 iPod 的销量是创新科技的 8 倍。在苹果公司向创新科技支付 1 亿美元解决了专业纠纷后，创新科技与苹果结成同盟，为 iPod 生产配件。

3.3 管理品牌资产

有效的品牌管理须从长期角度考虑营销决策。在面对营销环境的外部变化和企业营销目标与计划的内部变化时，企业须制定前瞻性的战略，以保持和增加基于顾客价值的品牌资产。

（1）评估品牌资产

鉴于品牌力存在于顾客心中，企业有必要思考品牌力如何影响顾客对企业营销活动的反应。评估品牌资产的方式主要有两种：一是间接方式，即通过确认和跟踪顾客的品牌知识评估品牌资产的潜在来源；二是直接方式，即评估品牌知识针对顾客的不同营销方式所引起的反应的实际影响。

以上两种常用方式是互补的，可同时使用。换句换说，为使品牌资产发挥其有价值的战略性功能和正确引导营销决策，营销者必须充分了解品牌资产的来源，以及它们如何影响品牌资产的投入和产出；同时跟踪了解各种来源和产出是如何变化的。品牌审计对前者很重要，品牌跟踪则对后者很重要。

品牌审计是以消费者为核心，评估品牌的健康状况，发现品牌资产的构成，提出品牌资产改进和调整建议的一系列实践活动。营销者打算对重要的战略方向做调整时，应进行品牌审计。定期开展品牌审计（如每年一次）有助于营销者随时掌握品牌情况的变化，从而能够前瞻性地、及时地对品牌进行管理。尤其是在管理者制订营销计划时，品牌审计报告将是十分有用的背景资料。

品牌跟踪研究是指定期地采用常规方式收集顾客的数据，以便从多个主要维度为营销者提供关于品牌和营销计划如何连续运行的基本信息。品牌跟踪研究是了解创造品牌价值的地点、数量和方式的手段，有助于企业的日常决策。

观点透视

品牌是企业的持久资产

不少分析人士认为，品牌是企业的持久资产，比企业具体产品或生产设施的生命都要长。桂格（Quaker）燕麦的前任CEO约翰·斯图尔特曾经说过："如果一定要分开这个企业，我愿意放弃土地和厂房，只要保留品牌和商标，我依然会做得比你好。"麦当劳的一位前CEO说："我们拥有的每一项资产、每一座建筑，以及每一套设备都可能会毁于一次可怕的自然灾难，但只要还有品牌，我们就可以再融资，使这一切重新恢复——品牌的价值比一切都贵重。"网上视频服务商Hulu的CEO杰森·凯拉曾经说："品牌是当你不在眼前时，别人怎么说你。"

（2）实现品牌增值

作为企业主要的可持续资产，企业应对品牌认真管理，以避免贬值。全球最具价值的百年以上品牌，其成功的关键在于持续不断地努力改进产品、服务和营销。

持续地向顾客传递品牌意义的营销行为能使品牌资产增值，为此，需要认真分析：品牌代表什么样的产品？品牌提供什么样的核心利益？品牌满足什么样的需求？品牌如何使产品更优秀？在消费者心目中，什么样的品牌联想是强大、吸引人、独一无二的？例如，欧洲最强势的品牌之一妮维雅，精心设计和执行其品牌延伸战略，范围已从单一的润肤霜品牌扩展为皮肤护理、私人护理品牌，进而在更广的领域强化了其"妮维雅能给肌肤最温和的呵护"的品牌承诺。

使品牌资产增值要求营销计划始终和处处保持创新。营销者应引入新产品，开展新营销，以真正满足目标市场的需求；品牌应始终朝正确的方向发展；营销应始终坚持寻找有吸引力的新品，以及将其售出的方式。那些不能做到上述要求的品牌，其市场领导地位将会逐步下降，甚至最终从市场上消失。

在强化品牌时，要考虑的一个重要因素是营销从数量和种类两个方面对品牌回报的持续支持。持续性并不代表一成不变，而是需要做出许多战略性的变革，以保持品牌的战略推进方向。

案例启迪

沃尔沃汽车的品牌强化

为吸引新顾客，沃尔沃汽车公司在20世纪90年代末改变了其一贯的突出安全性的传承，转为宣传驾驶的愉悦性、速度感和高性能。在1999年被福特收购后，沃尔沃放弃了以变革为主题的广告活动，回归到品牌的最初诉求，以挽救下滑的销售额。沃尔沃对其品牌重新定位，以新的"主动安全性"形象代替了原来局限的、拘泥的"被动安全性"形象。在保持品牌原有样式、功能和奢华形象的基础上，新产品最大限度地加强了安全性，这使沃尔沃的销售额在2003年创出历史最高纪录。

在管理品牌资产时，企业应认真考虑如何在增强品牌和品牌内涵的营销活动与那些试图借助现有品牌资产收获财务利益的营销活动之间做出取舍。在一定程度上，如果不能提升品牌资产，品牌知晓度和品牌形象就会在激烈的市场竞争中受到削弱。

(3) 关注品牌复兴

顾客品位和偏好的变化，新竞争者、新技术的出现，或营销环境的任何新发展，都将对品牌的命运造成潜在影响。有市场上，可能一些曾经杰出和令人尊敬的品牌步入了低谷，甚至匿迹；但也常常出现这样的局面：营销者重新赋予某个品牌以生机，使其得以复兴。

扭转衰退品牌的命运，要么使其回归到最初的样子，恢复其已失落的品牌资产来源；要么建立新的品牌资产来源。不论哪种方式，在品牌复兴的过程中，都需要更多的创新性变革。

案例启迪

哈雷·戴维森的品牌复兴

哈雷·戴维森于1903年在威斯康星州密尔沃基市成立，曾两次侥幸脱离破产危险，目前是世界上最有名的摩托车品牌。20世纪80年代，由于陷入了可怕的财务危机，它为摆脱困境不顾一切地用"哈雷·戴维森"为其错误的投资命名，如哈雷·戴维森烟草、哈雷·戴维森红酒冷却器。虽然顾客喜欢这一品牌，但产品质量问题导致销售额下降。哈雷·戴维森于是通过改进生产流程试图恢复原有的辉煌。他还以车主俱乐部的形式成立了强大的品牌社团——哈雷车主会，通过该组织赞助自动车比赛、慈善比赛及其他摩托车赛事。哈雷·戴维森坚持以草根营销方式贴近民众，推动品牌发展，由此取得了了令人羡慕的市场业绩——其产品供不应求。

一般情况下，转变品牌命运的第一步是，了解品牌资产来源于哪里，正面联想是否推动优势或独特性，品牌是否有负面联想。然后，企业就要决定，是保持原来定位不变，还是重新定位。如果重新定位，应如何定位？在某些情况下，原来的定位可能仍然是合适的，而执行的营销计划才是产生问题的根源，因为它未能成功传递品牌承诺。因此，"回到原来"的战略依然有效。

很明显，品牌复兴战略过程是一个连续的统一体，一端是纯粹的"回复到原来"战略，另一端是纯粹的"再创新"战略，而多数复兴是两种战略的结合。

案例启迪

宝洁公司的品牌资产管理

宝洁是最成功的快速消费品营销者之一。公司的经营领域和业绩正以令人震惊的速度发展。它在180多个国家总计拥有13.8万名员工；在其进入的22类产品市场中，多数处于国际领先地位；其品牌资产价值高达230亿美元；每天用于研发的开支高达500多万美元；每年全球总销售额760多亿美元。宝洁公司之所以能够持续保持市场领导者地位，有赖于其独特的经营理念和核心竞争力。

顾客知识。宝洁通过持续的市场调研和情报收集对终端顾客和商业合作者进行研究。它每年花费1亿多元用于1万多项正式的顾客研究课题，通过电子邮件和呼叫中心与顾客进行接触超过300万次。它强调营销人员和研究人员要开展实地调研，在自然环境下与顾客和零售商互动。

持之以恒。宝洁仔细分析每个机会，为其提供最好的产品，然后全力以赴地使该产品获得成功。例如，在努力了近10年后，其品客薯片终获成功。

产品创新。宝洁是积极的产品创新者。它每年用于研发的经费高达18亿美元，占销售额的3.5%，这对快速消费品企业来说是难以想象的。它雇用的科研博士数量比哈佛大学、加利福尼亚大学伯克利分校和麻省理工学院的总和还多，它每年申请专利约3000项。公司创新活动之一是开发新品牌，提供新的顾客利益。

质量战略。宝洁要求其设计的产品质量要高于一般水平，并不断加以完善，正如它所说的要"新的和更好的"。

品牌延伸战略。宝洁的品牌产品具有多种规格和样式。该战略帮助宝洁在超市赢得更多货架，并有效阻止竞争者进入市场和满足尚未满足的市场需求。宝洁还利用其强势的品牌名称引入新产品，以利用现有的品牌认知和节省广告开发。

多品牌战略。宝洁在同一产品大类中推出多个品牌，如欧乐B和佳洁士牙刷。每一品牌满足不同的顾客欲望并与特定的竞争品牌展开竞争。近年来，宝洁开始注意不再推出过多的品牌，减少其丰富的产品、规格、特色和种类数量，试图建立更强势的品牌组合。

传播先锋。在收购吉列之后，宝洁成为美国最大的广告客户，每年广告支出高达50多亿美元。作为充分利用电视广告建立强烈顾客认知和偏好的先驱，宝洁率先利用网络技术，还在传播活动中注入更强烈的情感诉求，以创建更深的顾客联系。

进取的销售队伍。宝洁的销售队伍和经销商保持着紧密的联系，以改进其产品和将产品送达商店。

高效生产和成本节约。宝洁公司卓越的营销声誉与其优秀的制造水平相匹配。宝洁耗巨资用于开发和改进生产运营，以保持其成本为行业最低，使其有效地降低某些商品的价格。

品牌管理系统。宝洁首创了品牌管理系统，即每一品牌均有一位经理对其负责。很多竞争者想模仿该系统，却很难获得和宝洁一样的成功。宝洁还调整了传统的综合管理机构，使每一品牌类别的销售和利润均有一名品类经理负责。尽管该新型组织并不能取代传统的品牌管理系统，但它有助于将企业的战略焦点集中于产品类别中重要的顾客需求与竞争。

不难发现，宝洁的成功不在于做好一件事，而是在各环节都努力追求卓越，多个领域、众多环节的持续发力，造就了公司全球的卓越业绩。

图示小结

认识品牌及其价值

品牌：由名称、术语、标记、符号、设计或它们的组合构成，用于识别某个或某群销售者的产品或服务，使之与竞争对手的产品和服务相区别。

相关概念：品牌名称、品牌标志、商标、商号。

价值：品牌是企业的战略资产，为企业带来竞争优势；为消费者购买提供质量信誉保证；为企业赢得更多忠诚顾客。现代营销通过品牌管理拓展忠诚顾客的终身价值。

品牌化决策

品牌化：赋予产品或服务以品牌的力量。

命名决策：命名要体现产品的好处和质量；易于发音、识别及记忆；独特、鲜明；便于扩展、注册等。可采取的方法：单独命名；统一命名；分类命名；企业名称加单独命名。

品牌归属决策：主要包括制造商品牌、商店品牌、许可品牌、联合品牌。

开发决策：涉及产品线延伸、品牌延伸、多品牌及新品牌四种决策。

建立品牌资产

品牌资产：指品牌赋予产品和服务的附加价值。该价值可基于消费者和企业的不同感知进行评价。

构成：由市场实力所带来的营销与财务上的价值，包括认知度、联想度、忠诚度、知名度等。

资产管理：动态评估品牌资产，持续实现品牌增值，以创新实现品牌的复兴。

复习思考题

1. 什么是品牌？理解品牌需要区分哪些相关概念？
2. 联系你所熟悉的企业，谈谈你对品牌价值的理解。
3. 如何进行品牌的命名决策？
4. 从品牌的归属分析，有哪几种品牌决策？各有何特点？
5. 进行品牌的开发决策涉及的几种策略各有何特点？
6. 品牌延伸的优点和缺点是什么？
7. 如何理解品牌资产的概念？其构成要素主要有哪些？
8. 企业进行品牌资产管理应该从哪些方面着手？

营销体验

1. 小组讨论和交流：品牌延伸对企业的价值

一些专家反对企业进行品牌延伸，因为很多企业因为品牌延伸而失去了核心品牌，使顾客对品牌产生混淆。而另一些专家则认为，品牌延伸对企业是一项关键的发展战略和收入来源。对以下观点进行分析讨论：（1）品牌延伸对品牌造成的危害；（2）品牌延伸是一项重要的品牌发展战略。

2. 小组作业和交流：中国的"标王效应"与品牌成长

从 1995 年开始，每年的 11 月 18 日，中央电视台都要举行黄金时段的招标活动，多年来，产生了很多的标王企业。通过查阅资料，梳理一下历年来的标王企业和标王品牌及其市场业绩的表现，对央视的"标王效应"与品牌成长现象做出分析和评价。

案例讨论

劳力士品牌之路

1905 年，出生于德国的汉斯·威尔斯多夫和妹夫威廉·戴维斯在伦敦成立了 Wilsdorf & Davis 公司。1908 年，威尔斯多夫在瑞士注册了劳力士品牌，并在 1910 年开发生产了小到能佩戴于手腕的钟表。同年，劳力士获得了手表的首份官方计时表证明文件。

1912 年，劳力士总部迁往瑞士日内瓦，并一直保留至今。1914 年，在经过世界上最严格的测试后，一块劳力士手表首度获得 Kew 天文台 A 级证书。12 年之后，威尔斯多夫开发了至今闻名的蚝式防水机械表，并申请了专利。这项机械装置由于第一次真正实现了防水、防尘，从而推动了手表行业的革命。

蚝式手表于 1927 年 10 月 7 投入测试，由梅塞德斯·格莱泽佩戴该表横渡英吉利海峡。在水中整整浸泡了 15 个小时后，该表仍旧分秒不差，运转如常，令所有人感到惊愕。格莱泽也因此成为劳力士第一个"品牌代言人"。

1931 年，劳力士通过在手表上安装恒动式摆陀装置进行革新。摆陀能把手腕摆动的轻微动作转换为手表的动力，因此免除了给手表上发条的麻烦。

劳力士是一家私有公司，在其 100 多年的历史长河中，公司只由三个人控制过，并且一直保持并聚集于其核心业务。整个 20 世纪 80 年代都由安德烈·海宁格任公司总经理，他说："劳力士的战略是致力于营销并维持质量，对于不擅长的领域，我们从不涉足。"

一直以来，劳力士计时器一直保持最高质量、经久耐用，并维持着自创建以来的威望。每一个劳力士产品都具有公司称为"十大金科玉律"的特点：① 防水表盒；② 恒动式摆陀；③ 表壳后盖；④ 蚝式表壳；⑤ 缠绕式皇冠；⑥ 最优良和最完美的材料；⑦ 质量控制；⑧ 劳力士自动上发条；⑨ 由瑞士计时表质量控制办公室独立测试；⑩ 劳力士测试。

劳力士手表包括三个家族品牌系列，每个家族品牌系列又都包含有子品牌。其中：蚝式恒动系列包括"传统"劳力士腕表，并拥有 8 个特色与设计风格各异的子品牌。蚝式恒动系列的目标顾客是富裕的男士和女士。蚝式专业系列是通过具体的特点和形象，以特定的运动员和冒险家为目标顾客。蚝式专业系列包括 7 个子品牌。Cellini 系列设计优雅，主要佩戴于正式场合，该系列包括 7 个子品牌。该系列因为有彩色的皮带及钻石而具有流行与时尚特色。

在价值436亿美元的珠宝钟表行业，劳力士面临着诸多竞争者。然而，只有少许品牌在非常高端的市场参与竞争。不过，劳力士在1946年推出了帝舵作为其防御型品牌，以避开来自中档手表的竞争，如豪雅、西铁城和雷达等。和劳力士一样，帝舵也拥有众多家族品牌，包括王子系列、公主系列、王者系列和运动系列等，每一个家族品牌下又有许多子品牌。帝舵手表主要通过自有品牌的专卖店销售，也通过劳力士的独家代理经销商网络销售。

劳力士是通过聚集于产品的优等质量进行品牌形象的持续传播的，其品牌形象通常与艺术家、运动员和探险家发生关联。通过专卖、高价和有限分销的方式，劳力士品牌形象得到了提升。

劳力士通常是在杂志上做广告，其杂志广告的支出在全球同类品牌中名列前茅。除了维护产品形象外，劳力士的杂志广告还通过其品牌大使、赞助的体育和文化事件以及慈善事业等，保持品牌的地位。

劳力士还通过高价策略进行产品分销。其蚝式恒动系列产品的起步价在2 500美元左右，最高售价则能达到20万美元。在每一种风格的产品中，因使用具体材料不同，价格会有2 000~12 000美元的变动。劳力士不在网上销售手表，而是通过"官方劳力士经销商"出售，在全球约有6万家这样的经销商。

劳力士成功地将它悠久的历史、优良的传统及创新进行杠杆化，并使之成为全球最负盛名和最受赞誉的手表厂商。消费者对于劳力士典型的品牌联想有"做工精良""享有盛誉""唯我独尊""功能强大""端庄雅致""权势地位""奢侈豪华""质量优异"等。

劳力士品牌是全球最受赞誉的奢侈品品牌之一，毫无疑问，其品牌名称是该公司品牌资产最重要的来源，它的皇冠标识也是品牌资产的关键来源。劳力士为用户提供的功能利益对品牌资产贡献深远，这些功能性利益包括质量、工艺，以及受"十大金科玉律"统率的创新等。劳力士品牌资产的另一个来源是它的品牌形象，作为独一无二地位的象征符号，劳力士为用户带来了情感性利益和自我表达的利益，并通过高价出售及分销限制强化了其品牌形象。劳力士品牌资产的另外三个关键来源是：品牌代言人、体育和文化以及慈善事业。

代言人是劳力士用以称呼其名人支持者的术语。这些品牌代言人主要分为四类：艺术家、运动员、探险家和帆船手。劳力士的品牌代言人测量过珠穆朗玛峰的高度，打破过声速纪录，抵达到海洋深处并在月球上行走过。

劳力士赞助了种类繁多的经典体育文化事件，以非常具体的消费者群体为目标顾客。这些事件包括温布尔登网球公开赛、劳力士杯跨越大西洋挑战赛、美国职业高尔夫球大赛、美国高尔夫球公开赛、莱德杯高尔夫球赛、劳力士Daytona 24小时耐力赛及美国劳力士杯运动车系列大赛。

劳力士已经筹建了两个慈善项目：一个是"劳力士雄才伟略大奖"，每隔两年，劳力士会奖励在世界自然遗产保护中做出创新性贡献的精英人士。二是"劳力士推荐资助计划"，这一项目旨在在世界范围内发掘有天赋的年轻艺术家，让他们与艺术大师进行为期一年的合作，并在此期间接受一对一的悉心指导。

讨论题：
（1）分析劳力士品牌的内涵。
（2）分析劳力士家族品牌策略的利和弊。
（3）劳力士作为全球奢侈品品牌的代表，其品牌资产有何特点？
（4）通过调研，了解一下劳力士品牌在中国市场的销售情况，对其在中国市场营销策略的特点进行分析，并对其今后的市场拓展提出建议。

第七章
产品决策

学习目标

◎ 理解产品整体概念，了解产品的分类；
◎ 理解产品组合相关概念及产品组合决策内容；
◎ 掌握产品生命周期各阶段的特点及其营销策略；
◎ 熟悉新产品开发的过程及其要求。

关键术语

◎ 产品整体概念（Total Product Concept）
◎ 耐用品（Durable Goods）
◎ 工业品（Industrial Products）
◎ 消费品（Consumer Goods）
◎ 产品组合（Product Mix）
◎ 产品线（Product Line）
◎ 产品项目（Product Project）
◎ 波士顿矩阵（Boston Matrix）
◎ 品牌（Brand）
◎ 包装（Packaging）
◎ 标签（Label）
◎ 服务（Service）
◎ 产品生命周期（Product Life Cycle）
◎ 新产品开发（New Product Development）
◎ 新产品扩散（New Product Diffusion）

知识结构

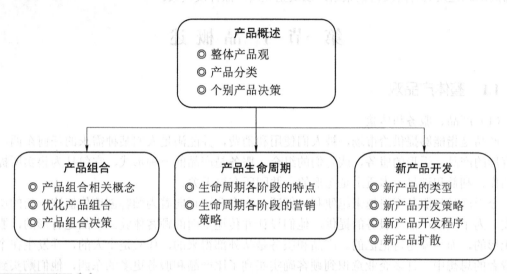

先思后学

苹果公司新产品开发失败案例

《福布斯》杂志近日撰文称，作为一家知名 IT 公司，苹果如今已走过三十多年的发展历程。同许多公司一样，苹果在创新过程中也走过许多弯路，但却帮助其积累了不少宝贵经验。

Lisa 电脑。苹果 Lisa 电脑以乔布斯女儿的名字命名，是全球首款将图形用户界面（GUI）和鼠标结合起来的个人电脑。然而在 Lisa 电脑于 1983 年面市时，苹果没有充分考虑到消费者对电脑消费的承受能力，当时售价为令人难以置信的 1 万美元。高昂的售价令不少用户退避三舍，导致其销量不佳。据有关苹果成长历程的传记 *Apple Confidential 2.0* 记述，1989 年，苹果将数千台没有售出的 Lisa 电脑扔进了犹他州的垃圾堆。

Taligent 操作系统。Taligent 是一套操作系统，名称由 "Talent"（天才）和 "Intelligence"（智力）组合而成。按照苹果的构想，这将是性能卓越、面向未来的新一代 PC 操作平台，并于 20 世纪 80 年代末开始实施这一计划，但 Taligent 的结局却是无疾而终，在 1995 年悄悄消失。

Newton 掌上电脑。从今天的视角来看，Newton 好像既是一款超前设备，又是价格高昂、体积硕大的 PDA。但在 1993 年的时候，Newton 与上述两个方面都不搭边：消费者根本不清楚怎样使用。Newton 售价在 700～1 200 美元，机长 8 英寸，宽 4.5 英寸，刚刚有巴掌大小。然而由于屏幕分辨率不佳，字迹辨认能力极差，一度成为人们的讽刺对象。在更薄、更便宜、更易使用的 Palm Pilot 于 1996 年问世后，Newton 更没了出头之日，最终消失在人们的视野之中。

从以上的案例中，我们可以看出，导致苹果公司失败的主要原因是决策失误和盲目创新。企业的发展需要创新，只有创新才能生存长久。但创新的同时也要考虑到与市场的结合，更需要考虑消费者的真正需求是什么。

本章阐述产品决策涉及的基本原理,包括整体产品概念及实践意义、产品组合决策、产品生命周期原理及其各阶段营销策略,以及企业新产品开发决策。

第一节 产品概述

1.1 整体产品观

(1)产品、服务和体验

产品是指能够提供给市场,被人们使用和消费,并能满足人们某种需求的任何东西,包括有形的产品、无形的服务,或它们的组合。服务是产品的一种形式,它包括为售卖所提供的动作、利益和满足,本质上是无形的,并同所有权无关。

今天产品与服务变得越来越便利、舒适,许多公司正向着为顾客创造价值这一新的层次进发。为了区别产品与服务的提供,他们设计并传递全面的顾客体验。产品是有形的,服务是无形的,而体验是可记忆的。产品和服务是从外部得来的,体验是个人的,并发生在个人消费者的思想中。许多企业意识到顾客确实买到了比产品和服务更多的东西,他们购买到产品与服务给他们带来的好处,同时得到购买和消费这些产品与服务时所获得的体验。

体验是全新的产品理念,它区别于传统的产品与服务的概念,转而实行客户参与产品的体验,以便企业能通过直接与客户接触而改善和提升产品质量。融合进客户体验内容后,企业会更多地从客户的角度出发,而不是从企业目前所能够提供的产品和服务的角度出发。企业在真正理解客户更高层次需求的基础上,围绕产品或服务将带给顾客什么样的感觉、什么样的情感联系,以及产品或服务将如何帮助客户进行多种体验,它是对客户各种体验的全面考虑。

(2)产品层次

在现代营销学中,产品概念具有宽广的外延和丰富的内涵。产品在市场上包括实体商品、服务、体验、事件、人、地点、财产、组织、信息和创意等。

产品整体概念是指人们向市场提供的能够满足消费者或用户某种需求的任何有形物品和无形服务的总和。

产品的整体概念通常用产品层次来描述,产品层次包括五个:核心产品、形式产品、期望产品、延伸产品、潜在产品。产品的每个层次都增加了更多的顾客价值,它们构成顾客价值层级,如图7-1所示。

五层次结构理论能完整地解释消费者购买和消费产品的全部心理过程,即如何从"核心产品"向"潜在产品"逐层扩展。具体而言,消费者购买产品首先必须有能够满足其自身需要的使用价值,即产品的核心利益。其次才是寻求具备这些使用价值的实物形态,这就是所谓的形式产品。再次,在寻找和选购过程中,逐步形成了对该产品属性和功能的认知和心理要求,这就是所谓的期望产品。这也可以理解为对"核心利益"和"一般产品"的感知和要求,如产品属性要求、价格要求、使用性要求和保质期要求等。通常如果消费者感知到实际产品高于期望产品就产生满意,反之则产生抱怨;但是在现代产品设计日趋完善的趋势下,消费者在寻求和购买产品的过程中,还会发现产品带有超出自身期望的附加利益,这就是所谓的延伸产品。如在商店和经销商那里购买产品,发现可能还会有价格折扣、礼品包装和礼遇服务等。最后，在购买并消费已选定产品时，还会发现具有买卖双方未曾发现的效用价值和使用价值，这就是所谓的潜在产品。

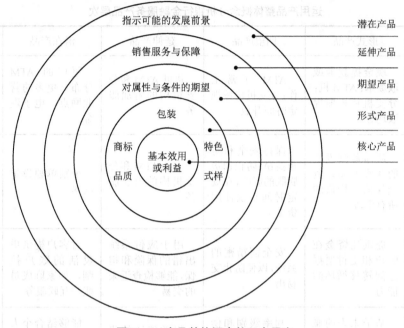

图 7-1 产品整体概念的五个层次

知识拓展

产 品 层 级

产品层级从基于需要一直延伸至满足这些需要的特定项目。我们可以把产品层级定义为 6 个层次，这里以人寿保险为例：

需要家族：产品家族背后的核心需要，例如安全。

产品家族：能够合理有效地满足核心需要的所有产品种类，例如储蓄和收入。

产品种类：产品家族中的一组产品，被认为有某种功能上的相似之处，也被称为产品类别，例如金融工具。

产品线：同一产品种类中一组紧密相关的产品，它们有着相似的功能，卖给相同的顾客群体，通过相同的销售网点或渠道，或处于给定的价格范围内。一条产品线可能由不同的品牌组成，或只有单一家族品牌，或以个别品牌进行产品线延伸，例如人寿保险。

产品类型：一条产品线下的一组产品，它们具有多种可能的产品形式，例如定期人寿保险。

品目又叫库存单位（Stock Keeping Unit）或产品花色（Product Variant）：指同一品牌线或产品线中的不同单位，以大小、价格、外观或其他属性区分，例如英国保诚保险可更新的定期人寿保险。

营销实践

运用产品整体概念分析银行金融服务产品层次

核心产品	形式产品	期望产品	延伸产品	潜在产品	实例
现金提取	现金提款卡或取款单；ATM机；分支机构柜面提取现金	ATM正常工作；分支机构按规定时间开放	借助ATM和分支机构的附加服务	更广的ATM分布；更多的营业网点；电子现金	借记卡、存折
资产安全	从储蓄到投资的各类产品，资金保值、增值的所有手段	保持安全和防止盗窃，防止通货膨胀的影响，在规定时间有权使用资金	借助ATM和分支机构的附加服务	个别单独设定利率	各类存款、各类理财产品、保管箱
资金划转	提供让资金在账户和支付票据之间转移循环的能力	安全而精密的系统，以便防止交易出错	用于应付系统出错的保险和担保，能够检查近来的交易	对客户提供更灵活的账户控制，如家庭成员账户互联服务	各类支付和结算服务
延期付款	基于未来的赚钱能力，为当前提供资金	利率级别和偿还款项事先达成一致，违约罚金	提前偿还的优惠率或罚金	能够结合个人情况，给予灵活偿还款项的服务	贷款、信用卡
财务咨询	为满足当前和将来需要，获得关于产品和服务的咨询	服务来源值得信任、可靠，咨询服务公正、客观	财务健康状况检查及追踪服务；每周市场评论和向客户邮寄杂志/产品咨询	能够预见客户的需要及其变化，提前为客户提供服务	客户经理、代理人、经纪人

1.2 产品分类

营销学根据产品的特征，将产品分为各种不同类型，通常根据耐用性、有形性和使用目的等来区分。每一产品类型应该有与之相适应的营销组合策略。

（1）非耐用品、耐用品和服务

根据其耐用性不同，我们可把产品分为三大类：非耐用品、耐用品及服务，其特点如图7-2所示。

（2）消费品分类

消费品是指那些由最终消费者购买并用于个人消费的产品。我们将消费品分为四类：便利品、选购品、特殊品和非渴求品，其特点如表7-1所示。

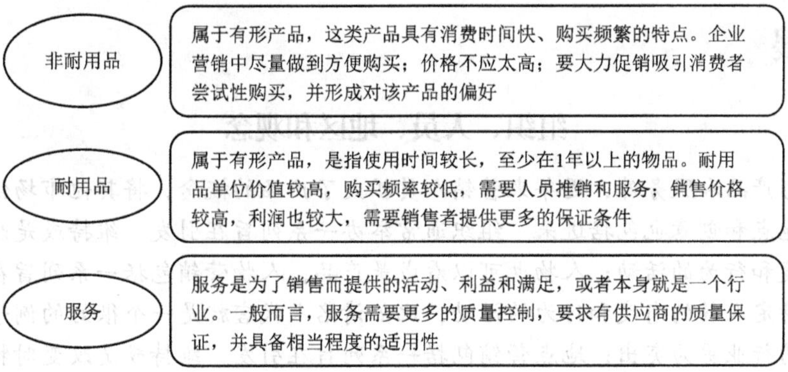

第七章 产品决策

非耐用品：属于有形产品,这类产品具有消费时间快、购买频繁的特点。企业营销中尽量做到方便购买;价格不应太高;要大力促销吸引消费者尝试性购买,并形成对该产品的偏好

耐用品：属于有形产品,是指使用时间较长,至少在1年以上的物品。耐用品单位价值较高,购买频率较低,需要人员推销和服务;销售价格较高,利润也较大,需要销售者提供更多的保证条件

服务：服务是为了销售而提供的活动、利益和满足,或者本身就是一个行业。一般而言,服务需要更多的质量控制,要求有供应商的质量保证,并具备相当程度的适用性

图7-2 根据耐用性的产品分类

表7-1 消费品的分类

类别	特 点
便利品	便利品是指顾客时常购买或立即决定购买,追求购买的便利性,在购买时几乎不作商品比较和购买努力的商品,如肥皂、报纸等生活用品
选购品	选购品是指消费者购买前,要通过搜寻、比较才决定购买的产品,如家具、家用电器等。选购品有同质品和异质品之分。同质品是顾客认为在质量方面相似,但在价格上存在明显不同的商品,因此才有必要选择购物。异质品的特色和服务上的区别比价格更重要。它们的销售者必须具备大量的品种花色,以满足不同的偏好;它们还必须拥有受过良好训练的推销人员,为顾客提供信息和咨询
特殊品	特殊品是指具有独有特征和品牌标记的产品。对这些产品的购买,许多购买者需要花费大量精力,如特殊品牌和特殊样式、花色的商品、小汽车、高档服装等
非渴求品	非渴求品指消费者从未听说过或即使听说过,一般情况下也不想购买的产品。传统的非渴求品:墓地、墓碑和百科全书。非渴求品的特点决定了这种商品需要花费大量精力从事推销

(3) 工业品

工业品是指那些进一步用于企业生产而购买的产品。一般情况下,可以把工业品分为三类:材料和零部件、资本项目、物资和服务,具体特点如图7-3所示。

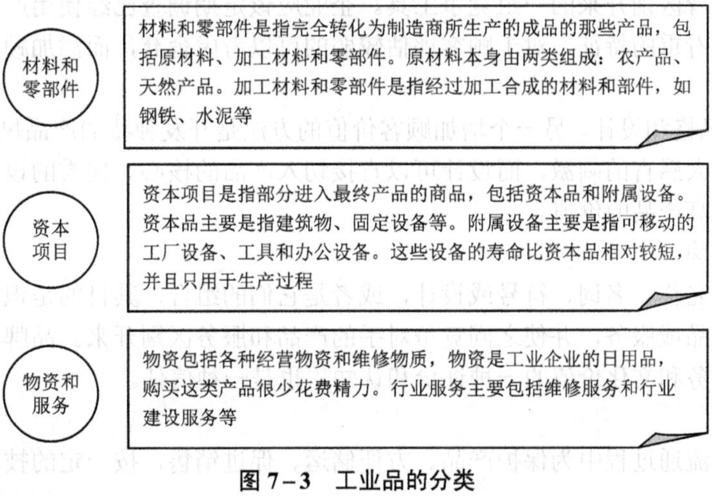

材料和零部件：材料和零部件是指完全转化为制造商所生产的成品的那些产品,包括原材料、加工材料和零部件。原材料本身由两类组成:农产品、天然产品。加工材料和零部件是指经过加工合成的材料和部件,如钢铁、水泥等

资本项目：资本项目是指部分进入最终产品的商品,包括资本品和附属设备。资本品主要是指建筑物、固定设备等。附属设备主要是指可移动的工厂设备、工具和办公设备。这些设备的寿命比资本品相对较短,并且只用于生产过程

物资和服务：物资包括各种经营物资和维修物质,物资是工业企业的日用品,购买这类产品很少花费精力。行业服务主要包括维修服务和行业建设服务等

图7-3 工业品的分类

知识拓展

组织、人员、地区和观念

除了有形产品和服务外，近年来营销人员扩大了产品的概念，将其他市场供应品，如组织、人物、地点和创意也包括进来。组织通常举办一系列旨在引发、维持或是改变目标顾客对组织的态度和行为的活动；人物也可以看成是产品，人物营销包括一系列旨在引发、维持或是改变对特定人物的态度和行为的活动，比如请名人代言就是一个很好的例子，在服务占有很大比重的行业更为突出；地点营销包括一系列旨在引发、维持或是改变对特定地点的态度或行为的活动，城市营销就是很好的例子；创意也可以营销，但更多的注意力集中在社会观念的营销上，这个领域被美国群体营销协会定义为"群体营销"，是指将商业营销理念和工具用于旨在影响个人行为，从而提高个人和社会福利的活动。

1.3 个别产品决策

个别产品和服务的开发和营销过程中的几项重要决策如图 7-4 所示，主要包括产品属性、建立品牌、包装、标签和产品支持服务。

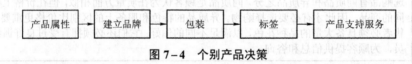

图 7-4 个别产品决策

（1）产品属性

开发一个产品或服务涉及定义它将要提供的利益。这些利益由诸如质量、特色、风格和设计等传达出来。

① 产品质量。产品质量有两个维度——质量级别和质量一致性。在发展一种产品时，消费者必须首先选择在目标市场上支持产品定位的一个质量级别。除了质量级别，高质量同样意味着高水平的质量一致性，意思是不同时期生产的产品质量与预期的要求和设计相吻合。

② 产品特色。企业应识别新的特性并决定将哪种特性添加到产品中，因为这是将企业产品或服务与竞争者区别开来的一组竞争工具。企业应该定期调查已经使用产品的购买者，询问哪些是消费者看重的特征，对于顾客评估较弱的可以考虑舍弃，而添加顾客价值比较高的东西。

③ 产品的风格和设计。另一个增加顾客价值的方法是开发独特的产品风格和设计，风格可能更多的是给人感官的刺激，而设计可以直接切入产品的核心。优秀的设计不仅使产品外观好看，还能提高产品的价值。

（2）建立品牌

品牌是一个名称、名词、符号或设计，或者是它们的组合，其目的是识别某个销售者或某群销售者的产品或服务，并使之同竞争对手的产品和服务区别开来。品牌是人们对一个企业及其产品、服务和文化价值的一种评价和认知，也是一种信任。

（3）包装

包装是指在流通过程中为保护产品、方便储运、促进销售，按一定的技术方法所用的容器、材料和辅助物等的总体名称;也指为达到上述目的在采用容器、材料和辅助物的过程中施加一定技术方法等的操作活动。包装包括三个层次的材料。如冷泉(Cool Water)古龙香水先是被装在一个瓶子里(主要包装),然后被装在一个纸盒里(次要包装),最后被装在一个瓦楞纸箱里(运送包装),每箱装6打的纸盒装香水。

近年来,很多因素使得包装成为一种重要的促销工具。包装需要和企业的定位相适应,创新的包装可以为企业提供高于对手的优势。包装日益重要的原因如表7-2所示。

表7-2 包装日益重要的原因

自助服务	越来越多的产品是在自助服务的基础上出售的。在一家有15 000种商品的普通超市里,一般的购物者每分钟经过300种商品。假设所有购买决策的50%~70%是在商店里做出的,那么有效的包装必须履行许多销售任务:吸引注意力、描述产品特色、创造消费者信心、制造令人喜欢的总体印象
收入增加	消费者富裕程度的提高意味着他们愿意为良好包装的便利性、外观、可靠性和声望支付更多
企业和品牌形象	包装影响到企业或品牌的即刻认知。在商店里,一个品牌的包装能够创造出一个广告牌的视觉效果
创新机会	创新的包装能给消费者带来很大的作用,给生产者带来利润

案例启迪

价值600万美元的玻璃瓶

说起可口可乐的玻璃瓶包装,至今仍为人们所称道。1898年鲁特玻璃公司一位年轻的工人亚历山大·山姆森在同女友约会中,发现女友穿着一套筒型连衣裙,显得臀部突出,腰部和腿部纤细,非常好看。约会结束后,他突发灵感,根据女友穿着这套裙子的形象设计出一个玻璃瓶。

经过反复的修改,亚历山大·山姆森不仅将瓶子设计得非常美观,很像一位亭亭玉立的少女,他还把瓶子的容量设计成刚好一杯水大小。瓶子试制出来之后,获得大众交口称赞。有经营意识的亚历山大·山姆森立即到专利局申请专利。

当时可口可乐的决策者坎德勒在市场上看到了亚历山大·山姆森设计的玻璃瓶后,认为非常适合作为可口可乐的包装。于是他主动向亚历山大·山姆森提出购买这个瓶子的专利。经过一番讨价还价,最后可口可乐公司以600万美元的天价买下此专利。要知道在100多年前,600万美元可是天文数字。然而实践证明可口可乐公司这一决策是非常成功的。

亚历山大·山姆森设计的瓶子不仅美观,而且使用非常安全,易握不易滑落。更令人叫绝的是,其瓶型的中下部是扭纹型的,如同少女所穿的条纹裙子;而瓶子的中段则圆满丰硕,如同少女的臀部。此外,由于瓶子的结构是中大下小,当它盛装可口可乐时,给人的感觉是分量很多的。采用亚历山大·山姆森设计的玻璃瓶作为可口可乐的包装以后,可口可乐的销量飞速增长,在两年的时间内,销量翻了一倍。从此采用亚历山大·山姆森玻璃瓶作为包装的可口可乐开始畅销美国,并迅速风靡世界。600万美元的投入,为可口可乐公司带来了数以亿计的回报。

（4）标签

标签是指附着或系挂在产品销售包装上的文字、图形、雕刻及印制的说明。标签可以是附着在产品上的简易签条，也可以是精心设计的作为包装的一部分的图案。标签可能仅标有品名，也可能载有许多信息，能用来识别、检验内装产品，同时也可以起到促销作用。通常标签内容包括：制造者或销售者的名称和地址、产品名称、商标、成分、品质特点、包装内产品数量、使用方法及用量、编号、贮藏应注意的事项、质检号、生产日期和有效期等内容。值得提及的是，印有彩色图案或实物照片的标签有明显的促销功效。

对标签和包装的法律问题的关注已有很长的历史，早在1914年，美国《联邦贸易委员会法案》认为虚假、误导或者欺骗性的标签或包装构成不正当竞争。美国国会在1967年通过的《公平包装和标签法案》，规定了强制性的标签要求，鼓励自律的行业包装标准，也允许联邦机构制定特殊行业的包装规定。

美国食品和药品管理局（FDA）要求加工食品生产者标示营养标签，清楚地标明产品中蛋白质、脂肪、碳水化合物、卡路里的含量，以及维生素和矿物质的含量，以及占每日推荐摄入量的百分比。FDA还采取行动，抵制使用有可能误导消费者的描述语，像"少量的""高纤维""低脂肪"等。

营销新视野

当代包装与标签面临的挑战

包装与标签的设计师面临着四个挑战。

① 与消费者保持联系的持续性。为了保持与消费者的联系，包装与标签必须持续更新。问题就在于要创造雅致、悦目和功能性的设计特征来吸引消费者的注意，并在使用过程中传递消费者价值，如果做得恰当的话，回报将是巨大的。

② 环境保护。随着全球范围内对不断增加的固体垃圾和对缺乏可实施垃圾掩埋地点的广泛关注，包装材料的数量、成分和处理问题也日益受到人们的重视。其中，可循环包装是主要的推动力。

③ 健康、安全和可靠性问题。消费者对包装材料的健康、安全和可靠性的关注日益增长，如今，绝大多数美国和欧洲的消费者认为，公司应该不惜一切代价确保其产品的包装是安全可靠的，公司也正在通过各种途径积极回应这种观点。

④ 成本缩减。世界上大约80%的包装材料都是由纸、塑料和玻璃构成的。由于这些材料成本上升，公司不得不在向顾客传递价值的同时不断寻找缩减包装成本的创新方法。

（5）产品支持服务

客户服务是产品战略的另一个组成元素。企业应当定期通过调查顾客来评估目前服务的价值，并获得关于提供新服务的观点。在实际应用中，产品支持和服务可以结合担保来完成。担保是制造商做出的关于产品预期性能的正式陈述。有担保的产品能够退还给制造商，或送到维修中心进行修理、更换或退款。无论是明示还是暗示，担保都具有法律效力。

案例启迪

担保的价值

有时候,一项担保可以成为难以置信的、聪明的营销战略。团队鞋(Shoes For Crews)公司制造的工作鞋绝对保证不滑。没有人对这种结实的鞋子想太多,直到公司发布了一项让绝大多数人都觉得疯狂的担保——为一件50~70美元的产品提供5000美元的担保,但是,这是公司有史以来做得最聪明的一次。从首席执行官马修·史密斯(Matthew Smith)实行这个担保10年后,美国前十大餐饮连锁店中的9家已为他们的员工购买团队鞋,或者敦促员工去购买。这项担保是这样设定的:假如一名餐馆或商店的员工穿着团队鞋的产品在上班时滑倒的话,雇主可以轻松地拿回5000美元赠票索赔权,即雇主从团队鞋公司那里拿回5000美元。这种担保被称为"风险反向营销"。这个主意的背后是思考了当顾客和你做生意时,他最担心的是什么,然后把部分的风险让自己来承担。幸运的是,对于马修·史密斯来说,团队鞋大体上没有辜负它的保证。不管如何,史密斯以此为荣,从为一次救护车出行支付数百美元,到需要为重大的外科手术支付全部的5000美元,来自顾客惊奇和感谢的反响声让史密斯觉得这种花费是值得的。

第二节 产品组合

2.1 产品组合相关概念

产品组合是指一个企业生产或经营的全部产品线、产品项目的组合方式。它包括四个变数:产品组合的宽度、产品组合的长度、产品组合的深度和产品组合的关联度。

产品线是指能够满足同类需要,在功能、使用和销售等方面具有类似性的一组产品。产品线内一般有许多不同的产品项目。产品项目是指产品大类或产品线中各种不同的品种、规格、质量的特定产品,在企业名录中列出的每一种产品就是一个产品项目。根据不同的功能标准,如功能相似性、分销渠道相似性可以将密切联系的产品项目归为一个产品线。

产品组合的宽度是指产品组合中所拥有的产品线的数目。

产品组合的长度是指产品组合中所有产品线的产品项目总数。每一条产品线内的产品项目数量,称为该产品线的长度。如果具有多条产品线,可将所有产品线的长度加起来,得到产品组合的总长度,除以产品组合的宽度,则得到平均产品线的长度。

产品组合的深度是指产品线中每种产品有多少花色、品种、规格。

表7-3所显示的产品组合的宽度为4,产品组合总长度为18,每条产品线的平均长度为18÷4=4.5。产品组合的深度需要根据每个产品项目所包含的规格、型号来具体计算。

产品组合的关联度是指各条产品线在最终用途、生产条件、分销渠道或其他方面相互关联的程度。实行多角化经营的企业,其产品组合的关联度小。

表 7-3 产品组合的长度和宽度

	服装	皮鞋	帽子	针织品
产品线的长度	男西装	男凉鞋	制服帽	卫生衣
	女西装	女凉鞋	鸭舌帽	卫生裤
	男中山服	男皮鞋	礼帽	汗衫背心
	女中山服	女皮鞋	女帽	
	风雨衣		童帽	
	儿童服装			

2.2 优化产品组合

产品组合状况直接关系到企业销售额和利润水平，企业必须对现行产品组合做出系统的分析和评价，并决定是否加强或剔除某些产品线或产品项目。优化产品组合的过程，通常就是分析、评价和调整现行产品组合的过程。

（1）销售额和利润分析

销售额和利润分析是指分析、评价现行产品线上不同产品项目所提供的销售额和利润水平。在一条产品线上，如果销售额和盈利高度集中在少数产品项目上，则意味着产品线比较脆弱。企业必须细心地加以保护，并努力发展具有良好前景的产品项目，如无发展前景，可以剔除。举例如表 7-4 所示。

表 7-4 销售额和利润比重表

类型	A 品种	B 品种	C 品种	D 品种	E 品种
销售额比重/%	52	20	16	6	6
利润比重/%	47	22	18	10	3

根据表 7-4 所示，A 品种销售额占总销售额的 52%，利润额占总利润额的 47%。B 品种销售额占总销售额的 20%，利润额占总利润额的 22%。这两个品种项目的销售额和利润共占总销售额的 72% 和总利润额的 69%。所以这两个品种项目是企业的工作中心。如果这两个品种遇到激烈的竞争，造成销售收入减少、利润下降，将会给企业带来严重的困难，甚至使企业陷入困境。企业必须采取切实措施巩固 A、B 品种的市场地位，同时加强 C、D 品种的营销管理，以增加销售收入，提高利润，扩大市场占有率。对于 E 品种，如果没有市场前景可考虑放弃。这样通过销售额和利润额的分析，可以使企业对每个产品的策略有明确的选择。

（2）产品地图

产品地图主要适用于将产品项目与竞争者的同类产品作对比分析，全面衡量各产品项目的市场地位。以一家造纸企业生产纸板的一条产品线为例，纸张重量和成品质量是纸板的两个主要属性。纸张重量有 90、120、150 和 180 重量单位，共四种标准重量级别。成品质量则分为高、中、低三个标准档次。图 7-5 是 X 企业和 A、B、C、D 四个竞争对手的不同产品项目定位图。竞争者 A 出售两个产品项目，这两个产品项目均为超重量级，成品处于中低档范围之内。竞争对手 B 出售四种产品项目,这四种产品项目的重量和成品质量均有所不同。竞争对手 C 出售的产品项目中,重量和成品质量成正比,重量越大的,成品质量也越高。竞争对手 D 共出售三种产品项目,都是轻重量级的,但成品质量却不相同。最后,X 企业共出售三种品种项目,其重量分属不同等级,成品质量在低、中档之间变动。这表明了哪个竞争对手的产品项目与 X 企业的产品项目之间存在竞争关系。这种方法对可能出现的新产品项目定位有很大帮助。产品地图清晰地呈现了竞争对手的产品与企业的产品的竞争。产品地图的另一个好处是可以识别细分市场。

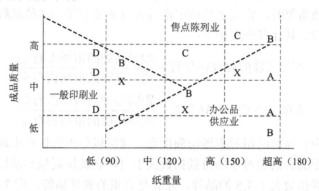

图 7-5 纸板产品线的产品地图

(3) 波士顿矩阵法

从产品的市场占有率和销售增长率的对比关系可以描绘企业各种产品的特点和前景。一般来说,企业都会有一个或几个产品或服务,统称为业务,如何对这些业务进行投资决策是企业管理者在战略制定时要重点考虑的问题。波士顿矩阵又叫市场增长率——市场占有率矩阵,它是美国波士顿咨询公司(BCG)提出的一种产品结构分析的方法。这种方法是把企业生产经营的全部产品或服务组合作为一个整体进行分析,常常用来分析企业相关经营业务之间现金流量的平衡问题。通过这种方法,企业可以找到资源的产生单位和这些资源的最佳使用单位,如图 7-6 所示。

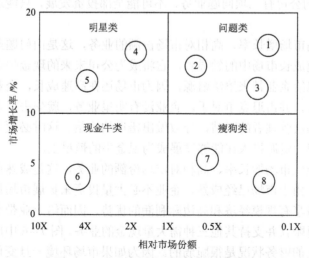

图 7-6 波士顿矩阵分析企业产品组合

① 相对市场份额指数。图7-6中，纵坐标的市场增长率表示该业务的销售量或销售额的年增长率，用数字0~20%表示，并认为市场增长率超过10%就是高速增长。横坐标的相对市场份额表示该业务相对于最大竞争对手的市场份额，用于衡量企业在相关市场上的实力。其用数字0.1（该企业销售量是最大竞争对手销售量的10%）~10（该企业销售量是最大竞争对手销售量的10倍）表示，并以相对市场份额1为分界线。需要注意的是，这些数字范围应当在运用中根据实际情况的不同进行修改。实际应用中用相对市场份额指数（Relative Share of Market Index，RSOM）来描述，也可以用来分析产品层次或细分层次竞争结构中各个品牌的市场地位。在定义该指数时，将竞争结构中市场占有率处于第一名的品牌称为领导品牌，其他品牌称为跟随品牌。其计算公式如下：

$$领导品牌的RSOM指数 = \frac{领导品牌的市场占有率}{第二品牌的市场占有率}$$

$$跟随品牌的RSOM指数 = \frac{跟随品牌的市场占有率}{领导品牌的市场占有率}$$

计算竞争结构中各品牌的相对市场份额指数，就可以分析它们在市场中的相对地位。从数字上来说，哪一个品牌的相对市场份额指数大于1，它就接近领导品牌，但波士顿公司提出只有相对市场份额指数大于1.5的品牌，才算是真正的领导品牌。图7-6中的八个圆圈代表公司的八个业务单位，它们的位置表示这个业务的市场成长和相对市场份额的高低，面积的大小表示各业务的销售额大小。

② 四种业务类型。波士顿矩阵法将一个公司的业务分成四种类型：问题、明星、现金牛和瘦狗。

问题业务是指高市场增长率、低相对市场份额的业务。这可能是一个公司的新业务。为发展问题业务，公司必须投资建厂，增加设备和人员，以便跟上迅速发展的市场并超过竞争对手，这些都意味着大量的资金投入。"问题"一词非常贴切地描述了公司对待这类业务的态度，因为这时公司必须慎重回答"是否继续投资，发展该业务"这个问题。只有那些符合企业发展长远目标、企业具有资源优势、能够增强企业核心竞争能力的业务才能得到肯定的回答。图7-6中所示的公司有三项问题业务，不可能全部投资发展，只能选择其中的一项或两项，集中投资发展。

明星业务是指高市场增长率、高相对市场份额的业务，这是由问题业务继续投资发展起来的，可以视为高速成长市场中的领导者，它将成为公司未来的现金牛业务。但这并不意味着明星业务一定可以给企业带来滚滚财源，因为市场还在高速成长，企业必须继续投资，以保持与市场同步增长，并击退竞争对手。企业没有明星业务，就失去了希望，但群星闪烁也可能会耀花了企业高层管理者的眼睛，导致做出错误的决策。这时必须具备识别行星和恒星的能力，将企业有限的资源投入在能够发展成为现金牛的恒星上。

现金牛业务是指低市场增长率、高相对市场份额的业务，这是成熟市场中的领导者，也是企业现金的来源。由于市场已经成熟，企业不必大量投资来扩展市场规模，同时作为市场中的领导者，该业务享有规模经济和高边际利润的优势，因而给企业带来大量财源。企业往往用现金牛业务支付账款并支持其他三种需大量现金的业务。图7-6中所示的公司只有一个现金牛业务，说明它的财务状况是很脆弱的。因为如果市场环境一旦变化导致这项业务的市场份额下降,公司就不得不从其他业务单位中抽回现金来维持现金牛的领导地位,否则这个强壮的现金牛可能就会变弱,甚至成为瘦狗。

瘦狗业务是指低市场增长率、低相对市场份额的业务。一般情况下,这类业务常常是微利甚至是亏损的。瘦狗业务存在的原因更多的是感情上的因素,虽然一直微利经营,就像人对养了多年的狗一样恋恋不舍而不忍放弃。其实,瘦狗业务通常要占用很多资源,如资金、管理部门的时间等,多数时候是得不偿失的。图7-6中的公司有两项瘦狗业务,可能是沉重的负担。

③ 波士顿矩阵的应用与局限。在实践中,企业要确定各业务的市场增长率和相对市场份额是困难的。波士顿矩阵按照市场增长率和相对市场份额,把企业的市场业务分为四种类型,相对来说,有些过于简单。实际上市场中还存在着很难确切归入某象限中的业务。波士顿矩阵中市场地位和获利之间的关系会因为行业和细分市场的不同而发生变化。在有些行业里,企业的市场份额大,会在单位成本上形成优势;而有些行业则不然,过于庞大的市场份额可能会导致企业成本的增加。实际上市场占有率小的企业,如果采用创新和产品差异化的策略,仍然能获得很高的利润。企业要对自己一系列的经营业务进行战略评价,仅仅依靠市场增长率和相对市场份额是不够的,还需要行业的技术等其他指标。

基于波士顿矩阵分析,通常面临的四种决策为:发展、维持、收获及放弃,如图7-7所示。

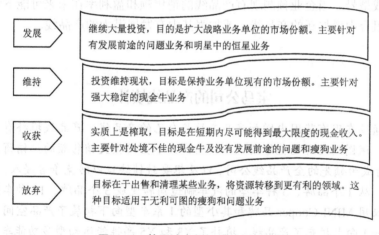

图7-7 基于波士顿矩阵分析的决策

知识拓展

波士顿咨询公司

波士顿咨询公司(BCG)是一家著名的美国企业管理咨询公司,在战略管理咨询领域被公认为先驱。公司的最大特色和优势在于已经拥有并还在不断创立的高级管理咨询工具和理论,管理学界极为著名的"波士顿矩阵"就是由该公司在20世纪60年代创立的。BCG的四大业务职能是企业策略、信息技术、企业组织、营运效益。作为一家极具创新精神的咨询公司,从该公司走出了不少的咨询界的奇才,国际著名咨询公司的创始人大都是来自波士顿咨询公司。

波士顿咨询公司是一家全球性管理咨询公司，是世界领先的商业战略咨询机构，客户遍及所有行业和地区。BCG与客户密切合作，帮助他们辨别最具价值的发展机会，应对至关重要的挑战，并协助他们进行业务转型。

波士顿咨询公司成立于1963年，经过近几十年的发展，已成为一家提供全方位企业策略的顾问机构，重点关注金融服务、快速消费品、工业、医疗保健、电信和能源业。该公司在全球40多个国家和地区设有分支机构，在全球拥有4 000名咨询顾问。1966年，BCG率先进军日本市场；1990年，BCG香港办事处的设立揭开了该公司进军大中华市场的序幕。大中华区目前由四个办事处组成，包括上海、香港、北京以及台北地区，共有200多位员工，主要为大中华区的客户提供咨询服务。

2.3 产品组合决策

企业对产品线和产品项目进行分析后，应根据不同的情况进行调整和优化，一般有以下几种策略。

（1）扩大产品组合

扩大产品组合包括开拓产品组合的宽度和增加产品组合的长度或深度。前者指在原产品组合中增加产品线，扩大经营范围；后者指在原有产品线内增加新的产品项目或增加某个产品项目的规格或型号。当企业预测现有产品线的销售额和盈利率在未来可能下降时，就须考虑在现有产品组合中增加新的产品线，或加强其中有发展潜力的产品线。

案例启迪

宝马公司的产品线填补

公司可以通过在现有范围内增加产品来拉长自己的产品线。产品线填补有几个动机：获得增长的利润、试图满足那些抱怨因产品线内产品不全而损失销售额的经销商、试着利用过剩的产能、试着成为领先的全产品线公司，以及想要封锁缺口以防竞争者侵入。宝马（BMW）在4年时间里，从1个品牌、5种车型的汽车制造商转变成3个品牌、10种车型的汽车业佼佼者。宝马不仅用MINI Cooper品牌和其小型的1系车型向下拓展了产品空间，还用劳斯莱斯（Rolls-Royce）向上扩充了产品线，填补了X3和X5高性能运动型多功能车、Z3和Z4跑车以及6系轿车之间的市场空隙。公司成功地使用产品线填补，提高了其对富有者、超级富有者和追求富有的人的吸引力，而所有这些都离不开它纯粹的溢价定位。

产品线填补如果导致自我蚕食和顾客困惑，那么它就过度了。公司需要用一个刚好能注意到的差异点，在消费者头脑中对每一个产品差异化。根据韦伯（Weber）法则，顾客更适应相对差异而非绝对差异。如他们能够感知2英尺和3英尺、20英尺和30英尺的木板的差异，但不能区别29英尺和30英尺的木板的差异。公司还要检查推出的产品是否满足市场的需求，而非简单地满足公司的内部需求。

（2）缩减产品组合

市场繁荣时期，较长、较宽的产品组合会为企业带来更多的盈利机会。但是在市场不景气或原料、能源供应紧张时期，缩减产品线反而能使总利润上升，因为剔除那些获利小甚至亏损的产品线或产品项目，企业可集中力量发展获利多的产品线和产品项目。因此产品线经理必须定期检查自己的产品项目，研究产品线是否需要削减的问题。

削减有两种情况：一种情况是当产品线中含有影响利润的滞销产品时，可以通过销售—成本分析，把疲软的产品项目区分开来并作为削减的对象。另一种情况是当企业的生产能力缺乏、不能按量生产所有的产品项目时，产品线经理应检查一下各种产品的获利幅度，集中生产那些盈利高的产品项目，把利润低或亏损的产品项目从产品线中削减下来。

（3）产品线延伸策略

每一企业的产品都有特定的市场定位。产品线延伸策略是指全部或部分地改变原有产品的市场定位，具有向下延伸、向上延伸和双向延伸三种实现方式。

① 向下延伸。向下延伸是在高端产品线中增加低端产品项目。实行这一决策需要具备的市场条件如表 7-5 所示。

表 7-5　产品线向下延伸策略

利用高档产品的声誉，吸引购买力水平较低的顾客慕名购买此产品线中的廉价产品
高档产品销售增长缓慢，企业的资源设备没有得到充分利用，为赢得更多的顾客，将产品线向下伸展
企业最初进入高档产品市场的目的是建立品牌信誉，然后再进入中、低档市场，以扩大市场占有率和销售增长率
补充企业的产品线空白

实行这种策略也有一定风险，如处理不慎，会影响企业原有产品特别是名牌产品的市场形象，还必须辅之以一套有效的营销组合策略。所有这些将大大增加企业的营销费用支出。

② 向上延伸。向上延伸是在原有的产品线内增加高端产品项目。实行这一策略的主要目的是：高档产品市场具有较大的潜在成长率和较高利润率的吸引；企业的技术设备和营销能力已具备加入高档产品市场的条件；企业要重新进行产品线定位。

采用这一策略也要承担一定的风险，因为要改变产品在顾客心目中的地位是相当困难的，如处理不慎还可能影响原有产品的市场声誉。向上扩展策略可能导致很大的风险，因为定位于高端产品的竞争对手不仅会固守住它们的阵地，还会借机侵入低端产品市场，进行反击。而且顾客也许对新厂商所生产的产品的质量采取不信任态度。除此之外，企业的销售代表和分销商也可能因为欠缺能力和应有的培训，不能最大限度地为高端产品销售服务。

案例启迪

大众（VW）的产品线决策

大众公司在欧洲市场有 4 个不同的品牌。起初，奥迪（Audi）和西亚特（Seat）是一个运动的形象，而大众和斯柯达（Skoda）是一个家庭车的形象。奥迪和大众比各自的竞争对手具有更高的价格/质量等级。斯柯达和西亚特以其刚强的内部构造和实用的引擎性能获得了显著的差异化。为了降低成本、精简部件／系统的设计并消除冗余，大众升级了西亚特和斯柯达这两个品牌。斯柯达和西亚特一度被欧洲消费者认为是平均标准以下的产品,如今用惹眼的内部构造、整套的安全系统,以及从大众中借鉴来的可靠的传动系统赢得了市场份额。当然,这样做的危险在于,由于被借用了其上层的奥迪和大众的产品,可能会稀释自己的独特性。节约的欧洲消费者可能意识到,一辆西亚特和斯柯达与其姐妹品牌大众几乎是相同的,而且还可以省下几千欧元。

③ 双向延伸。双向延伸即原处于中端产品市场的企业掌握了市场优势以后,向产品线的上下两个方向延伸,做出同时向上和向下扩展产品线的决定。

(4) 产品线现代化

有时企业的产品组合的长度、宽度和深度都较为合适,但产品技术含量或式样可能过时了,这不利于同产品线现代化的竞争对手进行竞争,这时就必须采用新的技术和制造工艺,改变产品面貌,使产品线现代化。产品线现代化应根据市场状况和企业自身条件,采用一步到位方式或者逐渐现代化的方式。

逐渐更新的方法可以让公司了解到顾客和经销商是如何对这些新款式做出反应的,也可以少消耗一些公司的现金流。但是这种方式让竞争对手觉察到了变化,让它们可以重新设计自己的产品线。在快速变化的产品市场中,现代化应该是持续不断的。

第三节 产品生命周期

3.1 生命周期各阶段的特点

产品的生命周期是指产品从开发成功,经过批量生产投放市场,到市场饱和,至最后被市场淘汰的全部变化过程。通常产品的生命周期可分为四个阶段:导入期(介绍期)、成长期、成熟期及衰退期,如图7-8所示,各个阶段的特点如表7-6所示。

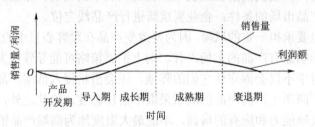

图7-8 产品生命周期

观点透视

电子邮件将意味着传真机走向衰亡吗?

为消费者创造价值的技术替代往往使产品进入生命周期的衰退期。电子邮件会取代传真机吗?

这个问题已经争论了好多年。尽管随着拥有互联网接口的计算机不断扩展,电子邮件正在持续增长，但每年仍然有数百万台传真机出售。据统计，2010年，全世界的电子邮件数量已经超过25亿件。然而，电子邮件的飞速发展并没有使传真机走向消亡。为什么呢？因为这两项技术并不在同一信息领域里直接竞争。

电子邮件用于文本信息，而传真则主要针对商务使用者交流传递规范的文件。尽管在全世界范围内，传真机的销量有所下降，但未来年度传真机的使用预期还是会继续增长。互联网技术和电子邮件可能最终代替传真机和纸张，但绝不是在近期。

表7-6 生命周期各个阶段的特点

阶段	特点
导入期	① 企业推出该新产品，鲜为人知，所以销量小、利润低。 ② 促销费用高（通常需要促销）。 ③ 风险大
成长期	① 经广泛介绍，消费者和用户逐渐接受新产品，销量急剧上升。 ② 随着销售量的上升，利润也迅速增长。 ③ 由于有利可图，竞争者纷纷涌入，使供给增加，价格下降，利润增长速度减慢
成熟期	① 大多数用户已购买该产品，销量上升减缓。 ② 利润在此阶段达到最大。 ③ 为维持竞争地位，销售费用上升，利润开始出现下降趋势。 ④ 主要竞争者市场占有率变动不大，新竞争者少
衰退期	① 销量急剧下降，利润下降，无利甚至出现亏损。 ② 竞争者纷纷退出。 ③ 价格大幅下降，尽量吸纳剩余的买主

案例启迪

一款手机的生命周期

iPhone5S 和 iPhone5C 的发布，使 iPhone3GS 画上了圆满的句号。从 iPhone3GS 到 iPhone4，再到 iPhone4S 和 iPhone5，仅仅 4 年间，当初被无数人追捧的 iPhone3GS 现在已经逐渐离开了我们的视野，尽管苹果的 IOS6 还支持 3GS，但是仅仅是支持而已，iPhone3GS 已经到了退役的时刻。从上市到淘汰，这就是苹果 iPhone 的生命周期，随着 iPhone5S 苹果手机上市后，iPhone4 系列也将逐渐离开我们。2009 年 iPhone3GS；2010 年 iPhone4；2011 年 iPhone4S；2012 年 iPhone5；2013 年 iPhone5S。而随着手机的更新升级日益加速，其他品牌的手机的生命周期甚至不到 3 年。

从 2010 年的 Galaxy S 到 2011 年的 Galaxy S2，再到 2012 年的 Galaxy S3，到 2013 年 Galaxy S4，三星和苹果一样，也是每年推出一款旗舰级产品。而我们看到在 2010 年 Galaxy S 的三星 S5PC110 单核 1G 处理器是单核时代最强的处理器，甚至苹果的 A4 处理器也是从这款处理器改进而来的，然而到了 2011 年的双核时代，这款配置单核处理器的机型已经逐渐落伍，而到了 2012 年这款手机早已偃旗息鼓，退出了中高端行列。仅剩的几款移动、联通定制机也只是主攻中低端市场，体验难称优秀。而同时代 iPhone4 在降价到 3 088 元后仍然焕发着第二春。三星四核 Galaxy S3（9300）在 2012 年应该说代表着四核的最高水平，而 2011 年的 Galaxy S2（9100）现在配置只能算是中端，到了 2013 年这款机型也就落伍了。Galaxy S（9100）从 2010 年上市到 2011 年后逐渐被淘汰，它的生命周期只有短短的两年。而 2009 年上市的 iPhone3GS 到 2012 年被淘汰，以及 2010 年上市的 iPhone4 到 2013 年才会逐渐被大家淡忘，苹果的生命周期是三年。

除了三星，我们可以看到 HTC 的旗舰级产品，2010 年上市的 G10 在 2011 年年末已经退市，2011 年上市的旗舰 G14 现在水货已经只剩下翻新品，行货价格回落到 2499 元，进行最后的销售。可见 HTC 的手机生命周期同样只有 2 年的时间。

从上市到退市，苹果 iPhone 拥有 3 年的生命，而其他 Android 手机只有 2 年的市场光景，而大家在使用的时候也会出现一年顺畅、两年一般、三年卡顿的现象，所以智能手机的飞速发展，两年一换成为普遍现象。而即使通过自己的 DIY 刷机，升主频等或者忍受较慢的速度还能坚持半年到一年，但是最终手机的寿命也只能坚持不到三年。即使我们购买价格更加贵的 iPhone 手机，它的生命周期也只有三年。

因此我们在购买手机的时候应该根据自己的需求量力而行，毕竟它只有 2~3 年的生命周期，再好的手机 3 年后也该换了。由于新手机一般上市价格比较虚高，因此比较经济的购买方法是在新手机推出半年后价格有所回落再购买，然后使用两年多的时间，这样可以用最小的付出获得不错的体验。

3.2 生命周期各阶段的营销策略

（1）产品的导入期

这个阶段的主要任务是介绍产品，以吸引消费者试用的同时建立完善的分销渠道。若仅考察价格和促销因素，则有四种组合策略：快速撇脂、缓慢撇脂、快速渗透及缓慢渗透，如表 7-7 所示。

表 7-7 投入期价格—促销组合策略

组合类型	快速撇脂	缓慢撇脂	快速渗透	缓慢渗透
特点	高价格、高促销	高价格、低促销	低价格、高促销	低价格、低促销
最终目的	扩大销售量，取得高市场占有率	追求更多利润	更快打入市场，取得尽可能高的市场占有率	占据较高的市场占有率，保证一定的利润率
适用背景	消费者不了解新产品，部分愿高价购买，面临潜在竞争威胁	已熟悉产品，购买者愿出高价，潜在竞争威胁不大	市场容量很大，价格敏感度大，潜在竞争激烈，规模效应明显	市场容量很大，价格敏感度大，存在潜在竞争

（2）产品的成长期

针对成长期市场特点，企业为维持其市场占有率，使获得最大利益的时间延长，可以采取改善产品品质、寻找新的子市场、塑造产品形象、择机降价等策略，如表 7-8 所示。

表7-8 成长期营销策略

策略	特　点
改善产品品质	如增加新功能、改变产品款式等。对产品加以改进，可以增强产品的竞争力，满足消费者广泛的需求，吸引更多的顾客
寻找新的子市场	通过市场细分，找到新的尚未满足的子市场，迅速进入这一新市场
塑造产品形象	把广告宣传的重点从介绍产品转到建立产品形象上来，树立产品名牌，维系老顾客，吸引新顾客，使产品形象深入人心
择机降价	在适当的时机，可以采取降价策略，吸引那些对价格比较敏感的消费者产生购买动机和采取购买行动

（3）产品的成熟期

针对成熟期市场特点，该时期营销总目标是延长成熟期，使产品生命周期出现再循环。相应的策略包括调整市场、调整产品及调整营销组合策略，如图7-9所示。

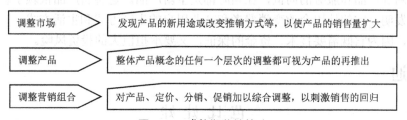

图7-9　成熟期营销策略

（4）产品的衰退期

面对处于衰退期的产品，企业需要进行认真的研究分析，决定采取什么策略、在什么时间退出市场。通常可供选择的策略有：维持、集中、收缩及放弃策略，具体如表7-9所示。

表7-9　衰退期营销策略

策略	特　点
维持策略	继续沿用过去的策略，仍按原来的子市场，使用相同的分销渠道、定价及促销方式，直到产品完全退出市场为止
集中策略	把企业能力和资源集中在最有利的子市场和分销渠道上，从中获取利润。这样有利于缩短产品退出市场的时间，同时又能为企业创造更多的利润
收缩策略	尽可能降低促销费用，以增加目前的利润。这样可能导致产品在市场上的衰退加速，但又能从忠实于这种产品的消费者中获得利润
放弃策略	对于衰落比较迅速的产品，企业应该当机立断，放弃经营

第四节　新产品开发

4.1　新产品的类型

营销学中的新产品含义与科技开发中的新产品含义不尽相同，其内容要广泛得多。市场上出现的前所未有的崭新的产品项目当然是新产品，如汽车、飞机、电脑及互联网的发明创造。但这种新产品并不是经常出现的，往往这些产品在功能、材料、结构等方面略作改变，人们习惯上也把它们称作新产品。新产品的含义是相对的，可以相对于老产品，相对于企业，也可以相对于市场。只要是产品整体概念中任何一部分的创新、变革或变动，都可以理解为一种新产品。它能够给顾客带来某种新的利益、新的享受。新产品的种类一般包括全新产品、换代新产品、改进新产品及仿制新产品几种类型。

（1）全新产品

全新产品也就是新发明产品，是指企业首次采用新原理、新技术、新材料、新工艺制成的前所未有的产品。这是绝对的新产品，与现有产品毫无雷同之处，如汽车、电脑、飞机、尼龙、互联网等产品和服务的问世，在当时都是全新产品。这种新产品依赖于科学技术的进步或者重大发明，它的使用会改变消费者和产业用户的生产方式和生活方式，一般的企业是不易提供的，因为它既需要技术、资金的保证，又要承担巨大的投资风险。

案例启迪

芭 比 娃 娃

20世纪50年代末，露丝·汉德勒（Ruth Handler）看到女儿玩纸娃娃，并把纸娃娃想象成各种大人的角色。由于当时的纸娃娃都是婴儿娃娃，露丝灵感突发，设计出一种可以激发小女孩编织梦想的娃娃。露丝发明了以"芭比"（以其女儿的名字）命名的少男少女时尚偶像娃娃，从此一代巨星芭比诞生了。

在当时，各种各样的玩具娃娃价格不等、大小不一、国籍不同、设计各异、服饰各异，连眼睛和头发颜色都不同，但没有人想到外形不是婴儿的娃娃。为什么？"娃娃就是婴儿"这种概念使得新娃娃的问世都来自对婴儿的某项特征的改变。

一个不是来自玩具娃娃行业的人想到"芭比"这个点子就不足为奇了。那些行业中的人可能就看不到设计长着大人模样的玩具娃娃的可能性。

芭比，这个全球最畅销的娃娃，已经成为成千上万女孩生活中的一部分。她那永恒的魅力赢得了无数忠诚的芭比迷们不变的收藏欲，迷人的芭比收藏系列超过了600种。芭比是从另一角度思考玩具娃娃的产物。

（2）换代新产品

换代新产品是指在原有产品的基础上，部分采用新技术、新材料、新工艺，使产品的性能有显著提高的产品。换代新产品的技术含量在原有产品的基础上提高较大，它是新产品开发的重要形式。例如，移动电话自问世以来，已经更新换代若干次，现在智能手机也广泛应用。

案例启迪

达能 Actimel

20世纪90年代末，法国食品巨头达能公司在鲜奶制品市场中引入了全新的品种：Actimel。随便问一个知道Actimel的人，他都会告诉你：Actimel不是酸奶，也不是果汁，而是一种全新的产品。

Actimel是一种携带成千上万个能增强抵抗力的发酵菌——免疫干酪乳杆菌（L. Casei Immunitas）的鲜奶制品。有趣的是，Actimel的消费者不是病人。它不是处方药，在超市的酸奶区有售，面向的消费者是那些注重饮食健康的人们以及儿童。成千上万个免疫干酪乳杆菌，它们究竟是什么？达能，一个值得信赖的品牌，宣称它们可以增强体质。如果加上口感好（的确如此），又是鲜奶制品，顾客就会认为它不错。Actimel是小包装，不会多得影响胃口。它既不是软饮料，也不是酸奶和果汁，却在欧洲市场卖出了好几百万美元。

难道这不是一个富有创新的点子吗？后来仅有一两家其他公司推出了类似的产品，其市场占有率都不足10%。要是达能推出的是一种不同口味的酸奶，它的销售额能达到这么高吗？而且，Actimel并没有对达能公司旗下的其他品牌造成任何影响。

（3）改进新产品

改进新产品是指对现有产品在结构、材料、性能、款式、包装等方面进行改变，由基本型派生出来的改进型产品。改进新产品技术含量低或不需要新技术，是企业依靠自己的力量最容易开发的新产品。改进新产品进入市场后，比较容易被消费者接受，但竞争者也极易仿制，所以竞争比较激烈。

观点透视

创新的类型及其特点

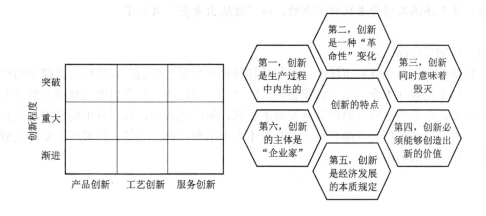

案例启迪

健达出奇蛋

"健达出奇蛋"（Kinder Surprise）是一种用巧克力包着精巧玩具的蛋形儿童糖果。该产品于 1972 年首次在意大利亮相，随后很快征服了所有欧洲人的心（无论是小孩还是大人）。1975 年进入加拿大市场，其创意来自意大利糖果业巨头费列罗（Ferrero）。

当"健达出奇蛋"刚面世的时候，零食市场主要的品种包括糖果、口香糖、坚果、咸味食品、冰激凌和巧克力。当时市场已细分到一定程度，如今更是有过之而无不及；而巧克力类的品牌更是趋于饱和，市面上的巧克力不仅大小各异、种类繁多，而且口味齐全，为的是竞相俘获小孩和父母的心。很多时候是父母给孩子购买巧克力，而且他们需要了解和控制孩子的饮食，费列罗很好地把握了这一点。

当公司决定推出一种新的巧克力产品时，它本可以考虑改变该产品的味道、成分、设计等（纵向的创新思维）。但是，费列罗推出了一个新奇的概念：藏有玩具的巧克力蛋——每颗巧克力蛋里的玩具都是可供儿童收集的一系列玩具中的一员。

巧克力里包玩具？倘若我们考虑在巧克力市场中寻求创新，玩具会是不合逻辑的选择。我们是糖果制造商，对吧？

"健达出奇蛋"在电视广告中将自己定位为健康食品——富含热量和碳水化合物。而蛋形的大小给儿童提供了合适的巧克力摄取量。当孩子们打开巧克力蛋时，他们会开始玩起里面的玩具，不再嚷着要更多的巧克力了。这两点使得父母（购买者）相信"健达出奇蛋"就是他们在众多糖果中的最佳选择。

对儿童而言，"健达出奇蛋"可谓是一"吃"三得：巧克力、玩具，还有收集飞船、动物、鬼怪等各种玩具的机会。"健达出奇蛋"通过创造新的糖果亚类重新界定了糖果市场。目前"健达出奇蛋"仍是该类的领导者，尚无其他竞争者可以与之抗衡。

要是费列罗推出一款夹花生的巧克力，它又能卖出多少呢？充其量不过是占有 3%～5% 的市场份额而已。也许有些人看不出"健达出奇蛋"与其他巧克力之间有什么不同。"健达出奇蛋"在"吃"的需求中加入了"玩"的需求，市场立刻发生了变化。普通巧克力若不做任何改动，是无法满足消费者玩的需求的，而"健达出奇蛋"做到了。

（4）仿制新产品

仿制新产品是指企业对市场上已有的某种畅销产品进行仿制，只是标出新牌子的产品，或者是市场上已有而本企业第一次模仿制造的产品。如市场上经常出现的新牌子的香烟、啤酒、化妆品、电器等。这类新产品开发成本较低，风险也较小，只要有市场需求，又有生产能力，就可以借鉴现成的样品和技术来开发本企业的新产品。当然，此类产品要尽量避免陷入知识产权纠纷的陷阱。

案例启迪

加油站超市

加油站一直是汽车加油的地方，但我们经常能看到加油站也会卖别的商品，如口香糖、零食、饮料、糖果等（主要是冲动性消费品）。近年来，加油站开始卖起了报纸、杂志、影碟和胶卷。在某些地方的加油站开始卖起了食品。在过去的5年里，汽油价格和税收的持续增加使得加油站受到了冲击。为了找其他路子挣钱，加油站打起了开超市的主意。同时由于社会发生变化（夫妻双方都工作的家庭大大增多），加上人们几乎无暇购物，许多来加油站加油的顾客会愿意同时买些如面点、土豆等理性消费品。一些石油分销公司决定在他们的加油站开设品种齐全的食品超市。如今在绝大部分城市的加油站都能买到水果、面包、蔬菜、水、咖啡、香肠等商品。

在加油站卖食品的一个重要的优势在于，食品的价格相对油费而言显得够少了，"买一包2美元的零食相对30美元油费来说算什么"，顾客不会去考虑同一种零食在普通超市只卖1美元。另外，顾客在此购物无须担心停车问题。他们只需将车子停在油泵和食品超市旁即可。通常情况下，他们在店里平均花上5分钟便能买齐家中所缺的物品。

如今加油站超市为石油公司带来了一大笔收入。一加仑汽油的利润是1%，而超市内商品的平均利润竟高达50%。

4.2 新产品开发策略

新产品的开发策略是企业在新产品开发的各个方面所做出的决策，主要涉及新产品开发的基本要求、方向、方式、风险、预算及组织等。

（1）新产品开发的基本要求

进行新产品的开发，要考虑市场需求、差异化、资源条件及效益等，如表7-10所示。

表7-10 新产品开发的要求

市场需求	具有差异化	具备资源条件	能带来效益
新产品的市场需求一定要充分，必须对目标市场的需求情况进行认真的分析预测，做到有的放矢	新产品要体现一个"新"字，应具有较强的独创性、时尚性、适应性，能满足消费者新的需求和欲望	新产品的开发要耗费大量的人力、物力和财力，是一项难度很大的工作，企业应全面考虑，量力而行	从经济效益来考虑，成功的新产品除可收回研制费用外，还能取得可观的利润；从社会效益来考察，新产品必须安全可靠，节约能源

（2）新产品开发的方向

开发新产品的最大难题之一是创意的缺乏，企业不知该从哪个方向、哪些方面来突出其差异性。根据产品的不同性能，以消费品为例，新产品的开发方向可以从多功能、微小、简易、多样化及环保化等方面考虑，如图7-10所示。

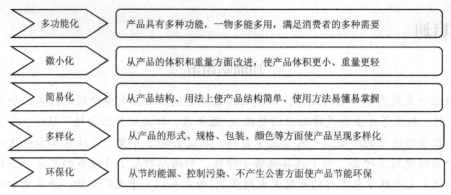

图 7-10 新产品开发的方向选择

（3）新产品开发的方式

新产品开发的方式包括购买、研发、研发与引进技术相结合等，如表 7-11 所示。

表 7-11 新产品开发的方式

方式	特 点
购买	包括购买专利、购买技术、购买特许经营权等。这种方式能节省研制费用，赢得时间，缩短差距，填补空白
研发	包括企业自行研发、与科研机构联合研发、委托独立的研究机构为企业研发新产品等，通过研发，创造出独具特色的新产品，从而取得技术领先地位和市场的优势
研发与引进技术相结合	既重视引进先进技术，也不放弃产品研发，将两种方式结合起来。关键的、先进的技术引进，其他的自己研发，这是目前国内许多企业开发新产品采用较多的一种形式

（4）新产品开发的风险

新产品的开发往往蕴含着极大的风险，新产品开发的失败率一直很高。有研究表明，失败率在美国高达 95%，而在欧洲也有 90%。新产品开发失败的原因可能有很多，主要包括：忽视或误解市场调查研究、过高地估计市场规模、产品设计差、产品在市场上定位错误、没有开展有效的促销活动或对产品的定价过高、没有足够的渠道支持、竞争对手反击激烈等。

观点透视

失败是创新的组成部分吗？

真正的创新型公司往往会把失败作为获得成功的必要组成部分。硅谷（Silicon Valley）的市场营销专家赛斯·戈丁（Seth Godin）坚持认为："失败不仅仅是有好处的，而且是必要的。"很多网络公司就是失败的商业投资的结果，在它们推出并改进其服务的时候，往往经历了很多次失败。Like.com 是一家专门供人们查找相似衣服的网站，它的经营要比寻找相似照片的网站好多了。一家宠物狗爱好者的社交网站 Dogster.com，在引起了极大关注的 Pets.com 破产事件之后应运而生了。实际上，谷歌公司也发现，自己为人们提供个性化信息服务的 Google Answers 也失败了。最初的产品的失败并不总是创意的尽头。礼来医药公司发现，90%

的实验药物会走向失败,于是该公司逐渐建立起这样的企业文化:失败是发现与探索过程中不可或缺的一部分。如果一种药物在临床实验的某个阶段中失败了,礼来医药公司的科学家就会去研究可能的新用途。Evista 是避孕药的失败品,但却成为治疗骨质疏松的良药,年销售 10 亿美元。Stattera 作为抗抑郁药物是失败的,但因为能够有效地治疗行为紊乱而畅销。一种本应该治疗心血管疾病的药物由于对哮喘病有效而被继续开发。

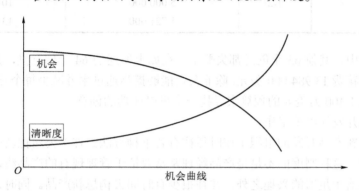

施乐公司的奇普·霍尔特指出,"如果你等到掌握了所有情况后,你就不能成为领导者",也就不大可能还有机会留给你去开发。

(5)新产品开发费用预算

高层管理人员必须确定新产品开发的预算支出。由于研发新产品的结果是非常不确定的,以至于很难按照常规的投资标准来编制预算。在这种情况下,有些公司为解决这一问题所采取的方法,就是对尽可能多的项目进行投资,并期望其中有几个项目可以获得成功。另外一些公司则采用传统的销售额百分比法,或根据竞争对手的研发水平来确定本公司的研发投资额。此外,也有一些公司首先确定到底需要多少个成功的新产品,然后倒过来估算所需要的投资费用。

表 7-12 列示了一家公司计算新产品开发投资成本的可行方法。在一家大型包装消费品公司里,新产品经理评审了 64 个新产品创意。结果发现:只有 1/4 的创意通过了创意筛选阶段的筛选,即最终有 16 个创意得到批准。在这一阶段中,鉴别每一个创意的成本是 1 000 美元左右。然后就进入了概念测试阶段,其中有一半的创意,即 8 个创意可以通过本阶段的测试。在概念测试阶段中,每一个创意的测试成本是 2 万美元。然后就进入了产品开发阶段。这时获得通过的创意只剩下 4 个了,每个创意的成本约为 20 万美元。接着就进入到市场测试阶段,其中只有 2 个创意可能会通过市场测试,每个创意的测试成本约为 50 万美元。最后,当把这 2 个新产品推向市场时,每个产品的市场推出成本约为 500 万美元,但可能只有 1 个新产品可以获得很大的成功。因此,这个成功的创意大约花费了公司 572.1 万美元的开发费用。

表 7-12　寻找一个成功的新产品的估计成本(从 64 个新构思开始)

阶段(简化)	创意个数	通过比率	每个创意的成本/美元	总成本/美元
创意筛选	64	1:4	1 000	64 000
概念测试	16	1:2	20 000	320 000

续表

阶段（简化）	创意个数	通过比率	每个创意的成本/美元	总成本/美元
产品开发	8	1:2	200 000	1 600 000
市场测试	4	1:2	500 000	2 000 000
推向市场	2	1:2	5 000 000	10 000 000
			5 721 000	13 984 000

在上述过程中，其他 63 个创意都失败了。在如上所述的 64 个创意里，开发一个成功的新产品总共需要花费 13 984 000 美元。除非公司能够提高通过率并减少每个开发阶段的费用，否则就需要将近 1 400 万美元的预算来寻找一个可以成功的创意。

（6）新产品开发的组织工作

公司在处理新产品开发的组织工作时往往有若干种方法。许多公司把新产品创意工作交给产品经理去做。这种制度的不足是产品经理常常要忙于管理现有的产品线，所以他们除了对产品线的延伸给予足够的兴趣之外，往往很少有时间去构思新产品。同时，他们可能也缺乏开发新产品所必需的专业技能和知识。在另外一些公司里，则会创建一个高层的管理委员会来负责审核和批准新产品建议。大型公司常常也会设立专门的新产品部门，该部门的主管往往拥有很大的实权，并与高层管理人员保持着密切的联系。对于新产品部而言，主要职责就是产生和筛选新的创意，与研发部门通力合作，进行实地测试和实现商品化。

营销新视野

美 国 偶 像

Adobe 系统公司是一家面向图形设计与发布的软件解决方案开发商。在 2004 年，Adobe 系统公司组建了一个任务小组，以便识别公司的创新者在努力开发新产品过程中所面对的全部困难。通过研究，这个任务团队发现，公司组织层次阻碍了有关新销售渠道、新商业模式或者新的包装等创意的产生与提炼。公司规模变得如此之大，以至于分支办公室所产生的创意无法得到公平的对待。于是，该公司创建了新事业启动团队，负责每个季度进行一次公司最佳创意评选。其中，大约 20 个产品经理和其他员工被视为潜在的员工创业者，由他们进行简短的展示汇报并问答相关问题。然后，由公司内部创业者对这些创意进行鉴别。不过，即使是一个遭到拒绝的创意，也可以在公司的讨论网站上通过头脑风暴方式进行研讨。自从新事业启动团队组建以来，上述活动已成为 Adobe 系统公司深受欢迎的活动了——成为搜寻好创意的"美国偶像"。

4.3 新产品开发程序

新产品的开发是一项高风险的工作，必须慎之又慎。为了减少开发成本，提高成功率，必须按照科学的程序来进行。一般开发新产品的程序可以分为八个阶段，如图 7-11 所示。

（1）构思产生

进行新产品构思是新产品开发的首要阶段。构思是创造性思维，即对新产品进行设想或创意的过程。缺乏好的新产品构思已成为许多行业新产品开发的瓶颈。一个好的新产品构思

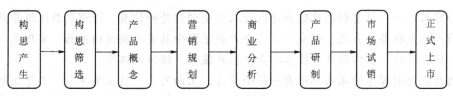

图 7-11 新产品开发程序

是新产品开发成功的关键。企业通常可从企业内部和企业外部寻找新产品构思的来源，如表 7-13 所示。

表 7-13 新产品的构思来源

公司内部	公司外部
研究开发部门 销售人员	顾客 中间商
高层管理部门 企业内部其他部门的员工	竞争对手 企业外的研究和发明人员 咨询公司 营销调研公司

新产品构思的方法主要有两类，即属性分析法和需求分析法，如表 7-14 所示。

表 7-14 新产品的构思方法

属性分析法	需求分析法
① 多属性分析 所有能够影响产品的销售、增加市场需求的产品属性及其附加属性，都可能成为产品创新的构思来源点。 ② 功能分析 只要能够使一种产品具有新的功能或用途，就意味着实现了产品创新。 ③ 功效分析 把被研究产品的所有功效罗列出来，从中发现尚未意识到的功效和未预计的功效缺损。 ④ 差异分析 研究各种产品的属性带给消费者的不同感受，进行这种分析能确定各种产品间的差异	① 明确需求的类型：特定需求、模糊需求、订制需求、变动需求。 ② 针对需求而进行的新产品构思。 ③ 激发以需求为基础的产品创意

案例启迪

"枕头菜单"——酒店服务创新

酒店行业的竞争日趋激烈，在酒店密集度极高的城市，已形成供大于需的市场格局。面对激烈的市场竞争，标准化的配件、标准化的服务已经不能吸引顾客。用什么留住客人？用什么打动客人？……只有创新化服务才能让人感受到意外的惊喜。所谓创新化服务就是将企业提供的产品或服务差异化，形成一些在全产业范围中具有独特性的东西。实现差异化有许多方式：环境设计、品牌形象、技术特点、客户服务、经销网络等。

某酒店在每间客房的床头都附有一张小卡片，上面写着"枕头菜单"："为了缓解您一天的疲惫，我们为您准备了各种枕头，如需要请致电客服中心。"这张"枕头菜单"上有大豆纤维枕、薰衣草枕、荞麦皮枕、菊花枕、太空记忆枕等可供选择，并告知不同枕头的适用人群。

出门在外，睡眠质量很重要，许多酒店为此都费尽心思，但在枕头上做文章的却不多见。枕头虽小，却符合商旅人士的个性化需求。这张小小的"枕头菜单"，酒店并不需要花费太多成本，就能收到很好的效果，何乐而不为？创新服务既让酒店"与众不同"，同时又让入住的客人感受到自己"与众不同"，这成为提升酒店竞争力的秘诀。

（2）构思筛选

并不是每个构思都有开发价值，因此就需要进行筛选。根据企业的发展目标和长远利益，结合企业的资源能力和实际情况，淘汰那些不可行的构思，把有限的资金集中于少数有潜力的新产品上来。构思的筛选若由个人或领导决策，失误的可能性很大。企业通常有长期或临时成立的新产品构思筛选小组。小组成员需要涉及财务、技术、生产、销售和营销策划等方面的专家与代表，在筛选人员的选配上，不仅要考虑他们各自代表的职能和部门，还须考虑筛选人员的评分能力和性格特征，筛选人员之间要做到性格互补。除非是小型企业，企业的高层领导者及提出构思的人员最好不要参与构思筛选，以免他们的发言左右其他人的思想。评分人员的选择须谨慎，因为这将直接关系到新产品开发的成败。

① 经验筛选。由筛选人员根据自己的经验来判断构思与企业战略目标、生产技术、资金实力、营销能力等方面是否相适应，把明显不适合的构思剔除，而将较接近者留下以做进一步筛选。

② 相对指数评分法。这种方法以直观判断为基础，根据经验确定一些评价因素与评分等级来对构思进行筛选。通常确立的项目包括产品质量目标、企业的技术能力、生产能力、营销能力、竞争状况、市场潜力、利润率等，然后根据各评价因素重要程度的不同对各评价因素赋予不同权重，再将各因素的评分与权重相乘，最后将这些乘积相加得到构思的总分。相对指数评分法举例如表7–15所示。

表7–15 相对指数评分法举例

评价因素	因素权重 A	相对适应能力 B					得分 $A*B$
		很好（5）	好（4）	一般（3）	差（2）	很差（1）	
市场规模	0.15	√					0.75
市场占有能力	0.15			√			0.45
设计的独特性	0.10		√				0.40
……	……						……
附加价值	0.05			√			0.20
总计	1.00	产品相对系数					3.64

③ 多方案加权评分法。对不同的新产品构思进行比较性评价，适用新产品构思较少的情况。具体做法是按市场机会（市场吸引力）与企业的优势（开发实力与专长）两个维度进行多因素全面考虑，并从中找出最具优势的新产品构思。这两个维度通常要细分为若干因素并对每一因素赋予不同权数，具体评价时，由评价人员根据经验评分，从"最好"至"最差"分为五个等级，定为 5 分到 1 分，将每一评分（n）乘以该因素的权数（g）就得到该因素的分值（$n×g$），最后将各因素的分值相加。表 7–16 为多方案加权评分法模型。

表 7–16　多方案加权评分法

评价项目		权重	新产品构思											
			构思 1		构思 2		构思 3		构思 4		构思 5		构思 6	
			评分	分值	评分	分值	评分	分值	评分	分值	评分	分值	评分	分值
市场吸引力	1. 需求规模 2. 需求增长潜力 3. 需求弹性 4. 需求季节波动													
	5. 现有竞争地位 6. 竞争程度 7. 潜在进入者 8. 替代品威胁													
	9. 政治因素 10. 法律、法规													
	小计													
开发实力与专长	1. 技术可行性 2. 技术专有性 ……													
	小计													

④ 市场营销系数评价模型。市场营销系数评价法是一种多因素、较全面的评价方法。它先根据企业规模、产品类型、竞争状况等具体情况确定影响新产品开发的一些主要因素（要因），再将各要因分别细分为若干具体要素，并用概率加权的方法将其还原为复合系数，即得市场营销系数，最后根据市场营销系数的大小来判别新产品成功的可能性，由此确定各构思方案的优劣。具体步骤如下，举例如表 7–17 和表 7–18 所示。

第一步，根据企业规模、产品类型、竞争等情况确定影响新产品开发的一些主要因素（要因）。假设企业可将影响新产品开发成败的因素确定为产品的可销售性、企业的生产能力、投资水平、市场的增长潜力及持久性因素等类别。

第二步，将各要因分别细分为若干具体要素。

第三步，进一步将每一要素的适应状况分为很好、好、一般、差、很差五等。

第四步，要素等级 $C=A×B$。

第五步，要因系数 $E=\Sigma A \times B$。

第六步，市场营销系数（复合系数）=Σ要因系数×要因权重=$\Sigma E \times D$。

表7-17 市场营销系数评价表

要因		要素		各等级权重 B					要素等级 C（C=A×B）
要因	权重 D	要素举例	权重 A	很好	好	一般	差	很差	
可销售性		与企业销售渠道的关系							
		与企业产品系列的关系							
		质量与价格的关系							
		对现有产品销售的影响							
		销售能力							
		要因系数 $E=\Sigma A \times B$							
生产能力		……							
		要因系数 E							
投资水平		……							
		要因系数 E							
市场增长潜力		……							
		要因系数 E							
持久性因素		……							
		要因系数 E							
……									

表7-18 市场营销系数的计算

要因	要因权重 D	要因系数 E	D×E
企业的可销售性			
企业的生产能力			
投资水平			
市场增长潜力			
持久性因素			
市场营销系数			$\Sigma E \times D$

(3) 产品概念

新产品的构思经过筛选后,要进一步将其发展成为更具体明确的产品概念。即把新产品的构思用有意义的消费者术语描述出来,它是构思的具体化。产品概念是用文字、图形、模型等方式对已经成型的产品构思进行详尽、形象的描述,以便在消费者心目中形成一种潜在产品的特定印象。一个新产品构思可以形成若干个产品概念,对发展出来的产品概念,还需进行目标顾客测试,听取他们的意见,包括产品特点、用途、价格、包装、款式等方面,这一步叫作产品概念测试,它关系到新产品开发出来以后被市场接受的程度。

例如,一家汽车制造商要设计一种新能源电动小汽车,最高时速60千米,每充电一次可行驶80千米,使用费只是一般小汽车的50%,这就是一种新产品的创意。这种创意可以形成以下四种产品概念,如图7-12所示。

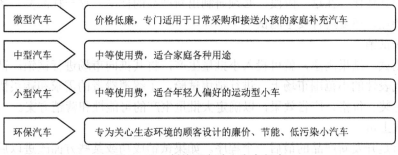

图 7-12　新能源电动小汽车创意

多种产品概念形成以后,企业如何从众多的产品概念中选出最优的产品概念,这就需要了解顾客的意见,进行概念测试。

概念测试一般采用概念说明书的方式,说明新产品的形状、功能、特性、规格、用途、包装、售价等印发给部分潜在的顾客。有时说明书还可附有图片或模型。今天的互联网技术和计算机软件的应用已改变了传统的做法,人们可以在用户端直观地观察和感受新产品的概念,并给出中肯的评价。一般地,通过产品概念测试要弄清的问题(但不限于)如表7-19所示。

表 7-19　概念测试常用的问题

① 产品概念的描述是否清楚易懂?
② 消费者能否明显发现该产品的突出优点?
③ 在同类产品中,消费者是否偏爱本产品?
④ 顾客购买这种产品的可能性有多大?
⑤ 顾客是否愿意放弃现有产品而购买这种新产品?
⑥ 本产品是否能满足目标顾客的真正需要?
⑦ 在产品的各种性能上,有什么可以改进的地方?
⑧ 谁将购买这种产品?
⑨ 目标顾客对该产品的价格作何反应?

(4) 营销规划

测试完成以后，新产品经理必须提出把这种新产品引入市场的初步营销规划。营销规划包括三个部分：第一部分描述目标市场的规模、结构和顾客行为，确定产品的市场定位，预计近期的销售量、市场份额和利润目标；第二部分描述产品的计划价格、分销和促销策略以及预算；第三部分描述预期的长期销售量、利润目标，以及不同时期的营销策略组合。

(5) 商业分析

在确定最佳产品概念和初步拟定营销方案之后，还要对这一概念产品进行商业分析，判断其商业上的可行性和吸引力。这种分析包括需求分析、成本分析和盈利分析三大部分。

(6) 产品研制

经过商业分析，认为有开发价值，就可交给生产部门试制。即把产品概念变为物质产品，把抽象的东西具体化。在这一阶段，必须研制出新产品的样品，这一样品要具备产品概念中阐述的主要特点，还要进行安全测试。

(7) 市场试销

样品经测试，结果满意，就可投入小批量生产，将其推向市场进行试销。试销就是将产品投放到有代表性的小范围市场上，进行销售试验，了解消费者的需求和购买情况，检验产品的质量、包装、价格、广告效果，以确定大批量生产的可能性和营销方案。

(8) 正式上市

正式上市是开发新产品的最后一个程序。如果试销成功或某些方面改进以后，就可以进入商业化阶段，正式大批量生产，全面推向市场。这时产品进入市场生命周期的投入期，以后可按市场生命周期策略进行营销。应注意的是，要合理确定推出时机、推出地区、目标市场选择和营销对策的运用，以保证新产品开发成功。

4.4 新产品扩散

所谓新产品扩散，是指新产品上市后随着时间的推移被越来越多的消费者所采用的过程。也就是说，新产品上市后逐渐扩散到其潜在市场的各个部分。

(1) 新产品采用者的类型

在新产品的市场扩散过程中，由于消费者性格、文化背景、受教育程度和社会地位等因素的影响，不同消费者对新产品接受的快慢程度也不同。罗杰斯根据这种接受快慢的差异，将消费者划分为五种类型，如表 7-20 所示。

表 7-20 新产品采用者的五种类型

类型	特 征
创新采用者	占潜在采用者的 2.5%。特征：极富创新精神，收入水平、社会地位和受教育水平较高，一般为年轻人，交际广泛而且消息灵通
早期采用者	占潜在采用者的 13.5%。特征：大多群体中具有很高威信的人，受到周围朋友的拥护和爱戴，常常收集有关新产品的各种信息资料，成为某些领域里的舆论领袖，多在产品的投入期和成长期采用新产品，对后来采用者影响较大
早期大众	占潜在采用者的 34%。特征：深思熟虑，态度谨慎；决策时间较长；受过一定教育；有较好的工作环境和固定收入；对舆论领袖的消费行为有较强的模仿心理

续表

类 型	特 征
晚期大众	占潜在采用者的 34%。特征：多疑；信息多来自周围的群体，很少借助宣传媒介收集所需信息；受教育程度和收入水平相对较差；从不主动采用或接受新产品，直到多数人都采用且反应良好时才行动
落后采用者	占潜在采用者的 16%。特征：思想保守，拘泥于传统的消费行为模式；极少借助广告宣传，其社会地位和收入水平一般较低；直到产品进入成熟期乃至衰退期后才会采用

很显然，表 7-20 中由上往下，采用者对新产品的兴趣度、关注度、接受度逐渐减弱，对企业新产品扩散来说，由易到难，因而企业在新产品推广中要积极面向前三类采用者，尤其是第一类，因为他们对新产品的认识、偏好对其他类型采用者有很好的宣传和带动作用。

（2）新产品扩散过程管理

新产品扩散过程管理是指企业通过采取措施使新产品扩散过程符合既定的市场营销目标的一系列活动。为了使产品扩散过程达到其管理目标，要求企业管理部门采取一些措施和策略。

① 实现迅速起飞。派出销售队伍，主动加强推销，同时开展广告攻势，使目标顾客很快熟悉创新产品，鼓励消费者试用新产品。

② 实现快速增长。保证产品质量，促进口头沟通，同时继续加强广告攻势，影响后期采用者；还应创造性运用促销手段，使顾客重复购买，并向中间商提供各种支持。

③ 实现渗透最大化。继续采用快速成长的各种策略；更新产品设计和广告策略，以适应后期采用者的需要。

④ 长期维持一定水平。使处于衰退期的产品继续满足市场需要，同时扩展销售渠道，加强广告。

营销新视野

移动互联网时代的产品扩散

在移动互联网时代，融合是整个信息产业发展的趋势，移动互联网的发展本身就是融合的最好例证。从宏观层面来看，移动互联网本身就是移动通信与传统互联网的融合；从微观层面来看，移动互联网的网络，特别是接入网络，是多种无线技术的融合。从终端技术来看，支撑移动互联网的智能手机也呈现出融合的特征：手机除了电话功能外，还集成了摄像机、播放器、传感器、RFID 等功能。在业务能力层面，基于移动通信网络和互联网的数据融合和应用融合创造出众多的创新业务和新型产品，大大加快了各种产品和服务的扩散速度和方式。以苹果应用商店为例，App Store 是一个开放平台，拥有 7 000 多万 iPhone 用户和 400 多万的 iPad 用户。苹果应用商店允许第三方开发者以每年 99 美元的授权费用，尽享平台之上的高端用户资源。因此苹果应用商店里有着超过 34 万款的各类应用，平均每位 iPhone 用户每月在 App Store 上花费 9.49 美元，App Store 一年吸金近 24 亿美元，其中 70%分给应用开发者。"愤怒的小鸟"（Angry Birds）这款人气颇旺的手机休闲游戏在苹果应用商店怒赚千万美元就是一例。

图示小结

整体产品观

- 产品的整体概念包括核心产品、形式产品、期望产品、延伸产品和潜在产品。
- 按照耐用性不同,产品可以分为非耐用品、耐用品和服务;消费品可以分为便利品、选购品、特殊品和非渴求品;工业品可分为材料和零部件、资本项目及物资和服务。
- 个别产品决策涉及产品属性、建立品牌、包装、标签、产品支持服务等。

产品组合

- 产品组合是指一个企业的全部产品结构,是产品线和产品项目的总和。衡量要素包括组合的宽度、长度、深度和关联度。
- 分析现有产品组合状况,可采用销售额和利润分析、产品地图、波士顿矩阵等方法。
- 产品组合决策包括扩大产品组合、缩减产品组合、延伸产品线及实现产品线的现代化。

产品生命周期

- 产品生命周期是指一个产品从进入市场到退出市场所经历的生命循环过程。根据销售额和利润额变化,其可划分为四个阶段。
- 导入期考察价格和促销投入,可采取快速撇脂、缓慢撇脂、快速渗透、缓慢渗透策略。
- 成长期可采取的策略有:改进产品质量、寻找新市场、加大促销、择机降价等。
- 成熟期可以对产品、市场及营销组合策略进行调整。
- 衰退期可选择的策略有维持、集中、收缩、放弃。

新产品开发

- 新产品包括全新产品、换代产品、改进产品、仿制产品等。
- 新产品开发策略涉及开发的基本要求、方向、方式、风险、预算及组织工作等。
- 新产品开发过程包括构思产生、构思筛选、产品概念、营销规划、商业分析、产品研制、市场试销、正式上市等阶段。
- 新产品的扩散过程呈现出正太分布曲线特征,可采取的策略包括实现迅速起飞、快速增长、渗透最大化及长期维持一定水平等。

复习思考题

1. 什么是产品整体概念？其包括哪些层次？
2. 如何进行产品分类？
3. 单一产品决策包括哪些内容？
4. 什么是产品组合？如何进行现有产品组合现状的分析？
5. 产品组合决策包括哪些策略？每种策略的特点是什么？
6. 简述产品生命周期各阶段的特点及其营销策略。
7. 什么是新产品？它有哪些主要类型？
8. 新产品开发应该考虑的策略有哪些？
9. 新产品开发的程序及其各阶段的主要任务是什么？

营销体验

1. 小组辩论：产品的功能和外观，哪个更重要

一些营销人员认为，优良的产品性能是营销成功的关键；另有一些营销人员则提出，产品的外观设计，如造型、色彩、包装等才能真正产生差异化效果。

正方观点：产品的功能是品牌获得成功的关键；

反方观点：产品的外观设计是品牌获得成功的关键。

2. 小组讨论：整合产品概念 5 个层次的实践意义

整体产品包括核心产品、形式产品、延伸产品、期望产品及潜在产品，这五个层次的要素及其特点是不同的。请结合你熟悉的产品，分析一下这五个层次的划分对企业营销实践的指导意义，并在小组中交流你的观点。

案例讨论

K 牌小麦啤酒生命周期延长策略

国内某知名啤酒集团针对啤酒消费者对啤酒口味需求日趋柔和、淡爽的特点，积极利用公司的人才、市场、技术、品牌优势，进行小麦啤酒研究。3 年前公司利用其专利科技成果开发出具有国内领先水平的 K 牌小麦啤酒。这种产品泡沫洁白细腻、口味淡爽柔和，迎合了啤酒消费者的口味需求，一经上市就在 S 省啤酒市场上掀起一股 K 牌小麦啤酒的概念消费热潮。

K 牌啤酒公司在产品上市前分析，K 牌小麦啤酒作为一个概念产品和高新产品，要想很快获得大份额的市场，迅速取得市场优势，就必须对产品进行一个准确的定位。K 牌集团把小麦啤酒定位于零售价 2.2 元/瓶的中档产品，包装为销往城市市场的 500 mL 专利异型瓶装和销往农村、乡镇市场的 630 mL 普通瓶装两种。合理的价位、精美的包装、全新的口味、高密度的宣传使 K 牌小麦啤酒上市后，迅速风靡本省及周边市场，并且远销到江苏、吉林、河北等外省市场，当年销量超过 10 万吨，成为 K 牌集团一个新的经济增长点。K 牌小麦啤酒迅速从投入期过渡到高速成长期。

高涨的市场需求和可观的利润回报使竞争者也随之发现了这座金矿，本省的一些中小啤酒企业不顾自身的生产能力，纷纷上马生产小麦啤酒。一时间市场上出现了五六个品牌的小麦啤酒，而且基本上都是外包装抄袭K牌小麦啤酒，酒体仍然是普通啤酒，口感较差，但凭借每瓶1.5元左右的较低价格，在农村及乡镇市场迅速铺开，这很快造成小麦啤酒市场竞争秩序严重混乱，K牌小麦啤酒的形象遭到严重损害，市场份额也严重下滑，形势非常严峻。一部分市场从高速成长期迅速进入了成熟期，销量止步不前；而一部分市场由于杂牌小麦啤酒低劣质量的严重影响，消费者对小麦啤酒不再信任，K牌小麦啤酒销量也急剧下滑，产品提前进入了衰退期。

面对严峻的市场形势，是尽量延长产品的成熟期和衰退期最后被市场自然淘汰，还是选择放弃小麦啤酒市场策略，开发新产品，投放其他的目标市场？决策者经过冷静的思考和深入的市场调查后认为：小麦啤酒是一个技术壁垒非常强的高新产品，竞争对手在短期内很难掌握此项技术，也就无法缩短与K牌小麦啤酒之间的质量差异；小麦啤酒的口味迎合了当今啤酒消费者的流行口味，整个市场有较强的成长性，市场前景是非常广阔的。所以选择维持与放弃策略都是一种退缩和逃避，失去的将是自己投入巨大的心血打下的市场，而且研发新产品，开发其他的目标市场，研发和市场投入成本很高，市场风险性很大。如果积极采取有效措施，调整营销策略，提升K牌小麦啤酒的品牌形象和活力，使其获得新生，重新退回到成长期或直接过渡到新一轮的生命周期，公司将重新成为区域市场小麦啤酒的引领者。

讨论题：
（1）对啤酒市场进行细分，分析K牌小麦啤酒的目标市场和定位策略特点。
（2）对K牌小麦啤酒如何延长产品的生命周期提出你的策略和建议。

第八章
价格决策

学习目标

◎ 理解影响企业定价的内外部因素；
◎ 熟悉企业定价的原则和程序；
◎ 掌握企业定价的方法和策略；
◎ 了解企业的价格调整及注意点。

关键术语

◎ 成本导向定价（Cost Oriented Pricing）
◎ 需求导向定价（Demand Oriented Pricing）
◎ 竞争导向定价（Competition Oriented Pricing）
◎ 收支平衡定价（Balance of Payments Pricing）
◎ 需求差别定价（Price Discrimination）
◎ 随行就市定价（Going-Rate Pricing）
◎ 成本加成定价（Cost-Plus Pricing）
◎ 目标利润率定价（Target Return Pricing）
◎ 市场认可价值定价（Market Perceived-Value Pricing）
◎ 密封投标定价（Sealed-Bid Pricing）
◎ 新产品定价（New Product Pricing）
◎ 渗透定价（Penetration Pricing）
◎ 撇脂定价（Price Skimming）
◎ 心理定价（Psychological Pricing）
◎ 折扣定价（Discount Pricing）
◎ 产品组合定价（Product-Mix Pricing）
◎ 地区定价（Regional Pricing）
◎ 网络定价（Network Pricing）

知识结构

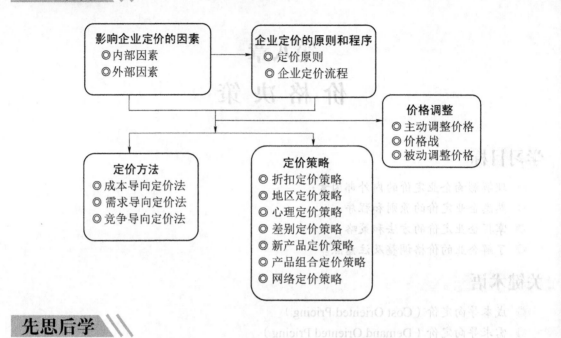

先思后学

Godrej & Boyce 成功打开了印度低价冰箱市场

Godrej & Boyce 是一家印度家电生产商。由于购买和使用成本都很高,传统的压缩制冷冰箱在印度的渗透率只有 18%。Godrej 公司专门组建了一个团队调查和研究印度低收入消费群体的需求。发现住在郊区和乡下的人通常月收入在 125~200 美元,4~5 名家庭成员只有一间简陋的住房,而且经常搬家。这些消费者买不起传统的冰箱,就几家共用一台,还经常是二手的旧货。但是,即使是公用的冰箱,也只能储存较少的东西。所以,这些消费者倾向于每天购物,并且只买少量的蔬菜和牛奶。而且,电力的不稳定也使得冰箱的冷藏有风险。Godrej 公司由此得知低收入的人群对传统冰箱几乎没有需求。于是,公司研发出了全新的产品——Chotukool,这是一款糖果红、上开盖、轻便而小型的冰箱,可以冷藏少量食物保鲜 1~2 天。耗电不到传统冰箱的一半,而且可以在电力中断时使用电池。最令消费者青睐的是售价只有 69 美元。Chotukool 以只有大多数低端传统冰箱一半的价格,满足了印度低收入群体的使用需求。

恰当的产品和价格,为企业带来了规模可观的市场机会。为了在市场竞争中取胜,企业需要考虑如何做好产品的定价。为此,需要了解影响定价的各种因素,选择适当的定价方法,并采取积极有效的定价策略。

本章介绍和阐述影响企业定价的内外部因素,成本、需求、竞争三种不同导向的定价方法,在市场竞争中常见的定价策略以及调价策略。

第一节　影响企业定价的因素

概括地说，影响企业定价的因素包括两类：企业内部因素和外部因素。企业内部因素是指企业的营销目标、营销组合策略、成本和价格决策机制等；外部因素主要是指市场和需求的性质、竞争和其他环境因素，如宏观经济状况、政府的法规与政策等。在内外部因素的共同作用下，会形成企业特定的价格形态。

1.1　影响企业定价的内部因素

（1）营销目标

企业为产品定价时，首先要有明确的目标，也就是明确本项产品或本次营销活动到底要达到什么目的。作为一种市场行为和企业参与市场竞争的重要手段，企业的市场营销活动也有不同的目标。

① 维持企业的生存。当企业由于经营管理不善或其他原因，造成产品大量积压、资金周转不灵、债务逼门、濒临破产时，企业的市场营销目标只能是争取维持企业的生存。此时，定价应尽量压低，以便迅速清除存货，回收资金，克服财务困难。有时，为了及时处理积压产品，避免更大损失，或为了不至于错过有利的市场机会，定价可低于成本。但是，靠压低定价的办法维持生存只是权宜之计，从长远来看，企业压低价格必然导致利润的降低，甚至没有利润或亏损，长此以往企业是无法维持下去的。

② 争取当期利润最大化。企业出于某种考虑，可以将定价的目标确定为取得当期的最大利润，而不顾及未来的长期利润。在这种情况下，企业需要估计和比较不同价格时的产品需求，并结合产品成本来考虑，选择可以得到当期最大利润、最大现金流量和最大投资收益的价格。

③ 争取最大限度的市场占有率。对于企业而言，市场占有率也具有相当重要的意义，尤其是对于生命周期较长、市场竞争较为激烈的产品来说，把握了市场占有率，就可以确立产品在市场上的地位，长久地回收利润。为了提高市场占有率，就应将价格尽可能定低。这种策略就是以牺牲短期利润获取长期的效益。

④ 产品质量领先。有些企业的目标是以高质量的产品占领市场，但是高质量的产品不论在其研究开发费用上，还是在生产成本上，都必然高于普通产品。所以，企业应采取高价策略，以使企业的付出得到补偿。例如，吉列公司生产的刮脸刀片，其所用钢材比普通刀片好，加工工艺也较普通刀片精密，质量明显优于普通刀片，所以，它的定价也远高于普通刮脸刀片。这样，一方面通过高售价，使吉列公司的高投入得到了补偿；另一方面，也在市场上确立了吉列刀片高质高价的地位。

⑤ 其他目标。企业的市场营销工作不是简单地为了回收资金，赚取利润。价格往往是企业实现其生产经营目标的杠杆，所以，企业出于对其市场营销工作的整体考虑，还可利用定价来达到其他目标。如以低价阻止竞争者进入市场；随行就市定价，以稳定市场，缓和竞争，通过适当的价格保住既有的顾客或避免政府干预；用临时性的降价来激发顾客的购买欲；用一种产品的定价来促进产品线中其他产品的销售等。这些目标需要企业在定价时予以必要的考虑和安排。

（2）营销组合策略

价格是营销组合的因素之一，所以定价策略必须与其他因素，如产品的整体设计、分销渠道选择以及促销沟通策略等相匹配，形成一个协调的营销组合。

由于价格在企业营销组合中的特殊作用，企业往往先制定价格策略，然后根据价格策略再制定其他营销组合策略。如先研究某一收入阶层所能接受的价格范围，然后在这个范围内设计一种产品，此时，价格成为产品市场定位的主要因素，价格决定了产品的目标市场、竞争者和产品设计。价格还决定产品具有什么特色以及生产成本的高低。在这种情况下，其他营销组合因素的决策，要以定价策略为转移。如果产品是在非价格因素的基础上定位的，那么，有关产品质量、促销、分销等方面的决策，就会影响定价决策，定价时就要以其他营销组合因素的策略为依据。

（3）产品成本

产品成本包括制造成本、营销成本、储运成本等，它是价格构成中一项最基本、最主要的因素。成本是产品定价的最低下限，产品价格必须能够补偿产品生产、分销和促销的所有支出，并补偿企业为产品承担风险所付出的代价。企业利润是价格与成本的差额，因而企业必须了解成本的变动情况，节省一切不必要的消耗，努力降低成本，以期降低价格，从而扩大销售，增加赢利。

产品成本还可以分为固定成本和变动成本。固定成本是指在一定限度内不随产量和销量的增减而增减，具有相对固定性质的各项成本费用，如固定资产折旧费、房地租、办公费用等。变动成本是指随着产量或销量的增减而增减的各项费用，如原材料消耗、储运费用、生产工人的工资等。固定成本和变动成本两者之和即为产品总成本，产品售价的最低限度要能够收回产品的总成本。

在不同的生产规模和生产经验条件下，产品的生产成本不同。因此，企业营销管理者必须了解这两方面因素对成本的影响，以指导定价决策。

知识拓展

规模、经验与成本

不同生产规模对成本的影响。生产活动中的固定成本是分摊到其产品中去的，产品的生产量越大，每个产品所分摊的份额就越小，所以，产品单位成本随企业生产规模的不同而变化。每一种产业都有一定的最适宜规模，在这个规模上单位成本最低，经济效益最高，这就是"规模效益"。因此，企业应力求保持适当的生产规模，保持最低的单位成本，这样才能使价格有竞争力，使投资收益率最高。

不同生产经验对产品成本的影响。生产经验，包括技术经验和管理经验的积累，将使企业生产效率不断提高，所以，不同的生产经验积累水平将影响企业的生产成本，从而影响企业定价。

（4）企业的价格决策机制

企业的价格决策机制对定价决策具有深远的影响。所谓价格决策机制，就是指由谁来定价，按照什么程序来定价，在定价过程中如何进行信息的反馈和交流等。

小型企业通常由最高层管理者负责定价,大型企业则由部门经理或产品线经理负责定价。在经营产业用品的企业中,产品的销售价格可由推销人员与用户在一定幅度内协商议定。具体的定价程序可以是多种多样的,但一般来说,企业的高层管理人员应负责确定定价目标,并听取基层管理人员和推销人员的意见。在一些生产重要产品的大型企业中,应当建立专门的定价机构,该机构与企业的最高管理者和营销部门直接联系,专门负责定价工作,其他部门经理,如销售经理、生产经理、财务经理和会计师等,对定价也有一定的发言权。

1.2 影响企业定价的外部因素

(1)市场需求

市场需求是影响企业定价的最重要的外部因素,它决定了产品价格的最高上限。也就是说,产品价格不能高到无人购买,当然也不应低到供不应求,市场脱销。因此,企业给产品定价不但要考虑营销目标、生产成本、营销费用等因素,还必须考虑市场供求状况和需求弹性。

① 需求与供给的关系。一般情况下,市场价格以市场供给和需求的关系为转移。供求规律是一切商品经济的客观规律,即商品供过于求时价格下降,供不应求时价格上涨。在完全竞争的市场条件下,价格完全在供求规律的自发调节下形成,企业只能随行就市定价;在不完全竞争的市场条件下,企业才有选择定价方法和策略的必要和可能。

② 消费者对产品价格与价值的感受。最终评定价格是否合理的是消费者,因此,企业在定价时必须考虑消费者对产品价格和价值的感受及其对购买决策的影响。换言之,定价决策也必须如其他营销组合决策一样,以消费者为中心。消费者在选购时,通常要将产品价格同产品的价值(消费者所感受的价值)相比较,消费者只有在他们感到值得购买时才会决定购买。因此,应了解消费者对产品价值是如何感受的。产品价值可分为实际价值和消费者个人所感受的价值,二者并不总是一致的。有些产品不能只根据其实际价值和成本来定价,而必须考虑市场需求的强度和消费者心理因素。而了解消费者的心理,在很大程度上要依靠营销者的经验和智慧。

③ 需求价格弹性。在价格与需求的关系方面,营销者还要了解需求的价格弹性,即产品价格变动对市场需求量的影响。不同产品的市场需求量对价格变动的反应程度不同,也就是弹性大小不同。

影响需求价格弹性的因素主要有以下几个方面:一是产品与生活关系的密切程度。凡与生活密切的必需品,如柴、米、油、盐,价格对其需求量的影响小,即需求的价格弹性较小;反之,需求的价格弹性就大。二是产品本身的独特性和知名度。越是独具特色和知名度高的名牌产品,消费者对价格越不敏感,需求弹性越小;反之,则需求弹性大。三是替代品和竞争产品种类的多少和效果的好坏。凡替代品和竞争产品少并且效果也不好的产品,需求弹性小;反之,弹性就大。四是产品质量和币值的影响。凡消费者认为价格变动是产品质量变动或币值升降的必然结果时,需求弹性小;反之,弹性大。

由于不同产品的需求,价格弹性不同,企业在定价时对弹性大的产品可用降价来刺激需求,扩大销售,如家电产品;对需求弹性小的产品,如某些名、特、优、新产品,当市场需求强劲时,则可适当提价以增加收益。

(2)竞争者的价格与反应

顾客在选购商品时,总要在同类产品中比质、比价。如果采取高价高利策略,就会影响一些竞争者，他们也会以高价高利的策略打入市场；但另一些竞争者为了扩大市场，也可能采取低价低利策略。在这种竞争中，一些较弱的竞争者甚至可能被挤出市场。企业为了巩固自己的竞争地位，需要了解每个竞争者所提供产品的价格与质量，可派专人到市场上去调查比较，也可收集竞争者的价目表或买回竞争者的产品拆开研究，还可征询顾客对各种品牌产品的质量和价格的意见。

企业在定价时应参照竞争者的产品和价格，如果自己的产品与主要竞争者的产品相类似，则必须使价格也近似，若相差悬殊则会丧失市场；如果比竞争者的产品质量低，那就应定较低的价格；如果质量高于竞争者的产品，则可定较高的价格。企业可用价格为自己的产品定位。同时，还必须估计到竞争者很可能以改变价格作为回应。

知识拓展

市场竞争类型

通常，我们按市场竞争的程度把市场竞争划分为两种类型：完全竞争和不完全竞争。完全竞争是指没有任何垄断因素的市场状况。不完全竞争一般是指除完全竞争以外，有外在力量控制的市场情况。不完全竞争包括三种类型：完全垄断、垄断竞争和寡头垄断。完全垄断是指某一产品的市场完全由一家企业所控制。垄断竞争是介于垄断和完全竞争之间的一种竞争状态，是现代市场经济中普遍存在的典型竞争形式。寡头垄断是指某一产品的市场绝大部分是由少数几家企业所垄断。

（3）其他外部环境因素

影响企业定价的环境因素还有很多。比如，国内或国际的经济状况，是否出现通货膨胀，经济是繁荣还是萧条，利率的高低等，都会影响到定价策略。因为这些因素影响生产成本和顾客对产品价格和价值的理解。此外，政府的有关政策、法规也是影响企业定价的一个重要因素。

营销实践

中国政府严令禁止13种欺诈价格行为

国家计委出台的禁止价格欺诈行为的规定中，将13种价格行为列为价格欺诈行为，并严令禁止。价格欺诈行为是指经营者利用虚假的或者使人误解的标价形式或者价格手段，欺骗、诱导消费者或者其他经营者与其进行交易的行为。中国政府严令禁止的13种价格欺诈行为如下。

● 标价签、价目表等所标示商品的品名、产地、规格、等级、质地、计价单位、价格等或者服务的项目、收费标准等有关内容与实际不符，并以此为手段诱骗消费者或者其他经营者购买的。

● 对同一商品或者服务，在同一交易场所同时使用两种标价签或者价目表，以低价招徕顾客并以高价进行结算的。

● 使用欺骗性或者误导性的语言、文字、图片、计量单位等标价，诱导他人与其交易的。

- 标示的市场最低价、出厂价、批发价、特价、极品价等价格表示无依据或者无从比较的。
- 降价销售所标示的折扣商品或者服务，其折扣幅度与实际不符的。
- 销售处理商品时，不标示处理品和处理品价格的。
- 采取价外馈赠方式销售商品和提供服务时，不如实标示馈赠物品的品名、数量或者馈赠物品为假冒伪劣商品的。
- 收购、销售商品和提供服务带有价格附加条件时，不标示或者含糊标示附加条件的。
- 虚构原价，虚构降价原因，虚假优惠折价，谎称降价或者将要提价，诱骗他人购买的。
- 收购、销售商品和提供服务前有价格承诺，不履行或者不完全履行的。
- 谎称收购、销售价格高于或者低于其他经营者的收购、销售价格，诱骗消费者或经营者与其进行交易的。
- 采取掺杂、掺假，以假充真，以次充好，短缺数量等手段，使数量或者质量与价格不符的。
- 对实行市场调节价的商品和服务价格，谎称为政府定价或者政府指导价的。

任何单位和个人对价格欺诈行为均有权向价格主管部门举报。政府价格主管部门将依照《中华人民共和国价格法》和《价格违法行为行政处罚规定》进行处罚。

第二节　企业定价的原则和程序

把握影响企业定价的各种因素，是企业进行价格决策的必要条件。而产品价格的确定，往往需要具备一定的战略高度，遵从科学的定价流程，并且必须借助于科学的、行之有效的定价方法。

2.1　定价原则

（1）定价与公司整体战略相协调

为了形成较强且持久的获利性，公司必须把定价作为整个经营战略的一个组成部分，制定出一整套与公司战略目标协调一致的定价政策和程序。

（2）定价以价值创造为导向

美国许多著名大公司在定价上都犯过错误。例如，领导消费电子产品创新潮流的飞利浦公司，在信用卡市场上独占鳌头的花旗银行，以及几家统治美国航空业市场的航空公司。虽然它们为消费者创造了巨大价值，但是却往往不如同行业一些小公司那样具有持久和可观的获利性。为什么这些大公司不能从它们创造的巨大价值中获得足够的利润呢？原因就在于它们未能将创造价值的活动与定价决策有机地结合起来。

作为一个有战略眼光的定价者，应该思考的问题不是"我们需要什么样的价格才能收回成本并赚取预期的利润"，而是"在市场可接受的价格下，维持什么样的成本水平才能实现预期的利润目标"；不是"顾客愿意支付的价格是多少"，而是"我们的产品在顾客看来能值多少，以及通过更有效的沟通是否能使顾客确信该产品货真价实"；不是"什么价格才能实现销售额或市场份额目标"，而是"什么样的销售额或市场价格水平才能使公司利润最大化"。当某些顾客认为产品的价格过高时，定价者应当考虑如何进一步细分市场，进而以不同的产品和不同的分销渠道去满足不同价值标准的顾客群体，而不应当只是秘密地给这些顾客折扣。

（3）寻求营销与财务之间的动态平衡

定价的最高指导思想是寻求顾客获得价值满足的愿望与公司收回成本并获得预期利润的需要这两者之间的平衡。可是，在许多公司中，定价活动更多的是将这两者对立起来。如果定价着眼于对产品价值的判断，那么进行价格决策的应是市场部或销售部经理，因为他们可能最了解顾客。但是，没有适当的财务指标制约，这种价格就不能持续稳定地创造利润。因此，财务部门必须了解成本与销售量之间的关系，并运用有关知识去发掘营销活动中的激励因素，以便有利可图地实现他们的目标。

（4）定价决策过程科学化

定价决策过程不一定要程序化，不过建议大公司将这一过程规范化。在大公司中，成本、顾客和竞争的信息分别由不同的人掌握，只有规范的决策过程才能确保所有的信息都体现在定价决策中了。对于小公司来讲，这个过程则往往采取不太正式的形式来完成。为了获得成功，任何一个定价的管理者都必须知道他想要达到的目的是什么，做出正确结论需要了解什么信息，进行什么分析。定价往往需要在产品开发前对价格做出估计，确保合理定价的有效方法是尽早放弃那些不能获取足够价值以收回成本的产品概念。

2.2 企业定价流程

成功的定价流程是一个持续不断的过程，它应包括以下几个步骤。

（1）数据收集

定价策略常常因为没有考虑到所有关键因素而失败。由于市场人员忽视成本，其定价仅仅是市场份额最大化，而不是利润最大化；由于财务人员忽视消费者价值和购买动机，定价仅仅是利润最大化；没有收集到足够的有关竞争对手的信息而做出的定价决策，一旦竞争者采取出乎意料的行动就会宣告失败。好的定价决策需要成本、消费者和竞争者三个方面的信息——这是定价成功与否的关键所在。

知识拓展

数据收集的三个阶段和要求

第一阶段：成本核算。与特定的定价决策相关的增量成本和可避免的成本是什么？具体包括：制造、顾客服务和技术支持在内的销售增量变动成本（不是平均成本）是什么？在什么样的产量水平下固定成本将发生变化？这个改变值是多少？以某个价格销售产品，什么是可避免的固定成本？

第二阶段：确认消费者。哪些是潜在的消费者？他们为什么购买这个产品？具体包括：对于消费者来讲，产品或服务的经济价值是什么？其他因素（比如：很难在替代品之间作比较，购买产品代表一种地位和财富，预算限制，全部或部分成本可以由他人分担等）是如何影响消费者的价格敏感性的？顾客感受到的价值的差异以及非价值因素的差异是如何影响价格敏感性的？如何根据差异将消费者划分成不同的市场？一个有效的营销和定位战略如何影响顾客的购买愿望？

第三阶段：确认竞争对手。目前或潜在的能够影响该市场盈利能力的竞争对手是谁？具体包括：谁是目前或潜在的关键竞争对手？目前市场上，竞争对手的实际交易价格（与目录价格不同）是多少？从竞争对手以往的行为、风格和组织结构看，他们的定价目标是什么？他们追求的是最大销售量还是最大利润率？与本公司相比，竞争者的优势和劣势是什么？他们的贡献毛利是高还是低？声誉是好还是坏？产品是高档还是低档？产品线变化多还是少？

数据收集阶段的三个步骤要分别独立完成。如果负责收集顾客信息（第二步）的人员相信增量成本相对于价值来讲比较低（第一步），就会倾向于保守地估计经济价值。如果计算成本（第一步）的人员相信消费者价值很高（第二步），就会倾向于将产品的成本定得较高。如果收集竞争信息的人员（第三步）知道消费者目前偏爱的产品是什么（第二步），就会忽略那些尚未被广泛接受的高新技术带来的威胁。

（2）数据分析

分析阶段包括成本、消费者和竞争三个方面的数据分析，不过此时各种信息开始相互关联起来。财务分析通过价格、产品和目标市场的选择来更好地满足顾客需要或者创造竞争优势。公司选择目标市场要考虑为市场细分服务的增量成本以及公司比竞争者更有效的或者成本更低的服务于该市场的能力。竞争者分析一定程度上是为了预测竞争者对某个以深入到顾客细分为目的的价格变动的反应。

知识拓展

数据分析的三个阶段和要求

第一阶段：财务分析。 对于潜在的价格、产品或促销变动，销售量需要变化多少才能增加利润？对于新产品或新市场，销量应至少达到多少才能回收增量成本？

具体而言要分析：在基准价格水平下，贡献毛利是多少？为了从减价中获取更多的贡献毛利，销售量应该增加多少？在提价变得无利可图之前，可以允许销量减少多少？为了覆盖与决策相关的追加固定成本（如广告、审批的费用），销量需提高多少？已知与销售水平相联系的增量固定成本，销售新产品或将老产品打入新市场需要达到什么样的销售水平才是有利可图的？

财务分析能在很大程度上帮助企业制定产品的价格，并确定一个最低的价格限度。企业的成本是底线，企业要制定的价格，应能包括它的所有生产、分销、推销该产品的成本，还应包括对企业所作的努力和承担的风险的一个公平的报酬。

第二阶段：市场细分。 不同细分市场的顾客的价格敏感度不同，购买动机不同，为他们服务的增量成本也不同。如何给不同的细分市场定价？如何能够最有效地向不同细分市场的顾客传达产品的价值信息？

具体而言要分析：如何在购买之前区分不同细分市场的顾客？如何在市场细分之间建立"隔离栅栏"，使低价市场不影响产品在高价市场的价值？公司如何避免违反有关价格细分的一些法定规则？

对需求的分析应注意消费者的价格敏感度。一般来说，顾客对生产成本高或经常购买的产品价格敏感，而对成本较低或不经常购买的产品价格不敏感。在产品获得、产品生命周期的运作和服务中所占总成本的比例很小的产品，消费者对价格也不敏感。

估计需求曲线。可采用的方法有：① 统计方法。可以通过统计分析过去的价格、销售量和其他因素的数据来估计它们的关系。这种数据分析可以是纵向的（随时间变化），也可以是横向的（在向同一时间不变的地点变化）。② 价格实验法。营销人员可以在一个商店有意识地变动几个销售产品的价格，并观察其结果。然后在相类似地区变化不同的价格，观察是怎样销售的。③ 询问法。询问购买者在不同的价格水平会买多少产品。当然，这种方法的主要问题是购买者在认为价格较高时会降低他们的购买愿望，这会迫使企业不能制定高价格。

需求的价格弹性取决于拟定的价格变动的方向和大小。微小的价格变动可以忽略，大的价格变动则要重视。还要注意长期的价格弹性与短期的价格弹性的区别。一种产品价格提高后，买者可能继续从现在的供货商那里购买产品，因为选择一位新的供货商要花费时间，但他们最终可能转向其他供应商。在这种情况下，从长远看，需求更富有弹性。也可能情况相反，买者在知道了提价的消息后马上就抛弃了当前的供应商，但以后又回来了。短期和长远的弹性之间的区别在于卖主需多少时间了解他们在价格变动上的总影响。

第三阶段：竞争分析。竞争者对公司将要采取的价格变动会做出什么反应？他们最可能采取什么行动？竞争者的行动和反应将如何影响公司的盈利和长期生存能力？

具体而言要分析：已知竞争者的生产能力和意图，公司在盈利的前提下能达到什么样的目标？公司如何利用竞争优势选择目标市场，以避开竞争对利润的威胁？如果不能从无法避免的竞争对抗中获取利润，公司应该从什么样的市场上战略性地撤回投资？公司如何利用信息来影响竞争者的行为，使公司的目标更具有可达到性和盈利性？

在由市场需求和成本所决定的可能价格的范围内，竞争者的成本、价格和可能的价格反应也能帮助企业制定价格。企业应该先考虑最相近的竞争者的价格。一般来说，如果企业提供的产品不如竞争者，顾客往往会认为竞争者的加价是合理的；如果竞争者提供的产品质量略差，顾客就可能认可企业的价格。企业需要考虑其产品的价格是高于、等于还是低于竞争者。此外，企业还要认识到竞争者对于价格会做出怎样的反应。分析阶段的最终结果是得到一个价格与价值战略，一个指导未来业务的规划。

（3）确定定价目标

应根据企业的营销目标确定相应的定价目标。总体来说，企业的定价目标决定于营销目标，定价目标是营销目标更为具体的表现。但是，在价格组合中，定价目标是以具体产品、具体品种型号而定的，因此，在企业营销目标既定的情况下，具体产品的定价目标可能与营销目标产生一定限度的偏差。所以，确定定价目标时，应以营销目标为根据，结合不同产品特殊的营销环境和企业的营销能力，做出相应的选择。如由于不同消费者对产品价格的可接受程度不同，有些产品的单价宜以薄利目标为主，另一些产品的单价则可以厚利目标为主。

（4）选定具体的定价方法和定价策略

一方面，顾客对产品价值的感知决定了企业定价的上限，如果企业对产品的定价高于顾客感知的价值，在这个价格下产品将没有需求。另一方面，产品成本决定了企业定价的下限，如果企业对产品的定价低于投入的成本，在这个价格下企业将无利可图。另外，在行业中，竞争者的价格也是产品定价的重要参照因素。在企业的定价实践中，形成了三种主导的定价方法，分别是成本导向、需求导向以及竞争导向的定价方法。

在各种环境因素的影响下，产品的定价往往是处在动态变化之中的。企业可以根据内外部环境的变化,灵活采取一些价格策略和技巧,包括新产品定价策略,如心理定价、折扣定价、差别定价、地区定价、产品组合定价等策略。随着网上购买和交易行为的发展,如何进行网上交易产品或服务的定价,也是当代企业需要加以重视的问题。

案例启迪

质优低价的帮宝适在尼日利亚畅销

尼日利亚每年有600万名新生婴儿,宝洁公司看到了这样一个市场可能带来的巨大商机。但是,尼日利亚的妈妈每月的日用开支只有30美元左右。为了在这样的一个市场保持低成本和低价格,宝洁发明了一种简单的一次性尿片。这是一种价格虽然便宜但质量好的产品,可以提供其他廉价尿片所做不到的利益——能够保持12小时让宝宝舒适和干爽。尼日利亚的大多数婴儿原来是用布尿片。为使更多的尼日利亚人接受和买得起帮宝适,宝洁公司将尿片作为一天一次的产品来营销。公司的广告口号是:"一片帮宝适等于一个干爽的夜晚",这一广告触动了宝洁市场研究人员发掘出来的尼日利亚人的情感——他们的孩子应该有比自己更好的生活。这一符合消费者需求的产品加上低廉的价格,使得帮宝适品牌在尼日利亚成为尿片的代名词,并获得了快速的销售增长。

第三节 定价方法

3.1 成本导向定价法

成本导向定价法是以产品单位成本为基本依据,再加上预期利润来确定价格的定价方法,是企业最常用和最基本的定价方法。

(1)成本加成定价法

成本加成定价是指按照单位成本加上一定百分比的加成确定销售价格。加成的含义就是一定比率的利润。其计算公式为:

$$单位产品价格=单位产品成本(1+成本加成率)$$

例如,假如一个电炉的成本是16美元,如果加上25%的加成,则零售商的定价就可以确定为20美元。对于建筑公司来说,一般计算出全部工程成本,再确定一个利润加成,就可以提出工程报价。此外,律师、会计师和其他专业人员,一般都是在其成本基础上,加上一个标准加成来定价的。一些销售商明确告诉顾客它们的价格是成本加上一定的加成。例如,航空公司就是用这种方法向政府提出售价的。由此可见,采用成本加成定价法,确定合理的成本利润率是一个关键问题,而成本利润率的确定,必须考虑市场环境、行业特点等多种因素。

成本加成定价法由于忽略需求和竞争对手的价格而表现出局限性。但这种定价方法仍然受到企业欢迎。这是因为:其一,比起估计需求量,确定成本要容易得多;其二,如果行业中都采用加成定价,价格将趋于相似,价格竞争也将最小;其三,许多人认为成本加成定价法对购买者和销售者都更加公平。成本加成定价法一般在租赁业、建筑业、服务业、科研项目投资以及批发零售企业中得到广泛的应用。

(2) 收支平衡定价法

收支平衡定价法又称盈亏平衡定价法,即以总成本和总销售收入保持平衡为原则。总销售收入等于总成本,此时利润为零,企业不盈不亏,收支平衡。其计算公式为:

$$单位产品售价=产品的固定成本÷预计销售量+产品的单位变动成本$$

例如,某产品的固定成本为 100 万元,单位变动成本为 5 元,预计销售 10 万件,该产品的销售价格应是:

$$单位产品售价=100÷10+5=15(元)$$

也就是该产品达到收支平等时的价格为 15 元。

收支平衡定价法可以使企业明确在不亏不盈时的产品价格及最低销售量。其缺点是要先预测产品销售量,若销售预测不准,成本算不准,价格就定不准。

(3) 目标利润定价法

目标利润定价法以总成本和目标利润作为定价的基础。首先估计未来可能达到的销售量和总成本,在保本分析(收支平衡)的基础上,加上预期的目标利润额,或是加上预期的投资报酬额,然后再计算出具体的价格。其计算公式如下:

$$单位产品价格=(总成本+目标利润额)÷预计销售量$$
$$投资报酬额=总投资额÷投资回收期$$

例如,某产品预计销售量为 10 万件,总成本为 125 万元,该产品的总投资约 140 万元,要求 5 年回收投资,投资收益率目标为 20%,该产品的售价应为:

$$年投资报酬额=140×20\%=28(万元)$$
$$单位产品价格=(125+28)÷10=15.3(元)$$

这种方法简便易行,可提供获得预期利润时最低可能接受的价格和最低的销售量,通常被一些大型企业和公共事业单位所采用。其缺点是以销售量倒推价格,而价格实际是影响销售量的重要因素。

成本导向定价虽然实施简便,但此方法是一种生产者导向的产物,很少考虑到市场竞争和需求的实际情况,只是从保证生产者的利益出发制定价格。此方法最大的缺陷在于只考虑成本对价格的影响而忽略了定价对成本的反作用,只考虑企业自身的发展现实而忽略了外部市场环境的实际状况。

3.2 需求导向定价法

需求导向定价法是一种以市场需求强度及消费者感受为主要依据的定价方法,包括认知价值定价法、需求差异定价法等。

(1) 认知价值定价法

所谓认知价值定价法,就是企业根据购买者对产品的认知价值来制定价格的一种方法。认知价值定价与现代市场营销观念相一致。认知价值定价的关键,在于准确地计算产品所提供的全部市场认知价值。

案例启迪

卡特彼拉工程机械公司的产品定价

美国卡特彼拉工程机械公司采用认可价值法为其产品定价。该公司生产的拖拉机定价为 24 000 美元,虽然竞争者的类似产品只定价 20 000 美元,但卡特彼拉公司却得到了更大的销售量。为什么顾客愿意多付 4 000 美元来购买该公司的产品?因为根据市场研究,该公司发现所产拖拉机的市场认可价值如下:拖拉机与竞争产品相同时的价值为 20 000 美元;产品有较长使用寿命所值的金额为 2 000 美元;产品良好的可靠性在买主中享有较高的信赖度所值的金额为 2 000 美元;公司提供较好的服务所值的金额为 2 000 美元;公司有较长的零件保用期所值的金额为 2 000 美元;买主对该公司品牌的认可价值是 1 000 美元。可见,该产品售价 24 000 美元对买主来说不是比竞争产品贵 4 000 美元,而是比应有价值便宜了 5 000 美元。这就是价高销售量反而增大的原因。

为了加深消费者对商品价值的理解程度,从而提高其愿意支付的价格限度,企业首先要做好商品的市场定位,拉开本企业商品与市场上同类商品的差异,突出商品的特征,并综合运用各种营销手段,加深消费者对商品的印象,使消费者感到购买这些商品能获得更多的相对利益,从而提高他们接受价格的限度。

(2)需求差异定价法

需求差异定价法以不同时间、地点、商品及不同消费者的需求强度差异为定价的基本依据,针对每种差异决定其在基础价格上是加价还是减价。其主要有以下几种形式。

① 因地点而异。如国内机场的商店、餐厅向乘客提供的商品价格普遍要高于市内的商店和餐厅。

② 因时间而异。如在节假日,很多零售商场会对商品确定较高的折扣比率,以吸引更多的顾客光顾。

③ 因商品而异。如在大型体育比赛举行期间,印有赛事会徽或吉祥物的 T 恤等商品的价格,一般会比其他同类商品的价格要高。

④ 因顾客而异。如零售商对会员顾客和非会员顾客在一些商品的销售方面给予不同的优惠折扣;在妇女节、重阳节、教师节、父亲节、母亲节等特殊节日,对特定身份人群实行特殊的优惠折扣或馈赠等。

实行差异定价要具备以下条件:市场能够根据需求强度的不同进行细分;细分后的市场在一定时期内相对独立,互不干扰;高价市场中不能有低价竞争者;价格差异适度,不会引起消费者的反感。企业在采用这种定价方法时,首先应注意遵守相关法律法规,同时应使细分市场的依据符合一般的营销规律和消费者对公平性的理解,最后还需防范不同细分市场之间的套利行为,以免差异定价失效。

产品价格是否合理最终要由消费者来评判。价格只有得到消费者的承认时,消费者才会实施其购买行为。需求导向定价的难点在于如何准确把握市场需求强度、如何准确理解消费者认知价值、如何准确判断消费者对价格的承受能力等,这往往要比估算自己的成本复杂得多。因此,进行市场调研和数据分析是必不可少的环节。

案例启迪

珠宝提价后反而畅销

几个月前,珠宝店店主易麦克特(维吾尔族)进了一批由珍珠质宝石和银制成的手镯、耳环和项链的精选品。与以前的进货相比,易麦克特认为这批珍珠质宝石制成的首饰的进价还是比较合理的。他对这批货十分满意,认为它们比较独特,可能会比较好销。在进价的基础上,加上其他相关的费用和平均水平的利润,他定了一个价格,觉得这个价格应该十分合理,肯定能让顾客觉得物超所值。

这些珠宝在店中摆了一个月之后,销售统计报表显示,其销售状况很不好,易麦克特十分失望,不过他认为问题的原因并不在于首饰本身,而是在营销的某个环节没有做好。于是,他决定试试在中国营销传播网上学到的几种销售策略。不幸的是,这个方法也失败了。最终易麦克特决心采取一项重大行动,选择将这一系列珠宝半价出售。临走时,他给副经理匆忙地留下了一张字条。告诉她:"调整一下那些珍珠质宝石首饰的价格,所有商品都×1/2"。

当他回来的时候,易麦克特惊喜地发现该系列所有的珠宝已销售一空。"我真不明白,这是为什么,"而副经理对易麦克特说,她虽然不懂为什么要对滞销商品进行提价,但她惊诧提价后商品出售速度惊人。易麦克特不解地问:"什么提价?我留的字条上是说价格减半啊。""减半?"副经理吃惊地问,"我认为你的字条上写的是这一系列的所有商品的价格一律按双倍计。"结果,副经理将价格增加了一倍而不是减半。由此可见,产品价格的确定需要研究顾客的购买心理,类似珠宝这类商品,价格定得很低反倒可能影响销售。

3.3 竞争导向定价法

在竞争十分激烈的市场上,企业通过研究竞争对手的生产条件、服务状况、价格水平等因素,依据自身的竞争实力,参考成本和供求状况来确定商品价格。竞争导向定价法主要包括随行就市定价法、产品差别定价法和密封投标定价法。

(1)随行就市定价法

企业根据市场竞争格局,一般采用行业领导者价格或行业平均价格。参考行业定价是竞争导向定价法中最普遍的一种定价法。平均价格水平在人们观念中常被认为是"合理价格",易为消费者接受;试图与竞争者和平相处,避免激烈竞争产生的风险;一般能为零售店带来合理、适度的盈利。随行就市定价法适用于竞争激烈的同质商品,如大米、面粉、食油以及某些日常用品的价格确定。但需注意的是,此法要求企业的生产成本与行业平均成本大致接近。

(2)产品差别定价法

产品差别定价法是指企业通过营销努力,依据企业的产品与服务与竞争对手所提供的产品和服务在外观、质量、品牌、售后服务等方面的差别,选取低于或高于竞争者的价格作为本企业产品价格,以便于消费者区分产品,树立企业自身的市场地位和市场形象。因此,产品差别定价法是一种进攻性的定价方法。

(3)密封投标定价法

许多大宗商品、原材料、成套设备、建筑工程项目的买卖和承包等,往往采用发包人招标、承包人投标的方式来选择承包者，确定最终承包价格。一般来说，招标方只有一个，处于相对垄断地位；而投标方有多个，处于相互竞争地位。标的物的价格由参与投标的各个企业在相互独立的条件下来确定。在买方招标的所有投标者中，报价最低的投标者通常中标，它的报价就是承包价格。密封投标定价最大的困难在于估计中标概率，这往往取决于竞争对手如何投标，而每个参与者总是严格地保守商业秘密。企业只能通过猜测、调研及搜集历史资料尽可能地准确估计。

知识拓展

拍　　卖

拍卖是利用在拍卖现场人们竞相求购的心理最终确定成交价格的一种定价形式。它可以把它看作是一种竞争导向的定价方法。拍卖是财产权利转让的最古老方式之一，是人类有了剩余产品之后，为了转让自己的剩余物品而产生的。据有关史料文字记载，拍卖活动产生于公元前5世纪。古希腊历史学家希罗多德所著的书中提到罗马出现了拍卖行。现代文明的拍卖模式始于18世纪的英国。1744年和1766年，伦敦先后成立的两家拍卖行"苏富比"和"佳士德"，对以后全球拍卖业产生了巨大影响。中国的拍卖行最早出现于清朝末年，当时的拍卖行多半是拍卖自己收购来的旧货和典当物品。

竞争导向定价法主要以竞争产品的价格为定价依据，以竞争状况的变化来确定和调整价格，这样对现实市场动态的把握更加准确。在实际操作中须密切关注竞争者对自己价格的反应。

第四节　定　价　策　略

4.1　折扣定价策略

企业为了鼓励顾客及早付清货款、大量购买、淡季购买等，可以酌情降低商品的价格，这种价格调整即为折扣定价策略。折扣价格的主要类型包括：现金折扣、数量折扣、功能折扣、季节折扣、价格折让等。

影响折扣定价策略的主要因素有：竞争对手的实力，折扣的成本，市场总体价格水平下降等。企业实行折扣定价策略时，还应该考虑企业流动资金的成本、金融市场汇率变化、消费者对折扣的疑虑等因素。

4.2　地区定价策略

地区性定价策略，就是企业决定对于卖给不同地区顾客的某种产品，是分别制定不同的价格，还是制定相同的价格的策略。

（1）原产地定价

所谓原产地定价，就是顾客按照出厂价购买某种产品，企业只负责将这种产品运到产地某种运输工具（如卡车、火车、船舶、飞机等）上交货。交货后，从产地到目的地的一切风险和费用均由顾客承担。

（2）统一交货定价

所谓统一交货定价，就是企业对于卖给不同地区顾客的某种产品，都按照相同的出厂价加相同的运费（按平均运费计算）进行定价。

（3）分区定价

所谓分区定价，就是企业把全国（或某些地区）分为若干价格区，对于卖给不同价格区顾客的某种产品，分别制定不同的地区价格。距离企业远的价格区，价格定得较高；距离企业近的价格区，价格定得较低。

（4）基点定价

所谓基点定价，是指企业选定某些城市作为基点，然后按一定的出厂价加上从基点城市到顾客所在地的运费来定价，而不管货物实际上是从哪个城市起运的。

（5）运费免收定价

企业为了和某些地区做生意，负担全部或部分实际运费。

4.3 心理定价策略

（1）声望定价

所谓声望定价，是指企业利用消费者仰慕名牌商品或名店的声望所产生的某种心理来制定商品的价格，故意把价格定成整数或高价。

案例启迪

阿玛尼 T 恤的定价

女士的黑色 T 恤看起来很普通。但在市场上，阿玛尼（Armani）T 恤的销售价是 275 美元，而盖普（Gap）和 H&M 的 T 恤却分别只有 14.9 美元和 7.9 美元。阿玛尼的 T 恤含 70%尼龙、25%涤纶和 5%的蛋白纤维，而盖普和 H&M 的 T 恤则是全棉的。阿玛尼的 T 恤是比较时尚的，还带有一个"产于意大利"的标签，但是这怎么值 275 美元呢？作为一个奢侈品牌，阿玛尼因其高达数千美元的套装、手袋和晚礼服而出名，在这种情况下它的 T 恤不可能只卖 100 美元甚至 15 美元，而且由于没有很多人会买 275 美元的 T 恤，所以阿玛尼生产得少，这又进一步吸引了那些希望拥有限量版 T 恤以彰显其身份的人。一位经销商对此做出了这样的评价："价值并不仅仅取决于质量、功能、效用和分销渠道，它还取决于消费者对一个品牌奢侈内涵的认同。"

（2）尾数定价

所谓尾数定价，是指利用消费者数字认知的某种心理，尽可能在价格数字上不进位，而保留零头，使消费者产生价格低廉和卖主经过认真的成本核算才定价的感觉，从而使消费者对企业产品及其定价产生信任感。

（3）招徕定价

所谓招徕定价，是指零售商利用部分顾客求廉的心理，特意将某几种商品的价格定得较低，以吸引顾客。

案例启迪

美国的"99 仙"商店

在美国出现了一家名叫"99 仙"的商店，店内所有商品无论大小、贵贱，售价一律为 99 美分。这家商店每天都要拿出 10 部彩电，售价自然也是 99 美分。购买商品的消费者，普遍都存在着一种求廉求新奇的心理，该店老板大卫·高特打出"一部彩电 99 美分"的招牌，就是利用了消费者的这种心理。同时，它还会在顾客心目中自然形成这样一种联想，这么好的电视机都这么便宜，其他商品也贵不了。于是，这家商店在消费者当中树立了良好的形象，扩大了知名度，顾客蜂拥而至。结果，"99 仙"商店开张仅 4 天，所有的商品就被抢购一空。一个月内，虽因售出 300 部彩电而亏损了 2.3 万美元，但却使其他商品变成抢手货。由于商品销得快，资金周转也随之加快，盈利颇为可观。如今，"99 仙"商店已经发展成为有许多分店、资本十分雄厚的大企业了。

4.4 差别定价策略

所谓差别定价，是指企业按照两种或两种以上不反映成本费用比例差异的价格销售某种产品或服务。

差别定价的主要形式包括：① 顾客差别定价，即企业按照不同的价格把同一种产品或服务卖给不同的顾客；② 产品形式差别定价，即企业对不同型号或形式的产品分别制定不同的价格；③ 产品部位差别定价，即企业对于处在不同位置的产品或服务分别制定不同的价格；④ 销售时间差别定价，即企业对于不同季节、不同时期甚至不同钟点的产品或服务分别制定不同的价格。

差别定价的适用条件主要表现在以下几个方面：① 市场必须是可以细分的，而且各个市场部分须表现出不同的需求程度；② 以较低价格购买某种产品的顾客不可能以较高价格把这种产品倒卖给别人；③ 竞争者不可能在企业以较高价格销售产品的市场上以低价竞销；④ 细分市场和控制市场的成本费用不会超过因实行差别价格得到的额外收入；⑤ 不会引起承担不同价格顾客间的矛盾等。

案例启迪

英特尔公司的产品定价

一个分析师曾这样形容英特尔公司的定价政策："这个集成电路巨人每 12 个月就要推出一种新的，具有更高盈利的微处理器，并把旧的微处理器的价格定在更低的价位上以满足需求。"当英特尔公司推出一种新的计算机集成电路时，它的定价是 1 000 美元，这个价格使它刚好能占有市场的一定份额。这些新的集成电路能够增加高能级个人电脑和服务器的性能。如果顾客等不及，他们就会在价格较高时去购买。随着销售额的下降及竞争对手推出相似的集成电路对其构成威胁时，英特尔公司就会降低其产品的价格来吸引下一层次对价格敏感的顾客。最终价格跌落到最低水平，每个集成电路仅售 200 美元多一点，使该集成电路成为一个热线大众市场的处理器。通过这种方式，英特尔公司从各个不同的市场中获取了最大量的收入。

4.5　新产品定价策略

在市场上，新产品价格的高低，决定着它能否在市场上站稳脚跟，能否满足消费者需要、增加企业利润、扩大再生产能力，同时，也决定着即将出现的竞争态势。目前，新产品的定价策略主要有以下三种。

（1）撇脂定价

所谓撇脂定价，就是在新产品投入市场的初期，有意识地把价格定得高一些，以求在没有出现竞争对手之前，迅速地获得较多的利润，尽快收回垫付资金。待同类产品大量上市以后，价格就逐步下降，按市场商品供求状况定价。

这种定价策略的优点是：其一，新产品进入市场初期，由于需求弹性小，竞争者尚未进入市场，在一定时间的预期范围内，利用求新心理动机，以偏高价格刺激顾客，提高产品身价，配合品质较高的特性，有助于开拓市场；其二，高价比低价获利更多，初期价格定得高一些，可先获得较多的利润，所得资金可作为扩充市场之用；其三，开始制定的新产品价格不一定准确，初期价格定得高一些，价格本身留有余地，有利于今后依据市场反应进行价格调整。倘若初期价格偏低，而后成本价格又上涨，那就会使企业处于被动境地。

当然撇脂定价也有其弊端：一是实行这种定价法不利于新产品的迅速推广。因为价格偏高，一部分消费者的购买力就必然受到限制，从而会影响商品的销售量。二是由于价格偏高企业容易满足现状，不利于企业改进生产技术，提高劳动生产率和降低生产成本。三是会高价带来高额利润，能迅速吸引竞争对手的加入。四是这种高价往往下降很快，利润反而减少。随着竞争者投入市场和市场的大规模开发，产品的价格便逐渐降低，企业损失严重。

这种定价法主要用于以下情况：① 需求弹性小的产品；② 新产品具有社会迫切需要的功能；③ 企业对产品所花费的生产和营销费用很难估计；④ 竞争者能够仿制的可能性很小，在市场上独一无二，一定时期内不会出现竞争者；⑤ 企业资金有限，或由于技术或原料的限制，产量无法增加，难以满足市场需要；⑥ 企业希望尽可能和尽快取得更多利润。

案例启迪

iPod 的成功定价

苹果 iPod 是近几年来最成功的消费类数码产品之一。第一款 iPod 的零售价高达 399 美元，即使对于美国人来说，也是属于高价位的产品，但是有很多"苹果迷"既有钱又愿意花钱，所以纷纷购买。苹果公司认为还可以"撇到更多的脂"，于是不到半年又推出了一款容量更大的 iPod，定价 499 美元，仍然销路很好。苹果公司的撇脂定价大获成功。

（2）渗透定价

渗透定价是指在新产品上市初期，有意识地把价格定得低一些，以便达到在短期内渗入市场的目的。

这种定价法一般适合在下述情况下采用：① 某种产品在市场上需求弹性较大；② 单位生产成本及市场营销费用直接关系销售量的大小，销售量增加会使单位成本降低；③ 竞争者很容易制造出同类的产品，采取偏低的价格，迫使企业参加竞争；④ 企业自己希望较长期地在市场上取得控制权；⑤ 消费者购买力薄弱的市场，用降价来维持销售量。

渗透定价的优点主要表现在以下几个方面。一是在新产品的开拓阶段利润可能不高，但却能排斥竞争。因为低价甚至低于生产成本，往往使一些经济实力不强的企业退出竞争，因而能使企业较长期地占领市场。二是从长远看，首创企业仍可获得较高的利润。一般来说，当采用低价策略成功地排斥了竞争对手后，企业就可以提高价格，增加利润。三是容易获得消费者的偏爱和忠诚，增强对企业的信任感。四是适应购买力不高地区的销售。五是对于老产品此策略也适用。

这种定价策略也有其缺点：一是由于新产品价格较低，会影响同类产品的销售，缩短同类产品的市场寿命周期；二是当产品大量上市后，要想再降价比较困难；三是倘若今后因成本变化需要提高价格时，就会影响市场销量。

（3）满意定价

这是一种兼顾了撇脂定价和渗透定价优点的定价策略，表现为比撇脂定价低，比渗透定价高，是一种中间价格。它往往会使生产者和消费者都满意，故称满意定价。

新产品在选择具体定价策略时，要注意考虑以下几个方面因素。

① 新产品生产能力的大小。如果企业的资金、技术和设备等较强，能迅速生产大量产品投入市场，则宜采取渗透定价法；反之，则采用撇指定价法。

② 生产该种产品所使用的新技术是否已经公开，是否容易掌握、实施和采用。如果尚未公开，竞争者不易进入，可采用撇脂定价法；反之，则采用渗透定价法。

③ 新产品需求价格弹性的大小。如果需求弹性较大，宜采用渗透定价法和满意定价法；如果缺乏需求弹性，宜采用撇脂定价法。

4.6 产品组合定价策略

产品组合定价策略是指企业在所营销的商品组合中，价格的确定可以有高有低。有的商品利润很大，有的商品只有微利，甚至赔本，但是总体来看，应该保证企业在总的收益上，能够获得较高的利润。它主要有以下几种形式。

（1）产品线定价

根据产品线内不同规格、型号、质量及顾客需求而确定不同的价格。如果是彩电产品，可根据彩电规格、型号等的不同确定不同的价位；如果是男式西服，可根据款式、布料质量及工艺等的不同，有不同档次的定价。采用这种定价策略，需要确认产品之间的质量差异，还要考虑产品线内各产品之间在需求和成本上的内在关联性，以及竞争产品的价格等。

（2）选择品定价

一些企业在提供主要产品的同时，往往还提供某些与主要产品密切关联的选择品。如汽车用户可以订购电子开窗控制器、去雾装置、灯光调节装置等。选择品的定价是否合理，也会影响到主要产品的销售。选择品定价包括两种方式：一是定高价，可以获得较多盈利；二是定低价，以此招揽生意。

（3）互补产品定价

互补产品是指需要配套使用的产品，如计算机主机和打印机、照相机和胶卷等。采用互补定价策略，一般是将主要产品的价格定得低一些，而将配套使用的相关产品的价格定得高一些，在主产品对配套使用的相关产品的带动消费中，获得更多利润。需要注意的是，互补产品的定价不能过高，否则可能会被仿制，造成企业收益的减少。

（4）产品系列定价

产品系列定价策略是将生产和经营的产品组合在一起，制定成套产品的销售价格。成套产品的价格低于购买单件产品的价格总和，如成套化妆品的定价、旅游套票的定价等。采用这一定价策略，一般要求成套产品的价格确实有吸引力。另外，如果有单件产品配合销售，让消费者进行比较，更有利于成套产品的销售。

4.7 网络定价策略

传统营销中需求方特别是消费者，由于信息不对称，并受市场空间和时间的隔离，处于一种相对被动地位。随着互联网及移动通信技术的发展，把众多的供应者和购买者联系在网络平台上，克服了空间和时间的限制，信息沟通更加开放、快速、高效，购买者不再被动。网络营销环境下，企业定价呈现出以下特点。

（1）成本降低

借助于网络平台，企业可以实现对成本的控制和节约。

① 采购成本。首先，利用互联网可以将采购信息进行整合和处理，统一从供应商处订货，以求获得最大的批量折扣。其次，通过互联网实现库存、订购管理的自动化和科学化，能以较高效率进行采购。最后，通过互联网可以与供应商进行信息共享，帮助供应商按照企业生产的需要进行供应，同时又不影响生产和不增加库存产品。

② 库存成本。利用互联网将生产信息、库存信息和采购系统连接在一起，可以实现实时订购，最大限度降低库存，实现"零库存"管理。这样做的好处是，一方面减少资金占用和仓储成本，另一方面可以避免价格波动对产品的影响。正确管理存货能为客户提供更好的服务并为公司降低经营成本；加快库存核查频率，减少与存货相关的利息支出和存储成本。减少库存量意味着现有的加工能力可以更有效地得到发挥，更高效率的生产可以减少或消除企业和设备的额外投资。

③ 生产成本。利用互联网可以实现远程虚拟生产，在全球范围寻求最适宜的生产厂家生产产品，还可以通过增值网（VAN）共享产品规格和图纸，以提高产品设计和开发的速度。互联网发展和应用将进一步提高生产效率，降低生产成本。

（2）开放性定价

网络营销市场面对的是开放的和全球化的市场，用户可以在世界各地直接通过网站进行购买，而不用考虑网站是属于哪一个国家或者地区的。这种目标市场从过去受地理位置限制的局部市场，一下拓展到范围广泛的全球性市场，这使得网络营销产品定价时必须考虑目标市场范围的变化给定价带来的影响。

网络定价由于具有开放性，需要注意以下几个方面。首先，由于互联网是从免费共享资源发展而来的，因此用户一般认为网上商品比从一般渠道购买的商品要便宜，在网上不宜销售那些顾客对价格敏感而企业又难以降价的产品。其次，在网上公布价格时要注意区分消费对象，一般要区分一般消费者、零售商、批发商、合作伙伴，分别提供不同的价格信息发布渠道，否则可能导致营销渠道混乱。最后，网上发布价格时要注意比较同类站点公布的价格，因为消费者通过搜索功能可以很容易在网上找到最便宜的商品，否则价格信息公布将起到反作用。

营销新视野

"秒杀"营销定价

所谓"秒杀"营销,就是网络卖家发布一些超低价格的商品,所有买家在同一时间在网上抢购的一种销售方式。由于商品价格低廉,往往一上架就被抢购一空,有时只用一秒钟。目前,在淘宝等大型购物网站中,"秒杀"店的发展可谓迅猛。

"秒杀"营销的本质并不是单纯追求销售量,而是通过"秒杀"活动聚集人气以达到宣传促销的作用。"秒杀"的价格可能低到与商品本身的价值没有什么关系,比如"一元钱"秒杀汽车。

采取这种定价方式进行产品销售需要注意以下几个方面的问题。一是确定吸引人的"秒杀"价格。如果不能做到行业最低,那至少做到在同一产品品类中的最低,这样才有可能引起买家的注意。二是挑选适合"秒杀"的产品。什么样的产品适合"秒杀"?当然要选择最受欢迎的。三是运用整合营销推广策略。"秒杀"式营销的关键在于推广策略,主要是造势。"秒杀"式营销要取得好结果,就必须善于借助各种互联网媒体:搜索引擎、社区论坛、QQ等即时通信软件或电子商务平台。

(3) 顾客主导定价

所谓顾客主导定价,是指为满足顾客的需求,顾客通过充分市场信息来选择购买或者定制生产自己满意的产品或服务,同时以最小代价(产品价格、购买费用等)获得这些产品或服务。顾客主导定价的策略主要有:顾客定制生产定价、使用定价、拍卖竞价。

① 定制生产定价。定制生产定价策略是在企业能实行定制生产的基础上,利用网络技术和辅助设计软件,帮助消费者选择配置或者自行设计能满足自己需求的个性化产品,同时承担自己愿意付出的价格成本。这种允许消费者定制定价的尝试还只是初步阶段,消费者只能在有限的范围内进行挑选,还不能完全要求企业满足自己所有的个性化需求。

② 网上竞价。网上竞价是发展比较快的领域,经济学认为市场要想形成最合理的价格,拍卖竞价是最合理的方式。根据供需关系,网上竞价方式有下面几种形式。

● 竞价拍卖。最大量的是 C2C 的交易,包括二手货、收藏品,也可以是普通商品以拍卖方式进行出售。例如,HP 公司将一些库存积压产品放到网上拍卖。

● 竞价拍买。竞价拍买是竞价拍卖的反向过程,消费者提出一个价格范围,求购某一商品,由商家出价,出价可以是公开的或隐蔽的,消费者将与出价最低的商家成交。

● 集合议价。集合议价是一种由消费者集体议价的交易方式。提出这一模式的是美国著名的 Priceline 公司。在国内,雅宝已经率先将这一全新的模式引入了自己的网站。

根据调查分析,由顾客主导定价的产品并不比企业主导定价获取利润低。根据国外拍卖网站的分析统计,在网上拍卖定价产品,只有 20%的产品拍卖价格低于卖者的预期价;50%的产品拍卖价格略高于卖者的预期价格;剩下 30%的产品拍卖价格与卖者预期价格相吻合。在所有拍卖成交产品中有 95%的产品成交价格卖主比较满意。因此,顾客主导定价是一种双赢的策略,既能更好满足顾客的需求,同时企业的收益又不受到影响,而且可以对目标市场了解得更充分,使企业的经营生产和产品研制开发更加符合市场竞争的需要。

营销新视野

"光棍节"变网络购物狂欢节

光棍节,一般指 11 月 11 日,又被称为"双十一"。它不是传统意义上的节日,而是近年来在中国年青一代中新产生的一个娱乐性节日。"双十一"网购狂欢节源于淘宝商城(天猫)2009 年 11 月 11 日举办的促销活动。

淘宝网成立于 2003 年 5 月 10 日,由阿里巴巴集团投资创办。目前,淘宝网是亚洲第一大网络零售商圈,业务跨越 C2C(Consumer to Consumer,消费者对消费者)、B2C(Business to Consumer,商家对消费者)两大部分,主要用于商品网上零售,也是国内最大的拍卖网站。阿里巴巴集团于 2011 年 6 月 16 日宣布,旗下淘宝公司将分拆为三个独立的公司,即沿袭原 C2C 业务的淘宝网(taobao),平台型 B2C 电子商务服务商淘宝商城(tmall)和一站式购物搜索引擎—淘网(etao)。2012 年 1 月 11 日,淘宝商城更换中文品牌为"天猫"。

2009 年,正式上线一年多的淘宝商城选择在 11 月 11 日筹备一次品牌推广活动,当时只有 27 个品牌参加,结果单日超过 5 000 万元的销售额让人惊叹,仅杰克琼斯一个品牌就超过了 500 万元。

从 2009 年受益颇多的淘宝商城,于 2010 年"光棍节"继续上演促销大战,这一年,单日 9.36 亿元的交易额震惊业内,那天,全国数家银行系统瘫痪,整个中国的第三方物流处在爆仓状态。

2011 年 11 月 11 日,淘宝当然不会止步于被戏称为"神棍节"的世纪性节日,结果当日以 4 亿人次点击量、53 亿元交易额再次令人惊叹,其中天猫 33.6 亿元、淘宝 19.4 亿元。

2012 年的"双十一"再创历史新高。11 月 12 日凌晨,天猫宣布 2012 年"双十一"促销的支付宝总销售额为 191 亿元,同比增长 260%,其中天猫 132 亿元、淘宝 59 亿元。11 月 12 日凌晨,阿里巴巴集团宣布,天猫和支付宝"双十一"促销的总销售额达到 191 亿元。

2013 年"双十一",阿里全天交易额达到 350 亿元,这一数字是 2012 年美国"网购星期一"121 亿元交易额的近三倍。

2014 年 11 月 11 日,阿里巴巴"双十一"全天交易额 571 亿元。

2015 年 11 月 11 日,天猫"双十一"全天交易额 912.17 亿元。

2016 年 11 月 11 日,天猫"双十一"全天交易额 1 207 亿元。

天猫、淘宝"双十一"光棍节促销成功的原因,首先,是网络技术的普及、电子商务的崛起带来的快捷高效购物形式开始博得在"宅文化"中兴起的消费者的青睐;其次,商家打出的价格战的聚众效应引起了消费者的广泛关注;最后,当然与天猫、淘宝逐年摸索出来的营销策略息息相关。

第五节 价格调整

企业在产品价格确定后,由于客观环境和市场情况变化,经常会对价格进行调整。由于价格是个极其敏感的因素,其任何调整都可能引起企业、消费者、经销商、竞争对手等各方面的关注。消费者通常把企业价格调整的动机归为不同的原因。价格调整要综合考虑环境因素，根据竞争者和消费者等对价格调整做出的反应，实施相应的调价策略。

5.1 主动调整价格

（1）发动降价

① 降价原因。一是企业生产能力过剩，产量过多，库存积压严重，市场供过于求，企业以降价来刺激市场需求；二是面对竞争者的"削价战"，企业若不降价将失去顾客或减少市场份额；三是生产成本下降。科技进步，劳动生产率不断提高，都会使生产成本逐步下降，由此产品的市场价格也应下降，以争取企业在市场上居于支配地位。

② 消费者对降价的反应。由于购买者对变动价格不理解，可能会产生一些对企业不利的后果。降价本应吸引更多的消费者，但有时对某些消费者却适得其反。这些消费者可能会这样想：一是产品过时了；二是有替代产品上市；三是企业在财务上陷入了困境，难以为继。这会导致消费者观望，希望价格再降一些，出现持币待购现象。为了避免因价格调整而出现的被动局面，企业的降价也应顺势而为。

③ 降价策略。

一是间接降价。间接降价就是暗降，即在价格不变的同时，在产品的数量、包装等方面给予优惠。这有助于维护企业品牌形象，保住已有的市场份额。间接降价的方式包括增加商品的附加服务、给予折扣和津贴、实行优待券制度、予以物品馈赠和退还部分货款等。

二是直接降价。直接降价也叫明降，就是直接降低产品的价格。企业实施降价，目的是占据市场竞争的相对优势地位，提高市场占有率。运用暗降的策略只能小幅度地降价，很难实现快速提高市场占有率的目的，所以，一些企业会选择直接降价的策略，但是，这很容易引发价格战。

三是降价的时机。不同商品的降价时机不同，如日用品易选择在节日前后；季节性商品则易选择在季节更替相交之时等。

四是降价的幅度。降价尽量一次降到位，切不可出现价格不断下降的情况，以免使消费者产生持币待购的心理错觉。尤其是选择明降策略，最好一次降到底，使竞争对手无法跟进；否则，达不到预期的促销目的。同时，降价幅度不宜过大。

案例启迪

衬衫定低价为什么反而卖不出去？

众所周知，薄利多销是一种占领市场、扩大市场占有率以及推销滞销品普遍采用的策略。但是，也有许多降价却带来滞销的情况，实行高价反倒带来丰厚的利润，这关键要看你是否摸透了顾客的消费心理。

中国一家服装公司的男衬衫出口到美国，质量比美国产的好，但开始一直卖不出去。美国产的衬衫售价35美元，而中国的衬衫只卖30美元，他们认为初来乍到，低一点价格好卖。结果适得其反，原来美国人穿衬衫的消费者主要是白领阶层，是专门用来配西服穿的，如果穿衬衫比别人低5元，说明是二流货，便会降低身价。商家后来分析了美国人对衬衫的高价位承受心理，把衬衫单价一率提高到38美元。由于质量过硬，买的人多了起来，很快成了畅销货。

(2) 发动提价

企业提价能提供较丰厚的利润，但是，提价一般会遭到消费者和经销商的反对，甚至会丧失自己的竞争优势。

① 发动提价的条件。在许多情况下，企业将面对不得不提高价格的状况。

第一，通货膨胀。物价普遍上涨，企业的生产成本必然增加，为保证利润，企业不得不提价。企业提价的幅度往往高于成本的增加，这种做法称为预期性定价。

第二，产品供不应求。当产品供不应求时，往往是企业提价的好时机。一方面买方之间展开激烈竞争，争夺货源，为企业创造了有利条件；另一方面也可以抑制需求过快增长，保持供求平衡。

第三，竞争者提价。市场定位一致或相近的企业，在竞争者提价时，往往会跟风提价，以维护品牌的形象与目标顾客的心理需求。

案例启迪

"万宝路"的定价技巧

香烟每盒20支装，这基本上已经成为一种共识。但是在20世纪80年代中后期，德国装的美国"万宝路"香烟却是每盒只有19支。原来，经历了数次通胀后，每盒售价4.2马克的万宝路已无利可图，而随其他香烟一样上调价格，将会丧失这一主流品牌的市场竞争力。万宝路德国经销商最后想出了"减支不涨价"的点子。经过计算，每包只要少装一支香烟便有利可图。新装万宝路上市后，多数人对少一支烟并不在乎，而对它的"不涨价"一往情深，使万宝路在德国市场上既畅销又有盈利，打败了许多竞争对手。

② 提价策略。一般来说，降价容易涨价难，调高产品价格往往会遭到消费者的反对。因此，在使用提价策略时必须慎重，尤其应掌握好提价幅度、提价时机，并注意与消费者及时进行沟通。

● 提价的时机。为避免顾客和中间商不满，可以限时提价，在供货合同中写明调价的条款。

● 提价的幅度。提价的幅度一般不宜过大，也可参照竞争者的价格变化。

● 提价的方式。提价究竟是选择明调还是暗调方式，要根据市场情况来确定。

直接提价，也称为明调，是直接提高价格，而其他条件不发生任何变化；间接提价，也叫暗调，即企业采取一定方法使产品价格表面保持不变，但实际是隐性上升的。其方式有减少产品包装数量、更换商品型号和种类、取消优惠条件等。例如，缩小产品的尺寸、分量、使用便宜的代用原料，减少价格折让等。

营销实践

怎样涨价不会激怒现有客户？

① 有一个可信的理由。

只要说明是什么理由促使企业调整价格，一般都会得到客户的理解。例如，如果企业的供应商涨价了，客户就知道生产企业的产品也会涨价。

② 提前预告涨价可能到来。

客户会在沟通中理解。在企业预计自己不得不提高价格之前，做好沟通工作，尽可能将涨价的原因向客户说明和解释，为将要进行的提价做好准备。

这个时代，各种网络沟通平台，如企业博客、微信公众号等使用起来都很方便。及时通过这些工具向客户传递企业的相关意图，在最终提价的时候，他们愤怒的概率就会降低很多。

③ 给现有的客户一个折扣。

如果企业要把价格提高15%，不要对所有客户都一视同仁。可以对新客户提价20%，对现有的客户只提价10%。即使只是为老客户在新价格的基础上提供一个暂时的折扣，也要让他们知道企业珍惜老客户一直以来的支持，企业在尽量争取他们的理解和支持。如果在涨价前做足了准备工作，现有的客户会对企业提供的折扣心存感激，而不会被出现的新价格激怒。

5.2 价格战

价格战一般是指企业之间通过竞相降低商品的市场价格展开的一种商业竞争行为，目的是打压竞争对手、占领更多市场份额、消化库存等。

（1）价格战的原因

① 抢占市场。随着产品的丰富化、多样化，生产同一产品的企业日益增多，导致产品结构雷同，技术附加值低。许多企业的产品同质化很严重，产品没有创新，技术更新缓慢，缺乏差异性，企业为占有更多的市场份额而进行策略性降价。

此情况的特点是降价幅度大，降价产品和地区范围广，持续时间长，主要由卖方市场发动，产品价格一般不会恢复到原来的价格水平。这种降价一般会降低自己的赢利水平，尤其在引起其他卖方跟随降价之后，就很可能会导致企业的轮番降价，引起价格大战。

② 成本带动。行业规模经济会导致行业成本降低。我国的计算机和手机行业就是典型代表。由于行业已成规模，技术更新换代快，因此整个行业的成本都会下降，成本的下降自然会带动价格的下降。

一些企业会以拥有的成本优势为基础进行价格战。一些企业通过规模经营、建立健康的成本结构和有效的管理措施使自己在行业内部获得较大的成本优势，从而可以使自己持续地进行价格战，并可以在价格上给竞争对手形成长期的压力。

③ 供过于求。企业的生产成本降低、技术进步导致企业的生产能力过剩，为降低库存收回成本，企业可能会在价格上大做文章。一些企业可能未能有效做好市场调查，未能调整企业经营策略，未做好打价格战必备的长期发展战略部署，只顾度过眼前的困境，盲目跟风降价，这样往往会带来整个行业的恶性混战。

营销实践

大企业要慎重对待价格战

一般来讲，价格战对有一定规模但还没有建立自己市场地位的中型企业有利，而已经建立了稳固市场地位或规模较大的企业则不适宜发动价格战。

① 大企业搞价格战，容易树大招风，招致同行的共同阻击，可能得不偿失。尤其是业已

在消费者心中建立了特定价位的企业，发动价格战可能会破坏企业已经建立的市场定位。例如海尔、科龙、格力这样以质量著称的空调厂家，就不适宜发动或追随价格战。

② 大企业尤其是业内的领导企业发动价格战，还容易导致给较小的企业以过大的压力，迫使他们进行联合或者投靠竞争对手，共同对抗价格战的发动者。这在跨国集团觊觎中国市场和企业间流行兼并的今天，显得更为现实。

③ 对于那些产品线较宽或同一产品品种较多的大企业，其生产成本结构并不一定具有优势（品种多可能导致某些品种亏损而增加产品的平均成本）。而在销售方面，由于市场范围大、服务体系庞大，广告方面的投入也要相应增加，若不在管理上下硬功夫，其成本方面的规模优势也难以体现。因此大企业发动价格战，有时会遭到那些规模较小、集中于单个或少数品种的企业的围攻，就像无数小猎狗可以置一只大象于死地一样。

（2）发动价格战注意点

① 产品质量达到业内较高水平，并得到目标顾客的认同。此时降价就不至于使顾客产生质次价低的印象。这是价格战成功的基础。企业如果没有这方面牢固的基础，就只会吸引那些对价格敏感的和贪图便宜的低端顾客，最终可能得不偿失。例如，英特尔公司和各大国际电脑厂商都经常降价，但顾客仍然认同他们的质量和技术，因此他们能一直引领市场的主流。

② 价格战必须以新产品上市作为先导和后续手段。利用降价引人注目的时机推出新产品或高档产品，既可以降低推出新产品的广告费用，也可以通过新产品吸引更多的非价格导向的顾客，冲淡价格低、档次低的思维定式，还可以减少因降价而产生的利润损失。没有新产品的推出，价格战就失去了灵魂，难以产生持久的效果。

③ 发动价格战的企业要有一定的生产规模。一般认为生产能力达到整个市场容量的10%是一个临界点，达到这一点之后，企业的大幅降价行为就足以对整个市场产生震撼性影响。同时，这一规模也是企业形成规模经济的起点。许多企业为了向这一规模发起冲击而发动价格战，冲击成功会大大改善自己的市场地位，冲击未果将使企业从市场上销声匿迹。

观点透视

发动价格战的最佳时期

有人提出，在产品的成长期进行价格战比较容易产生积极效果，而产品处于成熟期时进行价格战则容易产生消极效果。

● 产品处于成长期时，市场拥有巨大的成长空间。企业通过价格战，可以加速市场的成长，同时也比较容易迅速扩大自己的销售量和市场份额，实现薄利多销。

● 在产品的成长期发动价格战，不至于对其他企业尤其是市场上的主导企业构成最直接的威胁，价格战不至于演变为自相残杀，而是通过价格战共同得到消费者的关注和青睐，扩大整个市场容量，可以在一定程度上实现多赢。

● 成长期的价格战一般不容易引起连锁反应，其他企业还可以走服务、品牌、品质、创新、特色等道路，可以避免在一条路上堵死。

（3）价格战的利弊

① 价格战可以使消费者直接得益，迅速促进市场扩容，提高社会购买力和扩大内需。

② 价格战可以淘汰一批劣质产品生产商及谋求短期利益者，制止重复投资，使社会资源得到合理的整合与利用。

③ 不断的价格战会使得行业产品价格逐渐逼近成本，企业无利润可赚时，其他的竞争形式，包括品牌竞争、质量竞争、服务竞争、产品品种竞争以及技术竞争等就成了企业竞争的主体，从而促进整个行业经营水平的提高和技术进步，同时，相关行业也会受到带动。

④ 价格战往往会造成企业发展后劲不足。价格战以牺牲利润为代价来获取营业额增长的方式，无异于饮鸩止渴、竭泽而渔。如果企业长期搞低价销售，那么利润会减少，相应地，也会减少在研发、技术改进、营销、管理等领域的投入，致使发展后劲不足。而发展后劲不足又会反过来进一步影响企业的经营业绩，使得企业陷入恶性循环的泥淖。

⑤ 价格战破坏企业及行业形象。频繁降价对于品牌形象有较大的负面效应，对单个企业如此，对整个行业亦然。一个企业经常将降低价格作为打开市场的手段是不明智的，如市场上的电子类消费品，隔三岔五地降低价格，会让早期购买的消费者有上当的感觉，而且往往会造成消费者持币等待的状况。

案例启迪

降价并不简单

曾经有家药店有大量的某品牌感冒药库存，但销路却不怎么好，药店经理认为，该类产品同类替代性较强，可以通过降价来促进销售，结果价格降得比附近药店低了很多，反而卖得更少。一天，一个熟客又来买这个药，吃惊地说："你们怎么卖得这么便宜？是不是进货渠道跟别人不一样。"经历过这个事情之后，药店经理终于明白了一个道理，原来人们是怀疑店里的产品质量，这样不仅影响这一个品种的销量，而且对整个药店都产生了负面影响。经理后来特意设立了一个特价专柜，并说明每个降价产品的降价原因。由此可见，每次降价都不能考虑得太简单，应更多考虑消费者的想法，避免让他们产生负面的想法。

5.3 被动调整价格

在激烈的市场竞争中，当竞争对手主动变动价格后，往往会导致企业的被动应对，对价格策略做出调整。

（1）价格调整的准备工作

企业在做出价格调整反应时，必须思考以下问题：① 竞争者调价的目的是什么？② 调价是暂时的还是长期的？能否持久？③ 权衡得失，是否应做出反应？如何反应？④ 对产品价格的需求弹性、产品成本和销售量之间的关系等进行具体分析。

（2）一般市场地位的企业价格调整应对策略

市场竞争中，居于一般地位的企业实施价格调整，可以选择以下三种策略。

① 降价。对于市场主导者的降价行为，中小企业很少有选择的余地，只能被迫应战，随之降价。

② 推出更廉价的产品应对竞争者。对于需求价格弹性大的产品，产品的市场占有率下降

时,可以实施这一策略。

③ 维持原价。如果跟随降价会使企业利润损失超过承受能力,而提价会使企业失去很大的市场份额,维持原价不失为明智的策略选择,同时也可以运用非价格手段进行回击。

(3) 市场领导者地位的企业应对策略

市场领导者在市场竞争中占据优势地位,面对被动调价可选择如下策略。

① 价格不变。当企业的顾客忠诚度较高时,竞争者降价难以提升其市场份额,可维持原价不动。

② 在维持原价的同时运用非价格手段反击。例如,企业改进产品、服务和市场传播,使顾客能买到比竞争者的产品附加值更大的产品。在现实中,企业保持价格不变,但给顾客提供的利益却不断增加,往往比削价和微利经营更经济。

③ 降价。降低价格但维持产品提供的价值不变。如果不降价会导致企业的市场占有率大幅度下降时,可追随降价。

④ 涨价。市场领导者企业既不维持原价也不降价,而是提高原来产品的价格,并推出新的品牌,通过推出新品牌来制约竞争者的降价品牌。

事实上,当竞争者率先做出价格调整时,企业要迅速做出反应,最好事先制定反应预案,届时按预定方案迅速应对,这样可以提高反应的灵活性和有效性。

在实际工作中,企业面对价格战的威胁,可以灵活采取各种手段有效防御和反击,以避免恶性价格竞争,避免增加企业经营的风险。可以通过同行业企业之间的联合达成共赢;向竞争对手施压,迫使其接受企业的要求;还可以运用非价格手段来维护企业的形象和声誉。非价格竞争是指在产品的价格以外或销售价格不变的情况下,借助产品有形和无形的差异、销售服务、广告宣传及其他营销手段等参与市场竞争,可以通过培育生产资源优势和提升顾客资源来实现。此外,对于某些特殊情况,企业也可以选择放弃部分市场,避免被卷入价格战。

案例启迪

休布雷公司巧订酒价

休布雷公司在美国伏特加酒市场中的营销是很出色的。其生产的史密诺夫酒在伏特加酒的市场占有率中达23%;另一家公司推出了一种新伏特加酒,其质量不比史密诺夫酒低,而每瓶酒的价格却比史密诺夫酒低1美元。

按照惯例,休布雷公司有三种应对策略选择:降低1美元,以保住市场占有率;维持原价,通过增加广告费用和推销力度与竞争对手竞争;维持原价,听任市场占有率降低。由此看来,不论休布雷采取上述哪种策略都很被动,似乎是输定了。但是,该公司的市场营销人员经过深思熟虑后却采取了第四种策略,那就是将史密诺夫酒的价格再提高1美元,同时推出一种与竞争对手的新伏特加价格一样的瑞色加酒和另一种价格更低的波波酒。

这一做法有其独到之处。其一,它使史密诺夫酒从单产品演变成了系列产品,大大提高了产品的声望与地位。实际上,这3种酒的成本、制作工艺和味道都差不多,但在消费者心目中留下的印象却不一样。其二,它使另一家公司推出的新伏特加酒在价格上处于休布雷公司产品的"夹击"之中,消费者无论是想喝好一点的伏特加酒还是便宜一点的伏特加酒,或者喝原先水平的伏特加酒都有可能选购休布雷公司的产品,况且休布雷公司的品牌已在消费者心目中有一定的印象。其三，休布雷公司这一做法从无差异市场策略转向了差异性市场策略，这为更广泛地占领市场奠定了坚实的基础。

图 示 小 结

定价影响因素、原则及其流程

企业定价受诸多内部及外部因素的影响，营销目标、营销组合策略、产品成本及价格决策机制等是重要的内部影响因素，市场需求、竞争、国家经济状况和政策等则是重要的外部影响因素。

定价要与企业整体战略相协调，坚持以价值创造为导向，寻求营销与财务之间的动态平衡以及科学的决策程序是定价决策的基本原则。

企业定价要经过收集数据、分析数据、确定定价目标以及选定定价方法和定价策略等重要环节。

定 价 方 法

成本加成定价、收支平衡定价以及目标利润定价是常用的成本导向定价方法；市场认可定价、需求差别定价则是需求导向定价的常见方法；竞争导向的定价方法包括随行就市定价、产品差别定价以及密封投标定价。

定 价 策 略

新产品定价可选择撇脂、渗透、满意定价策略；折扣定价表现为现金、数量、功能、季节等多种形式；地区定价策略包括原产地、统一交货、分区、基点以及运费免收等定价策略；心理定价策略主要表现为声望、尾数、招徕等定价形式；企业可以按顾客、产品形式、产品部位、销售时间等实行差别定价；产品组合定价可以通过产品线、选择品、互补产品以及产品系列等组合形式进行定价；网络定价表现为低成本优势，其表现形式为开放性定价、顾客主导定价等。

价 格 调 整

面对动态变化的市场环境，企业会主动对产品价格进行调整，表现为主动降价和发动提价两种形式。在特定的环境下，企业会发动价格战。面对竞争者的价格变动，企业要做出应对反应。价格调整应关注消费者的调价心理和竞争对手的反应，有针对性地选择调价时机、方式、幅度和具体策略。

复习思考题

1. 影响企业定价的内、外部因素有哪些？它们是如何影响企业定价决策的？
2. 企业定价的方法有哪些？各有何特点？
3. 企业定价的策略有哪些？各有何特点？
4. 企业主动调价和被动调价可采取哪些策略？
5. 企业参与价格战一般应该注意哪些问题？

营销体验

1. 小组辩论

价格应主要反映消费者愿意支付的价值；价格应主要反映产品或服务所包含的成本。

2. 小组交流

选一个熟悉的行业，列出行业中品牌价值位于前5位的品牌，谈谈你对这5个品牌的价值感知和产品售价的评价和看法。

3. 小组作业

对附近一家零售商场或店铺进行现场观察和对相关人员进行访谈，了解商店经营的商品或服务是如何确定价格的，并尝试分析一下其在定价方法和策略上有什么特点。

案例讨论

彭尼百货公司的变革为何失败？

美国彭尼百货公司是美国领先的大型零售企业，在全美及拉美的波多黎各拥有1 110家门店。在过去的10年中，彭尼百货在与诸如沃尔玛、塔吉特、梅西等商店的竞争中节节败退。2011年，其年销售额跌至170亿美元，仅为10年前的一半。新任CEO罗恩·约翰逊宣布斥资10亿美元，进行为期4年的最大改革。这是公司有史以来最大的零售革新，旨在重新构建消费者体验。此前每年举行590次左右的促销活动，影响了公司利润：近75%的产品以5折甚至更低的折扣进行销售，正价出售的产品不足1%。公司为此启动了一场深刻的变革。

让"部门"的概念回归百货店。罗恩·约翰逊宣布，到2015年，彭尼将重组为包含80～100个品牌的店中店——在商场内建起一条"购物大街"，各品牌店沿着更宽阔也更整洁的过道两边陈列，店内陈列高品质的商品。

公司对经营品类、广告等进行了调整。将店内的服装（如孕妇装）换成时髦的款式；还下架了约400种品牌商品；为了让消费者认可彭尼下架的是不够好的，彭尼百货在奥斯卡颁奖典礼上做这样的广告："他们应该穿得更好看。"

此外，还计划对1 100家门店进行重新装饰和装修，拓宽走廊，并且增加新潮的科技元素。

彭尼百货变革战略的关键是"光明定价"战略的实施。公司终止之前的超低折扣、无休止促销和折扣券，提出了一个三层战略——每日最低价、每月折扣和最低价格。其中每月折扣是每个月选择一定的商品种类进行折扣；而最低价格则是在每月的第一、二、三个周五，即大多数消费者发薪水的日子，举行特卖活动。具体来说，其定价战略的实施主要包括以下部分：

（1）特价成为日常价格。公司将利用去年的销售数据，在去年的价格基础上，降价至少40%。

（2）减少促销。公司每月挑选一些商品来做"每月折扣"。如2月可能为情人节的到来而挑选珠宝；而12月可能挑选圣诞节装饰品。这些商品如果销售不好，将会贴上"最低价格"的标签继续清货，让消费者知道这是它的底价。

（3）采用新的标签方式。零售商惯用的做法是产品被记录下来的时候，在上面标上价格标签。而现在，在产品的价格变更时，将会得到一个新的标签：红色的标签表示"每日"价格；白色的标签表示"每月折扣"；蓝色的标签表示"最低价格"。

（4）采用整数定价。让消费者看到的不再是19.98美元，而是20美元的整数价格。

新的价格策略实施后的第一个季度，彭尼的营业额下降了18.9%，客户数量减少了10%，客户平均消费额下降了5%。业内分析人士指出，在转型过程中，彭尼百货丧失了它的核心顾客群。

2013年情人节的当天，彭尼百货的珠宝打出了8折销售的广告——这是彭尼百货恢复打折促销的最新消息，尽管亡羊补牢，但为时已晚。《每日经济新闻》记者发现，大量女性客户正离彭尼百货而去。2013财年中，彭尼百货经营的8项业务除珠宝收入同比上升外，其余全线下挫，向来占据大头的女装收入同比下跌31%，创至少8年来新低。

彭尼百货的复苏之路比管理层的宣传要崎岖得多。核心顾客群已经找到购物的新去处。业界评论普遍认为，彭尼百货的失败在于没有真正了解自己的客户。

讨论题：

（1）分析一下彭尼百货变革前后的价格策略会对顾客的购买心理产生哪些变化。

（2）当今时代，在百货零售业，顾客的购买行为和购买体验可能发生的变化是什么？

（3）公司在战略变革中，应该怎样处理好价格战与价值战的关系？

第九章
渠道管理

学习目标

◎ 理解分销渠道的概念、职能、主要流程及类型；
◎ 理解分销渠道设计的影响因素、设计流程；
◎ 掌握分销渠道成员管理、冲突管理、物流管理的基本原理；
◎ 熟悉中间商的表现形态及其变革趋势。

关键术语

◎ 分销渠道（Distribution Channel）
◎ 渠道设计（Channel Design）
◎ 渠道评估（Channel Assessment）
◎ 渠道管理（Channel Management）
◎ 渠道成员（Channel Members）
◎ 直接渠道（Direct Channel）
◎ 间接渠道（Indirect Channel）
◎ 批发商（Wholesaler）
◎ 零售商（Retailer）
◎ 代理商（Agent）
◎ 渠道冲突管理（Channel Conflict Management）
◎ 物流管理（Logistics Management）
◎ 渠道流程（Channel Flow）
◎ 网上直销（Direct Network Sales）
◎ 中间商（Middleman）

第九章 渠道管理

知识结构

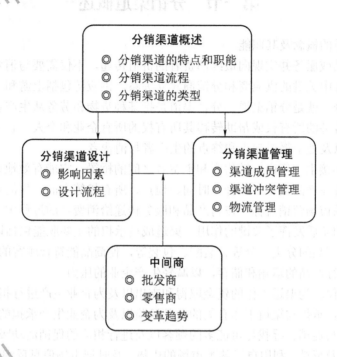

先思后学

时装零售商 Zara 的垂直整合分销

西班牙服装连锁品牌 Zara 是全球成长最快的时装零售商。其奥秘在于其进行了成功的垂直整合分销——从自己设计到生产运营再到通过自己管理的商店进行分销。Zara 能够吸引大量顾客进入店中购买"廉价的时尚"——融合了大品牌时装的时尚设计又价格适中的产品，不仅仅是时尚的产品设计，而且重要的是它卓越的分销系统能够迅速地实现对其时尚产品快速及时的价值传递。得益于垂直整合，Zara 可以在不到两周的时间内对一个全新的时尚概念服装完成设计、生产并上架销售，而其竞争对手如盖普、贝纳通等往往需要 6 周甚至更长的时间。

迅速的设计和分销使得 Zara 推出大量的新时装——比竞争对手的速度快两倍。Zara 的分销系统每周 2～3 次为其门店供应小批量的新品，而竞争性的连锁店通常每年只有 4～6 次季节性大批量上新品。小批量但频繁地推陈出新使 Zara 门店中的商品持续翻新，不断吸引顾客惠顾，也为 Zara 品牌带来了丰厚利润。

一个快速高效运行的分销系统是一个企业的核心竞争能力。企业分销系统的建立和运行与管理有其背后的科学原理。

本章将系统阐述分销渠道的性质和特点，分销渠道的设计要求，渠道成员管理、冲突管理以及物流管理的基本理论，梳理批发商和零售商的主要形态，并对其变革的大趋势进行透视。

第一节 分销渠道概述

(1) 分销渠道的概念及其职能

企业生产产品或服务并实现向最终消费者的价值传递,不仅需要与消费者建立关系,还需要与企业供应链中关键的供应商和分销商建立关系。供应链包括上游和下游合作者。企业供应链的下游部分,就是分销渠道。分销渠道是指某种货物和劳务从生产者向消费者移动时取得这种货物和劳务的所有权或帮助转移其所有权的所有企业和个人。它主要包括商人中间商、代理中间商以及处于渠道起点和终点的生产者与消费者。

分销渠道是连接生产厂商、销售商和消费者之间的桥梁,它能有效地调节市场经济条件下生产者、消费者在产品数量、品种、时间、地点、所有权等方面产生的矛盾,并满足市场需要,实现企业的市场营销目标。在将产品和服务传递给消费者的过程中,渠道成员为消除供求双方的差异和矛盾发挥了关键的作用。渠道成员承担的主要职能包括以下几个方面。

① 分类。对产品的分类、分等、装配、包装等,使商品能符合顾客的需要。
② 物流。进行产品的运输和储存,以减轻生产企业的压力。
③ 融资与担保。为渠道工作的资金取得和支出以及为企业生产进行担保。
④ 风险承担。承担与渠道工作有关的全部风险以及为企业生产承担的部分风险。
⑤ 寻找顾客与促销。寻找尽可能多的顾客以及进行相应的促销活动吸引顾客。
⑥ 市场调查及反馈。利用自己熟悉市场的优势,及时把市场信息反馈给生产企业,使其能生产出满足市场需要的产品。
⑦ 谈判。在价格和其他条款上达成一致,实现所有权的转移。
⑧ 订货。向制造商下订单。

(2) 分销渠道流程

分销渠道的主要流程包括实体流程、所有权流程、付款流程、信息流程及促销流程等。在商品经济条件下,产品必须通过交换,发生价值形式的运动,使产品从一个所有者转移到另一个所有者,直至消费者手中,这称为商流。同时,伴随着商流,还有产品实体的空间移动,称为物流。商流与物流相结合,使产品从生产者到达消费者手中。付款流程是指货款在各市场营销中间机构的流动过程。信息流程是指在市场营销渠道中,各市场营销中间机构相互传递信息的过程。促销流程是指由一组织运用广告、人员推销、公共关系、促销等活动对其他组织和个人施加影响的过程。

① 实体流程。分销渠道的实体流程如图 9-1 所示。

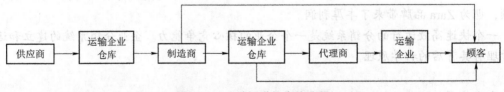

图 9-1 分销渠道的实体流程

② 所有权流程。分销渠道的所有权流程如图 9-2 所示。

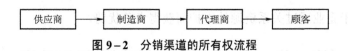

图 9-2 分销渠道的所有权流程

③ 付款流程。分销渠道的付款流程如图 9-3 所示。

图 9-3 分销渠道的付款流程

④ 信息流程。分销渠道的信息流程如图 9-4 所示。

图 9-4 分销渠道的信息流程

⑤ 促销流程。分销渠道的促销流程如图 9-5 所示。

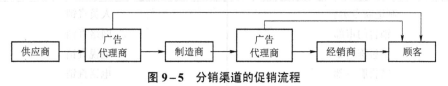

图 9-5 分销渠道的促销流程

(3) 分销渠道的重要性

一般来说，大多数企业通过中间商将产品传递给最终消费者。制造商之所以使用中间商，是因为中间商在为目标市场提供产品方面具有更高的效率。凭借中间商拥有的关系、经验、专业知识和经营规模，它可以做到许多制造商独自无法达成的事情。

整体而言，渠道可以创造时间、地点和所有权效用。分销渠道提供了大量物流或者实体分销功能，它们提高了货物从生产商到消费者之间的流动效率。在产品从制造商到庞大消费群体的流动过程中，通过减少必要的交易环节，渠道的效率得以提高。这可以通过两种方式实现：一是分装。批发和零售商从制造商处采购大批货物，但通过零售的方式卖给消费者。二是进行产品分类，减少交易环节。在一个地方提供不同种类的产品，消费者可以一次性方便地买到多种物品。

企业创造性地建立分销系统可以获得竞争优势。如顺丰公司通过构建富有创新和庞大的分销系统，在中国快递行业占有了一席之地；当当、京东、阿里巴巴在崛起的互联网经济中把握商机，建立线上和线下整合的分销系统，高效服务于交易客户，成为中国市场引人注目的互联网新兴企业。

企业的渠道决策影响其他营销决策。企业的定价决策，取决于采用的分销渠道是实体店还是网上销售，是直接销售还是间接销售等。企业的沟通决策取决于其渠道合作伙伴需要多大力度的说服、培训、支持和激励等。企业的产品研发和服务决策，也在很大程度上受到渠道反馈的市场信息、分销能力的影响。

渠道决策可以帮助企业获得合作伙伴的长期支持。渠道决策常常涉及与其他企业订立的长期合同和合作关系的建立和维护，一旦通过合同确立了合作关系，就意味着相对稳定关系的建立。这有利于企业通过关系资源的维护而获得竞争优势。

第二节 分销渠道类型和渠道组织系统

2.1 分销渠道类型

(1) 直接渠道与间接渠道

按是否有中间商,可将分销渠道划分为直接渠道与间接渠道。直接渠道是指生产企业不通过中间商环节,直接将产品销售给消费者。直接渠道是工业品分销的主要类型。例如大型设备、专用工具及技术复杂需要提供专门服务的产品,都采用直接分销,消费品中也有一些品类采用直接分销,诸如鲜活商品等。表9-1列出了按是否有店铺而呈现的主要直销方式。

表 9-1 直销方式

有店铺直销	无店铺直销
制造商专卖店	人员直销
销售门市部	网络直销
销售陈列室	电视直销
销售服务部	电话直销
合资分销店	直接邮购
租赁卖场	目录营销
	自动售货机
	手机等其他媒体营销

间接渠道是指生产企业通过中间商环节间接销售给消费者。和间接渠道相比,直接分销具有以下优点。

第一,有利于产、需双方沟通信息,可以按需生产,更好地满足目标顾客的需要。由于是面对面的销售,用户可以更好地了解商品的性能、特点和使用方法;生产者能直接了解用户的需求、购买等特点及其变化趋势,进而了解竞争对手的优势和劣势及其营销环境的变化,为按需生产创造条件。

第二,可以降低产品在流通过程中的损耗。由于去掉了商品流转的中间环节,减少了销售损失,有时也能加快商品的流转。

第三,可以使购销双方在营销上相对稳定。一般来说,直销渠道进行商品交换,产品数量、时间、价格、质量、服务等都按合同规定履行,购销双方的关系可以法律的形式在一定时期内固定下来,使双方把精力用于其他方面的战略性谋划。

第四,可以在销售过程中直接进行促销。企业直接分销,实际上往往表现为直接促销的活动。
和间接渠道相比,直接分销具有以下缺点。

在产品和目标顾客方面,对于绝大多数生活资料商品,其购买表现为小型化、多样化和重复性。生产者若凭自己的力量去广设销售网点,往往力不从心,甚至事与愿违,很难使产品在短期内广泛分销,也很难迅速占领或巩固市场,企业目标顾客的需要得不到及时满足,势必转移方向购买其他厂家的产品,这就意味着企业失去目标顾客和市场占有率。

在商业协作伙伴方面,商业企业在销售方面比生产企业的经验丰富,这些中间商最了解顾客的需求和购买习性,在商业流转中起着不可缺少的桥梁作用。而生产企业自销产品,就拆除了这一桥梁,势必自己去进行市场调查,包揽了中间商所承担的人、财、物等费用。这样就会加重生产者的工作负荷,分散生产者的精力。更重要的是,生产者将失去中间商在销售方面的协作,产品价值的实现就增加了新的困难,目标顾客的需求也难以得到及时满足。

知识拓展

直销与传销的区别

① 推销的商品不同。传销的产品大多是一些没有什么品牌,属于质次价高的商品。而直销的商品大都为一些著名的品牌,在国内外有一定的认知度。

② 推销员加入的方式不同。传销是的推销员加入时上线要收取下线的商品押金,一般以购物或资金形式收取"入门费"。

③ 营销管理不同。传销的营销管理很混乱,上线推销员是通过欺骗下线推销员来获取自己的利益。采用"复式计酬"方式,即销售报酬并非仅仅来自商品利润本身,而是按发展传销人员的"人头"计算提成。直销的管理比较严格,推销员是不直接跟商品和钱接触的。自己的业绩由公司来考核,由公司进行分配。

④ 根本目的不同。传销的根本目的是无限制地发展下线,千方百计通过扩大下线来赚钱。而直销最终面对的是终端用户,并与其进行商品交易。

(2) 长渠道和短渠道

渠道的长短一般是按流通环节的多少来划分的,没有中间环节的渠道为零级渠道。显然,商品分销经过的渠道层级越多,意味着分销的成本也就越高。

① 零级渠道,即制造商——消费者。

② 一级渠道,即制造商——零售商——消费者。

③ 二级渠道,即制造商——批发商——零售商——消费者,或者是制造商——代理商——零售商——消费者。多见于消费品分销。

④ 三级渠道,即由制造商——代理商——批发商——零售商——消费者。

长渠道与短渠道的优劣比较如表9-2所示。

表9-2 长渠道与短渠道的优劣

渠道长短	优 点	缺 点
长渠道	市场覆盖面广;占有的分销资源多;可以借用渠道的资源;适用于顾客密度较小、较分散的区域	控制程度低,管理难度大;服务难度大,容易造成渠道成员之间的矛盾
短渠道	市场密集;企业对渠道的控制程度高;适合时尚商品、专用商品以及顾客密度较大的市场区域	企业的外部组织承担了大部分分销渠道的职能;需要大量的资源投入;市场覆盖面较窄

（3）宽渠道与窄渠道

渠道宽窄取决于渠道的每个环节中使用同类型中间商数目的多少。企业使用的同类中间商多，产品在市场上的分销面广，称为宽渠道。如毛巾、牙刷、开水瓶等一般的日用消费品一般采用宽渠道。这种渠道由多家批发商经销，又转卖给更多的零售商，它能大量接触消费者，大批量地销售产品。企业使用的同类中间商少，分销渠道窄，称为窄渠道。它一般适用于专业性强的产品，或贵重耐用消费品，由一家中间商统包，几家经销。它容易使生产企业控制分销，但市场分销面受到限制。渠道的宽度，通常有三种可供选择的形式。

① 密集性分销。运用尽可能多的中间商分销，使渠道尽可能加宽。如啤酒、咖啡、香皂等便利品，工业用品中的标准件、通用小工具等，适于采取这种分销形式，以提供购买的最大便利。

② 独家分销。在一定地区内只选定一家中间商经销或代理，实行独家经营。独家分销是最极端的形式，是最窄的分销渠道，通常只对某些技术性强的耐用消费品或名牌产品适用。独家分销对生产者的好处是：有利于控制中间商，提高他们的经营水平；也有利于加强产品形象，增加利润。但这种形式有一定风险，如果这一家中间商经营不善或发生意外情况，生产者就要蒙受损失。采用独家分销形式时，通常产销双方议定，销方不得同时经营其他竞争性商品，产方也不得在同一地区另找其他中间商。

③ 选择性分销。这是介于上述两种形式之间的分销形式，即有条件地精选几家中间商进行经营。这种形式对所有各类产品都适用，它比独家分销面宽，有利于扩大销路，开拓市场，展开竞争；比密集性分销节省费用，较易于控制，不必分散太多的精力。有条件地选择中间商还有助于加强彼此之间的了解和联系，使被选中的中间商愿意努力提高推销水平。

（4）单渠道和多渠道

当企业全部产品都用一种渠道形式，如由自己直接所设门市部销售或全部交给批发商经销，就称为单渠道。多渠道则是指采用了多种渠道形式进行分销。如可能在本地区采用直接渠道，在外地采用间接渠道；在有些地区是独家经销，在另一些地区则是密集式分销；对消费者市场采用长渠道，对组织市场采用短渠道等。显然，一个企业如果渠道形式单一，分销成本相对会低，且便于控制和管理；而采用的渠道形式比较多时，不仅分销成本可能会增加，管理和控制的难度也会相应增加。

2.2 分销渠道组织系统

分销渠道组织系统有垂直渠道系统、水平渠道系统、多渠道系统三种典型形式。

（1）垂直渠道系统

垂直渠道系统是由生产企业、批发商和零售商组成的统一系统。垂直渠道系统的特点是专业化管理、统一计划，系统中的各成员为共同的利益目标，都采用不同程度的一体化经营或联合经营。它主要有三种形式。

① 公司式垂直系统。公司式垂直系统是指一家公司拥有和统一管理若干工厂、批发机构和零售机构，控制渠道的若干层次甚至整个渠道，综合经营生产、批发、零售业务。这种渠道系统又分为两类：工商一体化经营和商工一体化经营。工商一体化是指大工业公司拥有、统一管理若干生产单位、商业机构，如美国火石轮胎橡胶公司拥有橡胶种植园、轮胎制造厂，还拥有轮胎系列的批发机构和零售机构，其销售网点遍布全国。商工一体化是指大型零售商

拥有和管理若干生产或加工企业，如北京东安集团作为大型零售企业，其旗下控制着若干生产或加工企业，为其进行贴牌生产。

② 管理式垂直系统。制造商和零售商共同协商销售管理业务，其业务涉及库存管理、定价、商品陈列、购销活动等，如宝洁公司与其零售商共同商定进行商品采购、商品陈列、定价及开展促销活动等。

③ 契约式垂直系统。契约式垂直系统是指不同层次的独立制造商和经销商为了获得单独经营达不到的经济利益而以契约为基础实行的联合体。它主要分为以下三种形式。

一是制造商倡办的零售特许经营或代理商特许经营。零售特许多见于消费品行业，代理商特许多见于生产资料行业。如丰田公司对经销自己产品的代理商、经销商给予买断权和卖断权，即丰田公司与某个经销商签订销售合同后，赋予经销商销售本公司产品的权力而不再与其他经销商签约，同时也规定该经销商只能销售丰田牌子的汽车，实行专卖，避免了经营相同牌子汽车的经销商为抢客户而竞相压价，以致损害公司名誉。

二是制造商倡办的批发商特许经营系统。大多出现在饮食业，如可口可乐、百事可乐与某些瓶装厂商签订合同，授予在某一地区分装的特许权和向零售商发运可口可乐等的特许权。

三是服务企业倡办的零售商特许经营系统。多出现在快餐业，如肯德基快餐，以及汽车出租业中。

案例启迪

资生堂的产品分销

日本资生堂公司80%的商品是通过自己开设的销售公司批发给13 000多个零售商的。这些零售商都是分别独立经营的，被称为资生堂连锁店。资生堂根据销售额，把其连锁店分为6个等级，分别予以不同的折扣和回扣。它主要从三个方面控制销售者：一是占有率回扣；二是累进回扣；三是忠诚度回扣。资生堂产品的零售价格由厂家制定，并打印在包装上，连锁店没有定价权，如不遵守厂家的定价，便会被取消销售资格。资生堂还拥有数千个美容咨询员，他们在各个连锁店间巡游，向顾客提供宣传服务。

（2）水平式渠道系统

水平式渠道系统又称为共生型渠道，是指由两个或两个以上公司横向联合在一起，共同开发新的营销机会而形成的关系系统。其特点是两家或两家以上的公司横向联合共同形成新的机构，发挥各自优势，实现分销系统有效、快速地运行，其实际上是一种横向的联合经营。其目的是通过联合，发挥资源的协同作用或规避风险。这类渠道系统又有两种典型形式：一是生产制造商水平渠道。它是由同一层次的生产企业共同组建和利用的营销渠道，或共同利用的服务及维修网、订货程序系统、物流系统、销售人员和场地等。二是中间商水平渠道系统。组织表现形式为：连锁店中的特许连锁和自愿连锁、零售商的合作组织等。

知识拓展

连 锁 商 店

连锁商店是指由一家大型商店控制的，许多家经营相同或相似业务的分店共同形成的商业销售网。其主要特征是：总店集中采购，分店联购分销。它出现在19世纪末到20世纪初的美国。到1930年，连锁商店的销售额已占全美销售总额的30%。50年代末60年代初以来，欧洲、日本也逐渐出现了连锁商店，并得到迅速发展，到70年代后全面普及，逐步演化为一种主要的商业零售企业的组织形式。连锁商店的典型形式有以下三种。

① 正规连锁店。

同属于某一个总部或总公司，统一经营，所有权、经营权、监督权三权集中，也称联号商店、公司连锁或直营连锁。分店的数目各国规定不一，美国定为12个或更多；日本定为2个以上；英国定为10个以上。共同特点为：所有成员企业必须是单一所有者，归一个公司、一个联合组织或一个人所有；由总公司或总部集中统一领导，包括人事、采购、计划、广告、会计等的统一管理；成员店铺不具企业资格，其经理是总部或总店委派的雇员而非所有者；成员店标准经营，商店规模、商店外貌、经营品种、商品档次、陈列位置基本一致。

② 自愿连锁。

各店铺保留单个资本所有权的联合经营，多见于中小企业，也称自由连锁、任意连锁。正规连锁是大企业扩张的结果，目的是形成垄断；自愿连锁是小企业的联合，以抵制大企业的垄断。自愿连锁的最大特点是成员店铺是独立的，成员店经理是该店所有者。

自愿连锁总部的职能一般为：确定组织大规模销售计划；共同进货；联合开展广告等促销活动；业务指导、店堂装修、商品陈列；组织物流；教育培训；信息利用；资金融通；开发店铺；财务管理；劳保福利；帮助劳务管理等。

③ 特许连锁。

特许连锁也称合同连锁、契约连锁。它是主导企业把自己开发的商品、服务和营业系统，包括商标、商号、经营技术、营业场合和区域等，以营业合同的形式给规定区域的加盟店授予统销权和营业权。加盟店则须缴纳一定的营业权使用费，并承担规定的义务。其特点是：经营商品必须购买特许经营权；经营管理高度统一化、标准化。这类连锁店一般要求特许店在开业后，每月按销售总额的一定百分比支付特许经营使用费。

(3) 多渠道系统

多渠道系统，或称复合渠道，是指对同一或不同的细分市场，采用多种渠道的分销体系。就一家公司而言，如果其通过两种以上的渠道形式进行分销活动，就属于多渠道系统。这种渠道的优点是：可以增加产品的市场覆盖面，有利于企业扩大产品的销售，提供市场占有率。其缺点是：会加大渠道管理难度；窜货现象更容易发生。

营销新视野

网 络 渠 道

网络渠道是指借助联机网络、电脑通信和数字交互式媒体的无店铺营销渠道形式。网络营销可以分为消费者导向的网络营销（B2C）和商务导向的网络营销（B2B）两种形式。B2C 和 B2B 有时不能完全分割开来。

● 网上直销

网上直销是企业通过在互联网上建立公司网站，直接向消费者或用户销售其产品的无店铺营销渠道。如今许多生产制造商和零售商都从事网上直销，如海尔（http://www.ehaier.com）、国美电器（http://www.gome.com.cn/shop）。

网上直销的优点：① 信息沟通不仅是直接的，而且是双向的。② 可以提供更加便捷的服务：对无形产品来说，产品的订货、支付和配送都可以在网上完成；对有形产品而言，顾客直接在网上完成订货和付款后，就可以等着送货上门。③ 企业可以通过网络为顾客提供售后服务和技术支持，如软件的升级服务；顾客选定货物、填写购货信息、选择支付方式后，企业确认汇款额后发给消费者收费单等。④ 网上直销免去或减少了企业自设门店和推销员上门推销的费用，同时可以按照订单生产，从而有效降低成本。其缺点为：顾客只能通过网页的图片和介绍等判断商品的型号、性能、样式和质量；网络直销在安全性方面可能存在风险。

● 网络间接渠道

它承担类似于传统的中间商职能，是由电子中间商（Electronic Intermediaries）从事中介服务的营销活动。电子中间商实际上分为两种：一种是电子经销商（Electronic Distributors）。这类经销商需负责完成订单和担保等；另一种是电子代理商（Electronic Brokers），他们向有特定需要的顾客介绍供应方。

第三节　分销渠道设计

3.1　影响分销渠道设计的因素

企业进行分销渠道的设计和选择要综合考虑各种影响因素。

（1）市场因素

目标市场范围，如市场范围宽广，适用长、宽渠道；顾客的集中程度，如顾客集中，适用短、窄渠道；顾客的购买量和购买频率，如购买量小、购买频率高，适用长、宽渠道；消费的季节性，如没有季节性的产品一般都均衡生产，多采用长渠道；竞争状况，如竞争不是特别激烈，同类产品应与竞争者采取相同或相似的销售渠道，反之，则采用与竞争者不同的分销渠道。

（2）产品因素

产品的物理和化学性质：体积大、较重、易腐烂、易损耗的产品适用短渠道或采用直接渠道、专用渠道；反之，适用长、宽渠道。价格：一般而言，价格高的工业品、耐用消费品适用短、窄渠道；价格低的日用消费品适用长、宽渠道。时尚性：时尚性程度高的产品，适用短渠道；款式不易变化的产品，适用长渠道。标准化程度：标准化程度高、通用性强的产品适用长、宽渠道；非标准化产品适用短、窄渠道。技术复杂程度：产品技术越复杂，需要的售后服务要求越高，适用直接渠道或短渠道。

（3）企业自身因素

企业财务能力：财力雄厚的企业有能力选择短渠道，财力薄弱的企业只能依赖中间商。渠道的管理能力：渠道管理能力强、经验丰富的企业，适宜选择短渠道；管理能力较强的企业则适宜选择长渠道。控制渠道的愿望：控制愿望强烈的企业往往选择短而窄的渠道；控制愿望不强烈的企业，则选择长而宽的渠道。

（4）中间商因素

合作的可能性：如果中间商不愿意合作，只能选择短、窄的渠道。费用：如果利用中间商分销的费用很高，就只能采用短、窄的渠道；服务：如果中间商提供的服务优质，则企业宜采用长、宽渠道，反之，只能选择短、窄渠道。

（5）环境因素

经济形势：经济萧条、衰退时，企业往往采用短渠道；经济形势好，可以考虑长渠道。有关法规：如专卖制度、进出口规定、反垄断法、税法等，企业应当依法选择分销渠道。

案例启迪

安利公司的渠道转型

1995 年，安利正式落户中国，他们在广州投资 1 亿美元建成了安利在海外唯一的现代化日用消费品生产基地，欲在中国掀起一场安利的直销风暴。可是很快国内形形色色打着直销旗号的传销诈骗活动搅乱了安利的市场前景。1998 年 4 月 21 日，国务院《关于禁止传销经营活动的通知》出台，对传销活动加以全面禁止。对于安利来说，1998 年无疑是它在中国的一个分水岭，随着是年 4 月在中国的业务被禁，安利开始在中国寻求新的生存方式。1998 年 6 月 18 日，国家工商局颁发《关于外商投资传销企业转变销售方式有关问题的通知》，准许部分外资传销企业转为店铺经营，并可以雇用推销员。1998 年 7 月经批准，安利（中国）日用品有限公司正式采用新的分销方式，由直销改为"店铺+雇用推销员"的经营模式，自此，安利 40 多年来在全球 80 多个国家和地区均通过直销员销售产品的传统被彻底打破。转型后的安利把原来分布在全国的 20 多个分公司改造成为第一批店铺，以后又陆续对这些店铺进行扩充。所有产品明码标价，消费者可以直接到专卖店中自行选购，杜绝推销员自行定价带来的问题。新的经营模式给消费者带来了新的选择，同时也让安利做出了新的尝试，突破原有的直销模式，多种销售方式并举，对于融入中国国情的安利来说，这是一次全新的分销模式探索。

3.2 分销渠道设计流程

（1）分析顾客需求

顾客会从产品种类、价格、便利程度等多方面出发，选择喜欢的购物渠道。顾客关注的渠道服务主要表现在以下几个方面。

① 批量大小：营销渠道允许顾客一次购买的单位数量。

② 等候和交付时间：顾客等待收到货物的平均时间；顾客欢迎交货更快的渠道。

③ 空间便利：渠道为顾客购买产品所提供的方便程度。
④ 产品多样性，是指渠道提供的商品品种的宽度。顾客一般喜欢更多的品种选择机会。
⑤ 服务支持，如渠道可以提供的信贷、交货、安装、维修等附加服务。服务支持越强，顾客越欢迎。

营销新视野

顾客对渠道服务需求的差异调查

在法国、德国、英国进行的一项针对40家杂货店和服装零售商的调查研究显示，顾客对渠道服务在关注重点和区域特征方面都表现出差异。具体表现是：关注产品服务和质量的顾客，最看重产品和服务的多样性和性能；关注价格和价值的顾客，最看重如何精明地消费；关注亲和力的顾客，则往往会寻找和他们相似的人经营的店铺，或他们希望加入的组织。调查还显示，法国顾客最看重产品/服务的质量；英国顾客看重亲和力；德国顾客则在乎价格和价值。

（2）确定渠道目标

分销目标的设定是在企业整体营销目标架构之下完成的。作为联系生产企业与消费者的通道与纽带，分销渠道可以被认为是一个顾客价值的传递系统，在这个系统里，每一个渠道成员都要为顾客增加价值。一家企业的成功不仅依赖于它自己的行动，而且依赖于它的整个分销渠道与其他竞争对手的分销渠道进行竞争的状况。

营销者可以用服务产出水平、相关的成本和支持水平来描述渠道目标。在竞争情况下，渠道成员应该对其功能任务进行安排，使得降低费用的同时提供顾客希望达到的服务产出水平。

渠道目标决策会受到经济环境的影响。当经济不景气时，生产者总是要求利用较短的渠道将其产品送入市场，并且要求减少提高产品最终交易价格的非必要的服务。

渠道目标因产品特性的不同而不同。体积庞大的产品，要求采用运输距离最短、搬运次数最少的渠道布局。非标准化的产品，可由公司销售代表直接销售。需要安装或长期维护服务的产品，通常由公司或特许经销商进行维护。单位价值高的商品，一般由公司人员销售，很少通过中间商。

（3）确定渠道方案

① 确定渠道模式。要决定采取什么类型的分销渠道，是派推销人员上门推销或以其他方式自销，还是通过中间商分销。如果决定通过中间商分销，还要进一步决定选用什么类型和规模的中间商。

一般而言，有四种代表性渠道模式：经销商模式、合作模式、配送模式、直销模式。在经销模式下，经销商承担渠道运营和管理的主要工作，也包括零售终端的开发和管控；合作模式则是由企业直接管理零售终端的工作，而经销商负责客户开发、合同谈判、调配货物和终端收款等渠道运营环节；在配送模式下，企业更进一步直接负责客户开发、合同谈判和终端维护等工作，经销商退化为"配送商"；最后，在直销模式下企业不仅直接管理零售终端并负责分销配送，不再需要作为中间环节的经销商。

以上四种渠道模式各有利弊及适用领域。在经销模式下，企业必须具备有效的经销商管控能力，而经销商的自身能力亦相对要较强，才能有效实施企业对其的要求。同时企业不需要具备管理大量物流及销售人员的制度及资源。此模式适用于发展相对成熟的行业及市场。在直销模式下，情况和经销模式恰恰相反。企业必须拥有大量的资源及能力来有效管理大量的销售及物流员工。由于企业的能力要求最高直销模式，可用的范围就更加少了。也许只有在部分高端城市及现代渠道才能采用此模式。很多国际时尚服装企业为了有效保持品牌形象的统一和供应链的效率而决定采用直营开店的方式。这种直营模式有利于企业对店面进行统一管理，有效把握市场的信息，从而使得其对于市场的反应速度非常快，有效支持了款多量少的产品战略。

② 确定渠道长短。确定渠道长短需要考虑以下几个方面：产品的价格构成、体积和重量、生命周期、物理性能、技术性能要求等，企业自身的规模、实力、声誉，潜在客户情况，市场面的分布、销量的大小以及市场的季节等因素，都会影响到企业是选择短渠道还是长渠道。因此，企业综合考虑各种因素，设计出合理的渠道长度，以使分销渠道方便自己开拓市场，及时将产品送到客户手中，并扩大产品的市场占有率。

③ 规定渠道成员的权利和责任。企业还要规定各种类型的中间商所具有的权利和应该承担的责任。如对不同地区、不同类型的中间商和不同的购买量给予不同的价格折扣，提供质量保证和跌价保证，以促使中间商积极进货。还要规定交货和结算条件，以及规定彼此为对方提供哪些服务，如生产方提供零配件、代培技术人员，协助促销，经销方提供市场信息和各种业务统计资料等。

知识拓展

渠道合作伙伴的常见条款

价格政策。要求制造商制定价目表、折扣计划表与补贴明细表，使中间商确信这些是公平而充分的。

销售条件。付款条款和制造商担保。大多数制造商对付款早的分销商给予现金折扣。它们也可以向分销商提供有关产品质量缺陷或价格下降等方面的担保，以激励分销商更多地购买产品。

分销商地区权利。它是指确定分销商的管辖地区并规定生产商允许其他分销商进入的条件。分销商一般喜欢把自己销售地区的所有销售业绩都归功于自己，不管这些销售是不是通过他促成的。

双方的服务和责任。这方面需要双方慎重加以确定，尤其在采用特许经营、独家代理等渠道形式的情况下更需要加以重视。如麦当劳向加盟的特许经销商提供房屋、促销支持、记账制度、人员培训、一般行政管理与技术协助等；反过来，特许经销商必须在设施设备方面符合公司标准，对公司的促销方案予以配合，提供公司需要的信息并向特定的供应商购买供应品。明确的责任和义务，有助于保障合作的有序进行，并提高运行和管理效率。

(4) 评估渠道方案

分销渠道方案确定后，生产厂家就要根据各种备选方案，进行评价，找出最优的渠道路线。通常渠道评估的标准有三个：经济性、可控性和适应性。

① 经济性。经济性主要是比较每个方案可能达到的销售额及费用水平。如比较由本企业推销人员直接推销与使用销售代理商哪种方式销售额水平更高；比较由本企业设立销售网点直接销售所花费用与使用销售代理商所花费用，看哪种方式支出的费用大等。企业对上述情况进行权衡，从中选择最佳分销方式。

② 可控性。一般来说，采用中间商可控性小些；企业直接销售可控性大些。分销渠道长，可控性难度大；渠道短，可控性较容易些。企业必须进行全面比较、权衡，选择最优方案。对分销渠道控制能力的要求并不是绝对的，并非所有企业、所有产品都必须对其分销渠道实行完全的控制。如市场面较广、购买频率较高、消费偏好不明显的一般日用消费品就无须过分强调控制；而购买频率低、消费偏好明显、市场竞争激烈的高级耐用消费品，对分销渠道的控制就十分重要。又如，在产品供过于求时往往比产品供不应求时更需强调对分销渠道的控制。总之，对分销渠道的控制应讲究适度，应将控制的必要性与控制成本加以比较，以求达到最佳的控制效果。

③ 适应性。在评估各渠道方案时，还有一项需要考虑的标准，那就是分销渠道是否具有地区、时间、中间商等适应性。如果生产企业同所选择的中间商的合约时间长，而在此期间，其他销售方法如直接邮购更有效，但生产企业不能随便解除合同，这样企业选择分销渠道便缺乏灵活性。因此，生产企业必须考虑选择策略的灵活性，不签订时间过长的合约，除非在经济或控制方面具有特别意义。

第四节　分销渠道管理

4.1　分销渠道成员管理

对中间商进行选择、激励、评估以及调整，是渠道成员管理的重要内容。

（1）选择渠道成员

总的来说，知名度高的、实力雄厚的生产者很容易找到适合的中间商；而知名度低的、新的、中小生产者较难找到适合的中间商。无论难易，生产者选择渠道成员都应注意以下条件：能否接近企业的目标市场；地理位置是否有利；市场覆盖有多大；中间商对产品的销售对象和使用对象是否熟悉；中间商经营的商品大类中，是否有相互促进的产品或竞争产品；资金大小，信誉高低，营业历史的长短及经验是否丰富；拥有的业务设施，如交通运输、仓储条件、样品陈列设备等情况如何；从业人员的数量多少，素质的高低；销售能力和售后服务能力的强弱；管理能力和信息反馈能力的强弱等。

（2）激励渠道成员

一旦选定渠道成员，企业就需要不断地管理和激励他们发挥最大潜力。大多数企业将中间商视为首要的客户和伙伴。它们通过有效的伙伴关系管理与渠道成员形成长期的伙伴关系，从而建立起可以同时满足企业和营销伙伴需求的价值传递系统。

促使经销商进入渠道的因素和条件已经构成部分激励因素，但生产者要注意对中间商的批评，批评应设身处地为别人着想，而不仅从自己的观点出发。同时，生产者必须尽量避免激励过分（如给中间商的条件过于优惠）和激励不足（如给中间商的条件过于苛刻）

两种情况。

很多企业都安装了渠道伙伴关系管理系统（PRM），为协调整个渠道的营销努力。正如企业利用顾客关系管理（CRM）软件系统来协助进行重要客户关系管理，企业现在可以利用伙伴关系管理和供应链管理（SCM）软件来招募、培训、组织、激励和评估公司与渠道伙伴的关系。

（3）评估渠道成员

生产者必须定期地、客观地评估渠道成员的绩效，包括销售定额完成情况、平均存货水平、交货时间、损毁和丢失货物的处理、企业促销和培训计划的配合度以及顾客服务水平。

如果某一渠道成员的绩效过分低于既定标准，则需找出主要原因，同时还应考虑可能的补救方法。当放弃或更换中间商将导致更坏的结果时，生产者只好容忍这种令人不满的局面；当不致出现更坏的结果时，生产者应要求工作成绩欠佳的中间商在一定时期内有所改进，否则就要取消它的资格。

基于对渠道成员的绩效评估结果，对渠道成员保留、撤换、变动、增减等进行决策，以保证分销系统的有效运行。

4.2 分销渠道冲突管理

（1）渠道冲突的类型和产生原因

渠道冲突是指某渠道成员从事的活动阻碍或者不利于本组织实现自身的目标，进而发生的种种矛盾和纠纷。渠道冲突的类型主要有以下三种：水平渠道冲突，是指存在于渠道同一层次的成员之间的冲突；垂直渠道冲突，是指同一渠道中不同层次之间的冲突；多渠道冲突，是指在两种或两种以上渠道形式向同一个市场分销商品时所发生的冲突。

导致渠道冲突的原因一般表现在以下几个方面。

① 价格差异。各级批发价的价差常常是渠道冲突的诱因。制造者经常抱怨分销商的销售价格过高或过低，从而影响其产品形象与定位。而分销商则抱怨给其的折扣过低而无利可图。

② 存货水平。制造商和分销商为了自身的经济效益，都希望把存货水平控制在最低。而存货水平过低可能会导致分销商无法及时向用户提供产品而引起销售损失，甚至使用户转向竞争者。同时，分销商的低存货水平往往会导致制造商的高存货水平，从而影响制造商的经济效益。此外，存货过多还会产生产品过时的风险。因此，存货水平是容易导致渠道冲突发生的。

③ 来自大客户的威胁。制造商与分销商之间存在着的持续不断的矛盾的来源，是制造商与最终用户建立直接购销关系，这些直接用户通常是大客户，是厂家宁愿直接交易而把余下的市场领域交给渠道中间商的客户（通常是因为其购买量大或有特殊的服务要求）。由于工业品市场需求的80/20规则非常明显，分销商担心其大客户直接向制造商购买而威胁其生存。

④ 付款和资金占用。制造商希望分销商先付款、再发货，而分销商则希望能先发货、后付款。尤其是在市场需求不确定的情况下，分销商希望采用代销等方式，即货卖出去后再付款。而这种方式增加了制造商的资金占用，加大了其财务费用支出。

⑤ 技术咨询与服务问题。分销商不能提供良好的技术咨询和服务，常被制造商作为采用

直接销售方式的重要理由。对某些用户来说，甚至一些技术标准比较固定的产品，仍需要通过技术咨询来选择最适合的，以满足其生产过程的需要。

⑥ 经营竞争对手产品。制造商显然不希望他的分销商同时经营竞争企业同样的产品线。尤其在当前的工业品市场上，用户对品牌的忠诚度并不高，经营第二产品线会给制造商带来较大的竞争压力。另一方面，分销商常常希望经营第二甚至第三产品线，以扩大其经营规模，并免受制造商的控制。

（2）预防冲突的措施

① 树立共同目标。树立一个共同目标，激励渠道成员，使渠道成员之间通力合作，提高对渠道的整体满意度，最终会给厂商以及渠道成员带来效益。这一策略尤其在市场不景气、渠道成员士气低落的情况下会有良好的效果。共同目标的内容包括长期战略、愿景规划，以及对渠道生存、市场份额、高品质、客户满意等方面的要求等。

② 激励。研究表明，渠道激励和渠道绩效呈现显著正相关，良好的激励会增加渠道成员的满意度，而渠道成员的高满意度将会带来渠道绩效的显著提高。激励的策略包括财务信誉额度、促销支持、折扣、培训支持、扩大权限、终端奖励等。

③ 利益共享。利益共享是渠道系统稳定的一个重要因素。在一个渠道系统中，如果一部分渠道成员的利益没有顾及或者受到损害，势必引起不利的渠道冲突。诸如在渠道系统中，处于下游的渠道成员过分向生产商等上游渠道成员要求费用及其他条件等，使其利益遭受到严重伤害，则冲突就会应运而生。所以建立一个利益共享机制，使各方利益合理均衡是很重要的。

④ 优化渠道。企业优化渠道可以采用以下两种方法：一是渠道整合。所谓渠道整合，是指制造企业通过对自己渠道的模式、关系以及渠道的运作方式进行重新观察、分析和判断，将渠道组织进行再次组合与优化，以带来渠道整体组织运行效率的提高，从而使渠道组织能更好地适应环境，促进合作，预防和避免不利渠道冲突。二是渠道扁平化。所谓渠道扁平化，就是通过减少营销渠道的层次、增加渠道宽度来达到使渠道组织优化和提高渠道绩效的目的。我们国家的很多制造企业一直采用从企业到最终消费者之间有多层经销商的渠道模式。这种营销渠道模式由于复杂的多级结构，增加了产品流转到最终消费者的时间，渠道组织沟通难度加大，企业获得的关于最终消费者的信息容易失真，从而渠道管理难度加大，营销成本增加。对于这些弊端，不少企业将渠道结构扁平化，以减少渠道层次，避免信息失真，结构相对简化，使得渠道组织便于管理，从而提高了渠道组织运作的效率，恢复了活力。

⑤ 建立合理的价格管理体系。合理的价格管理体系主要是预防窜货行为的发生。价格是影响产品销售的主要因素，是最有效地调节市场、调节分销商关系的杠杆。建立一套灵活有效的销售价格体系不仅有利于产品的销售、激发分销商的积极性，也是防范窜货的有力手段。

⑥ 建立战略联盟。战略联盟是指两个以上的渠道成员通过签订合作协议组成一个共同承担风险、分享利益的联盟。由于其主要表现在于和分销商之间的合作，所以它也叫产销联盟。这样的联盟是渠道策略的一种形式。它是一种契约行为，有很强的约束力。它从各方的长远利益出发，使制造商和分销商之间建立起良好的合作与信任关系。

营销实践

娃哈哈是如何治理窜货行为的？

窜货可分为恶性窜货和自然性窜货。恶性窜货，即经销商为牟取非正常利润，蓄意向非辖区倾销货物；自然性窜货，一般发生在辖区临界处或物流过程中，非经销商恶意所为，货物流向非目标市场。中国幅员辽阔，各省之间由于经济状况、消费能力及开发程度的不同，产品的销量差异极大。为了运作市场，总部对各省的到岸价格、促销配套力度和给予经销商的政策也肯定有所差异，因而在经销商中容易出现窜货。这种状况频繁出现，必将造成市场之间的秩序紊乱。

为治理窜货，娃哈哈成立了一个专门的机构，巡回全国，专门查处窜货的经销商，其处罚之严业界少有。宗庆后及其各地的分销经理在各地行走时，一旦发现编号与地区不等，便严令彻查到底。可是，要根治窜货，必须严格分配和控制好各级经销商的势力半径，一方面充分保护其在本区域的销售利益，另一方面则严禁其对外倾销。近年来，娃哈哈放弃了广招经销商的策略，开始精选合作对象，从众多的经销商中发展和扶植大客户。同时，有意识地画小经销商的辐射半径，促使其精耕细作，挖掘本区域市场的潜力。

4.3 物流管理

物流管理是指企业在生产过程中，根据物质资料实体流动的规律，应用管理的基本原理和科学方法，对物流活动进行计划、组织、指挥、协调、控制和监督，使各项物流活动实现最佳的协调与配合，以降低物流成本、提高物流效率和经济效益。物流管理是保证企业生产经营持续进行的必要条件。企业的生产经营活动，表现为物质资料的流入、转化、流出过程，一旦某一环节不能及时获取所需物资，企业正常的经营活动秩序将被扰乱。

企业分销中成功的物流至少应该做到 5R，即在正确的时间（Right Time）、正确的地点（Right Location）和正确的条件（Right Condition）下，将正确的商品（Right Goods）送到正确的顾客（Right Customer）手中。企业分销中物流管理主要包括物流模式的选择以及仓储、运输等过程的管理。

（1）物流模式

① 自营物流。自营物流是指企业自身经营物流业务，建设全资或是控股物流子公司，完成企业物流配送业务，即企业自己建立一套物流体系。

自营物流具有以下优势：有利于企业掌握控制权，可以利用企业原有的资源，降低交易成本，避免商业秘密泄露，提高企业品牌价值，推进客户关系管理。自营物流具有以下弱势：投资多，风险大，增加企业管理难度等。

② 第三方物流。第三方物流是指企业将一部分或者全部物流活动委托给外部的专业物流公司来完成。第三方物流具有明显的相对优势：企业能够集中精力于核心业务；灵活运用新技术，实现"以信息换库存"，降低成本；减少固定资产投资；提供灵活多样的顾客服务。同时，第三方物流也存在以下不利方面：企业不能直接控制物流职能，不能保证供货的准确性和及时性，不能保证顾客服务的质量以及维护与客户的长期关系。

③ 物流联盟。物流联盟是指企业在物流服务方面选择少数稳定且有较多业务往来的物流

公司，通过契约形成长期互利互惠、优势互补、要素双向或是多向流动、相互信任、共担风险、共享收益的物流伙伴关系，这是一种战略联盟形式。

物流联盟的优势：可以降低成本，减少投资，降低风险和不确定性，获得一定的物流技术及相应的管理技术，有利于发挥渠道优势，提高利润水平；有利于拓展经营领域，提高服务水平，提升企业形象。物流联盟的弱势：物流服务降低专业化水平，联盟模式一般比较脆弱，合作关系容易解体。

选择物流模式需要考虑企业对物流的管理能力、企业对物流控制力的要求、企业产品自身的物流特点以及企业规模实力等因素，尽可能实现以最低的总成本达到既定的客户服务水平。

（2）仓储决策

仓储决策必须对每种产品的年销售量、市场需求量以及产品的重量、体积和包装进行分析。仓储决策的目标是实现储存、运输总费用最低且储存质量较高。仓储决策主要包括以下内容。

① 仓库类型。是自建仓库还是租用仓库，主要取决于两者的费用比较，须结合待储存商品的规模和时间，通过损益平衡分析法来选择。

② 仓库选址。仓库接近消费地能更好地满足顾客需要，但运输成本会相应提高，同时产品容易过时；接近产地有利于节约运输成本，并可按顾客要求的品种与规格供货，但供货时间难以保证。

③ 仓库数目。仓库数目多，就意味着能够较快将货物送达顾客处，但是，仓储成本也将增加，因此数目必须在顾客服务水平和分销成本之间取得平衡。

④ 存货水平。存货水平的高低与顾客的需求量密切相关。存货水平太低，可能造成脱销，不能满足顾客的需求和中断供应；存货水平太高又会增加成本，降低经济效益。因此，为了保持适当的存货水平要确定两个问题：一是进货量；二是进货时间。

进货量是指企业每次进货的数量。在任何情况下，企业的进货量都会遇到两个相互矛盾的因素，即进货费用和存储费用。若进货数量少，则进货次数多，进货成本高，而存储成本低；若进货数量多，则进货次数少，订货成本低，而存储成本高。要使总费用最少，需要通过科学的方法计算最佳订货批量。

进货时间。存货水平随着不断的销售而下降，当降低到一定数量时，就需要再进货，这个需要再进货的存量就称为进货点。进货点的确定要考虑办理进货手续的繁简、运输时间的长短、是否容易发生意外情况等。总的原则是：既要保证企业的销售需求，又不至于因存货增多而导致存储费用加大。实际上，进货点是确定仓库的进货时间，亦即确定采购时间的库存量。据此进货，可保证销售产品的采购不早不晚，供应不中断，库存不积压。

（3）运输决策

运输的作用是实现商品的空间转移，是物流的核心。服务水平、成本是影响企业运输决策的主要因素。高服务水平必然带来高费用，企业只有在权衡好运输成本和用户服务水平之间的相互关系后，才能答应用户的进一步要求。运输决策主要包括运输方式、运输路线的选择。

① 运输方式。主要的运输方式有管道、水运、铁路、公路和空运五种。企业根据对送货速度、频率、可靠性、运载能力和成本的考虑及不同运输方式的可用性做出选择。例如目的是低成本，那么水运和铁路就是主要的选择对象。

管道。天然气和石油一般使用管道运输，其特点是运量大、速度快、损耗小、连续性强，是一种低成本的运输方式。

水运。水运又分为内河驳船运输、近海运输和远洋运输。水运适合于笨重的非易腐商品，如煤、铁矿石、谷物、杂货、机械等。水运的特点是运量大、运费低，但航期较长，并受地理位置影响。

铁路。铁路适于运距长、批量大、单位价值较低的笨重货物。铁路运输在世界上大多数国家，特别是幅员辽阔的国家仍承担着主要的货运任务。

公路。公路运输的主要优点是灵活、迅速、适应面广。水运和铁路运输最终都要倒装，而公路运输能够实现"门对门"供货，减少了装卸次数和损耗，特别适于中、小批量商品近距离运输。一般来说，公路运输费用较高，要与铁路运输作费用—运距比较后才能确定。不过，高速公路网的发展，为公路运输创造了更多更好的机会。

空运。空运是速度最快、费用最高的运输方式。一般来说，只有高价值、易腐产品或精密产品才采用航空运输。不过，航空运输迅速可靠，能为顾客提供良好服务，降低销售地存货，有助于提高企业抢占市场的竞争力。选择运输方式时主要根据用户对运输成本、时间、可靠性、可用性和运输能力等方面的需要确定。

② 选择运输路线。选择合理的运输路线对于产品流通范围广、用户分散的企业具有重要意义，在区域内短途、多用户的频繁"配送"业务方面更是一项重要决策。选择运输路线的原则为：一是应保证把货物运抵顾客处的时间最短；二是应能减少总的运输里程；三是应保证重要用户得到较好的服务。具体确定运输路线时常常运用线性规划等数学方法。

（4）电子商务下的物流管理

在电子商务模式下，企业物流可充分利用网络的巨大优势建立信息化系统和网络共享平台，开展商品物流跟踪登记、客户回馈响应模式，信息处理和传递系统，提供更加完善的配送和售后服务。网络化的虚拟企业可以把分布在各个地点、分属不同经营者的仓库通过互联网连接起来，形成一个"虚拟仓库"，进行统一管理和调配，摆脱了服务半径的限制和货物集散空间的束缚。电子商务与现代物流的全方位融合，使物流和配送的详细业务流程信息都由网络系统记载、连接共享。任何一个环节收到需求信息时，系统都通过网络信息反馈、共享，在极短的时间内做出反应，拟订详细的物流计划，通知其他相关环节按时开始相应工作。电子商务使企业在资源组织的速度、规模、效率以及资源的合理配置方面得到了全方位提升。

营销新视野

电子商务下的分销模式新变化

随着电子商务的一步步推进，企业分销模式已经发生了重大变化。总的趋势朝着渠道更短、更直接，流通速度更快，向顾客价值更大的方向发展；同时，商流、信息流、物流之间的组合更加灵活。

① "二元"渠道模式。它是指在物流运输发达和网络信息技术快速发展的环境下，传统产品制造商在保留原有零售分销渠道基础上，积极借助于电子商务渠道向消费者分销、直销产品。这样产品制造商与消费者之间在原有缺乏交流的基础上有了更多交流，弥补了传统产品流通分销渠道中的信息缺失、失真问题，成为传统分销产品制造商应对电子商务崛起的一

条可选途径。

② "内联网"渠道模式。它是指制造商将原有内部用的销售网络在可控制范围内向更多的合作伙伴开放，允许现有的或者未来潜在合作伙伴在"加盟"允许条件下利用制造商的内部网络参与产品生产、销售。目前，这种分销模式主要表现为产品制造商在与实体店铺、传统批发商建立契约关系的基础上，实体店铺直接与产品制造商联系、销售，产品制造商借助于内联网环境中经过"认证"的众多实体店铺、批发商向消费者销售产品。该模式适用于较大的品牌、具有众多代理的制造商可选择使用。

③ "网络直销"渠道模式。它是指产品制造商借助于交易平台、网站平台直接与消费者联系，然后将产品借助于物流"直接"送到消费者手中，中间不经过任何批发、零售环节，可以说消费者足不出户就可以拿到满意的产品，中间成本大大降低，产品的最终价格也变得更低。该模式较适合于"订单生产"企业。消费者通过电话、企业网站等向产品制造商定制产品，然后制造商依据客户、消费者的个性化需求生产并"邮寄"给大的客户或者消费者。

④ "交易平台"渠道模式。它是指消费者利用网络交易平台完成商品的搜索、下单和付款等操作，由"交易平台"完成后续商品相关操作，消费者坐等商品到家即可，足不出户完成整个购买过程。代表性的如B2B、B2C、C2C平台和网上商城、团购网等平台。

⑤ "营销信息发布"渠道模式。它是指通过在网络上发布广告、借助搜索引擎检索、门户网站页面发布、发送电子邮件和即时通信工具等形式发布商务信息，而消费者借助上述渠道收集信息，联系销售方提供服务。

总之，电子商务环境下的分销渠道有更大的开放性，其中间环节大幅度减少，结构更趋于扁平化，渠道透明度更高，产品销售成本更低。

第五节 中 间 商

批发商和零售商是分销渠道中两类最重要的中间机构。生产者研究批发商和零售商，可以为生产者的渠道决策提供依据，提高生产者的分销管理水平。

5.1 批发商

批发是指供转售、进一步加工或变化商业用途而销售商品的各种交易活动。批发商处于商品流通的起点和中间阶段，交易对象是生产企业和零售商。一方面它向生产企业收购商品；另一方面它又向零售商业批销商品，并且是按批发价格经营大宗商品。其业务活动结束后，商品仍处于流通领域中，并不直接服务于最终消费者。批发商是商品流通的大动脉，是关键性的环节，它是连接生产企业和商业零售企业的枢纽，是调节商品供求的蓄水池，是沟通产需的重要桥梁，对企业改善经营管理及提高经济效益、满足市场需求、稳定市场具有重要作用。

（1）商业批发商

独立经营的企业，对其所经营的商品拥有所有权，它们是可以提供全套服务或者有限服务的批发商、分销商、工厂供应商。完全服务商业批发商能为客户提供全方位的服务，包括送货、信贷、产品使用援助、维修、广告和其他的促销支持；它们通常有自己的销售人员向企业或组织客户推销产品。一些综合类的批发商批发不同种类的物品，而专门化的批发商则批发单一产品线的各类商品。有限服务商业批发商，它们拥有商品所有权，但只向顾客提供较少的服务。

（2）商品代理商或经纪人

它们并未拥有商品所有权，主要功能就是促进买卖，获得销售佣金。代理商通常在进行交易的基础上代表买方或卖方。经纪人的主要作用是为买卖双方牵线搭桥，由委托方付给他们佣金。他们不存货、不卷入财务、不承担风险。多见于食品、不动产、保险和证券等行业。

（3）制造商和零售商的分支机构和办事处

有时候制造商会建立自己的渠道中间商。这样一来，他们可以经营独立的商业部门，承担中间商的所有功能，同时对渠道保持完全的控制。其有两种形式：一是销售分部和营业所。销售分部备有存货，常见于木材、汽车设备和配件等行业；营业所不存货，主要用于织物和小商品行业。二是采购办事处。一些零售商在主要的销售市场会设立这样的机构行使采购权利及进行相应业务。

（4）专业化批发商

专业化批发商包括农产品集货商，它们购买农场的农产品；石油储备站，它们把来自不同油井的石油合并储存到一起；拍卖公司，它们向其他商人或者商业机构拍卖汽车、设备等。

5.2 零售商

零售商处于商品流通的最终阶段，直接将商品销售给最终消费者。零售商的基本任务是直接为最终消费者服务。它的职能包括购、销、调、存、加工、拆零、分包、传递信息、提供销售服务等。在地点、时间与服务方面，方便消费者购买。此外，它还是联系生产企业、批发商与消费者的桥梁，在商品的价值传递中发挥着重要作用。

5.2.1 按所有权关系划分的零售商

（1）私人店

这是一种很普遍的零售商店的形式。商店由店主私人拥有。这种店的优点是：店的所有者是店主，一般为经营者，也有雇人经营的；常光顾的顾客多在店铺周围生活，服务比较周到。例如，水果店、小百货店、小副食品店等。

（2）连锁商店

这种商店只用一个商标名称（俗称店名），但数量不等，可以是几家，也可以是成百上千家。同一商标名称下的连锁商店归在同一所有者名下，实行所有者集权的决策方式。规模较大的连锁系统可以与制造商抗衡，因为连锁系统决定着制造商产品的出路。消费者也可以从连锁商店那里得到满意的服务，连锁商店购货和销货的渠道及政策都较稳定，也有相对固定的供应商。

（3）消费者合作社

它也是商店，店的所有权属于一批消费者，他们在管理和经营商店的同时，也从商店购买商品。对入会消费者，消费者合作社可以将零售商品的价格比一般的零售商店降低20%～25%，从而保护入会消费者的利益。

（4）贸易合作社

贸易合作社由多家拥有独立所有权的商店组成，这些商店的经营方式类似连锁商店。当这些商店联合起来向同一家批发商购货时，它们可以享受大订货量的数量折扣，也可以促进销售。

（5）特许专卖系统

一个企业或个人可以向一个母公司申请特许专卖权，以建立一个零售店或其他形式的企业。这些有权出售特许权给其他公司的母公司，一般都是一些很有名气的企业。取得特许权的企业要向母公司按期缴纳使用特许权的费用，同时享受母公司的声誉，而且节省了投资建企业的一些费用，经营起步也减少了很多困难。母公司一般都严格控制使用特许权的企业，例如通过材料、产品等实现控制，有些根据业务的特点进行控制。

5.2.2 按经营范围划分的零售商

我国的零售业态分为专业店、专卖店、百货店、超级市场、大型综合市场、便利店、仓储式商场、购物中心。

观点透视

零售业态的划分标准

菲利浦·科特勒（Philip Kotler）对零售业态的研究比较有代表性，他提出了零售业态分类的五个标准，即商品组合、价格诉求、卖场特点、店铺管理形式、店铺集合形式。

美国科罗拉多大学的斯坦顿（W.J.Stanton）教授则提出了零售业态分类的四个标准，即店铺规模、商品组合、所有制形式、销售方式。

日本学者对于零售业态的研究比较有代表性。日本零售商业协会将零售业态定义为"与消费者的购买习惯的变化相适应的零售经营者的经营形态"。铃木安昭认为，零售业态是指"零售经营者关于具体零售经营场所——店铺的经营战略的总和"。而兼村荣哲则认为，零售业态可以从广义和狭义两个角度加以分析：广义的零售业态，不仅包括零售店的营销要素组合，还应该包括支撑零售业运行的组织及其策略；而狭义的零售业态是从零售店铺的营销要素组合的角度对零售企业加以区分。

中国台湾连锁暨加盟促进协会秘书长刘汝驹等人则认为："业态指零售业的经营形态。它不是以商品的特性，而是以行业经营方式，将零售店分为各种形态。"

（1）专业店

专业店是指经营某一大类商品为主的，并且具备丰富专业知识的销售人员能提供适当的售后服务，满足消费者对某大类商品的选择需求的零售业态。其主要特点是：① 选址多样化，多数店设在繁华的商业区、商店街或百货店、购物中心内。② 营业面积根据主营商品特点而定。③ 商品结构体现在专业性、深度性，品种丰富，选择余地大，主营商品占经营商品的90%。④ 经营的商品、品牌具有自己的特色。⑤ 采取定价销售和开架销售。⑥ 从业人员须具备丰富的专业知识。

（2）专卖店

专卖店是指专门经营或授权经营制造商品牌，适应消费者对品牌选择需求和中间商品牌的零售业态。其主要特征为：① 选址在繁华商业区、商店街或百货店、购物中心内。② 营业面积根据经营商品的特点而定。③ 商品结构以著名品牌、大众品牌为主。④ 销售体现量小、质优、高毛利。⑤ 商店的陈列、照明、包装、广告讲究。⑥ 采取定价销售和开架销售。⑦ 注重品牌名声，从业人员必须具备丰富的专业知识，并提供专业知识性服务。

（3）百货店

百货店是指在一个大建筑物内，根据不同商品部门设销售区，开展进货、管理、运营，满足顾客对时尚商品多样化选择需求的零售业态。其基本特点为：① 选址在城市繁华区、交通要道。② 商店规模大，营业面积在 5 000 平方米以上。③ 商品结构以经营男、女、儿童服装、服饰、衣料、家庭用品为主，种类齐全、少批量、高毛利。④ 商店设施豪华，店堂典雅、明快。⑤ 采取柜台销售与自售（开架）销售相结合的方式。⑥ 采取定价销售，可以退货。⑦ 服务功能齐全。

（4）超级市场

超级市场是指采取自选销售方式，以销售食品、生鲜食品、副食品和生活用品为主，满足顾客每日生活需求的零售业态。其主要特点是：① 选址在居民区、交通要道、商业区。② 以居民为主要销售对象，10 分钟左右可到达。③ 商店营业面积在 1 000 平方米左右。④ 商品构成以购买频率高的商品为主。⑤采取自选销售方式，结算由设在出口处的收银机统一进行。⑥ 营业时间每天不低于 11 小时。⑦ 有一定面积的停车场。

（5）大型综合市场

大型综合市场是指采取自选销售方式、以销售大众化实用品为主，满足顾客一次性购足需求的零售业态。其主要特征是：① 选址在城乡接合部、住宅区、交通要道。② 商店营业面积在 2 500 平方米以上。③ 商品构成为衣、食、用品，重视本企业的品牌开发。④ 采取自选销售方式。⑤ 设有与商店营业面积相配套的停车场。

（6）便利店（方便店）

便利店是指以满足顾客便利性需求为主要目的的零售业态。其主要特征是：① 选址在居民住宅区、主干线公路边以及车站、医院、娱乐场所、机关、团体、企事业所在地。② 商店营业面积在 100 平方米左右，营业面积利用率高。③ 居民徒步购物 5~7 分钟即可到达，80% 的顾客为有目的的购买。④ 商品结构以速成食品、饮料、小百货为主，有即时消费性、小容量、应急性等特点。⑤ 营业时间长，一般在 16 小时以上，甚至 24 小时，终年无休日。⑥ 以开架自选货为主，结算在收银机处统一进行。

（7）仓储式商场

仓储式商场是指以经营生活资料为主的，储销一体、低价销售、提供有限服务的零售业态（其中有的会采取会员制形式，只为会员服务）。其主要特点是：① 选址在城乡结合部、交通要道。② 商店营业面积大，一般为 10 000 平方米左右。③ 目标顾客以中小零售商、餐饮店、集团购买和有交通工具的消费者为主。④ 商品结构主要以食品（有一部分生鲜商品）、家庭用品、体育用品、服装衣料、文具、家用电器、汽车用品、室内用品为主。⑤ 店堂设施简朴、实用。⑥ 采取仓库式陈列。⑦ 开展自选式的销售。⑧ 设有较大规模的停车场。

（8）购物中心

购物中心是指企业有计划地开发、拥有、管理运营的各类零售业态、服务设施的集合体。其主要特征为：① 由发起者有计划地开设，布局统一规划，店铺独立经营。② 选址为中心商业区或城乡结合部的交通要道。③ 内部结构由百货店或超级市场作为核心店,与各类专业店、专卖店、快餐店等组合构成。④ 设施豪华、店堂典雅、宽敞明亮,实行卖场租赁制。⑤ 核心店的面积一般不超过购物中心面积的 80%。⑥ 服务功能齐全,集零售、餐饮、娱乐为一体。⑦ 根据销售面积,设立相应规模的停车场。

知识拓展

零售业态的演变及其历史背景

零售业随着社会和经济的发展而逐渐变化,这种变化是沿着零售店的数量、密度、分布状况和经营形态等方面的变化展开的。零售业变化的本质是信息流和商品流最大限度地接近目标顾客的过程。零售业态的变化不仅受消费者居住分布特点和人口密度的影响,而且受消费者购买力和消费心理的影响,还受到科学技术和社会文化的影响。

① 早期阶段:行商—坐商(业种店)—集市。

人类社会早期,人口数量少,居住分散,处于一种自给自足的生活状态。由于生产力低下,商品交换的规模小,有限的零售活动往往采用流动的方式进行。随着人口数量的增长以及城市的出现,商业活动开始兴旺。《清明上河图》为我们展示了一幅"行商坐贾"云集,"零售业"兴旺的场景。从"行商"演变为"坐贾",与人口的聚集和城市出现有着密切的关系。"坐贾"从最初的摆摊,发展到摊位与店铺并存。由于固定的零售店铺更能够赢得消费者的信任,所以逐渐成为零售的重要方式。原始的店铺形态为业种店,售卖自己生产的产品,如"米店""布店"等。在一些规模较大的城市,经营同类商品的店铺,聚集在一起,形成同类商品店铺聚集的局面,这样能够产生规模效应,吸引附近和远道而来的顾客。从老北京遗留下来的一些地名,如"米市大街""菜市口""煤市街""花市大街""灯市口""果子巷""鲜鱼口""瓷器口"等,就可反映出这里过去曾是人们进行一些商品交易的聚集地点。

② 工业革命:百货商店。

工业革命使生产的规模空前扩大。大规模的生产,能够满足人们的不同需求,而快速增长的需求,又在一定程度上进一步刺激生产,于是,零售店铺的规模也随之扩大。零售店铺的经营方式也随之发生变化。接着,百货商场出现了。大多数西方学者认为,最早的百货店出现在 19 世纪中叶的法国。百货商店所经营的商品几乎无所不包,消费者再也不用去"布店"买布,去"帽店"买帽子,去"日杂店"买扫帚了。规模较大的百货商店大都处于城市的繁华地段,拥有宽敞的营业空间,购物环境舒适,商品齐全,实行明码标价,这极大地增加了消费者对于百货商店的依赖性和安全感。

③ 世界性经济危机:超级市场。

20 世纪 20 年代末,爆发了世界性的经济危机,人们的购买力水平急剧下降,零售业的经营者不断探索通过低价格吸引消费者的经营模式。20 世纪 30 年代,美国人迈克尔·库仑(Michael Cullen)根据自己几十年经营零售业的经验,成功地在美国纽约开设了世界上第一家超级市场,从此这种"低价零售"模式开始流行。为了保证低廉的价格,迈克尔·库仑以连锁的方式建立起大量进货的销售系统,通过压低进价提升竞争力。此外,他们采用了自助方式进行销售,顾客可以亲自从货架上选购商品,选购完毕后,一次性结算,大大提升了顾客选购商品的积极性。这种模式受到消费者的欢迎与认可。

④ 信息技术革命：便利店、仓储式商场、专卖店、购物中心。

随着信息处理技术的发展，超级市场逐渐完善。信息技术要求零售企业所经营的商品必须规格统一，而这个要求又恰恰与大规模的工业化生产高度契合。信息处理技术的不断完善，为大规模处理"进""销""存"数据提供了技术保证，为零售企业研究消费者的行为提供了无限的可能性，也为精确制定零售价格和选择恰当的零售策略提供了坚实的基础。

伴随着超级市场的快速发展，出现了"便利店""仓储量贩卖场""专卖店"等不同的零售经营形态。"便利店"以提供便利服务为目标，散布于居民聚集区，经营生活必需的商品组合，为消费者提供便捷服务。"便利店"依靠规模不大、分散、店铺数量多的策略，保持市场份额和利润空间。"仓储量贩卖场"，以装修简约、批量销售、价格低为其优势，对工作忙碌、希望批量购买商品的消费者提供服务。"专卖店"采取连锁经营的模式，深入目标顾客聚集的区域进行布点经营，采用"窄产品线"策略，开架售货，为特定顾客提供有针对性的服务。

20世纪中前期，不少商业街逐渐演变为购物街。在欧洲，购物街通常也被称为 Shopping Center（购物中心）。而在美国，则出现了超大型零售业建筑。这些超大型零售业建筑，以 1~2 个主力商家为核心店，辅以其他商业、服务业店铺，形成了超大型的零售业和服务业的聚合体，人们称之为 Shopping Mall。购物中心或 Shopping Mall 是人口居住分散、交通发达、购买力旺盛的社会的产物，也是商业、服务业高度复合聚集的产物。购物中心或 Shopping Mall 由于聚集所产生的巨大的"质量"和"吸引力"，使其辐射范围大大增加了，因此这种零售业态具有巨大的"消费吸纳能力"。

⑤ 互联网的发展：无店铺销售。

随着现代营销理念的变化以及网络技术的飞速发展，近年来出现了一系列崭新的零售业形态，包括网店、电视购物、邮购等。如今，这种"无店铺销售"已经成为影响力日益扩大的崭新零售方式，成为吸引众多年轻人的新型零售形态。从趋势上看，无店铺式销售在未来零售业中所占的份额将会不断扩大。

从某一角度看，便利店、仓储量贩卖场、专卖店等，是超级市场的衍生业态；而购物街、购物中心、Shopping Mall 等，则是零售业与服务业高度聚集的产物，是区域经济以及社会购买力发展到一定阶段的产物；无店铺销售，特别是网络商店的出现，是在信息及技术浪潮席卷社会的趋势下，充分满足现代社会消费者足不出户就能够快速大规模地进行商品比较，又能够等货上门的快捷、便利的需要。无疑，网络销售是新型的零售业态，网络技术也将是推动零售业态变革的巨大动力。

5.3 中间商变革趋势

（1）零售业态的生命周期越来越短

从历史上来看，百货店经过约 100 年达到成熟阶段；而仓储商店进入成熟期只用了 10 年时间。1962 年（第一家沃尔玛、凯马特、塔吉特、科尔士开业）全球排名前 10 位的折扣零售商已经全部不复存在。如今，为适应新的商业环境、满足消费者的新需求，新的零售业态不断出现；然而与此同时，新零售业态的生命周期正变得越来越短。网上零售越来越多地借助网站、手机和社交媒体进行交易。零售商在尝试短期经营的时尚潮店、闪销网站等，创造了蜂鸣效应。不仅如此，如今的零售形式变得越来越集中，表现为不同类型的零售商向相同的顾客以相同价格出售相同产品。

（2）网上、移动和社交媒体零售快速增长

网上零售的繁荣和发展得益于先进的技术、方便实用且富有吸引力的网站和移动应用、不断改进的在线服务以及日臻成熟的搜索技术。零售商网站、移动应用和社交媒体在很大程度上也影响了实体店内的购买行为。很多顾客表现出"逛展厅"行为，即线下考察，线上交易。顾客的购物过程将店铺、网络、移动应用、社交媒体融合在一起，这也要求企业成为"鼠标+水泥"企业。

（3）零售技术越来越重要

越来越多的零售商使用先进的信息技术和软件系统，提高预测水平，控制存货成本，与供应商实现电子化互动，实现店铺间的信息传递并完成店内商品出售。零售商通过采用精密、复杂的系统完成收款扫描、射频识别存货跟踪、商品处理、信息分享以及消费者互动。零售商在实体店中引入数字技术，如使用触摸屏、手持购物助理、顾客忠诚计划的移动应用、互动试衣间、虚拟销售助理等，为顾客提供全新的购物体验。可以说，零售技术的未来发展趋势，是帮助顾客获得融合线上和线下的购物体验。沃尔玛就提出其发展目标是实现实体店与网上、社交媒体、移动创新的融合，为顾客提供"随时随地"的购物体验。

营销新视野

苏宁的云商模式

苏宁电器是我国商界的知名品牌，2013年2月20日，苏宁电器正式改名为苏宁云商，新模式、新组织、新形象成为苏宁最大的变革，以"专衍、云融、开放、引领"为发展主题，标志着苏宁革命性"云商"零售模式全面落地。业务转型，打造虚实融合云商新模式；组织变革，创新管理跨越发展新苏宁，引领全球零售变革。

苏宁云商模式可概括为"店商+电商+零售服务商"，它的核心是以云技术为基础，整合前台、后台，融合线上、线下，服务全产业、全客群。

苏宁连锁平台经营总部整体组织框架；负责苏宁所有线下实体店面平台经营管理，平台类型包括旗舰店、超级店、生活广场、广场；苏宁和乐购仕双品牌运作。电子商务经营总部负责电子商务平台各项业务的经营管理，业务类型包括实体商品经营、生活服务、云服务、金融服务。物流事业部纳入电子商务经营总部管理，以便有效支持小件商品全国快速服务。商品经营总部负责各类商品的经营管理：商品分类包括电器、百货、日用品、图书、综合服务；线上线下采销全面整合，统一管理。

苏宁希望通过构建云商模式，实现在大数据时代，以云技术为支撑，开展云计算，提供云服务，以开放平台为框架，全面整合各类实体产品、内容产品和服务产品，融合线上与线下渠道，服务全产业、全客群。通过新技术的运用、新模式的构建，改变传统零售业的低效率、分散化、高物耗、低效益等状况，建立多维度、全流程、大协同的现代产业链，全面服务的整体水平。

（4）绿色零售趋势

在流通领域，零售商日益重视绿化商店及其运营，使用环保建筑材料，节水、节能技术，推广更加环保的产品，实现包装循环使用等。一些零售商定期举办帮助顾客提高环境责任感的活动，如回收旧产品、回收消耗品等。还有一些零售商积极与供应商和分销商合作，创造更加可持续的产品、包装和分销系统。如亚马逊与所售产品的生产商紧密合作减少和简化包装。绿色零售有助于提高收益和降低成本。可持续的实践吸引了希望支持环保企业和产品的消费者，进而提高了零售商的收益；同时，通过降低成本帮助零售商增加了盈利。

（5）强势零售商的全球扩张

实力雄厚的零售商从本国成熟、饱和的市场转向全球扩张，经营在跨越国家、地区、文化的同时，适应差异巨大的零售环境。法国的家乐福、欧尚，德国的麦德龙、利德尔，英国的乐购，日本的7-11，美国的沃尔玛、家得宝、好市多、百思买等，都已在全球化的扩张中建立了全球化形象，并成就了非凡业绩。提高渠道的效率和有效性、实现增值，是全球化企业努力解决的问题。

（6）大型批发商和大型零售商的界限越来越模糊

很多零售商的经营形式，如批发会员店和超级购物中心，行使了很多批发商职能。反过来，一些大型批发商，也积极建立自己的零售业务，如超价商店是美国最大的食品批发商，同时也是美国最大的食品零售商之一；现在，它将自己定位为"美国的社区食杂店"。在激烈的市场竞争中，批发商的生存与发展面临更严峻的挑战。批发商会继续增加为零售商提供的服务：零售定价、联合广告、营销和管理信息报告、会计服务、在线交易等。计算机化、自动化、互联网系统等的应用，有助于批发商控制订货、运输和存货保管成本，提高生产率。

（7）零售实体店向体验店转型

随着网上网下日益融合，传统零售店也逐渐转型成体验店。百货商店、大型超市、便利店、专卖店等传统终端形式，简单的商品陈列已不能满足顾客的购物需求，在顾客追求全方位购物体验的今天，购物环境要敞亮优雅，富于变化；购物气氛要温馨、快乐，充满情趣；终端服务要贴心、周到、富于特色。体验店除具备传统终端销售、形象展示等功能外，还具有以感官刺激、实现品牌与消费者心智互动、塑造品牌价值的作用。体验店的价值是增强顾客的欲望满足。体验店不仅是提升销量的有效武器，也是品牌与消费者有效沟通、互动最有利的手段。更为重要的是，它打破了传统的品牌构建模式并再造了消费者购买决策流程。

图示小结

认识分销渠道

概念：某种货物和劳务从生产者向消费者移动时取得这种货物和劳务的所有权或帮助转移其所有权的所有企业和个人。
职能：分类；物流；融资与担保；风险承担；寻找顾客与促销；市场调查及反馈；谈判；订货。
流程：实体流；所有权流；付款流；信息流；促销流等。
类型和结构：直接和间接渠道；长渠道和短渠道；宽渠道和窄渠道；垂直、水平、多渠道系统。

分销渠道设计和管理

影响因素：市场、产品、企业、中间商及环境等。
设计流程：分析顾客需求、确定分销目标、确定和评估渠道方案。
渠道成员管理：选择、激励、评估及调整。
渠道冲突管理：渠道冲突指渠道成员发生的各种矛盾和纠纷；价格差异、存货水平、大客户的威胁、争占对方资金、技术咨询与服务问题、经营竞争对手产品等是常见原因；确立共同目标、激励、利益共享、优化渠道、扁平化、合理的价格体系、战略联盟等是预防冲突的基本措施。
物流管理：在物质资料的流入、转化、流出过程中涉及的计划、组织、指挥、协调、监督、控制等活动。物流活动涉及自营物流、第三方物流及物流联盟等多种模式；仓储决策涉及自建还是租用、选址、确定仓库数目及存货水平等内容；运输是物流的核心，运输方式、路线等是其决策的核心内容。电子商务与物流的全方位融合，使得物流运作与管理发生了深刻变革。

中间商形态及其变革

批发商：商业批发商；商品代理商或经纪人；制造商的分支机构和办事处、专业化批发商。
零售商：按所有权关系：私人店、连锁商店、消费者合作社、贸易合作社、特许专卖系统等；按经营范围分类：专业店、专卖店、百货店、超级市场、大型综合市场、便利店、仓储式商场、购物中心等。
变革趋势：零售业态的生命周期越来越短；直复营销、网上营销、移动和社交媒体零售快速增长；零售技术越来越重要；绿色零售；强势零售商的全球扩张；大型批发商和大型零售商的界限越来越模糊；传统的零售店向体验店转型。

复习思考题

1. 什么是渠道？渠道成员承担的主要职能有哪些？
2. 尝试画出渠道的主要流程。
3. 中间商的主要类型有哪些？各有何特点？
4. 渠道的组织结构主要有哪些？各有何特点？
5. 如何进行渠道的设计？
6. 如何进行渠道成员的管理？
7. 什么是渠道冲突？其产生的原因主要有哪些？预防渠道可以采取哪些主要措施？
8. 什么是物流管理？它涉及哪些主要决策？
9. 当今时代，中间商变革的趋势主要体现在哪些方面？

营销体验

1. 小组讨论和交流

渠道成员如何在制造商和消费者之间的分销渠道中增加价值？

2. 课外作业和交流

契约型垂直营销系统最常见的类型是特许经营组织。访问国际特许经营网站（www.franchisc.org），找一个你感兴趣的特许经营企业案例，收集这个案例企业的相关资料，完成一份研究报告，并在小组中交流。

3. 方案设计和交流

葛根植物饮料如何分销？

某食品企业最近研发了一种新的饮料，该饮料是用一种叫葛根的植物为原材料生产加工而成。它具有清凉降火、醒酒、清肝的功效。该产品口感清凉，气味清香，包装以易拉罐为主，定价为4元，目标顾客为中高端顾客群体，尤其是以中年男性商务人士为主。

企业在讨论该新产品进入市场的渠道规划时，出现了几种不同的意见：一是沿用原有产品的成熟销售渠道，这样可以省时省力，节约成本，但对新产品的推广力度不足；二是开辟新的渠道，以迅速提升新产品的市场形象和市场占有率，这样做会导致渠道建设成本升高、风险大；三是增加特殊卖场渠道，如增加学校、网吧、机场、车站等场所的销售，但公司的渠道服务人力有限。一时间，大家难以达成共识。

小组为公司产品如何进行分销设计一份规划方案，并在全班交流。

案例讨论

宜家的分销渠道选择

1943年，时值第二次世界大战期间，17岁的坎普拉德在瑞典创办了宜家公司。刚开始，他卖过钢笔、相框、钱包和其他廉价商品。1951年，他开始销售当地木匠做的家具。1957

年,第一家瑞典家具商店开张。如今,宜家拥有 26 个国家的 280 家零售店,销售额达 230 亿美元,是世界上最大的家居公司。公司因时尚的设计、适中的价格而获得了大量忠诚客户。

宜家专注于家具和家居装饰市场,其零售店的面积很大。宜家经营具有深度的产品线,包括家庭所有房间的家具、装饰用品及照明材料。在历史上宜家只制造低价、平板包装的家具,但近年来也推出了质量和价格均较高的斯德哥尔摩系列家具。

在商店布局设计方面,宜家迎合了消费者对一站式购物的兴趣。并以"生活方式"主题展示单身人士、已婚人士或者年轻家庭想要的家具类型,对顾客来说,一进店就使购物变得较为容易。另外,宜家也利用插图向顾客介绍如何进行各种各样的商品组合。对于买的家具符合其现在生活方式但又不想用一辈子的人来说,这种展示方式非常合适。

宜家的成功贯穿始终,而且这种成功并非偶然——公司借助卓越的营销规划才走到今天。宜家面临着一个新的挑战:怎样并且去哪里扩张业务并增加公司的收入?公司已经宣布,要在俄罗斯、德国、法国、中国、意大利、日本、英国、芬兰、西班牙、瑞士增设新店。

宜家近年来还开设了网上商店,其网站非常受欢迎,仅 2007 年一年的点击率就达 4.5 亿次。在美国,一年家具的在线销售额超过 1 500 亿美元,行业专家预计连续的年增长速率将达到两位数。尽管在在线家具购物者中的声誉很好,宜家在 2013 年左右,却宣布将店内销售作为"唯一的销售渠道",在家庭购物和在线销售渠道上不会有更多投资。公司这一决策是基于这样的理念:只通过实体商店销售产品,公司能为消费者提供最好的产品和最低的价格。

在竞争激烈的零售世界,宜家过去的成功并不是未来的保障。宜家只关注店内销售这一决策是正确的吗?宜家不发展在线销售是否能继续保持其竞争优势和实现全球增长和利润目标?

讨论题:
(1) 宜家不发展在线销售的决策是否正确?为什么?
(2) 调查一下宜家在中国市场的销售渠道是怎样的?并分析一下其渠道运行的特点。
(3) 对宜家今后的分销渠道决策提出你的建议并说明理由。

第十章
整合营销传播

学习目标

◎ 理解营销传播及其组合方式，熟悉整合营销传播过程及其管理要求；
◎ 掌握大众传播方式：广告、营业推广、事件和体验、公共关系的特点及其运用；
◎ 掌握人际传播方式：直销、互动营销、口碑营销、人员销售的特点及其运用。

关键术语

◎ 营销传播（Marketing Communications）
◎ 整合营销传播（Integrated Marketing Communications，IMC）
◎ 营销传播组合（Marketing Communications Mix）
◎ 人际传播（Personal Communications Channels）
◎ 大众传播（Mass Communication）
◎ 广告（Advertising）
◎ 营业推广（Sales Promotion）
◎ 公共关系（Public Relations）
◎ 直复营销（Direct Marketing）
◎ 互动营销（Interactive Marketing）
◎ 口碑营销（Word-of-mouth Marketing）
◎ 人员销售（Personal Selling）
◎ 目录营销（Catalog Marketing）
◎ 电话营销（Tele-marketing）
◎ 网络广告（Network Advertisement）
◎ 移动营销（Mobile Marketing）
◎ 蜂鸣营销（Buzz Marketing）
◎ 病毒营销（Viral Marketing）
◎ 社交媒体（Social Media）

知识结构

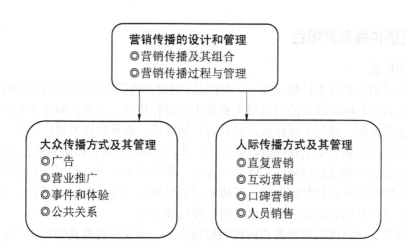

先思后学

红牛公司的整合营销传播

红牛公司通过其营销活动创造了一个全新的饮料品种——功能性能量饮料，公司在不到20年的时间里成了能量饮料行业的领导者。如今，红牛远销世界160个国家，年销量达几十亿罐。一开始，红牛在电视中的广告设计充满活力，口号是"红牛给你翅膀"（Red Bull Gives You Wiiings），目的在于迎合那些叛逆、爱出风头的年轻受众的喜好。红牛通过草根营销和病毒营销策略来建立口碑，开展了针对潮流店、俱乐部、酒吧以及商店的名为"高速计划"的营销活动，其目的是努力营造品牌可靠、创新和团结的形象。首先，红牛瞄准意见领袖，向他们赠送大量的免费样品。在体育比赛中，在颁奖典礼前，在庆功宴后，红牛饮料都是免费供应的。在大学校园和城市街道，免费样品发放给那些看起来需要鼓舞的人们。其次，红牛与各种不同的极限运动、运动员、球队、比赛和艺术家（音乐、舞蹈和影视领域）建立了合作关系。从汽车锦标赛到山地自行车赛，从滑雪板比赛到冲浪比赛，从舞蹈到极限航海，红牛的赞助活动无处不在。此外，红牛网站还指导消费者参加如何找到红牛的活动，赞助运动员的视频和采访，以及进行的相关表演。

可见，红牛公司通过各种方式向消费者强化品牌形象，其整合营销传播策略在接触年轻消费者群体中获得了成功，成为深受年轻人欢迎的功能性饮料。

本章阐述营销传播的基本原理和方法，包括营销传播组合设计及其管理过程；广告、营业推广、事件和体验、公共关系等大众传播方式的特点及其运用；直销、互动营销、口碑、人员销售等人际传播方式的特点及其运用。

第一节　营销传播的设计与管理

1.1　营销传播及其组合

（1）营销传播

现代市场营销需要的不只是开发一个好产品、制定合适的价格并让产品出现在人们身边，公司还必须向其现有的和潜在的利益相关者及大众进行传播。因此，对于多数营销者而言，问题不在于是否传播，而在于说什么、怎么说、何时说、对谁说以及说的频率。消费者面对的是数量众多的有线和卫星电视频道、杂志、报纸、网站、博客、微博及微信公众号。如今，消费者在决定接受何种信息传播以及随时交流自己使用某种产品、购买某种服务的体验和感受方面，具有更多的选择权和自主权，发挥着更为积极主动的作用。为了有效地到达和影响目标市场，全方位营销者需要创造性地采用多种传播方式。

营销传播是公司试图向消费者直接或间接地告知、劝说和提醒其销售的产品和品牌信息的活动。在某种意义上，营销传播代表着公司及其品牌的声音，它们是公司与消费者进行对话和建立关系的桥梁。营销传播能够通过强化顾客忠诚度，提高顾客资产。

营销传播面向广大的消费大众，可以向他们展示如何、为何要用这一产品，以及谁来用、在哪用、何时用等建议。消费者能够了解谁生产了产品以及公司和品牌的价值主张是什么，还能通过尝试试用或使用获得优惠奖励。营销传播使公司将自己的品牌与其他的一些人、地点、时间、经历、感觉等联系起来，并且能够通过在消费者记忆中树立品牌和创造品牌形象，提升品牌资产，拉动销售，甚至影响股东价值。

（2）营销传播组合

营销传播组合的方式是多样化的，主要有以下几种形式。

① 广告：特定赞助商采用付费形式，通过印刷媒体、广播媒体、网络媒体、电子媒体及户外媒体等对观念、产品或服务进行的非人员展示和促销。

② 营业推广：多种短期激励工具的组合，用以鼓励消费者试用或购买某一产品或服务，包括消费者促销、贸易促销以及业务和销售人员促销。

③ 事件和体验：公司赞助的活动和节目，旨在创造品牌与消费者之间的每日或特别互动，包括体育、艺术、娱乐、公益事件以及一些不太正式的活动。

④ 公共关系和宣传：针对公司内部员工或外部消费者、其他公司、政府及媒体，用来推广、保护公司形象或它的个别产品的各种方案。

⑤ 直复营销：用邮寄、电话、传真、电子邮件和网络等方式与特定及潜在顾客直接接触，期许得到回复及交流。

⑥ 互动营销：通过网站、网上视频、电子邮件、博客、社交媒体、移动应用和广告等数字化营销工具和其他数字平台，直接引发顾客通过电脑、智能手机等数字化设备随时随地参与互动。

⑦ 口碑营销：人与人之间关于购买或使用产品/服务的优点或经验的口头、书面或电子形式的传播。

⑧ 人员销售：以展示、答疑和获得订单为目标，与一个或多个潜在购买者之间进行的面

对面交流。

表 10-1 列出了多种传播方式及其表现形式。其实，一个企业采用的传播方式远不止这些。公司产品的风格、定价、包装的形状和颜色、销售人员的态度和着装、店内装饰、公司视觉识别系统等都向购买者传达着信息。每一个品牌接触点所传递的印象都能加强或削弱客户对公司的看法。

表 10-1　多种传播方式及其表现形式

广告	营业推广	事件和体验	公共关系	直复营销和互动营销	口碑营销	人员销售
印刷广告 广播广告 电视广告 杂志广告 电影院广告 宣传手册 海报和传单 户外广告 售点展示 车体广告	竞赛、游戏、抽奖、彩票 赠品 样品试用 交易会 展览会 现场示范 优惠券 低息融资 抵换折让	体育 娱乐 节庆 艺术 公益 参观工厂 公司博物馆 街头活动	新闻发布会 演讲 讲座 慈善捐赠 出版物 游说	产品目录 电话销售 电视购物 电子邮件 博客 公司网站 社交网站 微信 智能手机	人对人 聊天室 网上论坛 博客 微信 社交网站	上门推销 销售陈述 销售会议 样品示范 交易会推介 贸易展推介 社区推介

营销传播活动通过多种方式提升品牌资产和拉动销售：创造品牌知名度，在消费者记忆中建立品牌形象，引发正面的品牌判断或感受，强化消费者的忠诚度。

面对多种营销传播平台，传播活动必须进行整合，只有这样才能传递一致的信息，并实现战略定位。

1.2　整合营销传播过程及其管理

美国市场营销协会将整合营销传播定义为"一种用来确保产品、服务、组织的客户或潜在客户所接收的所有品牌接触都与该客户相关，并且保持一致的计划制定过程"。这种计划过程要对大众传播和人际传播各种传播方式的战略作用进行评估，并将这些方式巧妙地结合起来，通过信息的无缝整合产生清晰、一致和最大化的影响。

有效整合营销的传播过程包括以下 7 个步骤：识别目标受众、确定传播目标、设计传播信息、选择传播渠道、确定传播预算、决定媒体组合以及测量传播结果，如图 10-1 所示。

图 10-1　有效传播的步骤

（1）识别目标受众

目标受众对传播者的决策，诸如说什么、怎么说、何时说、何地说以及对谁说等，具有重要影响。因此，营销传播活动首先要明确公司产品目标客户的特点，包括产品的现有购买者、潜在购买者、购买决策者和关键影响者,以及个人、团体、特定公众或一般公众等。一般来说,可以根据使用情况和忠诚度进行区分。要识别目标受众是产品类别的潜在用户还是现有用户,目标受众是忠诚于该品牌还是竞争品牌,抑或在品牌之间进行转换。如果是公司品牌用户,那么判断他是重度使用者还是轻度使用者。分析和识别目标受众的不同特点,传播决策会更有针对性,并取得好的效果。

(2) 确定传播目标

传播目标可以考虑以下四个方面的问题。

① 产品类别需求:传播开发的某种产品或服务类别的信息,以消除或满足消费者当前动机状态和期望动机之间的差距。

② 品牌认知度:提高消费者对品牌的认知度,培养消费者在产品类别中识别或回忆起品牌的能力,提供充足的信息引导消费者进行购买。

③ 品牌态度:帮助消费者建立对品牌的积极态度,使其对品牌可以带给他们的功能和情感利益形成心理认同。

④ 品牌购买意愿:引导消费者决定购买品牌产品或做出与购买相关的行为。

(3) 设计传播信息

需要解决以下三个问题:说什么(信息策略)、如何说(创意策略)以及谁来说(信息源)。

① 信息策略。要搜寻符合品牌定位并能帮助建立共同点或差异点的诉求、主题或构想。其中的一些可能会与产品或服务表现,如品牌的质量、经济性或价值直接相关;而其他的可能会与更外在的因素,如时尚的、流行的或传统的因素相关。

② 创意策略。创意是一种创造性的思维活动,通过创意可解决传播信息表达什么以及怎样表达的问题。一个优秀的创意作品,会激发消费者的需求和想象力,促进产品的大量销售。

知识拓展

创意策略的信息诉求方式

创意策略是营销者在特定传播中转化信息的方式,可以大致分为信息型诉求和转换型诉求。

信息型诉求。信息型诉求会对产品或服务的功能和优点进行详细说明。在广告中表现形式包括问题解决型广告、产品说明型广告、产品比较型广告,以及非名人或名人代言型广告。信息型诉求假定消费者在传播过程中是完全理性的,并且遵循逻辑和推理法则。

转换型诉求。转换型诉求会对与产品无关的优点或形象进行详细说明。它描绘的是什么样的人可能使用该品牌,或是使用后可能获得何种体验。转换型诉求通常试图煽动消费者的购买情绪。

③ 信息源。有吸引力或受欢迎的信息来源能够获得更高的关注度和回忆,有效、可信的信息来源应该具备专业性、可信性和喜爱度。专业性是传播者所拥有的支持其宣传的专门知识;可信性描述的是信息源的客观性和诚实承诺;喜爱度体现的是信息源的吸引力,直率、幽默、自然等特质会使人们更喜爱传播的信息。

(4)选择传播渠道

传播渠道包括人际传播渠道和非人际传播渠道,每一类又各自包含多种子渠道。

人际传播渠道是两个或两个以上的人员以面对面或一人对多人的方式进行的信息传播,它们的有效性来自个性化的陈述和反馈。人际传播渠道包括直销、互动营销、口碑营销、人员销售等。

非人际渠道(大众传播)是指借助于媒介(事件、活动等)对多人进行的传播,包括广告、营业推广、事件和体验以及公共关系等。事件和体验营销近年来有很大发展。尽管人际传播通常比大众传播更有效,但大众媒体是促进信息社会传播的主要方式。

(5)确定传播预算

进行传播预算有以下四种常用的方法。

① 量力而行法。量力而行法是指公司将传播预算设定在自己可承受的范围内。量力而行法忽视宣传的投资作用和它对销量产生的立竿见影的效果。在这种方法下,公司的传播预算往往不确定,也会使长期规划的实施变得困难。

② 销售比例法。一些公司将传播预算设定为当前或预期销量或售价的特定比例。该方法的优点:传播支出会随公司的承受能力而变;激励管理层对传播成本、销售价格和单位利润之间的关系进行思考;能够鼓励相互竞争的公司在传播上按照大致相同的销售比例支出。这种方法存在的问题是:它将销售看作传播的决定者而非结果;它根据可用资金而非市场机会制定预算;它不鼓励企业尝试逆周期或大胆的支出方式;它对销售同比波动的依赖会妨碍长期计划;除了以前或竞争者的经验,选择哪个特定比例再没有任何逻辑依据;这种方法无法激励公司根据每种产品和区域的需要来确定预算。

③ 竞争等价法。一些公司以获得与竞争者相同的媒体占有率为目标制定传播预算。支持的论据有两个方面:一是竞争者的支出代表着行业的集体智慧;二是与竞争者保持一致可以避免传播战。由于公司之间在名声、资源、机会和目标上都不相同,因此也很难将对手的传播预算作为指导。并且,没有证据表明基于竞争等价法制定预算就能够避免传播战。

④ 目标任务法。目标任务法要求营销者制定传播预算时遵循以下步骤:确定具体目标、决定实现这些目标必须完成的任务以及估计完成任务所需的成本。这些成本的总和即为传播预算。

(6)决定媒体组合

公司必须将营销传播预算在主要的传播模式间进行分配。为此,必须考虑产品市场类别、购买者准备阶段及产品生命周期阶段等影响决策的因素。

① 产品市场类别。传播组合的分配对消费者市场和组织市场来说是不同的。消费者市场的营销者倾向于在营业和广告上相对花费更多,而组织市场的营销者则倾向于在人员销售上相对花费更多。

② 购买者准备阶段。传播工具对于不同购买者准备阶段的性价比是不同的。在建立知晓度阶段,广告和宣传最重要;消费者的理解主要受到广告和人员销售的影响;消费者的信念受人员销售的影响最大;销售完成则最受人员销售和营业推广的影响;再次购买最受人员销售和营业推广以及提醒性广告的影响。

③ 产品生命周期阶段。在产品生命周期的引入阶段,广告、事件和体验及宣传性价比最高,其次是能够获得渠道覆盖度的人员销售以及引起试用的营业推广和直销。在增长阶段,

通过口碑营销和互动营销，需求会激增。在成熟阶段，广告、事件和体验及人员销售变得更加重要。在衰退阶段，营业推广仍有很大作用，其他工具的作用则有所减弱，而且销售人员给予产品的关注也是最少的。

（7）测量传播结果

公司管理者要清楚传播投资能够带来什么样的结果和收益。在执行传播计划之后，必须测量它的效果。要询问目标受众是否能够识别或回忆起这些信息，看到过多少次，能回忆出哪些地方，对信息的感觉如何，以及他们对于产品和公司以前和现在的态度分别是怎样的。传播者还应该收集受众反应行为的测量指标，如有多少人购买了产品、喜欢产品、向别人提及产品。

媒体公司和广告代理公司正在拓展自己的能力，为营销者提供多平台的交易。这些扩展后的能力使营销者更容易将多种媒体属性和相关的营销服务整合到一个传播计划中。在评估一个整合营销传播计划的整体影响时，营销者的主要目标是创造最有效果和最有效率的传播计划。

知识拓展

整合营销传播效果的评估指标

- 覆盖。覆盖是指采用的每一种传播方式到达的受众比例，以及不同的传播方式之间存在多大重叠。换句话说，不同传播方式在多大程度上到达了设定的目标市场，以及这个市场由相同还是不同的消费者组成。
- 贡献。贡献是一个营销传播从没有暴露在其他传播形式下的消费者处获得期望反应和传播效果的内在能力，即一项传播在影响消费者处理信息和建立知晓度、提升形象、引发反应、促进销售方面有多大作用。
- 通用性。通用性是指共同联想在不同传播形式之间被强化的程度。换句话说，就是不同传播形式传递的信息在多大程度上有共同的意义。品牌形象的一致性和凝聚力是很重要的，因为它决定了现有联想和反应有多容易被回忆起来，以及附加联想和反应有多容易在记忆中被连接到品牌上。
- 互补性。当传播形式被串联使用时通常更为有效。互补性是指不同的联想和连接在多大程度上被不同的传播形式强调。利用那些最适合引发特定消费者反应或建立特定品牌联想类型的营销传播形式，能够最有效地建立不同的品牌联想。
- 多用性。在任何一个整合传播计划中，当消费者暴露在一个特定营销传播形式下，他们中的一些人可能已经暴露过在该品牌的其他营销传播形式下，而另一些人此前还没有过类似经历。多用性是指一个营销传播形式在多大程度上是稳健的以及对不同群体的消费者有用。一个营销传播形式，在两个层次上（与看过和没看过其他传播形式的消费者有效沟通）都有效是非常重要的。
- 成本。营销者必须权衡营销传播在所有上述这些标准上的表现和成本，以形成最有效果和效率的传播计划。

第二节 大众传播方式及其管理

2.1 广告传播

广告是一种非常有效的信息传播方式。广告决策需要考虑五个要素，即"5M"：任务（Mission），即广告目标；资金（Money），即需要支出的费用以及如何在不同媒体类型之间进行分配；信息（Message），即发送的信息；媒体（Media），即使用的信息载体；测量（Measurement），即评估结果，如图10-2所示。

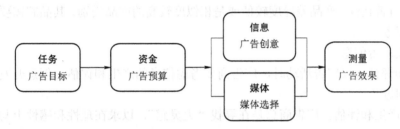

图10-2 广告决策的5M要素

（1）设定广告目标

广告目标是指在一段特定的时间内针对特定受众所要实现的特定传播任务以及要达到的程度。广告目标应该从对现有市场情况的全面分析中产生。如果产品类别处于成熟期，公司是市场领导者，并且品牌使用率低，那么目标应该是促进更多的消费者来使用。如果产品类别是新推出的，公司并非市场领导者，并且品牌比领导者的好，那么目标应该是说服市场相信品牌的优越性。

营销实践

如何设定广告目标？

以告知为目标。主要用于新产品的导入期，目标是建立基本需求。如OnStar使用无线和GPS卫星技术，为了宣传其车载安全性、保密性和信息服务，通用汽车公司推出了名为"真实故事"的运动。在这场包括电视、广播和印刷广告的获奖运动中，使用者用自己的语言和声音讲述了他们真实的故事，通过改变生活的经历分享OnStar的重要性和优点。几年之后，OnStar品牌在选购新车的消费者中就实现了100%的知晓度。

以说服为目标，即以创造对产品或服务的喜欢、偏好、信念和购买为目标。一些说服广告属于比较型广告，它们对两个或更多品牌的属性进行直接比较。米勒淡啤酒通过指出百威淡啤酒含有更多碳水化合物而抢夺了后者的市场份额。当比较型广告能够同时激起消费者关于认知和情感的需求，并使他们用细致分析的方式处理广告信息时，效果最好。

以提醒为目标，即以促进产品和服务的重复购买为目标。此目标在产品成熟阶段很重要。耗资巨大的可口可乐电视广告就是试图建立并维持可口可乐的品牌形象。杂志上昂贵的四色可口可乐广告就是在提醒人们购买可口可乐。

(2) 决定广告预算

在设定广告预算时应考虑以下影响因素。

① 产品生命周期阶段。新产品一般需要花费高额的广告预算来建立知晓度,并获得消费者试用。成熟品牌通常需要的广告预算在销售额中所占的比例较低。

② 市场份额和消费者基础。当品牌的市场份额较高时,维持份额所需的广告支出占销售额的比例较低;而当品牌要通过扩大市场规模来提高市场份额时,所需要的广告支出就较多。

③ 竞争和干扰。在拥有很多竞争者、广告支出高的市场中,一个品牌必须做大量广告。即使干扰仅仅来自同品牌无直接竞争关系的广告,公司也需要更多的广告预算来抵御干扰。

④ 广告频率。向消费者重复品牌信息的次数对广告预算有明显的影响。

⑤ 产品可替代性。产品差异度较低或是相似度较高的产品类别,其品牌需要大量广告来建立独特的形象。

(3) 开发广告创意

在设计和评估一项广告活动时,广告商要考虑信息的产生和评估、创意开发和执行以及法律和社会问题。

① 信息产生和评估。广告商总是在寻找"大灵感",以求在理性和感性上与消费者建立联系,将品牌与竞争者区分开,并使广告能够非常灵活地在不同媒体、市场和时间段使用。要避免与他人使用相同的诉求和定位,具有新鲜的视野非常重要。

一个好的广告一般只强调一个或两个核心销售主题。广告商需要进行市场调研,确定哪种诉求对其目标受众来说效果最好,创意方案创作要考虑关键信息、目标受众、传播目标、品牌优势、对品牌承诺的支持及媒体等的描述。广告创意主题越多,越有可能找到一个优秀的创意方案。

② 创意开发和执行。广告的影响力不仅取决于它说了什么,还取决于它怎么说。执行具有决定性的作用。每一个广告媒体都有自己的优势和劣势,可以尽可能通过有效的媒体组合,发挥每一种媒体的优势,实现对创意的最佳表现和传达。

(4) 媒体选择

媒体选择是指寻找最有效的媒体来向目标受众传递期望的频次和良好的曝光状况。曝光次数对受众知晓度的影响取决于曝光的到达率、频率和影响力。到达率是在一个特定时间段,某个特定媒体计划向多少数量的不同人或家庭至少曝光一次;频率是在特定时间段内,平均每个人或家庭暴露在信息下的次数;影响力是指通过特定媒体曝光的质量价值。曝光的到达率、频率和影响力越高,受众的知晓度就会越高。

主要媒体类型的优势和劣势如表 10-2 所示。媒体策划者在进行选择时要考虑目标受众的媒体习惯、产品特点、信息要求及成本等因素。

表 10-2 主要媒体类型的优势和劣势

媒体	优势	劣势
报纸	灵活、及时,本地市场覆盖好,接受度广,可信性高	时效性强,印刷质量差,传阅者少
电视	结合图像、声音和动作,感染力强,吸引高度注意,到达程度高	绝对成本高,干扰大,曝光时间短,较低的受众选择性

续表

媒体	优势	劣势
直邮	对受众有选择性，灵活，在同一媒体内没有广告竞争，个性化强	相对高成本，易形成"垃圾邮件"的印象
广播	大众化，在地理和人口统计方面有高度的选择性，成本低	只有声音展示，比电视获得的注意少，曝光时间短
杂志	在地理和人口统计方面有高度的选择性，可信、权威，印刷质量高，保存期长，传阅者相对多	广告购买的提前期长，存在一定的发行浪费
户外	灵活，高度的重复曝光，成本低，竞争小	受众选择性有限，创意受限
黄页	本地覆盖率高，可信度高，到达广，成本低	高度竞争，广告购买的提前期长，创意受限
新闻通讯	高度选择性，控制全面，有互动机会，相对低成本	成本可能会失控
宣传手册	灵活，控制全面，能够使信息戏剧化	过量制作可能导致成本失控
电话	用户多，有接触个人的机会	相对高成本，消费者阻力越来越大
互联网	高度选择性，互动可能性，相对低成本	干扰越来越多

知识拓展

广告的排期决策

选择媒体时，广告商面临着宏观和微观排期的决策。宏观排期决策与季节和商业周期相关。微观排期决策要求在短期内分配广告支出以获得最大的影响。广告信息出现的集中程度表现为连续性、集中性、间歇性、跳跃性几种不同的形态；广告信息发送的频率表现为水平、上升、下降和交替四种形态。一般在推出一个新产品时，广告商必须在连续性、集中性、间歇性和跳跃性之间进行选择。

连续性。连续性是指曝光在一个给定的时间段平均出现。一般来说，在市场扩大、产品购买频繁和购买者有限的产品类别情况下，广告商会使用连续的广告。

集中性。集中性要求将所有广告费用全部花费在某段时间内。这种方式适合销售期为某一个季节或假期的产品。

间歇性。间歇性要求在一段时间播放广告，接下来的一段时间没有广告，再接下来的一段时间播放广告。当资金有限、购买周期相对不频繁或产品有季节性时，这种方式是比较有效的。

跳跃性。跳跃性是指连续、低频率地播出广告，阶段性地通过播放大量广告来进行强化。它利用连续广告和间歇广告的优势创造出一种折中的时间安排策略。支持这种方式的人认为，受众能够更透彻地理解广告信息，并且对于公司来说成本更低。

（5）评估广告效果

广告主应当定期评估两类广告结果：沟通效果与销售和利润效果。衡量一则广告或一场广告运动的沟通效果，就是判断该广告以及媒体是否很好地沟通了广告信息。广告测试可以在播出前后进行。在广告推出前，广告主可以向消费者展示广告，询问他们的感觉，并且测量信息的回忆程度或态度的前后变化。在广告发布后，广告主可以测试广告如何影响消费者回忆或产品认知、了解和偏好，也可以对整个广告运动进行沟通效果的事前评估和事后评估。

一个将品牌知名度和品牌偏好分别提高了20%和10%的广告带来了多少销售呢？产品特征、价格等其他因素越少或者越可控，越容易测量广告的销售效果。在直销的情况下，销售效果最容易测量，而建立品牌或公司形象的广告最难测量。

可以通过分析历史或实验数据来测量销售影响。历史方法使用高级统计技术计算过去销售和过去广告费用之间的相关性。还有一些公司使用实验设计的方法测量广告的销售效果。越来越多的研究者努力测量广告费用的销售效果，而不是测量传播效果。媒体策划者使用的效果测量方法越来越复杂，并且为了形成最佳的媒体组合往往会使用数学模型。很多广告代理公司会使用软件程序选择初始媒体，并根据主观因素进行改进。

2.2 营业推广

营业推广是营销活动中的关键组成部分，主要由各种短期的激励工具构成，用来促进消费者或贸易商对特定产品或服务的更快或更多购买。在采用营业推广促销时，公司必须建立目标，选择工具，制定方案，对方案进行前测、实施和控制方案，评估结果，如图10-3所示。

图10-3 营业推广管理过程

（1）建立目标

营业推广的目标可以是很宽泛的传播目标，但更多的是源自更基本的产品营销目标。从消费者角度来说，促销目标包括鼓励购买更大量的产品，使非用户进行试用，以及吸引竞争品牌的购买者。消费者促销最理想的情况是既能够产生短期的销售影响，又能够对长期的品牌资产产生效果。从零售商角度来说，促销目标包括说服零售商购入新产品和更多存货，鼓励淡季购买，鼓励囤积相关产品，抵消竞争促销，建立品牌忠诚，以及进入新的零售店。从销售人员角度来说，促销目标包括鼓励他们支持一款新产品或新型号，鼓励他们产生更高的期望，以及促进淡季销售。

（2）选择工具

① 选择消费者促销工具。针对消费者的促销工具包括提供样品、优惠券、现金返还（回扣）、降价、赠品、频率计划、奖品（竞赛、抽奖、游戏）、光顾奖励、免费试用、产品保证、搭售促销、交叉促销、购买点陈列和示范等，如表10-3所示。

表 10-3　主要消费者促销工具

样品	通过送货上门，发送邮件、在店内获得，附加在另一产品上或通过广告附赠等方式提供一定数量的免费产品或服务
优惠券	确保持券人在购买特定产品时节省一定数量金钱的凭证，邮寄、附加在其他产品上或插在杂志和报纸广告中
现金返还（回扣）	在购买后而非在零售店提供的减价；消费者将指定的购买证明寄给制造商，后者通过邮件将部分购买金额退给消费者
降价	使消费者以低于产品标签或包装上标价的价格购买新产品。降价包装是以较低价格进行出售（如用同样的钱购买两个）。捆绑包装是将两个相关产品捆绑在一起（如牙刷和牙膏）
赠品	将价格相对较低或免费的商品作为购买特定产品的激励。赠品可以附在产品的包装内（外）随货赠送或者通过邮寄形式发放
频率计划	根据消费者购买公司产品或服务的频率和集中程度给予奖励的计划
奖品（竞赛、抽奖、游戏）	奖品是在购买后提供赢得现金、旅行或商品的机会。可以通过竞赛、抽奖、游戏等活动，为消费者提供赢得奖项的机会，获得这种机会可能全凭运气或需要付出额外的努力
光顾奖励	根据某个卖主或一组卖主的光顾次数，按照比例提供现金或其他形式的奖励
免费试用	邀请潜在购买者免费试用产品，从而希望他们购买
产品保证	销售者明确或暗示地向消费者承诺，产品会具有说明中的性能，如在一段特定时间内性能受损，销售者会负责修理或将钱退还给客户
搭售促销	两个或以上的品牌或公司合作推出优惠券、现金返还和竞赛，以增加拉动力
交叉促销	用一个品牌为另一个非竞争品牌做宣传
购买点陈列和示范	购买点陈列和示范发生在购买或销售点

② 选择贸易促销工具。制造商贸易促销工具包括价格折扣、折让、提供免费商品等，如表10-4所示。

表 10-4　主要贸易促销工具

价格折扣（发票折扣或价目表折扣）	在某段时间内，每次在价目表基础上给予购买者直接的折扣
折让	当零售商同意以某种方式突出制造商的产品时，作为回报，零售商所得到的补偿数额。广告折让是对零售商宣传制造商的产品进行的补偿。陈列折让是对零售商进行的产品特别陈列
提供免费商品	向购买一定数量、某种口味或型号产品的中间商提供额外数量的商品

制造商进行贸易促销的目的是：说服零售商或批发商经销制造商的品牌；说服零售商或

批发商比平时多采购产品；促使零售商通过特色介绍、陈列、降价等方式宣传品牌；激励零售商及其销售人员推销产品。

③ 选择业务和销售人员促销工具。针对业务和销售人员的促销工具包括贸易展览和会展、销售竞赛、纪念品广告等，如表 10-5 所示。

表 10-5　主要业务和销售人员促销工具

贸易展览和会展	行业协会组织的年度贸易展览和会展。贸易展览的参与人数少则几千，多则几万。参加展会的商家期望得到一些好处，其中包括产生新的销售线索，维持与客户的联系，介绍新产品，结识新客户，向现有客户销售更多产品，以及通过出版物、视频和其他视听资料教育消费者
销售竞赛	销售竞赛的目的是促使销售人员或经销商提高在一段特定时期的销售结果，销售业绩突出的人将得到奖品（现金、旅行、礼品或积分）
纪念品广告	销售人员送给潜在和现有客户的印有公司名称和地址，有时还有广告信息的实用、低成本的物品，常见的物品有圆珠笔、日历、钥匙链、手提袋和记事簿

(3) 制定方案

在制定营业推广方案时，要注意以下问题：第一，必须确定其规模，因为促销想要成功，一定的规模是必需的；第二，必须建立参与条件，激励可以面向每一个人，也可以面向特定的群体；第三，决定促销的时间长度；第四，选择一个分发途径，如装入产品包装，在店内分发，或在邮件中分发；第五，确定促销的时机；第六，确定营业推广的总预算。要考虑管理成本（印刷、邮寄和宣传）、激励成本（奖金或打折的成本，包括兑换成本）等。

(4) 实施和评估方案

营销经理必须准备好实施和控制计划，考虑到每个促销的提前期和促销的延续时间。提前期是在实施方案前进行准备所需的时间。促销的时间长短也很重要。如果促销时间过长过短，许多潜在顾客将错对机会；而如果促销时间过长，顾客又可能会认为是长期性的降价推销，使活动达不到促进"马上购买"的目的。

制造商可以使用销售数据、消费者调查和实验来评估方案。销售（扫描仪）数据可以帮助分析购买的消费者类型，了解促销之前他们购买哪些产品，以及之后他们对该品牌和其他品牌采取怎样的购买行为。当营业推广活动吸引了竞争者的客户并使他们转移到自己的品牌上时，表明活动是最成功的。消费者调查可以揭示有多少消费者能够回忆起促销，他们对促销的看法如何，有多少人参与了促销活动，以及促销对后来的品牌选择行为产生了何种影响。实验可以随激励价值、促销时间长度和分发媒体等属性的不同而改变。例如，可以将优惠券发给消费者样本中的一半家庭。扫描仪数据可以追踪优惠券是否以及何时使更多的人购买了产品。

总之，营业推广在整体促销策略中发挥着重要作用。进行效果的评估，营销人员要思考这些问题：促销是否吸引了新顾客或使原有顾客购买更多？企业是否能留住这些新顾客并使他们持续购买？长期顾客关系以及从促销中获得销售额是否能证明所投入的成本具有合理性？……

营销新视野

星巴克的微信二维码营销

2012年8月，微信携手星巴克，推出特惠二维码：在星巴克全国门店（江浙沪除外），只要用户用微信的"扫描二维码"功能拍下星巴克咖啡杯上的二维码，就有机会获得星巴克全国门店优惠券，成为星巴克 VIP 会员。同时星巴克微信订阅平台同步上线，收听"星巴克"微信官方账号，只需发送一个表情符号，用户即刻享有星巴克《自然醒》音乐专辑，获得专为个人心情调配的曲目。

"二维码电子会员卡"是腾讯力推的全新专注生活电子商务与 O2O（Online To Offline）的解决方案，它依靠腾讯强大的账号体系、PC 与手机产品入口，使更多线下与线上用户享受移动互联网的便捷，获得生活实惠和特权，同时打通用户与企业之间的关系通道，帮助企业建立广泛的用户体系。

微信与星巴克的战略合作让微信迈出了通过二维码介入商户营销的第一步，不仅破除了传统商业经营模式辐射面积小、用户参与度不高、受时间地点等制约的弊端，同时还具有轻松时尚、趣味性高、商家与用户互动性强等优势。

2.3 事件和体验

事件和体验可以成为消费者生活瞬间的一部分，使用此方式可以拓宽并加深公司或品牌与目标市场的关系。很多公司在创造它们自己的事件和体验，以引发消费者和媒体的兴趣和参与。成功的赞助要求选择合适的事件、设计最优赞助方案以及测量赞助效果。

案例启迪

事件和体验营销助推产品销售

蒙牛是中国奶制品的著名生产企业。在中国首位宇航员杨利伟漫长的受训过程中，蒙牛一直是其奶制品的独家供应商。随着杨利伟成功遨游太空，蒙牛闪电战式地投放大量的以男士、女士和儿童饮用牛奶为主题的广告，直到中国第二次载人航天飞行，蒙牛的活动一直在持续进行。公司还赞助了电视节目《超级女声》，借助这个节目在整个中国的走红，蒙牛的酸酸乳产品创造了良好的宣传效果。

达美航空为了展现自己的国际航线覆盖以及座位、食物和饮品的升级，在曼哈顿西第57街临时搭建了一个名为"天空360"的体验休息室。顾客在休息室中，可以试饮红酒，试吃厨师托德·英格利希制作的食物，可以坐在经济舱舒适的皮座椅上，还可以通过椅背上的娱乐设备收听音乐等。由于曼哈顿处在媒体行业的中心商业位置，很多事件和体验都在这个地方举行。

（1）选择事件

事件必须符合品牌的营销目标和传播策略。受众必须与目标市场相匹配。事前必须要考虑达到充分的知晓度、期望的形象，并能创造出期望的效果。消费者必须对赞助商的参与有正面的评价。一个理想的事件还应该是独特的，没有很多赞助商参与，能够辅助其他营销活动，并反映或强化赞助商的品牌或公司形象。

（2）设计最优赞助方案

很多营销者相信，事件赞助能否成功最终由伴随它的营销计划决定。一般花在相关营销活动上的支出至少是赞助支出的2~3倍。

事件创新是非常重要的。市场上已经开发了大量特别事件，包括周年庆典、艺术展、拍卖、义演晚会、图书义卖、竞赛、舞会、聚餐、集市、时装表演、捐赠物义卖、巡演、步行马拉松等。只要有某种类型的事件创新出来，往往很快就有竞争者衍生出新的版本。

（3）测量赞助活动

进行赞助活动的测量需要考虑以下几个方面的问题。

① 测量效果，而不是产出。关注赞助真正能够产生的而不是获得或是做了什么。例如，与其关注参与事件的5 000个人，不如关注这些人中有多少是目标顾客以及他们的试用和未来购买行为之间可能的转化率是多少。

② 明确目标。具体的目标能够帮助确定应该追踪哪些测量指标。如果目标是激励销售人员和经销商，那么应该追踪能够测量品牌形象和关键品牌优势建立的多个不同指标。另外，还要对赞助和未赞助产生的结果进行对比测量。

③ 针对每个目标，测量回报占启动费用的比例。根据重要性对目标进行排序，并在每一个目标之间分配总赞助预算。

④ 测量行为。进行全面的销售分析，识别赞助导致的市场行为变化。

⑤ 研究消费者的情感认同并测量情感联系的结果。赞助以什么方式在心理上影响消费者，并促进和深化长期忠诚关系？

⑥ 识别群体。赞助事件或参与者周围的群体有多强大？他们是能够被赞助影响并且具有相同兴趣的正式群体吗？

⑦ 在确定投资回报率的时候将节省的成本考虑在内。将公司以往为实现特定目标的通常支出与赞助中分配给该目标的支出进行对比。

⑧ 细分市场。赞助对细分市场的影响是不同的。将目标市场划分为更小的细分市场能够更好地确定赞助效果。

案例启迪

一些公司赞助事件的目的

① 定位一个特定的目标市场或生活方式。事件可以从地理、人口统计、心理或行为上对消费者定位。Old Spice品牌赞助了校园体育和摩托车赛事，包括一份与车手托尼·斯图尔特（Tony Stewart）在Nextel杯赛和Busch系列赛中驾驶的赛车的10年合同，从而强调产品与其目标受众（16~24岁男性）的相关性。

② 增加公司或产品名称的显著性。赞助常能为品牌提供持续的曝光，这是强化品牌显著性所需要的。如赞助世界杯足球赛的阿联酋航空公司、索尼公司等在长达一个月的赛事中从重复的品牌和广告曝光中获益匪浅。

③ 创造或强化关键品牌形象联想的感知。事件本身的联想能够帮助创造或强化品牌联

想。日本自行车零件制造商喜玛诺（Shimano）将品牌同七届环法自行车冠军兰斯·陆路姆斯特朗紧紧联系在一起，其专用赛车的脚踏板、转动曲柄、变速器均由喜玛诺公司提供。

④ 强化公司形象。赞助可以使公司可爱和有声望的感知得到提升。通用电气公司多年来持续为中国少儿电视教育节目——《芝麻街》提供帮助，该节目根据美国同名动画片改编。通用电气公司试图通过孩子对家庭购买的影响力增加产品销售，同时这也是一种在中国未来消费群体中培育品牌忠诚的好方法。

⑤ 创造体验并唤起感觉。令人激动或有奖励的事件产生的感觉能够与品牌间接地连接在一起。奥迪车型显著地出现在2010年一鸣惊人的电影《钢铁侠2》（Iron Man 2）中，包括主角托尼·斯塔克（Tony Stark）的个人座驾R8 Spyder、A8、Q5和Q7越野车以及A3两厢车。调查显示，在这个长达一个月的营销闪电战支持下，该品牌的正面口碑增长了两倍。

⑥ 表达对社区或社会问题的承诺。善因营销可以是赞助非营利组织和慈善机构。家得宝、星巴克、美国运通等公司都已经将善因营销作为自己营销计划中的重要基础。

⑦ 招待关键客户或奖励关键员工。很多事件既包括针对所有人的部分，也包括只针对赞助商及其客人的特别服务或活动。这些额外待遇能够带来商誉并建立有价值的商业联系。从一个雇员的角度来说，事件可以建立参与度和士气或作为一种激励。埃森哲赞助了年度全球高尔夫球冠军赛，公司客户参与到此次活动中，双方共同展望美好的合作前景；公司员工都参与其中，他们还有机会与世界顶级的高尔夫球选手同台竞技。

⑧ 允许推销或促销的机会。很多营销者将竞赛或抽奖、店内推销、直接反应或其他营销活动与一个事件结合在一起。福特、可口可乐和AT&T都以这种方式赞助了电视节目"美国偶像"。

（4）创造体验

体验营销不仅能传播产品或服务的特征和优势，还与独特有趣的体验结合在一起。这一营销方式的目的往往不是要卖什么，而是去展示一个品牌如何能够丰富消费者的生活。

一项调研表明，4/5的响应者发现，参与到生动的事件中比其他传播方式更令人着迷。绝大多数参与者感觉，体验营销与其他传播方式相比，能传递给他们更多的信息，使他们有可能向其他人讲述此次事件的参与过程，而且更愿意接受该品牌其他形式的营销活动。

企业甚至可以邀请潜在及现有顾客参观其总部和工厂来创造强势形象。波音公司、丰田公司均长年组织引人入胜的公司旅游，每年吸引数十万的顾客。索尼公司、青岛啤酒公司等在总部建立了企业博物馆，展示其发展历程，播放有关生产和营销其产品的短片，获得了良好的社会口碑。

2.4 公共关系

企业不但要与顾客、供应商、经销商保持良好的关系，还要与大量的公共利益群体建立广泛联系。公众是指对公司实现其目标的能力有实际或潜在的兴趣或影响的任何群体。公共关系是指企业为宣传或者保护企业形象或单个产品而设计的各种活动。

很多企业设立了公共关系部，负责关注与组织相关的公众态度的变化，发布和传播信息以建立企业的良好形象。公共关系部一般承担以下职能：其一，建立与新闻界的关系，以正面的方式呈现关于公司的新闻和信息；其二，产品宣传，为宣传特定产品拉赞助；其三，公司传播,通过内部和外部传播,促进对公司的了解;其四,游说,与立法者和政府官员打交道,从而促进或废除立法和规定;其五,咨询,在顺境和逆境中就公共事项、公司定位和形象向管理层提出建议。

很多公司开始通过营销公共关系(Marketing Public Relations,MPR)来支持公司或产品的宣传及形象塑造。就像金融公共关系和社区公共关系有专门的服务对象一样,营销公共关系一般服务于特定部门,即营销部门。

知识拓展

营销公关的特殊作用

协助新产品投放市场。忍者神龟、芭比娃娃、恐龙战队等玩具获得的惊人成功都要归功于强有力的宣传。

重新定位成熟产品。在一个经典公共关系案例中,新闻界在20世纪70年代对纽约市的评价一直很差,直到"我爱纽约"运动的出现才改变了这一状况。

建立对产品类别的兴趣。公司和行业协会使用营销公共关系来重新建立人们对正在衰退的产品的兴趣,如鸡蛋、牛奶、牛肉和西红柿,以及扩大人们对茶、猪肉和橙汁等产品的消费。

影响特定目标群体。麦当劳在中国赞助字典编撰、倡导植树造林、发起循环利用可回收物活动,以建立友善的企业形象。

在考虑何时以及如何使用营销公共关系时,管理层必须建立营销目标,选择公共关系的信息和载具,认真实施计划,并评估效果。

(1)建立营销目标

营销公共关系可以通过在媒体中植入故事来吸引人们关注产品、服务、个人、组织或想法,从而建立品牌知名度;还可以通过使用新闻报道传播信息来建立可信度;也可以在推出新产品前用该产品的故事来帮助销售人员和经销商提高热情。由于营销公共关系的成本低于直邮和媒体广告,因此,它可以降低促销成本。由于互联网技术和现代通信技术的发展,现代营销公共关系活动越来越多地借用直接反应营销的技术,如邮寄、电话、社交网络等,一对一地到达目标受众。

(2)选择信息和载具

营销公共关系的主要工具包括出版物、事件、赞助、新闻、演讲、公共服务活动、身份媒体等,如表10-6所示。每种工具都为针对不同受众开发各种故事提供了机会,一个好的公共关系活动可以吸引方方面面的公众。

表10-6 营销公共关系的主要工具

出版物	公司广泛地依靠出版物接触和影响目标市场,包括年报、宣传册、文章、公司新闻通讯和杂志、视听资料
事件	公司通过安排和宣传新闻发布会、讲座、户外活动、贸易展、展览、竞赛和竞争以及周年庆等能够到达目标公众的特别事件来吸引人们对新产品或公司其他活动的关注

	续表
赞助	公司通过赞助和宣传体育、文化事件和很受重视的公益活动宣传自己的品牌和公司名称
新闻	公共关系专业人员的一个主要任务就是发现和创造关于公司及其产品和人员的积极的新闻，并使媒体接受新闻稿和参加新闻发布会
演讲	越来越多的公司主管必须在贸易展会或销售会议上回答媒体提问或进行演讲，这些曝光可以帮助建立公司形象
公共服务活动	公司通过将资金和时间贡献给一项好的公益活动建立商誉
身份媒体	公司需要一个公众能够立刻识别的可视化身份。可视化身份可以附着在公司标识、宣传册、广告牌、名片、建筑、制服及着装规范上

（3）实施计划和评估效果

营销公共关系的贡献很难测量，因为它常与其他促销工具一起使用。营销公共关系效果最简单的测量标准是它在媒体上的曝光次数；此外还可以测量营销公共关系导致的产品知晓、理解或态度的改变（排除其他促销工具的影响之后）。例如，有多少人能够回忆起听到的新闻？多少人把它告诉给了其他人（口碑的测量）？多少人在听到之后改变了想法等。

案例启迪

美国 Johnson & Johnson 公司的危机公关

1982 年有人对 J&J 公司的 Tylenol（泰诺）做了手脚，致使芝加哥地区有 7 人因服用了受污染的药而死亡。J&J 公司面对这一突发事件，立即采取了一系列措施：① 公司立即把分布在全国各地货架上的 2 100 万瓶该种药品收回。② 通知 50 万名医生关于胶囊受污染的事件。③ 危机第一周内新开通了顾客免费热线电话。④ 顾客可以免费调换药效相同的片剂。⑤ 与公众开诚布公，及时发布准确的信息。⑥ 董事长出现在电台、电视台的节目中回答关于危机的提问，其他高级职员接受报纸杂志的采访。可见，公众的信任是靠迅速、关切的行为来保证的。公司在危机中保持了公开的交流，免费药品替换使顾客受到公平的对待。

第三节 人际传播方式及其管理

3.1 直复营销

直复营销是一种不通过中间人而使用客户直接渠道来接触客户并向客户传递产品或服务的营销方式。直复营销者可以使用很多渠道来接触个体消费者和客户：直邮、产品目录营销、电话营销、互动电视、自动售货亭、网站以及移动通信设备等。

（1）直邮

直邮营销意味着向个体消费者发送一份报价、一则产品信息、一个商品动态提示或是其他产品内容。通过使用经过高度筛选的邮件列表，直邮营销者每年会向外发出数百万封邮件，包括信件、传单、插页广告和其他营销宣传材料。

  直邮是一种非常流行的营销方式。直邮要对目标市场进行筛选，具备个性化、灵活性强的特点，并且能够轻而易举地检测市场的反应。尽管直邮的成本比大众媒体广告高，但直邮到达的人群却是更好的目标群体。然而，直邮的优势也可能成为一种劣势：有太多的营销者向消费者发送直邮广告，以至于邮箱被塞满，导致一些消费者对他们收到的广告视而不见。

  为了有效进行直邮广告活动，直邮营销者必须确认他们的目标、目标市场与前景、促销内容、检测要素以及衡量活动是否成功的标准。

  ① 目标。大多数直邮营销者的目标是获取目标市场的订单，他们使用回复率作为衡量活动成功的标准。一般来说，回复率在 2%～4%的营销活动就被认为是成功的。直邮还可以促进领导型消费者的产生、增强客户关系、告知和教育消费者、提示客户产品信息，并促进消费者在近期做出购买决策。

  ② 目标市场与前景。大多数直邮营销者采用由最近一次购买频率（Recency Frequency）和购买金额（Monetary Amount）构成的 RFM 模式，将顾客排序并从中进行挑选。对于任意一种预期的供应品，企业筛选客户的依据是现在离消费者最后一次购买过去了多少时间、消费者共计购买了多少次以及他们成为产品的客户后总计花费了多少钱。营销者也会基于年龄、性别、收入、受教育程度、此前邮件订单购买情况和时间来确定目标群体。

  ③ 促销内容。促销策略包含五个因素：产品、促销内容、媒介、分销渠道和创意策略。直邮营销者还必须选择邮寄本身的五个要素：信封、促销信、传单、回复表格以及回寄的信封。

  ④ 检测要素。直接营销的优势之一就是它在真实市场环境下的效果能被检测，可以检测的内容包括促销策略的各个方面，例如产品、产品特征、广告文案、邮寄方式、信封、价格和邮寄名单等。

  ⑤ 衡量活动的成败。通过汇总营销活动计划的费用，直销者可事先计算出满足盈亏平衡所需的响应度。计算该响应度须将退货和坏账排除在外。退货的原因可能来自于延迟送货、产品缺陷、运输途中受损、与广告宣传的不一致等。某个营销活动可能在短期内无法做到收支平衡，但在长期来看却是可能盈利的。因此，顾客的终身价值不能只通过顾客对一次邮寄的购买响应就展示出来，它是顾客在未来全部购买的总额扣除获取和保持顾客所费成本之后的期望利润。

  （2）目录营销

  在产品目录营销中，公司通常以印刷品、DVD 或网络的方式向消费者邮寄完备的产品目录、专业消费者目录或业务目录。许多直销者发现将目录和互联网结合起来是一种有效的销售方式。

  产品目录销售的成功依赖于对客户名录进行认真的管理，从而避免重复或者坏账，控制库存，提供高品质产品，进而降低退货率，维护公司和产品的独特形象。一些公司还创造有特色的文字或信息，向客户赠送原材料样本，运营一个提供特别服务的在线或热线电话进行答疑，给它们最好的客户发送礼品，以及将利润中的一部分作为慈善捐助。另外，一些公司将其全部目录公布在互联网上，使营销人员比以往更加容易地接触到全球消费者，从而节约了大量的印刷和邮寄成本。

（3）电话营销

电话营销（Tele-marketing）使用电话和呼叫中心吸引目标客户，向已有客户销售产品，提供订单和答疑等服务。这种营销方式帮助公司增加收入，降低销售成本，并提升客户满意度。公司通过使用呼叫中心接受消费者的来电或主动呼叫目标客户。电话营销可以用于企业和消费者市场。随着视频电话的应用，电话营销将会不断削弱较昂贵的现场销售的份额，尽管不会完全取代。

营销新视野

直复营销中的宣传和道德问题

直复营销者和客户之间通常是互利互惠的关系。但有些时候则会出现一些问题。
- 反感。许多人不喜欢这种强行推销式的方式。
- 不公平。一些直复营销者会利用那些冲动购买型消费者以及没经验的购买者，还有一些直复营销者甚至会占那些易说服人群的便宜，尤其是老年人。
- 欺诈。一些直复营销者设计的邮件或广告会误导消费者，夸大产品的尺寸、性能，或虚报产品的"零售价"。报道中说，一些国家每年会接到成千上万起有关欺诈性投资骗局和虚假慈善机构的投诉。
- 对隐私的侵害。几乎每次消费者通过邮件或电话下订单、申请信用卡、订阅杂志时，他们的姓名、地址和购买行为都可能被记录到一些公司的数据库中。评论家担忧营销者知道太多有关消费者生活隐私的内容，他们可能会利用这些信息进行不正当的行为。

直复营销业界的人士意识到，如果放任这些问题不闻不问，这些问题会导致持续加深消费者的负面态度和越来越低的直复营销回复率，并可能会招致政府越来越严厉的管制。大多数直复营销者想要的同消费者一样：仅仅为需要信息的人群提供诚实和精心设计的营销广告。最新、最快速发展的与消费者沟通并向消费者直接销售的营销渠道就是电子渠道。互联网为营销者和消费者提供了更好的互动和个性化的机会。

3.2 互动营销

目前，世界上的大部分交易在联系着个人和企业的数字网络中进行。人们借助网络随时随地接触信息，了解品牌，建立联系。互联网从根本上改变了顾客对于便利、速度、价格、产品信息、服务和品牌互动的看法。由此给营销者提供了一种为顾客创造价值、吸引顾客参与并建立顾客关系的全新方式。

案例启迪

雅诗兰黛进入互联网营销

著名化妆品品牌雅诗兰黛曾经宣称其仅仅依靠三种传播方式来维护百万美元的化妆品业务——电话、电报以及对女性进行宣传。现在，雅诗兰黛不得不将互联网也加入其中，其官方网站功能多样，如推荐和介绍新老产品、发布促销活动信息、帮助消费者找到购买雅诗兰黛产品的商店等。

(1) 网站和品牌网上社群

在当今时代，企业必须能设计出包含或表达它们的目标、历史、产品和愿景的网站，这些网站要让人过目不忘并能吸引重复的访问者。网站访问者一般会根据易用性和吸引力来判断网站的优劣。易用性表现为：① 网站载入速度快；② 首页通俗易懂；③ 链接到其他页面方便快捷。而吸引力则体现在以下几个方面：① 各个页面干净整洁，而不是被各种内容填满；② 字体和字号适宜，可读性强；③ 网站颜色（及声音）使用恰当。

营销实践

创建高效率网站的七个设计要素

雷波特和贾沃斯基认为有效的网站应具备七个设计要素，他们称之为 7C。
- 环境（Context）：网站布局和设计。
- 内容（Content）：网站上的文本、图片、声音和视频。
- 社区（Community）：怎样使用户之间进行沟通和交流。
- 定制化（Customization）：为不同的用户定制网站上的相关内容，或者为用户开放个性化功能的能力。
- 沟通（Communication）：怎样使网站与用户之间建立起双向沟通。
- 链接（Connection）：网站同其他网站联系的程度。
- 电子商务（Commerce）：网站处理和解决交易的能力。

品牌社群网站不销售任何东西，其主要目的是展现品牌内容、吸引消费者和建设顾客—品牌社群。这类网站提供种类丰富的品牌信息、视频、博客、活动和其他一些有利于建立紧密的顾客联系以及促进顾客—品牌互动的特色内容。

(2) 网络广告

由于消费者用于网络的时间越来越多，许多企业正将更多的营销支出投向网络广告。网络广告正成为一种新的主流媒体。网络广告的主要表现形式包括展示广告和搜索内容关联广告。

网络展示广告可能出现在上网者的屏幕的任何位置，并且与其正在浏览的网站内容相关。如今的富媒体广告融合了动画、视频、音乐效果和互动，以吸引顾客的眼球和关注。搜索内容关联广告几乎占据了整个互联网广告的半壁江山。在付费搜索中，营销者对搜索关键词进行竞价，这些关键词代表着消费者想要的产品或消费兴趣。当一个消费者使用谷歌、雅虎或者必应搜索任何关键词时，营销者的广告就会出现在搜索结果的上方或下方。

广告商只有在人们点击链接时才付费，但营销者认为那些主动进行搜索的人已经表现出了购买兴趣，因而他们就是主要的目标客户。搜索引擎广告的平均点击率大约为 2%，这已经远远超过了可比较的其他在线广告。每次点击的成本取决于链接的排名以及搜索词的流行程度。付费搜索，这种前所未有的流行引发了关键词竞价者之间的激烈竞争，这大大提高了搜索的价格，如果公司能够选择最佳关键词，策略性地对它们竞价，并时刻监测它们的有效性和经济性，那公司将获益匪浅。

（3）电子邮件

电子邮件使得营销者能够同客户进行交流和沟通，而其成本却只有直邮营销的几分之一。根据直复营销协会（DMA）的报告，电子邮件具有很高的营销投资回报，营销者在电子邮件上每花1美元，可以获得44.25美元的回报。许多一流的营销商经常使用电子邮件营销，并取得积极效果。电子邮件让营销者将具有高度针对性、个性化和有利于建立关系的信息传递给顾客。当然，消费者往往被大量的邮件包围着，许多人都使用垃圾邮件过滤器。

营销实践

如何最大化电子邮件的营销价值？

- 给消费者一个回复的理由。使用多种有效的方法吸引消费者，如问答游戏、寻宝游戏和即时抽奖等。
- 个性化定制邮件内容。那些同意接受IBM每周信件的消费者曾经选择了他们感兴趣的话题。
- 提供一些消费者从直邮信件中无法得到的好处。电子邮件广告活动时效性很强，可以提供一些即时的信息。Travelocity会向消费者发送最新的打折机票信息，而地中海俱乐部会向消费者发送最新的未售出的旅行团名额信息。
- 让消费者很容易就能退订邮件。网络消费者都期望能够便捷地退订邮件，如果他们对某一次的退订体验不满意，很可能将这种不满意告诉他人。
- 同其他传播方式结合，如社交媒体。西南航空公司发现如果在邮件广告活动之后紧随一个社交媒体的广告宣传，那么公司就会获得最大的机票订单数量。

为了提高电子邮件营销的效率，一些研究人员使用了"网站点击热图"。他们通过安置在计算机上的照相机跟踪消费者的眼睛移动，来测量人们在计算机屏幕上阅读了哪些内容。研究表明，可点击的图形式的符号或按钮比单纯的一个网址多吸引60%的点击率，点击后消费者会看到更加详细的营销活动内容。

（4）移动营销

移动营销指向移动中的消费者，通过他们的移动设备递送营销信息。随着手机的普及，以及营销者能根据人口统计信息和其他消费者行为特征定制个性化信息，移动营销发展迅速。营销者运用移动营销在购买和关系建立的过程中随时随地到达顾客，并与顾客互动。

对于消费者来说，一部智能手机或平板电脑就相当于一位便利的购物伙伴，随时可以获得最新的产品信息、价格对比、来自其他消费者的意见和评论，以及便利的电子优惠券。移动设备为营销者提供了一个有效的平台，借助移动广告、优惠券、短信、移动应用和移动网站等工具，吸引消费者深度参与和迅速购买。

在成熟的亚洲市场，如中国、日本、新加坡和韩国，移动营销发展迅速，已经成为客户体验的核心部分。在发展中的亚洲市场，高手机渗透率也使得移动营销市场极具吸引力。可口可乐公司曾经在中国发起了一个全国性的营销活动，发动北京市民以短信的形式竞猜北京一个月内的最高气温，参与者将有机会获得一年可口可乐产品的免费供应。在活动进行的35天内共收到了超过400万条短信。

案例启迪

美国银行的移动营销

美国银行把手机作为传播渠道，也作为向生活方式各异的客户提供银行金融解决方案的工具。在美国银行的5 900万客户中，有200万使用手机银行应用程序。美国银行将这些人视为吸引更多客户的活广告，因为移动用户中有8%~10%是新用户。移动银行业务最初定位于18~30岁的用户，特别是大学生。但现在，银行也开始更多地关注其他群体，如年龄更大、更富有的客户。银行的智能手机应用程序和传统的浏览器相比，具有导航简捷、简单易用、登录方便的优点，因而备受好评。移动客户每八个人中才有一个人会使用银行网点或ATM，其他人几乎都通过手机银行办理业务。通过银行的营销努力，移动营销整合了所有要素：网站上提供移动服务的试用版；电视广告强调移动银行的好处。只要轻轻点击手机上的横幅广告，智能手机用户就可以免费下载美国银行的应用软件，或者了解更多的有关移动银行服务的信息。

3.3 口碑营销

随着社交媒体、网络营销的快速发展和应用，消费者每天都会谈论到许多品牌，既涉及大量电影、电视节目、出版物等媒体和娱乐产品，也会涉及食品、旅游、零售商店及其他类型的产品品牌。积极的口碑优势并不需要广告的推动，而是自然而然发生的，但积极的口碑也是能够被管理和推动的。

（1）社交媒体

通过社交媒体，消费者之间或消费者同公司之间分享信息、图片、音频和视频信息。社交媒体允许营销者在网络上建立公共形象并发布公共信息，以及强化其他传播活动的效果。由于社交媒体具有及时性，这就鼓励公司必须始终保持更新状态、发布最恰当的信息。

① 在线社区和论坛。在线社区和论坛成功的关键是能够创造将社区成员紧密联系在一起的个人和群组活动。网络社区和论坛中的信息流是双向的，能够为公司提供有用的并且难以获得的消费者信息和见解。

案例启迪

著名公司的在线社区

柯达影像画廊的创意中心是一个供人们交换有关如何使用柯达数码产品创造个性化礼物和其他创意产品的网络社区。柯达发现这种社区内点对点的推荐带来了更为频繁和更大金额的购买消费。

苹果公司运营着大量的讨论组，有些是按照产品线分类的，有些则是按照消费使用和专业使用分类的。这些群组是已过保修期的消费者主要的产品信息来源。

在葛兰素史克公司准备推出它的首款瘦身药Alli时，它赞助了一个瘦身社区。公司发现从该社区中获得的反馈信息比从传统焦点小组获得的信息更有价值。

② 博客。博客是时常更新的网络日志，在这里，个人或者公司可以写出他们的想法和其他内容。博客已经成为口碑的重要阵地。目前存在数以百万计的博客，它们多种多样，有些是比较私人化的，针对亲密的朋友和家人，而有些则是为了接触和影响更为广泛的受众。博客的一个显著作用是能够将具有相同兴趣的人聚集在一起。

全球的许多公司都已经创立了大量自有博客，并认真地监控其他博客。博客搜索引擎提供对上百万博客的可精确到分钟的分析，以发现人们的最新想法。流行的博客造就了意见领袖的产生。

③ 社交网络。社交网络已经成为 B2B 和 B2C 营销领域的重要力量。主要的社交网站包括：Facebook，世界上最大的社交网站；MySpace，该站点专注于音乐和娱乐；LinkedIn，该站点的目标人群是专业职场人员；Twitter，网站成员可以通过 140 字的短信息进行沟通。不同的网络为公司带来不同的好处。例如，Twitter 作为一个早期预警系统，可以对客户需求进行快速响应，而 Facebook 则可以在更深层次引发消费者的参与和讨论。

（2）蜂鸣营销和病毒营销

口碑中的两种独特形式——蜂鸣营销和病毒营销已经得到快速发展和运用。蜂鸣营销是指企业通过意想不到的方式产生热点、突出宣传效果、传递与品牌相关的最新消息。病毒营销也可以称为"鼠标营销"，这种方式鼓励消费者在其他网站上宣传公司的产品、服务或者一切相关的音频、视频以及文字信息等。蜂鸣营销和病毒营销均是通过在市场中制造波澜展示品牌及其显著的特征。有人认为，蜂鸣营销和病毒营销更多由娱乐准则而非销售准则驱动。

案例启迪

宝洁公司的蜂鸣营销

宝洁公司在 Tremor 网站上召集了 225 000 名十来岁的年轻人，而在 Vocalpoint 网站上则召集了 600 000 名母亲。两组人群聚集在一起的前提都是他们想了解相关产品、得到样品和优惠券，并且将自己的体验同他人和公司进行分享。宝洁公司会选择那些社交范围广泛的人群——Vocalpoint 上的母亲一般都有庞大的社交网络，与一般的母亲每日会同 5 位女性交流相比，Vocalpoint 上的母亲则每天会同 25~30 位女性交流——并且这些人又有很强的意愿同朋友分享产品信息。

优秀的网上视频可以吸引数以百万的消费者，实现病毒式传播。一些网上视频是专门为网站和社交媒体制作的，包括指导操作的视频和公共关系视频，旨在进行品牌促销和与品牌相关的娱乐活动。其他的网上视频多是公司为电视和其他媒体制作但在广告运动之前或之后上传到网络上的视频，用以提高广告的到达率和影响。

在由用户发布内容的网站上，如 YollTube、MySpace 视频以及谷歌视频，消费者和广告商可以上传能够被成千上万人分享的广告和视频。公司可以促进蜂鸣的产生；并且蜂鸣并不一定非要通过媒体活广告才会发生。一些代理公司就是专为客户创造蜂鸣创意而成立的。

营销实践

如何引发蜂鸣之火？

尽管许多口碑的影响超出了营销者的控制范围，但营销者还是可以采取一些措施来提高积极蜂鸣的可能性。

① 找到具有影响力的个人和公司，在他们身上投入更多的精力。技术上来说，具有影响力的可能是大公司、行业分析员或记者，也可能是政策的制定者，还可能是公司产品的早期使用者。

② 向关键的人提供产品样品。两位儿科医生开设了一家MID Mom商店来营销婴儿护肤产品。他们大方地向医生和妈妈们发放免费产品，一起在他们所关注的互联网论坛上谈论有关该产品的情况。他们的策略成功了——公司在运营的第一个月就实现了全年的销售目标。

③ 同社区内有影响力的人搞好关系。福特公司在预发布嘉年华（Fiesta）汽车的营销活动时，邀请了100位精心挑选的年轻人或者说是"千禧一代"来同嘉年华汽车共同生活6个月。选拔的标准是候选人有使用博客和社交网站的经历，需要提交一个反映他们渴望冒险生活的视频。6个月后，广告活动视频在YouTube上被观看达430万次，在Flickr上达到50万次，在Twitter上的曝光率达到300万次。活动共计吸引了5万名潜在客户，而其中97%都没有购买过福特汽车。

④ 发展口碑推荐渠道来开发新业务。专业人员需要经常鼓励客户向别人推荐他们的服务。Weight Watchers公司发现现有客户的口碑推荐会对公司业务产生巨大的影响。

⑤ 向客户提供他们愿意传播的信息。公司不应该直接告诉客户让其帮助公司进行媒体宣传，而是最好确保客户能够简单地、满意地从邮件或博客中截取相关信息。信息必须是原始和有用的。信息的原始性会提高口碑传播的数量，而有用性则会决定口碑是积极的还是消极的。

（3）测量口碑效果

研究和咨询公司凯利菲（Keller Fay）发现尽管80%的口碑是在线下形成的，但很多营销者还是专注于口碑的在线影响，因为在线上通过广告、公关或数字服务机构对效果进行追踪是比较容易的。一般来说，通过人口统计信息或者代理服务器和插件，公司能够监控到客户何时发表博客、评论和帖子，何时分享、链接和上传资料，何时交友、跟帖和更新资料。

杜邦公司使用多种测量网络口碑的方法，包括：活动的范围（活动所能达到并接触到的范围）；速度（活动传播的速度）；该空间内的意见共享情况；在该传播速度下的意见共享情况；感情色彩是否向积极方面转变；信息是否容易理解；信息是否相关；信息传播是否具备可持续性（而不是一次性交易）；信息从源头至受众之间的传播距离。

知识拓展

微信的力量

微信是腾讯公司推出的，用户可以通过手机、平板和网页快速发送语音、视频、图片和文字。微信提供公众平台、朋友圈和消息推送等功能，用户可以通过摇一摇、搜索号码、附近的人、扫二维码方式添加好友和关注微信公众平台，同时微信可以将内容分享给好友，也可以将用户看到的精彩内容分享到微信朋友圈。微信拥有超过 6 亿用户，日均活跃用户超过 1 亿名，曾在 27 个国家和地区的 App Store 排行榜上排名第一。微信是到达终端用户最直接、最快速、最精准的信息通道；微信聚合了用户的碎片化时间；未来的移动终端将以惊人的速度普及；微信做到了马云做不到的事。

马云说："六年前我刚搞出淘宝网的时候，我告诉一位做皮具的老板，把你的生意放到网上来做吧。"他说："我先看看。"四年前我再次告诉他同样的话。他说："有时间再说吧。"两年前他找到我说："我的生意都让网上那些小孩抢走了。"我还能说什么呢？我用两只手握住他的手说："一只手是机会，一只手是方法，机会是网络，方法是网络营销。"传统行业是论资排辈的、很难赶得上，PC 网络时代没有把握也马上要过去，移动电商已经来临。这时代不是大鱼吃小鱼，而是快鱼吃慢鱼。不要错过这次机会，你错过的不只是一个机会，而是一个时代。

马云说："我开始害怕微信了！"媒体大量报道了马云说的这句话。众所周知，马云以很高的代价入股新浪微博，足以说明马云在抓住移动互联网，在防御微信，因为害怕，所以要布局！如今，跨界、联盟、细分市场、延伸产品链，企业的竞争已经不是单个企业的竞争，而是生态圈和生态链的竞争，是整个网络新经济时代生态环境和产业链、数据、流量的竞争。

3.4 人员销售

3.4.1 销售人员管理

销售人员是公司同客户联系的桥梁。对销售人员的管理包括招聘、选拔、培训、监管、激励和评价等多个环节，如图 10-4 所示。

图 10-4　销售人员管理的关键环节

（1）招聘和选拔销售代表

组建成功销售团队的核心在于选拔优秀销售代表的方法。一项调查显示，排名前 25% 的销售代表会为公司带来 52% 的收入。如果雇用了不合适的人员，将会造成巨大的浪费。在管理层确定了选拔标准之后，招聘就要开始了。人力资源部门可以让现有的销售代表推荐，或者使用就业中介，发布工作广告，以及接触大学毕业生。选拔过程可以是一场简单的非正式面试，也可以是一次长时间的考试加面试。

知识拓展

销售代表的类型

● 配送人员。这类销售人员的主要任务就是配送货物。

- 订单人员。包括内部订单人员（在柜台后工作）和外部订单人员（同超市经理打交道）。
- 传播人员。这类人员并不需要去争取订单，而是帮助公司建立良好形象，教育现有的和潜在的客户。
- 技术人员。这类人员是具有高技术水平的销售人员（工程销售人员主要就是客户的咨询顾问）。
- 需求制造者。这类人员是使用创意销售方法销售有形产品或无形产品的销售人员。
- 解决方案的提供者。这类销售人员的专长是利用公司产品和服务系统（例如计算机和沟通系统）为客户解决问题。

需要注意的是，销售代表的流失往往会导致销售额的流失，增加重新招聘和培训的成本，与此同时，也会给其他销售代表增加工作负担。

（2）培训和监管销售代表

消费者希望销售人员有深入全面的产品知识；公司则希望销售人员能够创造性地完成产品的推介，帮助公司成功达成交易。许多企业都非常重视对销售人员的培训工作。

新销售代表可能会花费几周到数月的时间参加培训。有调查表明，在产业用品行业，平均的培训周期是 28 周，服务类公司为 12 周，而消费品公司是 4 周。培训时间因销售任务的复杂程度和招聘类型的不同而不同。对于所有的销售工作来说，从新手完全成长为熟练的销售人员，需要的时间比以往任何时间都长。

如今，新的培训方法不断涌现，例如使用音频和视频录像、播放 CD、软件学习、远程教育、电影短片等。一些公司还会使用角色扮演的方法和敏感性、移情训练的方法来帮助销售人员熟悉同客户打交道的状态和感觉。

以佣金形式得到报酬的销售代表通常受到的监管会较少；而那些接受固定薪水并且有固定数量客户的销售代表则会受到更多的监管。对于采用多层次销售的公司，如雅芳、莎莉、维珍等，独立分销商会通过管理其自有的销售团队来帮助公司销售产品。这些独立的契约商或销售代表不仅仅通过自身的销售业绩获得佣金，还有一部分佣金来自他们自己招聘和培训的销售人员的业绩。

营销新视野

信息技术与销售人员的工作

如今销售人员已经真正地步入了电子时代。不但销售和库存信息的传输更加快捷，而且销售经理和销售代表也能够使用以计算机为基础的决策支持系统。销售人员可以使用笔记本电脑随时查看有价值的产品和客户信息。仅仅通过敲击几个字母，销售人员就可以了解客户的背景信息，向客户讲述事先写好的推销内容，接受订单以及解决客户服务方面的事宜，还可以赠送样品、产品图册和其他材料。

对于销售代表来说，最有价值的电子工具就是公司的网站，网站最有用的应用就是作为开发客户的工具。公司网站可以帮助公司确定同每个客户的关系，确定哪些业务需要私人客户访问。网站为其自动识别的潜在客户发送产品信息介绍，这一做法增加了获得第一笔订单的可能性。对于更为复杂的交易，网站为买家提供了与卖家沟通的方式。通过互联网支持的关系营销进行销售，销售代表无须在现场解决问题，这极大地节约了销售代表的时间，使他们能花更多的时间在那些需要面对面解决的问题上。

（3）激励销售代表

大多数销售代表都需要鼓励和特别奖励，尤其是那些每天都面临工作挑战的销售代表。大多数营销者都认为销售人员的工作积极性越高，他们付出的努力越多，业绩、奖励和满意度也越好；反过来，所有的这些都会进一步提升销售人员的积极性。

① 内在和外在的奖励。一项研究表明，给员工最大价值的奖励形式包括升职、个人成长和成就感。而价值最小的奖励形式是被人尊重、安全感和认可。换句话说，销售人员对于那些能促成自身进步和满足内在需求的奖励和机会最为认可，而对称赞和安全感这类回报的认可较小。一些公司还利用销售竞赛来提高销售人员的努力程度。

② 销售配额。许多公司根据年度营销计划制定年销售额度，包括金额、总数、毛利、工作量和活动以及产品类别。薪酬通常是和配额完成的程度联系在一起的。公司首先进行销售预测，它是确定生产计划、职员规模和资金需求的基准。管理层接下来为不同的地区和范围分配销售份额，这一份额通常比此前的计划要高，这是为了鼓励经理人员和销售人员尽其所能地开展工作。即使他们没能达成配额的要求，公司也有可能完成年初制定的销售预期目标。

每一地区的销售经理都会将销售配额分配给销售代表。有时一位销售代表的配额会较高，这是为了鼓励他全力以赴地工作；有时候则会较低，这是为了帮他树立信心。一个普遍的观点认为，一位销售人员的配额至少要等于上一年的销售额，再加上特定地区销售潜力和上一年销售差异的浮动部分。销售人员的抗压能力越强，这一浮动部分的比例就应该越高。

完成配额的明智之举是将销售代表的精力集中在那些更加重要、利润更高的产品上。当公司推出几种新产品时，销售代表就很难在旧产品上实现他们的销售配额。公司需要在新产品发布时扩充它的销售团队。

案例启迪

甲骨文公司对销售人员的激励

甲骨文公司是世界第二大软件制造公司，为了找出销售萎缩的原因以及客户真正的关注点，公司对其销售部门进行了全面的分析。近年来，随着公司规模的快速扩张，以及人力资源、供应链、客户关系管理等系统的多样化和复杂化，销售代表不能像以前那样，仅凭个人就能向客户销售所有的甲骨文产品。

公司对销售方式进行了重组，让每位销售人员只专注于有限的几项产品。为了改变销售团队长久以来急功近利的形象，公司调整了佣金在整个薪酬中所占的比重，由原来的 2%~12%下降到 4%~6%。公司还采用和推广了指导销售人员同各种渠道友好相处的指南，其中包括渠道经销商、独立的软件销售商、中间商、整合者和提升附加值的中间商。

甲骨文为了让这些合作者认为该公司是稳定和可信赖的，推出了六条准则，要求销售人员同这些伙伴真诚合作并尊重他们在销售环节中所处的位置和创造的价值。

（4）评价销售代表

对销售代表的业绩进行评估，首先要有评估的信息来源。最重要的关于销售代表的信息来源就是销售报告。此外还可以通过其他途径获取一些额外的信息，如个人观察、销售人员自我报告、客户来信和抱怨、客户调查以及同其他销售代表交谈。

销售报告分为行动计划和行动结果总结。销售人员的工作计划是其行动的指南。销售代表要提前提交计划，描述自己计划拜访的数量和路线，管理者据此了解销售代表的行踪，并为比较他们的计划和实际成果提供基础，或者说检验他们计划工作和执行计划的能力。

许多公司要求销售代表提交年度地区营销计划，包括他们需要在现有客户的基础上开发新客户和新业务的计划。销售经理会分析这些计划，给出建议，并且据此制定销售配额。销售代表将已经完成的活动写入访问报告中。销售代表还会提交费用支出报告、新业务报告、业务损失报告以及对于当地业务和经济形势的研究报告。

这些报告为销售经理制定关键的销售业绩指标提供了初始数据：① 平均每位销售人员每天访问次数；② 平均每次访问的时间；③ 平均每次访问带来的收入；④ 平均每次访问的成本；⑤ 每次访问的招待费用；⑥ 每百次访问中获得订单的百分比；⑦ 平均每个时期新客户的数量；⑧ 平均每个时期客户流失的数量；⑨ 销售团队成本在总销售额中所占比重。

销售团队报告以及其他的观察一起为评估提供原始材料。评估时可以将当前的表现同过去的表现进行比较，得出评估结果。

知识拓展

销售团队规模的确定

一旦公司确定了想要接触到的客户数量，就可以使用工作量方法来确定销售团队的规模。该方法有五个步骤：

① 根据年销售量将客户分成不同规模的组别。
② 为每一客户组设定合适的拜访频率（每年访问的次数）。
③ 将每个组内客户的数量乘以相应的拜访频率，得到每年每个地区的总工作量。
④ 确定每年每个销售代表平均能够访问客户的次数。
⑤ 用总访问量除以每位代表能访问的数量，得到需要的销售代表总数。

3.4.2 人员销售的步骤

有效销售的步骤包括：寻找和界定、事先调查、展示和介绍、消除异议、完成交易、跟踪和维护，如图 10-5 所示。

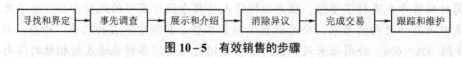

图 10-5 有效销售的步骤

（1）寻找和界定

发现和确定目标客户是销售的第一步。准确接近潜在顾客对于成功推销至关重要。销售人员要具备发现潜在顾客的能力。发现潜在顾客的途径很多，包括熟人推荐，通过现有顾客推荐，通过供应商、经销企业、社交网络取得联系，以及在工商名录或网上寻找等。通过查看潜在顾客的财力、营业额、特殊需求、所在位置、增长潜力等，确定潜在顾客是否合格。

> **知识拓展**
>
> ### 销售人员的主要工作任务
>
> - 探寻。寻找顾客和销售机会。
> - 目标选择。在潜在客户和已有客户之间分配时间。
> - 沟通与传播。传播有关公司产品和服务的信息。
> - 销售。接近、展示、回答问题并消除异议，并最终完成销售任务。
> - 服务。为客户提供多种服务，包括接受客户的问题咨询、提供技术支持、节省开支和速递产品等服务。
> - 收集信息。开展市场调查并进行深入挖掘分析。
> - 分配。在产品短缺时确定为哪些客户供货。

（2）事先调查

销售人员需要尽可能多地了解目标公司和采购决策组织的特点。要了解公司是如何管理采购程序的，购买活动是如何组织的。许多大公司中的采购部门都被划分到了专业经验更丰富的战略供应部门。中心集中采购的好处在于能够使用更大规模的供应商，这样更容易满足公司的所有需求。

销售代表要大体上知道客户购买决策的过程，包括"谁购买，何时购买，在哪儿购买，怎样购买和为何购买"，只有这样才能制定访问的目标：确定客户，收集信息，或者是促成即时销售。销售代表还要选择最佳的接触方式，是采用个人拜访、电话访问还是信件沟通等；同时还要考虑选择最佳的拜访时机。最后，销售代表需要针对客户制定一个总体的销售策略。

（3）展示和介绍

销售人员可以从特性、优点、利益以及价值四个要素出发向客户推介产品。特性是指描述产品的物理特性，例如一个芯片的处理速度和记忆容量。其优点讲述的是为什么产品特性能够给客户带来好处。利益描述的是产品带给客户的经济、技术、服务和社会效益。价值描述的则是产品的利益（通常是以金钱的形式衡量）。在向客户推介时，应该兼顾从特性、优点、利益、价值这四个要素的不同视角，强化客户的印象和好感。

（4）消除异议

通常，在倾听销售人员讲解产品或被要求下订单时，顾客会提出异议。这些异议有些是合理的，有些完全是出于顾客个人心理的。销售人员需要采取积极的态度，把异议清晰化，逐一解答顾客提出的异议，并要善于巧妙地把异议转化为购买动机。虽然讨价还价还是最常见的，尤其是在经济危机时期。但很多顾客也相当关心购买合同的其他方面，比如质保期限，产品和服务质量，购买数量，公司在财务、风险承担、促销方面的权利和义务以及产品安全性等。

（5）完成交易

在处理顾客异议之后，销售人员应该设法完成交易。要注意客户表现出的一些想要完成交易的暗示行为，如顾客的动作、语言和评论以及提出的问题等。销售代表可以询问是否要下订单，概括复述达成购买协议的要点，主动帮助顾客填写订单，询问客户想要购买产品的具体型号、款式等，尽量缩小顾客做出选择的产品范围。销售人员还可以提供一些优惠条件来促成交易，如附加服务、额外赠送或者成交后的礼品等。

（6）跟踪和维护

跟踪和维护是保证客户满意度和重复购买的必要条件。在交易完成后，销售人员应该立即落实任何必要的细节，如发货时间、购买的物品以及其他对于客户重要的事项。销售人员还应该制订一个客户跟踪电话计划，以确保客户在收货后得到了正确的安装、说明和其他服务，并且在电话中询问客户是否遇到了任何问题，确保客户得到应得的利益，从而带给客户满意的客户体验。

案例启迪

通用电气公司通过社交媒体促进交易

通用电气公司用各种数字和社交媒体展示产品的销售信息，以吸引企业客户，帮助他们建立与销售人员的联系，促进顾客购买和关系维系。通用电气的各个分部，包括通用航空、保健、能源，提供数十个行业专门的网站，包含数千个站内栏目和数万个主页，为B2B客户提供购买方案、产品介绍、技术信息、网上视频和网上论坛、互动聊天以及实时客户支持。通用电气公司还通过在诸如脸书、推特、领英、Google等主要的社交媒体提高显露度，建立品牌知名度，帮助其销售人员与客户实现深入互动。通用电气公司的CMO说："如果你从事生意，你就需要社交，因为它能使你与你的客户更加亲近。我们希望我们的销售团队完全数字化。"

图 示 小 结

营销传播的设计和管理

◎营销传播是公司试图向消费者直接或间接地告知、劝说和提醒其销售的产品和品牌信息的方式。

◎营销传播的主要方式：广告、营业推广、事件和体验、公共关系和宣传、直销、互动营销、口碑营销、人员销售。

◎有效整合营销传播过程的步骤：识别目标受众、确定目标、设计信息、选择渠道、建立预算、决策媒体组合、测量结果。

大众传播方式及其管理

◎ 广告是特定赞助商采用付费形式，通过各种媒体对观念、产品、服务等进行的非人员展示和促销。其决策包括五个关键环节：广告目标、广告预算、广告创意、媒体选择以及效果测量。

◎ 营业推广是运用多种短期促销工具用以鼓励消费者试用或购买某一产品或服务。针对消费者、贸易、业务和销售人员，其促销工具有所不同。

◎ 事件和体验是指公司赞助的活动和节目，其目的是创造品牌与消费者之间的互动与交流。选择合适的事件、设计赞助方案并测量效果是主要的决策。

◎ 公共关系包括用于促进或保护公司形象或产品的各种活动。确定目标、选择信息和载具、实施和评估计划是主要决策。

人际传播方式及其管理

◎ 直销是使用邮件、电话、电子邮件、互联网等与特定或潜在顾客进行直接传播，寻求回应和对话的销售方式。

◎ 互动营销是直接通过网站、搜索广告、陈列式广告、电子邮件等形式，吸引顾客，直接或间接提升产品或服务的知名度、形象或销售的在线活动或计划。

◎ 口碑营销是指人们通过一定的媒体载体进行的口头、书面或电子形式的传播，包括社交媒体、蜂鸣营销和病毒营销等。

◎ 人员销售是以沟通和获得订单为目标，与一个或多个潜在购买者进行的面对面的交流。招聘和选拔、培训和监管、激励及评价是进行销售团队管理的重要内容。有效的销售工作包括寻找和界定客户、事先调查、展示和介绍、消除异议、完成交易、跟踪和维护等内容。

复习思考题

1. 什么是营销传播？营销传播组合主要包括哪些传播方式？
2. 如何理解整合营销传播？整合营销传播的过程是如何实现的？
3. 什么是广告？广告传播的 5M 决策是指什么？各阶段的特点和要求是什么？
4. 什么是营业推广？针对不同的推广对象其主要有哪些工具？
5. 如何理解事件和体验营销？成功的事件赞助有何要求？
6. 如何理解营销公共关系？其有哪些主要的工具？
7. 什么是直销？其主要的传播方式及其特点如何？
8. 什么是互动营销？其主要的表现形式及其特点是什么？
9. 如何理解口碑营销？其主要的表现形式及其特点是什么？
10. 如何理解人员销售？管理好销售团队需要做好哪些工作？
11. 有效销售的主要工作步骤包括哪些环节？

营销体验

1. 小组辩论：优秀的销售人员是与生俱来的还是后天培养的？

对于销售人员的培养有一个争论：后天培训和先天素质在决定优秀销售人员中哪个更为重要？有人认为，最优秀的销售人员是与生俱来的，他们的成功取决于良好的性格和良好的人际沟通能力；而另一些人则认为，前沿销售技术的应用可使人人都成为销售明星。

正方观点：建立有效的销售团队的关键是挑选销售人员。

反方观点：建立有效的销售团队的关键是培训。

2. 小组作业：公司网站的特色

选择一家公司的网络主页进行访问。运用 7C 要素对其网站设计的特色进行评价，并在小组中进行交流。7C 指：环境、内容、社区、定制化、沟通、链接、电子商务。

案例讨论

士力架品牌的整合营销传播

从横扫饥饿开始

士力架不仅是当今世界上最大的条状糖品牌，也是最古老的品牌之一。早在 20 世纪 20 年代末，年轻的玛氏公司（Mars Inc.）就开始开发条状糖，并谋求发展。取胜之道就是结合普通条状糖的成分，比如巧克力、牛轧糖、焦糖、花生等。但与普通条状糖相比，士力架在人们生活中充当的角色更像是正餐而不是甜点。士力架获得了持续的成功，尽管其最初的价格是普通条状糖的 4 倍。随后 10 年间，玛氏公司在全球市场对士力架进行了大众营销。

1979 年，特德·贝茨（Ted Bates）广告公司创造了"士力架横扫饥饿"这一广告语，直接体现了士力架能够饱腹的特点。作为正餐的替代品，士力架以年轻的男运动员为目标顾客。曾有一则经典的平面广告展示了一位母亲带着士力架去送儿子参加橄榄球训练的场景。

士力架在市场饱和之前，一直持续增长，但最终还是面临销售增长停滞和市场份额下降的困境。于是，玛氏公司决定为士力架寻找新的战略方向。它启动整合营销运动，以期在保留品牌精髓的同时，通过吸引新市场实现更大的增长。

环球网络公司（BBDO）帮玛氏公司创造了一场成功的整合营销运动。BBDO 以士力架数十年来建立的独特品牌联想"横扫饥饿"为基础。尽管"士力架横扫饥饿"这句著名的口号一直用于吸引年轻男性目标群体，但 BBDO 发现这个标语太过局限了。新的标语"饿的时候，你就不是你自己了。士力架横扫饥饿"使品牌能够更好地匹配消费者的普遍情感诉求——饥饿，这是与广大消费者息息相关的感觉。

全球活动

士力架的"饿的时候，你就不是你自己了"运动采用了大量的传统大众传媒。在 80 多个国家发布了数十则不同的广告。这场运动还邀请了当地知名人士开展宣传。在一则令人印象深刻的广告中，棒球教练罗宾·威廉姆斯（Robin Williams）在指导队伍时胡言乱语，面对原本激烈的比赛他却说要用温柔打败对手。在另一则广告中，美国喜剧女王罗西尼·巴尔（Roseanne Barr）扮演的伐木工人刚抱怨说她的背疼，就被一根起重机搬动的巨大圆木打倒在地。还有一则介绍新款士力架的广告是扑克玩家肯尼（Kenny G）的朋友宣称："饥饿的肯尼很让人扫兴。"在英国,饥饿把更衣室中的橄榄球运动员变成了女演员琼·柯林斯(Joan Collins)和斯蒂法妮·比彻姆(Stephanie Beacham)。在拉丁美洲,饥饿让自行车越野赛运动队员变成了墨西哥歌手安娜希(Anahi)。

"饿的时候,你就不是你自己了"这句广告语也席卷了脸书、推特和其他社交网络。在英国,名人们在推特上发布了一些完全不符合他们特点的信息。超模凯蒂·普莱斯(Katie Price)发布了关于量化债券市场流动性和政治经济的内容。足球运动员里奥·费迪南德(Rio Ferdinand)发布推特谈起了编织毛衣的乐趣。板球队员伊恩·博瑟姆(Ian Botham)滔滔不绝地谈论学习大提琴。拳击手阿米尔·可汗(Amir Khan)发布了有关集邮的推特。这些名人在发布奇怪的推特之后,又紧跟着发布显示他们正在吃士力架的信息,伴随着那句"饿的时候,你就不是你自己了"的广告语。

士力架的促销运动突出体现了其跨越多种媒体平台的灵活性,例如平面和户外广告、有或没有明星代言。有一则广告是3位短跑运动员一起在跑道上准备就位,但其中之一却面向了错误的方向。另一则广告表现了4位组成人墙的足球运动员都捂着裤裆处,唯独一人凝视远方。这些广告最后都会以一个表现士力架被切开的横截面和广告语"横扫饥饿,做回自己"的简单画面结束。

这场运动不仅展示了在不同媒体类型之间的整合,还实现了现代促销运动的一次重要举动——通过内容共享来实现整合。例如,像"贝蒂·怀特超级碗比赛现场"这样的广告让这种方式开始流行起来。该品牌发布的其他广告、推特和社交媒体信息也同样刺激了共享。例如,士力架1 100万名脸书粉丝经常收到这样的推送:"漫长的下午,是时候把你偷偷藏起来的士力架吃掉了!"并配以图片展示放在公司办公桌抽屉里的士力架。通常情况下,数以千计的粉丝会对这样的消息点赞,然后转发让更多的人看到。

多年之后,它仍能让人们感到满意

4年之后,玛氏公司继续用"士力架让你满意"和"横扫饥饿,做回自己"这两句广告语向这场著名的全球促销运动注入各种新元素。玛氏公司是如何将这场促销运动扩大至如此广泛和全球规模的呢?其广告标语"横扫饥饿"直接触及了一个全人类都面临的问题——当一个人饿着肚子的时候,他就可能会出现反常表现。"来自花生的力量永远是这个品牌的核心。"

有力的传播运动使士力架超过了Trident口香糖和玛氏公司自己的品牌M&M,成为全球最畅销的甜品类零食。包含士力架黑巧克力、士力架杏仁巧克力、士力架黄油花生巧克力、小士力架和士力架冰激凌巧克力等众多品类的士力架为玛氏公司330亿美元的年销售总额贡献了35亿美元。所有的一切表明,结合鲜明品牌个性和有力情感诉求的整合营销信息可以具有长久的活力。

讨论题:
(1)士力架整合营销传播的主题是如何设计的?
(2)士力架的整合营销传播运用了哪些方式?
(3)借鉴士力架的成功经验,思考进行整合营销传播时应该注意的问题。

第五篇 价值管理与拓展

第十一章
营销运作管理

学习目标

◎ 理解营销计划的含义及分类，掌握其制定和实施的有关原理；
◎ 熟悉营销组织的类型及其特点；
◎ 掌握营销控制的方式及其要求；
◎ 熟悉营销绩效评价的维度和指标。

关键术语

◎ 营销计划（Marketing Plan）
◎ 营销组织（Marketing Organization）
◎ 营销控制（Marketing Control）
◎ 年度计划控制（Annual–Plan Control）
◎ 盈利性控制（Profitability Control）
◎ 战略控制（Strategic Control）
◎ 营销绩效评价（Marketing Performance Assessment）
◎ 顾客认知评价（Customer Perception Measurement）
◎ 顾客行为评价（Customer Behavior Measurement）
◎ 中间商顾客评价（Trade Customer Measurement）
◎ 竞争者比较评价（Measurement Relative to Competitor）
◎ 营销评价指标（Marketing Evaluation Index）
◎ 营销审计（Marketing Audit）

知识结构

营销计划
- ◎ 营销计划的含义与分类
- ◎ 营销计划的内容体系
- ◎ 营销计划的实施

营销组织
- ◎ 现代营销组织的演变
- ◎ 营销组织形式
- ◎ 营销组织设计

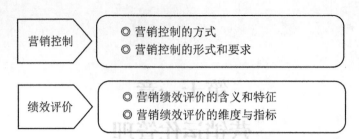

先思后学

宝洁公司的营销运作

宝洁公司的市场部是公司的龙头,其职能涉及产品策划、市场研究等,其最大的特点就是实施品类管理。公司产品分为:护发、洗发品类;护肤、个人清洁类(玉兰油、化妆品、香皂);妇女卫生用品类;口腔保健类(牙膏、牙刷)等。公司市场部需要协调下属7个系统的总经理,如护发、洗发类用品一年的销售收入达30亿元,提多大比例支持市场,由系统总经理决定(一般达到销售额的8%),分到每个品牌占多少,再具体策划。广告计划由销售部、促销部制定并具体执行。市场部就某个品牌扶植可对生产、营销、财务整个过程进行管理,但变更计划要经该品牌总经理同意。通常市场部一个星期由中心计划员安排开一次调度会。宝洁公司有一个由十几个人组成的中国工作委员会,包括销售总监、品牌总经理等,按照董事会决议每月开一次会。品牌总经理会随时就品牌市场情况进行评价。市场研究部有十几个经理不断提供市场信息,调查社会和消费者需求变化,通过与国内外市场调查公司合作的形式,定期开展市场分析,如选多少消费者、调查几家商店、电视广告的收视率高低等。

为了掌握宝洁产品商业动态,公司花350万美元投入软件系统,在广州黄埔建有一个控制中心,由2000个电脑点的网络来支撑,主要选用了德国软件进行生产、销售、供应、财务管理,还提供与其他软件接口。网络有公司内部网,可查各种档案,如公司电子邮件、上互联网交换数据。另外,还有分销商一体化系统,是根据公司经营理念特别设计的,可调用打印提货单,反应极快。大连锁店系统软件,直接可以反映像麦德龙这样的超市的供需情况。还有电脑预测系统,一个星期进行一次滚动性预测。公司总部对市场的投入十分重视,广告投入约占销售额的12%,以电视广告为主。作为广告宣传特定形式的产品派送,费用占销售额的1%~2%,主要用于培育市场,如牙膏派送,从学校小学生口腔卫生教育抓起。向学校派送牙膏,形成学生心目中的品牌,同时当地商店供货及时跟上,以保证供应。

宝洁公司是世界最大的日化企业,其产品在全球的许多国家和地区都很畅销。多年来,公司通过科学的管理,保证了其庞大的全球营销系统的良性运行,其管理经验对中国本土日化企业具有很好的借鉴作用。

本章阐述市场营销运行管理中的重要原理,包括营销计划、营销组织、营销控制以及绩效评价的相关理论和方法。

第一节 营 销 计 划

企业的整体战略规划了企业的发展任务,营销战略指明了企业营销发展的目标,并做出总体上的长远规划。为了实现企业的营销战略,必须制订更为具体的、细致的营销计划,分解企业营销战略内容,使其成为可操作的具体措施并付诸实行,从而使企业目标的实现成为可能。

1.1 营销计划的含义与分类

营销计划是指企业为实现预定的营销目标,对未来营销活动进行规划和安排的过程。营销计划详细说明了企业预期的经济效果,确定了企业实现计划活动所需的资源,描述了将要进行和采取的任务和行动。营销计划有助于监测企业各种市场营销活动的行动和效果。

企业实际的营销活动中,营销计划往往表现为总体营销计划和项目营销计划、长期营销计划和短期营销计划两种形式。营销计划是营销战略分解的具体的实施方案,需要注意其可行性和可操作性。

总体营销计划是企业针对所有营销活动所制订的计划,涵盖范围广、内容全面。项目营销计划针对营销过程的某个层面、某个对象,内容集中度高,比如新产品计划、品牌形象计划、市场推广计划、促销计划、公关计划、渠道计划等。

长期营销计划是企业对营销活动在较长时期的活动安排,更侧重于对企业营销战略思考,层次高,涉及面广。短期营销计划是指企业对眼前的经营活动制定更具体的行动措施,常见的年度营销计划、年度产品知名度促进计划、季度促销计划等都属于短期营销计划。

营销实践

"老鼠营销"

所有计划的核心在于执行,再好的计划没有一流的执行,也将前功尽弃。在营销计划上常犯的第一种执行错误,为"老鼠营销"。"老鼠营销"的问题并不在于计划执行上的障碍,而是由于管理阶层在营销策略上缺乏明确的方向,以至于在计划的执行上理不清头绪。

有一家电子产品制造商,一直被新产品投放市场速度太慢的问题所困扰。在该行业中,首先投入市场的产品往往会有极大的优势。但该公司的产品从开始构思到正式进入市场,往往比主要竞争对手落后1年。这一点令公司的经理人员烦恼不已。在进一步的研究中,发现该公司的经理人员一直让人手单薄的开发部门致力于市场上已有设备的研制等"无价值"计划。尽管开发部门实力雄厚,但由于管理人员的朝令夕改,同时也由于计划太多,以致力量分散,难成大事。而如此众多的计划,源于公司首脑对公司业务范围和市场情况缺乏明确的认识,热衷于搞计划。计划越搞越多,就像老鼠迅速繁殖一样,故形象地称之为"老鼠营销"。

1.2 营销计划的内容体系

一份完备的营销计划包括以下内容:计划概要、现状分析、机会与威胁、营销目标、营销战略、行动方案、预期损益、营销控制等。企业营销计划一般以营销计划书的形式体现,由封面、目录、计划内容、封底组成。

（1）计划概要

营销计划书的开头需要概括说明计划主要的背景、总体目标、任务对象和建议事项等。概要在整份计划书中起统领和介绍作用，目的是让管理者能够迅速把握计划书的要点。

（2）现状分析

现状分析是对企业所处的营销环境做出的调查研究，包括但不限于以下内容。

① 宏观环境。这部分描述社会宏观环境现状和发展趋势，涉及人口、经济、技术、政治法律、社会文化等方面对企业营销活动的影响。

② 市场状况。营销计划需要了解一系列市场背景，包括市场规模和容量、市场增长状况、过去几年市场总销量、细分市场状况，以及顾客需求、品牌认知、购买行为等内容。

③ 竞争状况。分析本企业及产品的主要竞争对手，了解对手的产品特征、生产规模、发展目标、市场占有率，并且分析其营销战略和策略，了解其发展意图、方向和行为，为本企业制定对应策略打好基础。

④ 营销组合状况。产品状况分析需要考虑近几年有关产品的开发、销售、收益和净利润等方面；渠道状况阐述企业分销渠道的销售规模、地位、策略、管理能力等内容；定价状况主要分析目前的价格策略及执行情况；促销状况主要分析公司目前的促销组合现状。

（3）机会与威胁

在现状分析后，总结企业在宏观环境和微观环境方面的特点，可进行 SWOT 分析，从而提出下一步的目标和对应策略。

① 机会。要从环境现状分析中寻找新的市场需求，从企业内部经营资源中找到有利条件，决定自己的发展方向和努力目标。

② 威胁。在分析现状时通过大量可靠数据，找出营销环境中的问题，包括企业面临的严重的竞争局面，以便在计划中采取必要的对应手段。

③ 优势。明确企业存在哪些优势，如优于竞争对手的资源、管理能力，或者独有的生产技术优势等，这些因素是企业开发机会、对付外来威胁的关键力量。

④ 劣势。在分析中显露出企业内部与行业内其他企业的一些能力差别。

（4）营销目标

营销目标是计划中最基本的要素，是企业营销活动所要达到的最终结果。营销目标一般包括以下内容：销售量、销售利润率、市场占有率、市场增长率、产品/品牌知名度和美誉度、忠诚度等。在某些企业的营销计划中，营销目标也可能放在营销现状分析之前。

（5）营销战略

营销战略是企业实现营销计划目标的途径和方法的总体指导思想，主要包括市场细分、目标市场的选择、市场定位及竞争战略选择等主要决策。形式上可以建立表格，也可以用文字说明。

（6）行动方案

行动方案就是指营销活动"要做什么""什么时候做""怎样做""什么时间做"。行动方案必须是具体的、细节化的，全面考虑时间、空间、步骤、责任、项目费用等要素。一般需要使用表格或者图形，把各个要素的实际表现描述和陈列出来，使整个方案条理清晰、一目了然。

(7)预期损益

损益报告根据目标、战略和行动方案来编写,包括收入和支出两个模块。收入栏涉及预估的销售数量和平均可实现价格;支出栏反映研发成本、生产成本、实体分销、物流成本和各项营销活动的费用。收入与支出的差额就是预估利润。预期损益是企业营销部门进行采购、生产、人力资源分配以及营销管理的依据。

(8)营销控制

组织实施和控制是营销计划的最后一个环节,是对执行整个营销计划过程的管理。营销控制包括年度控制、盈利控制和效率控制。

案例启迪

某酒店的年度营销计划

① 建立酒店客户联络网。

本年度的重点工作之一是建立完善的客户档案,对宾客按签单重点客户、会议接待客户、有发展潜力的客户等进行分类建档,详细记录客户所在单位、联系人姓名、地址、全年消费金额及给该单位的折扣等。

同时,还要建立与保持同政府机关团体、各企事业单位、商业知名人士、企业家等重要客户的业务联系。为了巩固老客户和发展新客户,除了日常定期和不定期对客户进行销售访问外,在年终岁末或重大节假日及客户的生日,要通过电话、发送信息等平台为客户送去公司的祝福。

本年度计划在适当时期召开大型客户答谢联络会,以加强与客户的感情交流,听取客户意见。

② 完善激励机制。

本年度营销部将配合酒店完善营销激励机制,重新制定完善市场营销部工作计划及业绩考核管理实施细则,提高营销代表的工资待遇,激发、调动营销人员的积极性。

③ 开拓市场,争取客源。

营销代表实行工作日记制度,每个工作日必须完成拜访两名新客户、三名老客户、四个联络电话的二、三、四工作步骤,以月度营销任务完成情况及工作日记综合考核营销代表。

督促营销代表,通过各种方式争取团体和散客客户,稳定老客户,发展新客户,并在拜访中及时了解和收集客户意见及建议,反馈给有关部门及总经理室。

加强团队精神,将部门经理及营销代表的工薪发放与整个部门总任务相结合,倡导互相合作、互相帮助,营造一个和谐、积极的工作氛围。

④ 热情接待,服务周到。

接待团体、会议、客户,要做到全程跟踪服务,"全天候"服务,注意服务形象和仪表,热情周到,针对各类宾客进行特殊和有针对性的服务,最大限度满足宾客的精神需求和物质需求。

⑤ 制作会务活动调查表,向客户征求意见,了解客户的需求,及时调整营销方案。

⑥ 做好市场调查及促销活动策划。

经常组织部门有关人员收集和了解旅游业、宾馆、酒店及其相应行业的动态,根据季节和宾客的特点，组织开展促销活动。

1.3 营销计划的实施

营销计划的实施是指企业将营销战略和计划转为行为和任务，并保证这种任务的完成，以实现营销战略目标的过程。营销计划实施是一个艰巨而复杂的过程。研究表明，许多战略目标之所以未能实现，就是因为没有得到有效实施。营销管理人员常常难以判断营销工作具体实施中的问题。营销失败的原因可能是由于战略本身的问题，也可能是由于正确的战略没有得到有效的实施。

（1）可能出现的问题

企业在实施营销战略和营销计划过程中可能出现的问题主要有以下几个方面。

① 计划脱离实际。企业的营销战略和营销计划的制定过于专门化，而实施则要依靠营销管理人员。制定者和实施者之间常常缺乏必要的沟通和协调，从而导致下列问题的出现。

制定者只考虑总体战略而忽视实施中的细节，结果使营销计划过于笼统和流于形式；制定者往往不了解实施过程中的具体问题，所以常常脱离实际，导致制定者和实施者相互对立和不信任；制定者和实施者之间缺乏沟通与协调，致使实施者在实施过程中经常遇到困难，不能完全理解需要他们去实施的营销战略和营销计划。

② 长期目标和短期目标的不一致。营销战略通常着眼于企业的长期目标，涉及今后3～5年的营销活动。而具体执行这些营销战略的营销组织人员则是依据其短期工作绩效，如销售量、市场占有率或利润率等指标来实施奖惩的，所以营销人员常常注重短期行为。为了克服长期目标和短期目标之间的矛盾，企业必须采取适当措施，设法求得两者的协调。

③ 组织中存在的惰性。企业的营销活动往往是为了实现既定的战略目标，新的战略如果不符合企业的传统和习惯，就可能会遭到抵制。新旧战略之间的差异越大，实施新战略可能遇到的阻力也就越大。要想实施与旧战略截然不同的新战略，往往需要打破企业传统的组织结构。

④ 缺乏具体明确的实施方案。有些营销战略和营销计划之所以失败，就是因为制定者没有进一步制定具体明确的实施方案。企业的决策者和营销管理人员只有制定详尽的实施方案，规定和协调各部门的活动，编制详细周密的实施时间表，明确各部门经理的职责，企业的营销战略和营销计划的实施才能有保障。

营销实践

营销计划管理的"空头承诺"

"空头承诺"是常犯的营销错误。假设一家公司希望执行一个全国性的客户计划，以改进对主要客户的服务。它应该怎样推行这个计划呢？也许总经理会组织一次以总部为基地的全国性客户服务活动，但是，总经理的这一行为可能与销售总监产生业务上的冲突。如果他通过公司的销售部门执行这项任务也许会更好一些。事实上，人们并不了解组织不同的部门顺利执行营销计划的艺术，于是他们便停留在从实践中学习的初级阶段。

这家公司的主要产品是一些特殊设备，只能吸引那些需要这种特殊设备的工程商，而这些使用者通常都是较小的工程商。该公司的销售服务策略也同样采取一种平均分配销售力量的措施，以适应这种顾客结构。"80/20"法则告诉我们，80%的企业收益是从 20%的大客户订单中取得的。然而这家公司的账目上，大客户只做了 20%的贡献。因此，尽管它在销售上投入了很多的资金，大力开拓客源，但取得的成绩却很差。有鉴于此，这家公司老总派人担任全国客服经理，负责改进服务计划。全国客服经理隶属于行销总监，但对公司分支机构的销售和服务人员不具备约束力。在没有实权的情况下，客服经理负责全国客户综合服务，向该公司少量重要的客户提供最优服务，改变公司以前那种平均分配销售、服务力量的做法。15 个月很快过去了，负责这项全国客户服务改进计划的客服经理，除了提交一份全国性顾客的意见表格之外，没有任何成绩。公司对重要客户的服务依然如故。许多大客户转而寻求其他服务优良的企业。

从上面的例子我们不难明白这种"空头承诺营销"的危害。这家公司的客户服务计划与它所奉行的营销策略有很大的矛盾。总经理面对自己的营销弱点，不是采取实际行动予以修正，而是只宣布与其营销计划相抵触的全国客户服务计划。这种计划只是一种无法实现的"空头承诺"，一方面与公司本身的行为相冲突，另一方面又无法与公司的具体营销部门相配合。现实中犯这种"空头承诺营销"执行错误的大有人在。

（2）营销计划实施过程

营销计划的实施过程如图 11-1 所示，其中的各个环节是紧密相连、密不可分的。

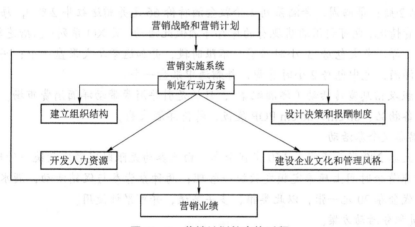

图 11-1　营销计划的实施过程

① 制定行动方案。为有效实施营销计划，必须制定详细的行动方案。这个方案应当明确营销计划实施的关键决策和任务，并将执行这些决策和任务的责任落实到个人和小组。另外，还应包括具体的时间表，标出行动的确切时间。

案例启迪

威尼斯假日酒店 KTV 某年春节期间营销企划实施方案

对于 KTV 来说，下午时段为经营空档，原因来自地段原因、竞争对手问题、消费习惯问题、营销方案匮乏等。针对午时消费人群的特点，以及春节期间本地务工人员、学生等回流的市场现状，应采取相应措施。方案实施目的是培养较稳固午时消费人群。突破口是宣传门店经营优势——音响效果好、活动多等。

宣传方法：POP展板营销，信息营销，口碑营销。

信息资源发布：FM电台，出租车，酒店内部文宣，户外定点投放（宣传页）。

① 价格调整。

调整下午包房费用，采用包时段的定价策略，并给予赠送欢乐组合的优惠。（欢乐组合：免费现调果汁+免费特色小吃）

活动内容：下午13:00—18:00，包房消费价格为：迷你房20元/5时，小房30元/5时，中房50元/5时，VIP房80元/5时。[下午时段凭借身份证在本店过生日的宾客，可享受生日活动免房费；载客至KTV的的哥朋友将免费获赠下午时段1小时免费欢唱券一张，限13:00—18:00]。

② 赠送活动。

每天13:00—18:00，超市消费满50元，小房消费满100元，中房消费满150元，包房的顾客可免费3小时欢唱。

③ 洋酒促销方案。

春节前后四周每周特价洋酒销售：第一周，伏特加系列（AK-47、皇太子伏特加特价66元并赠送鲜橙汁2瓶），每日限2瓶；第二周，威士忌系列（圣堡威5年特价88元并赠送绿茶2瓶），每日限2瓶；第三周，龙舌兰系列（白金武士龙舌兰特价100元并赠送雪碧2听），每日限2瓶；第四周，金酒系列（伦敦金酒特价66元并赠送红牛2听），每日限2瓶。

根据消费情况，也可利用酒店现有的库存洋酒做此活动。买XO系列（包括芝华士21年，即皇家礼炮）洋酒免大包房3小时房费，不限时段，并加送豪华大果盘一个；买芝华士12年黑方系列洋酒，免中包房2小时房费，并赠送中果盘一个。

POP展板及信息宣传活动（洋酒配案），目的是引导消费带动洋酒消费市场。

活动准备物品：60 cm×80 cm POP展板，特价洋酒采购。

④ 欢唱券代金券活动。

发放白天券200张、夜间券150张代金券。白天券为无限时定额发放统一管理；夜间券为限时提升非黄金时间上座率定额发放统一管理；两种券皆参与促销活动，酒水消费满50元赠送房费代金券20元一张，以此类推，多买多送，并可累计使用。

⑤ 会员积分活动方案。

会员消费满300元免费赠送还利卡一张。宣传口号：点滴积累、皆为圆梦！

② 建立组织结构。企业的组织在营销战略和营销计划的实施过程中起决定性的作用。组织将战略实施的任务分配给具体的部门和人员，规定明确的职权界限和信息沟通渠道，协调企业内部的各项决策和行动。具有不同战略的企业，需要建立不同的组织结构。也就是说，组织结构必须同企业战略相适应，必须同企业本身的特点相适应，必须同企业的环境相适应。组织结构具有两大职能：首先是提供明确的分工；其次是发挥协调作用，通过正式的组织联系和信息沟通网络，协调各部门和人员的行动。

③ 设计决策和报酬制度。决策和报酬制度直接关系到实施营销战略和营销计划的成败。例如，奖励如果是以短期的经营利润为标准的话，营销人员的行为必定趋于短期化，他们就不会有为实现长期战略目标而努力的积极性。

④ 开发人力资源。营销的实施最终是由企业内部人员来完成的，所以人力资源的开发至关重要。这涉及人员的考核、选拔、安置、培训和激励等问题。此外，企业还必须决定行政管理人员、业务管理人员和一线业务人员的比例。在美国，许多企业削减了公司各级行政管理人员的数量，目的是减少管理费用，提高工作效率。

知识拓展

卓越企业的伦理管理

虽然卡耐基、德鲁克等人早就表达了对"人"的重视，但是，长期以来并没有引起理论界和企业界的重视。直到20世纪七八十年代之后，随着西方人本思潮和竞争的需要，"人本"基础上的人与物的统一才受到企业界的重视。近二十多年来的企业成功经验研究表明，"人本"基础上的人与物的统一是优秀企业长期成功的经验之一。

斯坦福大学教授托马斯·J·彼得斯和小罗伯特·H·沃特曼（1982）在其《追求卓越》一书中指出："优秀企业向顾客提供无人可与之匹敌的质量、服务和可靠性，提供功效显著而又经久耐用的产品。优秀公司总是把普通员工看作是提高质量和生产率的根本源泉。"

R·爱德华·弗里曼和小丹尼尔·R·吉尔伯特在评价《追求卓越》一书时指出，优秀企业的秘诀在于懂得人的价值观和伦理，懂得如何把它们融合到公司战略中。他们认为：这场卓越革命的基本伦理是对人的尊重。这是企业关心顾客、关心质量背后的根本原因，也是理解优秀企业难以置信的责任感和业绩的关键。其实，除了"尊重人"这一条外，"通过对社会作出无与伦比的贡献"也是理解优秀企业之所以优秀的一个关键。

斯坦福大学教授詹姆斯·C·柯林斯和杰里·I·波拉斯（1994），通过对18家长期成功（至少有45年卓越经营经历）的企业与18家对照企业进行长达6年的比较研究后发现：利润不是最重要的。"与商业学院的教义相反，我们并没有发现，'最大限度地增加股东的财富'或'谋取最大利润'是大多数目光远大的公司发展过程中最重要的推动力或最重要的目标。他们倾向于追求好几个目标，而赚钱只是其中的一个，而且不一定是最重要的一个……不错，他们追求利润。然而，他们也追求范围更广泛的、意义更深远的理想。追求利润不是最主要的，但是目光远大的公司在追求理想的同时又得到了利润。他们两方面都做到了。"

人与物的统一，何以能够产生卓越的经营成果？从上述研究中，可以归结为以下六个方面：① 崇高的目标能激发工作热情。麻省理工学院教授彼得·M·圣吉（1994）认为："当人类追求的愿景超出个人的利益，便会产生一股强大的力量，远非追求狭窄目标所能及。组织的目标也是如此。"② 伦理分析导致正确的决策。正确的决策有赖于正确的分析，要做一个好决策，除了进行经济、技术分析外，还有必要进行伦理分析。③ 讲道德的企业能吸引人、留住人、发挥人的潜能。④ 企业活动是集体活动，经济效益要通过全体员工的共同努力方能取得。以企业价值观为核心的柔性协调，有助于集体活动取得成效。⑤ 只有真正地为顾客着想，即合乎伦理地对待顾客，才能赢得顾客。美国著名企业默克公司董事长乔治·W·默克说："我们努力牢记药品是为人的，而不是为了利润。如果我们记住了这一点，利润也就来了，而且总是会来，我们记得越牢，利润就越大。"⑥ 公众的理解、信任与合作，是企业求生存、争效益的重要条件。争取舆论支持，赢得公众信任，靠的是实实在在的符合伦理道德的企业行为和优质的产品或服务。

⑤ 建设企业文化和管理风格。企业文化是一个企业内部全体人员共同持有和遵循的价值标准、基本信念和行为准则。企业文化对企业经营思想和领导风格，对职工的工作态度和作风均起着决定性的作用。

管理风格是指企业中管理人员不成文的习惯约定和共同工作的方式，是一种人际关系和组织环境气氛。有的企业的管理者习惯于一种紧张而富有逻辑的工作秩序，心照不宣的默契；有的管理者却推崇宽松随和的组织气氛，给予较大的工作自由度。不管何种管理风格，都应有利于营销的实施。

营销实践

营销实施中应回答的具体问题

● 制定行动方案：营销实施的任务有哪些？哪些是关键性的？如何完成这些任务？采取什么样的措施？本企业拥有什么样的实力？

● 建立组织结构：本企业的组织结构是什么样的？各部门的职权是如何划分的？信息是如何沟通的？临时性组织如专题工作组和委员会的作用是什么？

● 设计决策和报酬制度：重要制度有哪些？主要控制因素是什么？产品和信息是如何沟通的？

● 开发人力资源：本企业人员的技能、知识和经验各是什么？他们的期望是什么？他们对企业和工作是什么态度？

● 建设企业文化和管理风格：是否具有共同价值观？共同价值观是什么？他们是如何传播的？企业经理的管理风格是什么？如何解决矛盾？

● 各要素之间的配合：各要素是否与营销战略相一致？各要素之间是否配合协调？

第二节 营 销 组 织

营销组织是指企业内部涉及营销活动的各项职位安排、组合及组合模式。企业营销组织以及与企业其他职能部门的关系，受到市场环境、法律及政策和企业营销观念、企业自身所处的发展阶段和业务特点等诸多因素的影响。

2.1 营销组织形式的演变

现代普遍采用的营销组织形式是市场经济发达的西方国家随着经营思想的发展和企业管理经验的积累逐渐发展和演变形成的，共经历了五种典型形式。

（1）简单推销部门

20世纪30年代以前，西方国家企业营销活动主要以生产观念为指导，其内部市场营销组织属于简单销售部门。当时推销和财务、生产都是企业最基本的职能构成，财务部门管理资金、账务，生产部门负责产品制造，推销部门则管理产品销售。推销部门由一位副总经理负责，管理推销人员及其促销工作，如图11-2所示。推销部门只负责把生产出来的产品销售出去，而不过问生产的质量、种类、规格，也不涉及生产过程。

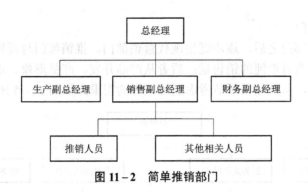

图 11-2 简单推销部门

（2）具有营销辅助功能的推销部门

推销部门除了推销产品外，也承担如市场调研、广告宣传和销售服务等推销辅助功能。20 世纪 30 年代以后，很多企业进一步扩大规模，市场竞争趋于激烈，销售工作变得更为复杂。在推销观念的指导下，很多企业通过市场研究、广告等促销活动积极推动销售。而随着这方面的工作量的增加，便需要设立岗位，负责这些具体、专门的工作，如图 11-3 所示。

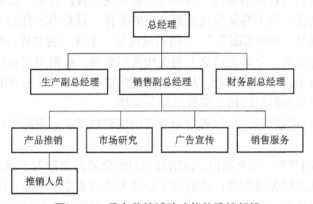

图 11-3 具有营销辅助功能的推销部门

（3）独立营销部门

随着企业经营规模和业务范围的进一步扩大，原来只作为辅助职能的市场调研、广告促销甚至产品开发等工作需要进一步加强，原有的推销部门工作量和管理难度大大增加，于是市场营销部门随着一系列工作的独立而脱离出来，成为一个与推销并立的职能部门，由一位市场营销副总经理负责，与销售副总经理同时直接由总经理领导，如图 11-4 所示。

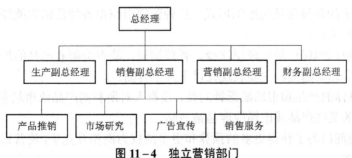

图 11-4 独立营销部门

(4) 现代营销部门

在经历独立营销部门之后，逐步诞生现代营销部门。推销部门与营销部门活动的出发点具有差异，前者追求当前单纯的销售量；后者从产品开发、产品形象、市场开发等方面全面考虑企业的各项活动，从企业各环节考虑满足顾客的需求，如图11-5所示。

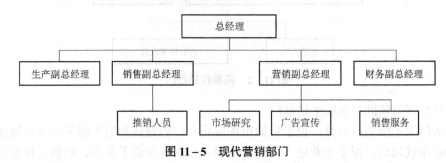

图11-5 现代营销部门

(5) 现代营销公司

一个公司可能设有现代营销部门，但不等于就是现代营销公司。如果企业把营销活动仅仅看作是一种销售功能，就不具备现代营销公司的条件。只有当所有的主管人员都认识到企业一切部门的工作都是"为顾客服务"，营销不仅仅是一个部门的名称，而且是企业的经营宗旨时，这个公司才能成为一个真正意义上的现代营销公司。根据现代市场营销观念，市场营销是企业的基础，而不是单独的职能。从营销的最终成果，亦即从顾客的观念来看，市场营销就是整个企业，在企业组织结构上应做出如下安排。

① 设置独立的营销调研部门，以确定消费者的需要以及企业应提供什么样的产品或服务来满足这些需求。

② 参与新产品的开发。在企业内，营销部门对消费者需要最为了解，而新产品开发的成功与否不仅取决于技术的先进程度，还取决于消费者的需要变化动向。因此，在决定开发新产品的种类、功能、外观、规格、式样、花色等方面，市场营销部门应起指导作用。

③ 营销部门应统一负责企业的全部营销职能，不应将其中一部分职能分散到其他部门。

2.2 现代营销组织形式

营销部门的组织形式是多种多样的，但不论采取哪种组织形式，都要体现以顾客为中心的指导思想。常见的营销组织基本形式有以下几种。

(1) 职能型组织结构

图11-6显示的是最常见的组织形式。这种营销组织由各种营销职能经理组成，他们分别对营销副总经理负责。

职能型营销组织的优点是管理层次少，管理简便；缺点是随着产品的增多和市场规模的扩大，组织的效率越来越低，主要表现在以下两个方面。

① 由于对具体的产品和市场缺乏针对性，没有人对所有的产品或市场负全部责任，这样职能专家不喜欢的某些产品或市场很容易被忽略。

② 各个职能部门为了获得更多的预算和更多的权力而相互竞争，使营销副总经理经常面临解决纠纷的难题。

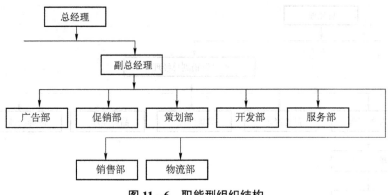

图 11-6　职能型组织结构

（2）地区型组织结构

较大规模的企业有广泛的地域性市场，往往按地理区域安排和组织其市场销售力量。这类企业除了设置职能部门经理外，还按地理区域范围大小，分层次地设置区域经理，层层负责，如图 11-7 所示。

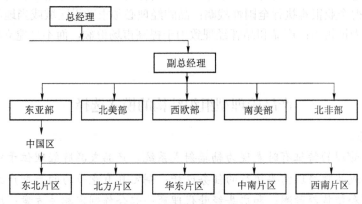

图 11-7　地区型组织结构

这种组织的优点是地区经理权力相对集中，决策进度快；由于地域集中，使得费用较低；由于人员集中，容易管理。其缺点是营销人员从事区域内所有的营销活动，技术上不够专业，不适应种类多、技术含量高的产品。

（3）产品/品牌管理型组织结构

如果企业生产多种产品、拥有多个品牌，通常会建立产品、品牌管理型的组织架构。即在职能型组织的基础上，增设产品或品牌经理，负责各种产品的策略与修正等，如图 11-8 所示。这种组织并没有替代职能型组织，而是充当组织管理的另一层级。产品经理管理产品大类经理，产品大类经理管理单个产品或品牌的经理。如果企业的产品是不尽相同的，或者管理全部的产品数量已经超出了职能型组织的驾驭能力，那么产品管理型组织就是明智的选择。

产品管理型组织可以让产品经理集中精力于具有成本效益的营销组合，并对新产品投放市场做出快速的反应；同时对公司的小品牌给予产品建议。然而，这种组织也有缺点，主要表现在以下几个方面：产品和品牌经理可能缺乏执行其职责的权力；产品和品牌经理成为自

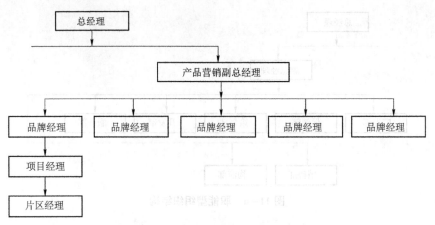

图 11-8 产品/品牌管理型组织结构

己所负责产品领域的专家,但很少能够获得实用的专门知识;产品管理系统通常成本很高;如果一个人被派去管理一个主要产品或品牌,那么很快就会有更多的人被派去管理次级产品和品牌;品牌经理通常只在短期内管理一个品牌。短期管理导致短期计划,从而无法建立长期优势;市场分割使得企业很难执行全国性战略;品牌经理必须求助于区域或当地的销售团队,才能将营销力转化为销售力;产品和品牌经理致力于提高市场份额,而不是建立顾客关系。

知识拓展

产品管理型组织结构的模式选择

① 轴辐式系统。

产品和品牌管理的特征有时表现为轴辐射式系统。产品或品牌经理位于中心,辐射其他各个部门。产品或品牌经理需要执行的任务包括:制定具有竞争力的长期产品发展战略;准备年度营销计划和销售额预测;和广告经营代理商一起合作制定相关方案;增强对销售团队和分销商产品的支持度;不断收集关于产品绩效、顾客和经销商的态度以及新问题、新机遇的情报;着手产品改良,以迎合日益变化的市场需求。

② 产品团队。

产品团队有三种存在形式:垂直型产品团队、三角形产品团队和水平型产品团队。

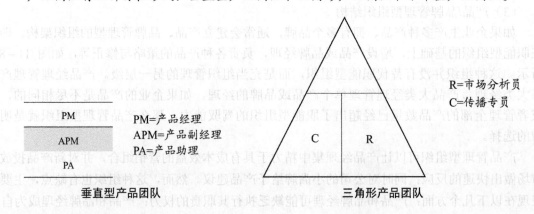

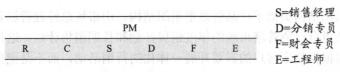

水平型产品团队

三角形和水平型产品团队模式让每一个主要品牌受品牌资产管理团队（Brand-asset Management Team，BAMT）的管理。该团队由各职能部门的关键代表组成，他们都会影响品牌绩效。企业由多个品牌资产管理团队组成，这些品牌资产管理团队定期向品牌资产管理团队董事委员会汇报，品牌资产管理团队董事委员会向首席品牌官汇报。这大大区别于传统品牌管理模式。

③ 取消次要产品的产品经理职位。

取消次要产品的产品经理职位就是将两个或更多的产品分配给被保留下来的经理。如果他同时管理的两个或更多的产品属于一类相似的需求，那么就是可行的。比如，化妆品公司不需要为每个产品都配备产品经理，因为所有化妆品都服务于一个主要需求——变得美丽。而清洁用品公司需要为牙膏、肥皂、洗发水配备不同的产品经理，因为这些产品的用途和诉求都大不相同。

④ 品类管理。

品类管理指公司根据产品品类来进行的品牌管理。作为品牌管理先锋的宝洁公司，同其他很多一流企业一样都开始采用品类管理。宝洁公司的实践证明了品类管理的诸多优点。传统的品牌管理体系擅长通过培养品牌经理间的内部竞争来制造激励因素，但是也会导致对资源的恶性竞争和协调性的不足。而新的管理模式设计能保证所有的品类都得到足够的资源。另一个实施品类管理的理由是日益增长的贸易权力。因为零售贸易开始趋于以产品品类考虑盈利能力，因而宝洁公司认为，销售相似的产品才是明智的。零售商沃尔玛和超市连锁店已经开始将品类管理作为明确特定产品品类战略角色的一种手段，这些战略方面包括仓储物流管理、自有品牌产品管理以及产品多样化和低效重复之间的平衡管理。品类管理并不是万能灵药，它仍旧是产品导向的管理体系。高露洁从品牌管理（高露洁牙膏）转变为品类管理（牙膏产品），最终到达一个新的阶段——"顾客需求管理"（口腔护理）。这最后一步使组织最终把管理的焦点对准顾客的基本需求。

（4）市场管理型组织结构

如果能按顾客特有购买习惯和偏好细分市场，可建立市场管理型组织。采用市场管理型组织结构可以把企业的所有用户按照不同的购买行为和产品偏好划分成不同的用户组，如图11-9所示。

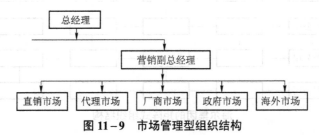

图11-9 市场管理型组织结构

市场管理型组织结构类似于产品管理型组织结构，由市场总经理管辖若干个细分市场经理，各市场经理负责自己所管辖市场的年度销售计划和长期销售计划。这种组织结构的主要优点是：企业可以根据特定客户的需要开展一体化的营销活动，而不是把重点放在彼此割裂开的产品或地区上。在市场经济环境中，越来越多的企业组织是按照市场管理型组织结构建立的。一些营销专家认为，以各目标市场为中心来建立相应的营销部门和分支机构，是确保企业实现"以顾客为中心"的现代营销观念的唯一办法。其缺点与产品型组织结构类似。

营销实践

矩阵式组织结构

生产多种产品并向多个市场销售的企业，常常会遇到如何设置营销组织的难题。如果采取产品管理型组织结构，那就需要产品经理熟悉高度分散、差异性很大的不同市场；如果采用市场管理型组织结构，则需要市场经理熟悉各种式样的产品特点。为解决这个矛盾，就产生了把两者有机结合在一起的新的组织结构模式，即同时设置产品经理和市场经理，形成矩阵式组织结构。

在矩阵式组织结构中，产品经理负责产品的销售和利润计划，为产品寻找新的用途；市场经理负责开发现有的和潜在的市场。这种组织模式适用于多元化经营的企业。但其缺点是管理费用大，且产品经理和市场经理的责权不够明晰。

海尔推行矩阵管理、重心下移的营销组织体系，在总体框架和区域组织上都实行矩阵式管理。海尔的营销组织有利于贴近市场终端，但同时也带来管理难度上升、组织臃肿等问题。

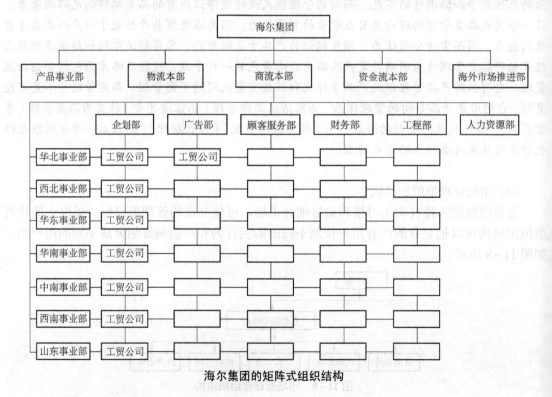

海尔集团的矩阵式组织结构

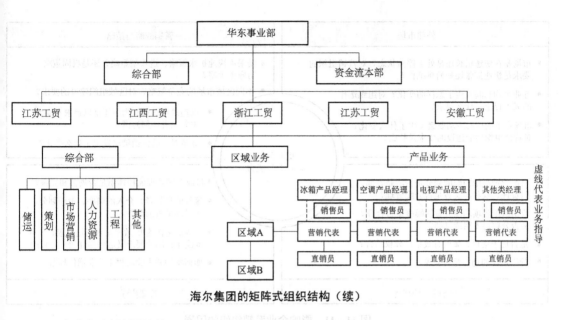

海尔集团的矩阵式组织结构（续）

（5）事业部制组织结构

当企业规模很大，产品种类和市场很多时，企业常把主要产品或市场分设为独立的事业部。事业部独立经营，对公司的利润负责。各事业部内往往设有比较齐全的职能部门，包括营销部门。事业部制组织结构有利于发挥产品或地区事业部的主动性、积极性和创造性，有利于经营组织的稳定，使之适应激烈的市场竞争及国际市场的开拓，如图11-10所示。

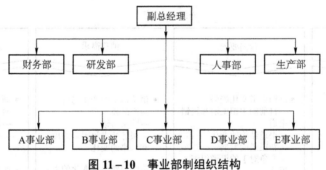

图11-10　事业部制组织结构

2.3　营销组织的设计

企业中每个部门的活动都会对顾客满意度产生影响，按照现代营销观念，企业的各职能部门应协调一致、相互配合，而不仅仅是营销部门单方面的工作。营销部门要更具权威性和指导性，才能使企业在以满足顾客需求的活动中取得利益。但在实际工作中，每个部门都强调各自部门工作的重要性，在确定企业发展目标和重要问题决策时，都不可避免地从维护自身利益出发，提出有利于本职能部门的观点和看法，因此各部门间往往在权力划分、利益分配上存在着很深的矛盾和冲突，一旦爆发，将会造成企业自身资源的无谓消耗。所以，营销组织设计需要系统地考虑目前影响企业营销组织竞争力的各项因素，最终目的是提升总体营销竞争能力，如图11-11所示。

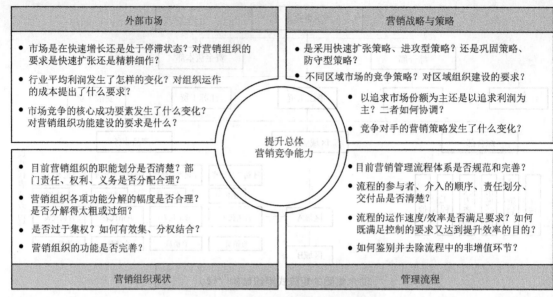

图 11-11 影响企业营销组织的因素

(1) 外部市场分析

外部市场分析的目的是确定市场发展对营销组织设计的要求和影响，包括总体市场分析、营销组合要素的分析、消费需求影响因素及变化趋势分析、新技术应用和运作模式分析等，如图 11-12 所示。

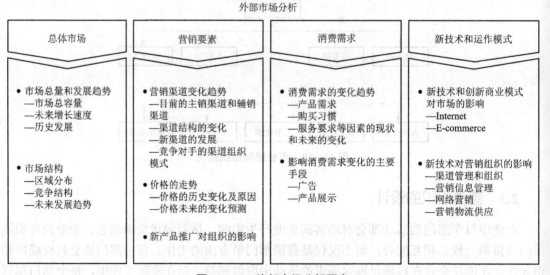

图 11-12 外部市场分析要素

(2) 营销战略与策略分析

企业的营销战略与策略对未来营销组织和管理平台的设计具有重大的影响。其主要分析公司目前的市场推广策略、产品策略、竞争策略等，同时还要分析竞争对手采取的战略与策略，如图 11-13 所示。

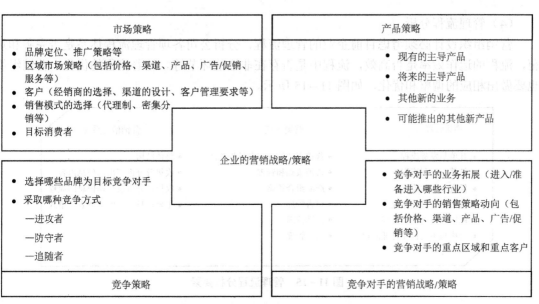

图 11-13 营销战略与策略分析要素

(3) 营销组织现状分析

营销组织和管理平台设计需要全面评价营销组织结构现状并吸取竞争对手的成功经验。同时，营销组织的设计和调整应该充分考虑中高层营销管理人员提出的合理要求，营销组织设计还应该尽量满足市场变化和竞争特点对营销组织的要求，营销组织改革尤其要重视对现有管理文化、人员意识和管理能力有所突破。营销组织设计和调整的直接结果是营造新的比较竞争优势，营销组织体系绝对不是一成不变的，它需要不断进行完善，并定期进行调整，以适应内外部环境的变化，如图 11-14 所示。

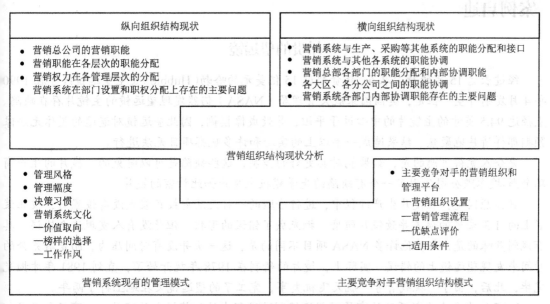

图 11-14 营销组织现状分析要素

(4) 管理流程分析

营销组织设计必须考虑目前企业的管理流程，分析公司各项管理流程体系是否完善和规范，流程的运作效率是否高效，流程中是否存在非增值环节等。随着流程的优化，营销组织也要做出相应的调整和优化，如图 11-15 所示。

销售管理	营销管理	营销信息系统
● 开单与发货流程	● 营销资源的分配及效果监测	● 整体结构
● 结算与返利流程	● 营销策划和管理	● 收集及分析产出的信息内容
● 供货与收款流程	● 产品组合策略	● 收集、分析及传递信息的流程
● 售后服务管理流程	● 广告管理	● 主要信息报告的具体表格格式
● 网络开发与维护流程	● 促销管理	
● 价格与市场秩序管理流程	● 卖场管理	

图 11-15 管理流程分析要素

第三节 营销控制

市场营销控制就是依据营销计划，检查衡量营销计划的执行情况，并根据偏差调整营销活动或营销计划。营销控制是市场营销管理基本环节和基本功能之一，由于营销计划在实施的过程中总会遇到许多不确定的事件，所以管理者及营销组织必须对营销活动进行控制，只有这样才可以避免和纠正产生的各种偏差，使全部生产营销活动向着预定目标进行。对营销活动进行控制，既要控制市场营销活动本身，又要控制营销活动的结果。

案例启迪

昂贵的望远镜

经过长达 15 年的精心准备，耗资超过 15 亿美元的哈勃（Hubble）太空望远镜终于在 1990 年 4 月发射升空。但是，美国国家航天管理局（NASA）仍然发现望远镜的主镜片存在缺陷。直径达 94.5 英寸的主镜片的中心过于平坦，导致成像模糊，因此望远镜对遥远的星体无法像预期那样清楚地聚焦。结果造成一半以上的实验和许多观察项目无法进行。

更令人觉得可悲的是，如果能对其更好的控制，这些缺陷是可以避免的。镜片的生产商珀金斯-埃尔默公司使用了一个有缺陷的光学模板来生产如此精密的镜片。

具体原因是：在镜片生产过程中，进行检验的一种无反射校正装置没有设置好，校正装置上的 1.3 毫米的误差导致镜片研磨、抛光成了错误的形状。但是没有人发现这个错误。具有讽刺意味的是，与其他许多 NASA 项目不同的是，这一次并没有时间压力，而是有充分的时间来发现望远镜上的错误。实际上，镜片的研制在 1978 年就开始了，直到 1981 年才抛光完毕，此后，由于"挑战者号"航天飞机失事，完工了的望远镜又在地上待了两年。

NASA 中负责哈勃项目的官员对望远镜制造过程中的细节根本就不关心。事后航天局 6 人组成的调查委员会的负责人说：至少有三次明显的证据说明同样问题的存在，但这三次机会都失去了。

营销控制按照侧重点不同,可以分为年度计划控制、盈利率控制、效率控制和战略控制。年度计划控制是按年度计划核查各项工作进展情况,并在必要时采取纠正措施;盈利率控制是检查和确定在各种产品、地区、最终顾客群和分销渠道等方面的实际获利能力;效率控制是寻找能够改善各种营销手段和费用支出效果的方法;战略控制则是审查企业的营销战略是否抓住了市场机会,以及是否能与不断变化的营销环境相适应。表 11-1 简要概括了四种营销控制的特点。

表 11-1 营销控制种类

控制种类	责任者	控制目的	方法
年度计划控制	高层管理部门、中层管理部门	检查计划目标是否实现	销售分析,市场份额分析,销售—费用分析,财务分析,顾客态度分析
盈利能力控制	营销监察人员	检查公司在哪些方面盈利,哪些方面亏损	产品、地区、顾客群和分销渠道订货多少等盈利情况
效率控制	直线和职能式结构营销监察人员	评价和提供经费开支的效果	销售队伍、广告、促销和效率等
战略控制	高层管理部门、营销审计人员	检查公司是否在市场、产品和渠道等方面正在寻求最佳机会	营销有效性评价手段、营销审计

3.1 年度计划控制

年度计划控制是指在本年内采取控制的步骤,检查实际业绩效益与计划的偏差,并采取必要措施,予以纠正。目的在于保证企业实现年度计划中制定的销售、利润以及其他目标。其中心是目标管理。年度计划控制主要是对销售额、市场份额和费用率等进行控制。总共可分为四个步骤:首先,管理层设定月度或季度目标;其次,管理层在市场中检查绩效;再次,确定严重绩效偏离的原因;最后,采取纠偏措施,缩小目标和实际的差距。

知识拓展

营销过程控制的五种方式

① 跟踪型控制。对系统运行全过程实施不间断的控制。营销中对战略规划决策、外部市场环境变化、新产品开发等的控制就属于此类。

② 开关型控制。确定某一标准作为控制的基准器,决定该项目工作是否可行。例如,确定合理的公司投资报酬率,以此来评价市场机会或产品项目,如果达到规定标准,则列入考虑范围,产品质量控制、财务控制、库存控制均属此类。

③ 事后控制。将结果与期望标准进行比较,检查其是否符合预期目标,比较偏差大小,找出偏差产生的原因、决策经验和教训,以便下一步行动和有利于将来的行动。市场占有率

控制、销货控制等，一般可归于此类。

④ 集中控制和分散控制。集中控制是指最后决策的制定和调整，均由最高一级系统决定。分散控制是把控制权限分别由各子系统（各级主管部门和职能部门）分担，这些子系统有一定独立行使控制权的自由，最高级系统往往只起协调平衡的作用。

⑤ 全面控制和分类控制。全面控制是对某一活动的各个方面实施控制；分类控制则是将活动按其类别不同，分别控制。例如，控制按市场类型、销售地区、产品种类、销售渠道、销售部门等进行区分实施控制，就属分类控制。

这种控制模型可以运用到各种层次的组织。最高管理层设立年度销售利润目标；每一位产品经理、地区经理、销售经理和推销员承诺实现特定水平的销售收入与支出。最高管理层在每个阶段都进行复查并解说绩效结果。检验绩效表现是否符合计划的工具有销售差异分析、市场份额分析、销售费用率分析。

（1）销售差异分析

销售差异分析方法用于分析各个不同因素对销售业绩的影响程度。

例：某家企业在销售计划中列出目标，第一季度产品销售 5 000 件，每件 1 元，即销售额 5 000 元，但实际上该季度只销售了 4 000 件，每件 0.90 元，即实际销售额为 3 600 元，销售绩效差额为 −1 400 元。总销售额降低既有销售数量减少的原因，也有价格降低的原因。那么二者各自对总销售额的营销有多大呢？

计算如下：

价格下降的差距 $=(S_p-A_p)A_Q=(1-0.90)\times 4\,000=400$（元）

价格下降的影响 $=400\div 1\,400=28.5\%$

销量下降的差距 $=(S_Q-A_Q)S_p=(5\,000-4\,000)\times 1=1\,000$（元）

销量下降的影响 $=1\,000\div 1\,400=71.5\%$

式中

S_p——计划售价；

A_p——实际售价；

S_Q——计划销售量；

A_Q——实际销售量。

可见，有 2/3 多的销售差额应归因于没有完成预期销售数量。找出原因后，企业可以进一步细分原因，并思考需要做哪些工作可以提高销售数量。

（2）市场份额分析

市场份额分析能揭示出企业同其他竞争者在市场竞争中的相互关系。如果企业市场份额提高了，那么企业在与对手的较量中就取得了胜利；反之，则说明企业在与对手的较量中处于不利地位。

知识拓展

市场份额分析的四个指标

① 总市场份额：指其自身的销售在全行业总销量中占有的百分比。

② 目标市场份额：指其自身的销售占其目标市场的总销售比例。

③ 相对市场份额 1（与三个最大竞争者比）：指企业的销量与三个最大竞争者的总销量之比。如一个企业占有市场销量的 30%，而它的三个最大竞争对手分别占有 20%、10% 和 10%，那么这家企业的相对市场份额就是 30/40＝75%。实力比较雄厚的企业的相对市场份额一般都在 33% 以上。

④ 相对市场份额 2（与领先竞争者比）：指企业与领先竞争者的销量之比。企业的相对市场份额上升，表明它正在缩小与市场领先竞争者的差距。

(3) 销售费用率分析（费用—销售分析）

在企业年度计划控制中，若要确保企业在达到销售计划指标时营销费用无超支，管理者就应当对各项费用率加以分析，并将其控制在一定的限度内。如果费用率变化不大，处于安全范围内，则不需采取措施。如果变化幅度过大，或是上升幅度过快，以致接近或超出控制上限，则必须采取有效措施。如图 11-16 所示，时间 15 点的费用率已经超出控制上限，应立即采取控制措施。有的费用率即使落在安全控制范围之内，也应加以注意。图 11-16 中从时间 9 点起费用率就逐步上升，如能及时采取措施就不至于升到超出控制上限的地步。

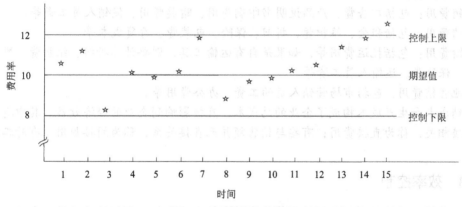

图 11-16　费用率控制图

3.2 盈利能力控制

盈利能力控制是用来测定不同产品、不同销售区域、不同顾客群体、不同渠道以及不同订货规模盈利能力的方法。由盈利能力控制所获取的信息，有助于管理人员决定各种产品或市场营销活动是扩展、减少还是取消。盈利能力的考察指标如表 11-2 所示。

表 11-2　盈利能力的考察指标

销售利润率	销售利润率是指利润与销售额之间的比率，表示每销售 100 元使企业获得的利润，它是评估企业获利能力的主要指标之一。其计算公式为销售利润率＝（本期利润÷销售额）×100%
资产收益率	资产收益率是指企业所创造的总利润与企业全部资产的比率。其计算公式是：资产收益率＝（本期利润÷资产平均总额）×100%

续表

净资产收益率	净资产收益率是指税后利润与净资产的比率。净资产是指总资产减去负债总额后的净值。其计算公式是：净资产收益率＝（税后利润÷净资产平均余额）×100%
资产周转率	资产周转率是指一个企业以资产平均总额除产品销售收入净额而得出的比率。其计算公式为：资产周转率＝产品销售收入净额÷资产平均占用额。资产周转率可以衡量企业全部投资的利用效率，资产周转率高说明投资的利用效率高
存货周转率	存货周转率是指产品销售成本与产品存货平均余额之比。其计算公式为：存货周转率＝产品销售成本÷产品存货平均余额。这是说明某一时期内存货周转的次数，从而考核存货的流动性

知识拓展

营销成本的构成

市场营销成本直接影响企业利润，它由如下项目构成。

直销费用：包括直销人员的工资、奖金、差旅费、培训费、交际费等。

品牌推广费：企业CIS导入费用、各类公关费用、展览会费用。

促销费用：包括广告费、产品说明书印刷费用、赠奖费用、促销人员工资等。

仓储费用：包括租金、维护费、折旧、保险、包装费、存货成本等。

运输费用：包括托运费用等，如果是自有运输工具，则要计算折旧、维护费、燃料费、牌照税、保险费、运输人员工资等。

其他营销费用：包括市场营销人员的工资、办公费用等。

营销成本和生产成本构成了企业的总成本，直接影响到企业的经济效益。其中有些与销售额直接相关，称为直接费用；有些与销售额并无直接关系，称为间接费用。有时二者很难划分。

3.3 效率控制

效率分析的目的是通过分析效率找出高效率的方式，使之更好地管理销售人员、广告、销售推广及分销工作。常用的效率控制指标如表11-3所示。

表11-3 常用的效率控制指标

销售人员效率控制指标	广告效率控制	营业推广效率控制	分销效率控制
销售人员销售访问次数 每次会晤的平均访问时间 每次销售访问的平均收益 每次销售访问的平均成本 每百次销售访问订购的百分比 期间的新顾客数 期间丧失的顾客数 销售成本对总销售额的百分比	各种媒体类型、媒体工具接触每千名购买者所花费的广告成本 顾客对每一媒体注意、联想和阅读的百分比 顾客对广告内容和效果的意见 广告前后顾客对产品态度的比较 受广告刺激而引起的询问次数	由于优惠而销售的百分比 每一销售额的陈列成本 赠券收回的百分比 因示范而引起询问的次数	分销网点的市场覆盖面 销售渠道中的各级各类成员 分销系统的结构、布局以及改进方案 存货控制、仓库位置和运输方式的效果等

营销新视野

MRM 的作用

MRM 是营销资源管理（Marketing Resource Management）软件的缩写。它提供了一系列基于网络的应用技术，能用于自动化和整合计划管理、活动管理、预算管理、资产管理、品牌管理、顾客关系管理和知识管理等活动。软件包是网络主控型的，用户可通过密码访问。这些软件包为被一些人称为桌面营销的工作方式作了补充，为营销人员提供他们所需要的任何信息和决策架构。营销资源管理软件帮助营销人员改善了支出和投资决策，使新产品能够更快地投入市场，并减少了决策时间和成本。

瑞德克斯投资机构（Rydex Investments）是一家位于马里兰州的基金管理公司，在一年的时间里，其营销部门有 800 多个正在计划中的方案，从简单的营销琐事处理到大规模的营销战役开展。在规定的时间内完成计划变得越来越困难，因为每个计划都需要 30~35 个人签字同意。纸质文件夹从营销部门被送到设计部门，再到沟通部门，最终到达法律部门。当瑞德克斯的员工数量在两年内扩大了一倍时，这种手工流程已经明显超负荷运转。于是公司开始采用从佐治亚州营销中心获取的基于网络的营销资源管理系统。瑞德克斯利用这一系统为营销计划创造了一个集中共享空间，通过文件夹进行组织管理，所有的部门经理都可以据此协同合作。这一系统使他们能够制定进度、快速核准，保证所有规定的步骤都有条不紊地进行。甚至在计划即将完成前，系统还为每一个参与计划制订的成员提供了一个评论机会。瑞德克斯发现，自从使用了营销资源管理系统，将一条信息传向市场的时间缩短了 20%。

3.4 战略控制

战略控制是指对整体营销效果进行评价，以确保企业目标、政策、战略和计划与市场营销环境相适应。战略控制有两种工具可以利用，即营销效益等级评定和营销审计。

知识拓展

营销控制模式的选择

任何一种营销控制模式都不是万能的，不可能适合于所有的管理环境。选择了恰当的营销控制模式，不但可以规范销售人员的行为，而且可以保证营销计划顺利实施，实现企业营销目标。也就是说，环境特征决定了企业所适用的营销控制模式。

一般来说，业绩目标的可量化程度和营销活动过程的透明度是评价营销环境的两个重要维度，也是选择营销控制模式的基础条件。业绩目标的可量化程度是指用具体量化的值来测度目标的程度，例如销售额、销售量等指标的可量化程度比较高，市场信息清晰度、客户满意度等指标的可量化程度则比较低。营销活动过程的透明度是指销售主管对营销活动的信息所掌握的范围和程度，例如销售主管是否掌握了所有客户的信息等。

当业绩目标的可量化程度很高，而营销活动过程的透明度比较低时，例如，当一线销售人员比他的销售主管掌握了更多的市场信息，但是销售主管可以较容易地测定销售额、销售量、利润水平等销售目标时，企业适合选择结果控制模式。

当业绩目标的可量化程度很高,同时营销活动过程的透明度也很高时,企业更适合采取自我控制的模式,使销售人员进行自我规范、自我约束,以达到控制与激励相融合的目的。

当业绩目标的可量化程度比较低,而营销活动过程的透明度比较高时,企业更适合采取过程控制模式,制定相应的过程规范制度来约束销售人员的行为。

当业绩目标的可量化程度与营销活动的透明度都很低时,企业应侧重于他人(同事)控制,使销售人员队伍这个非正式的小群体对其成员的行为进行控制。

(1)营销效益等级评定

营销效益等级评定可从顾客宗旨、整体营销组织、足够的营销信息、营销战略导向和营销效率五个方面进行衡量。上述五个方面为编制营销效益等级评定表的基础,由各营销经理或其他经理填写,最后综合评定。每一方面的分数都指出了有效营销行动的哪些因素最需要注意,这样,各营销部门便可据此制订校正计划,用以纠正其主要的营销薄弱环节。

知识拓展

营销效益等级评量表

第一部分:顾客宗旨	
	A. 是否认识到根据目标需要确定企业营销计划的重要性?
0	营销重点把现有产品或新产品出售给任何愿意购买的人
1	考虑对范围广泛的市场和服务给予同等效率的服务
2	营销重点在经过慎重选择而定的目标市场
	B. 是否认识到根据不同细分市场制定不同营销组合策略的重要性?
0	没有
1	做了一些工作
2	做得相当好
	C. 是否认识到规划业务活动时着眼于整体营销系统观念(供应商、渠道、竞争者、顾客)?
0	不是。致力于向当前的顾客出售和提供服务
1	有一点。致力于向当前的顾客出售和提供服务,也从长远的观点考虑它的渠道
2	是的。从整体营销系统观点出发,充分了解系统中每个部分变化可能对企业带来的影响
第二部分:整体营销组织	
	D. 层次的营销控制对于发挥各个营销功能是否有效?
0	没有。并由此产生一些非生产性的摩擦
1	有一点。但缺乏令人满意的合作和协调
2	是。各重要营销部门被高度有效地控制在一起

续表

	E. 其他部门对营销部门的要求是否合理?
0	其他部门对营销部门的要求觉得不合理
1	在各部门立足于维护本身利益基础上,相互之间关系还是融洽的
2	各部门都从企业全局利益出发考虑问题,并进行有效的合作
	F. 新产品制作过程是如何组织的?
0	有制度明确规定,但管理不善
1	制度形式上存在,但缺乏有经验的人员
2	制度结构完善,配备专业人员

第三部分:足够的营销信息

	G. 最近一次营销调研是何时进行的?
0	若干年前
1	一两年前
2	最近
	H. 在衡量不同营销支出的成本方面采取了什么措施?
0	一无所知
1	略有所知
2	了如指掌
	I. 在衡量不同营销收入的效益方面采取了什么措施?
0	很少或没有措施
1	有一些措施
2	大量措施

第四部分:营销战略导向

	J. 正规营销计划的策划情况?
0	很少或没有正规营销计划的策划情况
1	制订年度营销计划
2	构建详细的营销目标体系,并不断修正
	K. 现有营销战略的质量如何?
0	现有战略不明确
1	现有战略明确,但只代表传统战略
2	现有战略明确,富有创新性,根据充足,合情合理
	L. 有关意外事件的考虑和计划做得如何?
0	很少或不考虑意外事件

1	有一定考虑，但没有正式的应急计划。	
2	重视对意外事件的辨认，并制订应急计划。	
第五部分：营销效率		
	M. 在传播和贯彻企业决策层的营销思想方面做得如何？	
0	很差	
1	一般	
2	很成功	
	N. 是否有效利用了各种营销资源？	
0	没有。相对于所要完成的工作而言，营销资源是不足的	
1	做了一些。营销资源足够，但没有得到充分的利用	
2	是的。对充分的营销资源进行了有效的部署	
	O. 是否具有对环境变化迅速有力的反应能力？	
0	没有。营销信息不及时，企业反应迟钝	
1	有一点。一般能获得现实的营销信息，相关部门的反应快慢不一	
2	是的。企业有科学的营销信息系统，并能及时做出反应	

（注：这一量表这样使用，对每个问题选定一个答案，然后把各题的得分（备选答案前的数字）加起来，总分应该在 0 分到 30 分之间。下列得分分别表示不同水平的营销效益："0～5"="无"；"6～10"="差"；"11～15"="普通"；"16～20"="良"；"21～25"="很好"；"26－30"="优秀"。）

（2）营销审计

一般而言，普通的美国企业五年内会流失其半数的顾客，四年内流失其半数的员工，甚至不到一年的时间流失其半数的投资者。很明显，这意味着企业存在一些弱点。当发现弱点时，企业应当进行全面的检查，即营销审计。营销审计是指对公司业务单元的营销环境、目标、战略和活动进行全面的、系统的、独立的、周期性的检测，旨在确定公司的问题和机遇所在，并据此推行一系列行动方案来提高公司的营销绩效。营销审计的特征和内容如图 11－17 和表 11－4 所示。

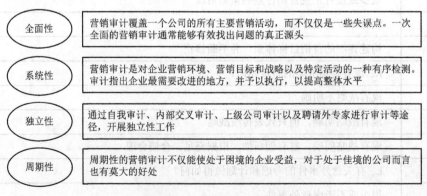

图 11－17　营销审计的特征

表 11-4 营销审计的内容

营销环境审计	审计要求分析主要宏观环境因素和企业微观环境（市场、顾客、竞争者、分销商、供应商和辅助机构）中关键部分的趋势
营销战略审计	主要检查企业的营销目标及营销战略，评价它们对企业当前的和预测的营销环境的适应程度
营销组织审计	要求具体评价营销组织在执行对预期的营销环境所必要的战略方面应具备的能力
营销制度审计	检查企业的分析、计划和控制系统的质量
营销效率审计	主要检查各营销实体的盈利率和不同营销活动的成本效益
营销功能审计	审计包括对营销组合的主要构成要素，即产品、价格、分销渠道、销售人员、广告、促销和公共宣传的评价

案例启迪

科诺公司的营销控制

武汉科诺公司是由武汉东湖高新集团、武汉东湖高新农业生物工程有限公司和湖北省植保总站共同组建的一家高科技企业，主要从事生物农药及其他高效、低毒、无公害农药的研发、生产、销售和推广。科诺公司共有员工 1 033 名，其中有 601 名销售人员，这些销售人员直接分布在全国各市场片区。这充分体现出营销工作在科诺公司的重心地位，同时也反映出营销工作的成败直接影响了科诺公司的生存和发展。

科诺公司的营销管理工作主要有以下几个特点：公司正处于生命周期的引入期，开拓市场、销售额最大化是公司的首要目标；公司的主要产品是生物农药，属于有形产品，销售业绩目标的可量化程度较高；销售区域分布广，销售过程透明度不高，公司总部对各片区销售人员行为的可控性较低，因此销售人员有可能"粉饰"销售业绩，并牺牲公司长期发展而获取个人短期利益；生物农药产品直接面对的是农村市场，销售人员主要是与农民消费者打交道，大多数销售人员是在当地市场直接招募的，因此综合素质不高。

因此，公司在市场部设置了督办部，设计了一种"双回路"的营销控制模式，并且这种营销控制模式对公司早期的快速成长以及规范销售人员的行为发挥了重要的作用。"双回路"营销控制模式主要是强调工作计划与督办落实两条腿走路，一方面要求销售人员做出详细的工作计划，包括具体的销售业绩目标，另一方面派出督办人员不定期地到市场一线去检查工作计划的完成情况，并及时反馈检查的结果。督办人员的工作目的不是"挑刺"，找出销售人员工作中的不规范行，而是帮助销售人员解决工作中的困难，及时"纠偏"，从而顺利完成销售目标。

科诺公司的这种营销控制模式实际上是将结果控制、过程控制以及他人控制等几种类型的营销控制有机地结合起来了，而且在每种类型的营销控制中设计和运用的具体方法和流程之间也是相互联系、相互支撑的。因此该种整合的营销控制模式较好地弥补了单个控制模式的不足之处，并使其发挥了"1+1>2"的作用。

第四节 营销绩效评价

市场营销绩效评价是营销管理的重要内容。科学的营销绩效评价，包括了消费者认知与行为、与竞争者相比较和营销创新等方面的内容和指标，能够全方位地反映企业对消费者需求的满足程度、竞争地位和市场发展潜力等，为企业制定、调整市场营销战略与策略提供必不可少的决策依据，因而对于提高企业的营销管理水平、增强市场适应与竞争能力具有重要意义。

4.1 营销绩效评价的含义与特点

（1）营销绩效评价的含义

营销绩效评价是对市场运作中的营销方案的质量的判断。从市场导向的现代营销理念出发，一个企业的市场营销绩效就是在满足顾客需求和保持顾客方面，与竞争对手相比的效力和效率。营销绩效评价就是对这种效力和效率进行度量。效力是指对顾客需求的满足程度；效率指的是从经济意义上的测量，在达到既定顾客满意度的前提下，企业如何对其资源进行使用。营销绩效评价的目的，应该是反映企业的市场健康状况，以便为企业营销战略决策提供依据。

（2）营销绩效评价的特点

营销本身具有的与市场相关联的边界性等特征，与企业其他方面的职能相比有很大的不同，因此市场营销绩效评价具有以下几个显著的特征。

① 以外部顾客关系为主线进行评价。市场营销深受多种外部环境因素的影响。其中最主要的影响者，就是企业产品或服务的最终使用者和渠道成员（又称之为直接顾客），这就使营销运作过程及其绩效评价复杂化。这些外部因素是不可控制的，但又是营销绩效评价的主体内容，引入顾客方面的评价，可以说是营销绩效评价的一个主要特征，也是营销绩效评价所面临的最大挑战之一。

② 注重非财务性指标评价。营销绩效评价作为企业经营业绩评价的一部分，开始重视非财务绩效方面的评价。在传统的企业业绩评价中，忽略了许多反映企业无形资产的重要因素，如品牌影响力、顾客忠诚度和满意度等。从长远观点来看，这些非财务指标比直接财务指标能更好地反映企业的成就和发展潜力。成功的市场营销活动对企业的贡献主要是在市场上创造良好的声誉，这种声誉具体体现在顾客的认可、行为偏好和品牌忠诚等方面，是企业无形资产的重要组成部分。

③ 竞争相对性评价。顾客的满意程度、产品质量的水平、市场占有率的高低等，总是相对于一定市场范围的竞争者来说的，只有通过这种比较，才能进行科学的营销绩效评价，才能客观地反映企业的实际市场地位与为顾客提供的价值。更为重要的是，根据这种比较，企业可以及时发现自己所处市场的优势、弱势和问题等，及时进行市场营销战略和策略等方面的调整，有针对性地提高企业的市场竞争力。

④ 属于过程性评价。如果说现代企业营销的任务是建立良好的企业顾客关系，那么从投资经济收益的角度来看，营销活动的结果大多不是带来直接的经济效益。但是，任何时期的

销售额和利润都得益于前一个时期的市场营销活动,从这个意义上说,营销评价具有"过程"或"滞后"性特征,即相对于企业财务绩效评价来说,大部分营销绩效评价指标都属于过程性指标。

知识拓展

传统财务指标考核的局限性

很长时间以来,欧美企业都在用单一的财务指标考核企业绩效。传统的财务指标考核存在局限性,主要表现在以下四个方面:

① 无法评估未来的绩效表现,财务指标无法评估未来的绩效表现,企业管理强调事前、事中和事后的控制。使用单一的财务指标考核企业绩效,集团总裁最后看到的只是公司的财务数据,是既成的事实,而忽视了企业事前、事中的一些指标,容易迷失对未来的发展方向。

② 忽视企业长期利益。单一的财务指标评价体系会导致经理人关注短期财务行为,忽视企业长期利益。

③ 忽视企业整体竞争力。如果企业高层仅仅关注财务指标,可能会导致企业整体竞争力的下降。虚假的财务指标的增长,背后掩盖的可能是企业整体竞争力的下降、品牌知名度降低、客户满意度下降和产品退货率升高等。如果这些潜在的危机得不到及时解决,最终就会造成企业整体财务指标的下降。

④ 无法全面反映整体的组织绩效。单一的财务指标考核无法全面和整体地反映组织绩效,因为短期财务指标的获取可能以牺牲企业战略利益为代价。

4.2 营销绩效评价的维度与指标

在营销绩效评价从财务评价转向以外部的、非财务为主的多维评价的过程中,评价的重点集中到顾客和与竞争者比较两个方面,并逐渐成为营销绩效评价指标结构中的主体内容。营销绩效评价的维度包括顾客、竞争者、营销创新和财务绩效等。

(1) 顾客维度的评价

进行顾客维度的评价不仅可以切实反映营销活动的市场成功程度,更为重要的是,通过顾客方面的评价,分析顾客认知和行为的变动趋势,可以发挥评价的导向和决策支持作用,引导整个企业关注顾客需求,为企业制定和调整营销战略与策略提供客观依据。顾客维度的评价分为顾客认知、顾客行为和中间商顾客认知与行为方面的评价。

① 顾客认知评价。顾客认知是指企业营销投入(包括产品、服务和促销等)对顾客感觉、态度和产品知识等方面的影响程度。顾客对企业品牌与产品的认知或态度,对其今后的消费行为和相关群体中成员的购买决策都有着直接的影响,因而是反映企业的市场竞争优势和长期发展潜力的重要标志。

有效的营销活动能够提高顾客的认知,随着顾客对一个品牌认知强度的提高,这种认知转化为顾客忠诚和购买行为,使他们乐于以溢价价格购买这种品牌的产品,或更容易接受这个品牌的新产品。在这个意义上说,每一个时期的销售业绩都受益于以往营销提高顾客认知的投入与成效。因此,顾客认知应该构成营销绩效评价的主体内容。通过不断跟踪、报告顾客认知的强度,不但可以切实反映营销的绩效,而且可以根据顾客认知变化进行及时反应,不断提高营销的效力和效率。由于这种认知存在于顾客的头脑中,是营销投入与顾客购买行为的中间状态,因而在传统的营销绩效评价中往往被忽视。实际上,在销售额、市场占有率和忠诚度这些指标的背后,顾客认知程度扮演着十分重要的角色。

② 顾客行为评价。顾客行为体现在他们如何选择、购买和使用产品等各个方面。顾客的选择和购买行为深受其所处的社会文化等环境、个人特征等多种因素的影响,同时,也是对企业营销策略的反应。一方面,由于顾客行为与销售额等财务绩效直接联系,顾客的选择、购买和使用情况直接体现企业目标实现的程度。另一方面,通过跟踪顾客数量、忠诚度和消费产品的反馈等顾客行为,可以较为客观地反映企业营销投入和相应措施的有效性,包括特殊促销引起的购买行为或吸引的新顾客数量等。

顾客行为评价的具体指标如表11-5所示。

表11-5 顾客维度评价指标体系

顾客认知方面的评价指标	顾客行为的具体评价指标	中间商顾客方面的评价指标
知名度	顾客总量	每个合同的成本
显著性(品牌强度)	新顾客数	分销渠道可获性
认可质量	顾客忠诚度	产品的货架占有量
顾客满意度	促销反应	在商店里的特殊促销活动
品牌与顾客的关联度	顾客转换率	存货周转率
品牌提及率	价格敏感度	脱销
感觉差异	人均消费量	准时交货
购买意图	目标市场拟合度	中间商顾客满意度
顾客的产品知识等	顾客投诉等	中间商顾客投诉等

案例启迪

失败的考核制度

江苏省一家科研院请某大学教授设计了"德能勤绩廉+360度考核"来评价绩效,即上级评价下级,下级反过来评价上级,平级之间互评,最后自己为自己评分。起初,科研院院长对该评价体系充满信心,但接下来的事情却出乎他所料:在季度绩效考核时,每一个人的考核分数出奇地保持一致,围绕着95分、94.5分、95.5分徘徊。院长十分疑惑,于是请教设计该考核体系的教授。

教授向院长提出了一个术语:"强迫分步",每一次考核必须分出上、中、下三个标准。院长很高兴,认为问题可以得到圆满解决了。但是在今后的几次考核中,院长发现,上、中、下三个标准由各个部门轮流坐庄,综合衡量所有的部门仍然处于一样的等级,没有高低之分。

某地卫生局在对该地区医院进行考核时,也采用"德能勤绩廉+360度考核"评价体系。第一年实行记名投票,统计结果时,卫生局领导发现院长和副院长等一些院领导人都是满分。

卫生局调整政策，实行匿名投票，结果很多院长，包括一些全国知名的医学专家，得到的评价都是"业绩差、能力差、思想品德差"。

在以上案例中，科研院和卫生局用"德能勤绩廉+360度考核"评价体系作为绩效考核指标皆以失败告终，正是因为此类考核体系主观性强、标准不明朗。下属为了不得罪上级和同事，只得采取明哲保身的方式，给所有的人都打高分，而一旦实行匿名制，一些严格要求下属的上级或才华横溢的员工就可能受到恶意攻击。

③ 中间商顾客评价。中间商顾客是指那些购买产品和服务为了转卖而获取利润的个人或组织采购者。由于中间商是通过买卖差价赚取利润，这就决定了他们往往是大批量采购，依靠多购多销取得更多利润，他们的满意程度和购买行为对于企业的产品和服务的销售来说关系重大。所以，有些企业往往把中间商作为最主要的顾客，虽然他们不是产品和服务的最终使用者。特别是对于生产个人消费品的企业来说，中间商在很大程度上决定了企业的销售情况，从而直接影响企业的财务业绩和市场业绩。因此，关于中间商顾客的评价逐渐成为顾客评价的一个重要内容。

（2）竞争者维度的评价

相对于竞争者的评价能够直接衡量企业营销目标实现的程度，具体反映企业在市场竞争中所处的地位，为营销决策提供重要依据。其中，最重要的评价指标就是市场占有率，它反映了企业产品在市场竞争中所处的地位和控制能力。较高的市场占有率能使企业获得在市场上的价格决定权和主导权，增强对销售渠道的发言权，成为行业的领导者。市场占有率是表现企业增长潜力和对市场购买力的渗透度的指标，有利于树立企业在市场上的良好形象，以及与国际企业的合作和海外投资等，如表 11-6 所示。

表 11-6 竞争者、营销创新和财务维度评价指标

竞争者维度	营销创新维度	财务绩效维度
市场占有率（数量/金额） 相对价格 相对的消费者满意度 相对顾客忠诚度 相对认可的质量 市场声音比率 市场渗透力等	新产品/服务成功率 顾客对新产品的满意度 新产品的数量/在周期中的新产品 新产品的销售额 新产品的利润 新产品的开发速度等	销售额（量） 毛利 折扣率 新顾客的利润 获得新顾客的成本 市场营销费用 利润/盈利能力 销售利润率等

（3）营销创新维度的评价

营销创新是企业寻求差异化、期望超越竞争对手的关键手段，创新还是企业适应环境变化的重要保证，因而成为衡量企业市场成功程度的重要标准。由于市场环境的不断变化，市场适应能力和创新能力是现代企业成功的关键所在。因此，进行营销创新方面的评价是十分必要的。结合营销职能的特点，创新评价主要是围绕新的产品和服务，其中既有与顾客相关的非财务指标，也有一些新的财务类指标。

(4) 财务绩效维度的评价

财务绩效维度的评价是表征企业营销经济效益的重要维度。财务绩效维度的评价在早期是营销绩效评价的主要内容，近年来，在引入非财务评价的同时，财务绩效维度的评价仍然是企业界十分重视和采用率较高的内容。其原因在于，财务绩效维度的评价可以直接反映企业的营销绩效在财务上是否达到了预期；进一步来看，与非财务类指标相比，财务类指标易于定量化描述，指标比较直观、容易理解，财务数据的获取也相对比较容易。

营销新视野

平衡记分卡的四个维度

平衡记分卡以企业战略为导向，通过财务、客户、内部流程和学习与增长四个方面及其业绩指标的因果关系，全面管理和评价企业综合业绩，是企业愿景和战略的具体体现。它是一个绩效评价系统，也是一个有效的战略管理系统。

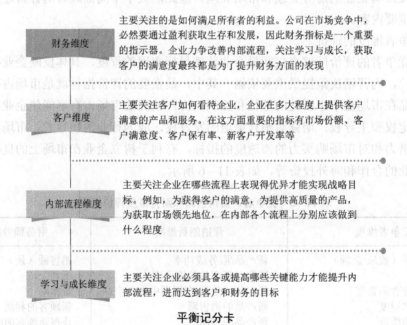

平衡记分卡

在反映企业市场成功程度方面，财务绩效方面的评价具有很大的局限性。首先，财务绩效方面的评价不能报告企业在市场上创立无形资产的情况，包括顾客满意度、争取的新顾客数量和认可质量等，也难以描述企业在市场上的竞争优势，而这正是营销功能对企业的主要贡献。此外，财务评价将企业的营销活动过程视为"黑箱"，仅以结果来推测营销绩效，难以反映营销过程，无法根据评价揭示是哪些营销行为导致的不同财务结果；财务评价业绩的记录是对公司过去决策执行结果的总结，不能很好地预测公司的未来和反映出企业在未来的营销发展状况。从可持续发展的观点来看，仅仅依靠财务方面的评价，容易导致企业管理者只注重短期经济效益，会扼制营销活动为企业创造长期价值的过程，使具有未来增值能力的因素得不到必要的重视，忽视对长远发展的投资，特别是对未来增长有重要意义的无形资产的投资。

图 示 小 结

营销计划

企业根据总体战略规划要求，制订营销计划。

营销计划有总体计划和项目计划、长期计划和短期计划等。内容包括：概要、现状分析、机会与威胁分析、目标、营销战略、行动方案、预计损益表、营销控制等。

计划制订要考虑可能遇到的问题，实施过程中要制定行动方案、建立组织结构、设计决策和报酬制度、开发人力资源、建设企业文化等。

营销组织

通过一定的营销组织实施计划。

营销组织是企业内部涉及营销活动的各项职位安排、组合及组合模式。其形式经过了一个演变的过程。现代企业营销组织形式主要有职能型、地区型、产品/品牌管理型、市场管理型、事业部制等类型。

设计营销组织要注意分析外部市场特点、企业的营销战略与策略、营销组织的现状及管理流程等。

营销控制

在计划实施过程中，要监督计划实施情况，诊断问题症结，采取适当措施。

营销控制是对营销计划执行的过程和结果进行监控。

年度计划控制可分析销售差异、市场份额及费用率等。

盈利能力控制指标有销售利润率、资产收效率、净资产收益率、资产管理效率、存货周转率等。

效率控制包括对销售人员、广告、营业推广以及分销效率的控制。

营销效益等级评定和营销审计是战略控制的基本办法。

营销绩效评价

对营销计划实施的质量和效果要按照一定标准进行评价。

营销绩效评价是对营销方案质量的判断。

现代营销绩效评价以外部顾客为主线，注重非财务性指标、竞争的相对性及过程性评价。

顾客认知和行为是顾客维度的基本评价指标，还包括中间商顾客、竞争者、营销创新、财务绩效等评价维度。

复习思考题

1. 营销计划有哪些主要类型？一个完整的营销计划应该包括哪些内容？
2. 营销组织的演变过程是怎样的？现代营销组织有哪几种基本形式？
3. 什么是年度计划控制？有哪些分析方法？

4. 什么是盈利率控制？有哪些指标？
5. 什么是效率控制？有哪些指标？
6. 什么是战略控制？有哪些分析方法？
7. 营销绩效评价的特征是什么？营销绩效评价的维度有哪些？
8. 营销绩效评价的指标包括哪些？

营销体验

1. 小组辩论：营销管理是科学还是艺术？

一些人认为，营销在很大程度上是一门艺术，不需要进行严格的分析和缜密的思考；而另有一些人则持反对意见，主张营销管理和其他经营学科一样，是一门严谨的学科。

正方观点：营销管理是一门艺术。

反方观点：营销管理是一门科学。

2. 小组讨论：A 公司应该如何进行营销绩效的评价？

A 公司是一家生产儿童饮品的企业，经过 5 年的发展，销售额已经超过 1 亿元。公司拟对目前的营销绩效进行一次全面评价。请你针对 A 公司营销绩效评价指标提出建议。

案例讨论

一家狗粮公司的营销故事

中国一家狗粮公司正在拓展全国市场，公司经理派刚刚入职的小王到外省的一个二线城市去了解市场。小王到该城市后发回一封短信："这里的人不养狗，没有市场。建议公司放弃这个市场。"

于是经理又派出第二个营销人员——小张。小张在到达那里一个星期后发回了一封短信："这里的人不养狗，但是我们可以让他们养狗，把我们的狗粮卖给他们。"

公司对结果不满意，又派出了第三个人——老周。两个星期后，他发回一封电子邮件："这里很多人养狗，市场巨大。只是人们偷偷地进行，效益不理想。"

公司又派出了第四个营销专家——老李，试图摆脱困境。他到这个城市两个月，为政府提供了一份养狗的利弊分析报告，以及各城市对养狗的规定，政府终于解除了养狗的限令。他发回一封邮件："在居民的呼吁下，政府将很快废止禁止养狗的条例，这样会使这里养狗的居民大大增加。建议公司做好大规模的市场推广活动。"

遗憾的是，狗粮在这里仍然销售不畅。于是公司开会分析原因。

经理：谁的狗粮最有营养？

员工：我们的。

经理：谁的宣传战打得最漂亮？

员工：我们的。

经理：谁的销售力量最强大？

员工：我们的。

经理：那我们的狗粮为什么卖不出去？

经过一段时间的沉默之后，一个员工回答："因为狗不喜欢吃我们的狗粮。"

随后，公司进行了消费者（狗）的调查，开发出狗喜欢吃的食品。新的狗粮推向市场后，销售仍不理想。公司再次开会分析原因。

经理：狗最喜欢吃谁的狗粮？
员工：应该是我们的。
经理：谁的宣传战打得最漂亮？
员工：我们的。
经理：谁的销售力量最强大？
员工：我们的。
经理：那我们的狗粮为什么卖不出去？
经过一段时间的沉默之后，一个员工回答："因为狗主人不喜欢买我们的狗粮。"
经理：为什么狗主人不买我们的狗粮？
全场鸦雀无声。这不是一下子就能回答的问题。
公司经理决定，不能这样一事一议了，需要好好规划设计一下，从下一年度开始，拟订一份可行的营销计划。

讨论题：

（1）这家公司的产品营销存在的问题是什么？
（2）公司下一年度的营销计划应该包括哪些具体内容？你的具体建议是什么？
（3）为公司拟订一份年度营销计划书。

第十二章
全球市场营销

学习目标

◎ 了解全球性经济活动和全球市场的特点；
◎ 理解全球营销环境的要素及其特点；
◎ 掌握进入全球市场的主要方式及其特点；
◎ 掌握全球营销组合策略；
◎ 熟悉全球性营销组织的类型及特点。

关键术语

◎ 全球性企业（Global Firm）
◎ 全球营销（Global Marketing）
◎ 国际贸易（International Trade）
◎ 直接出口（Direct Export）
◎ 间接出口（Indirect Export）
◎ 合资企业（Joint Venture）
◎ 合同生产（Contract Production）
◎ 许可经营（Licensing）
◎ 直接投资（Direct Investment）
◎ 全球营销组合（Global Marketing Mix）
◎ 国际分支机构（International Affiliates）
◎ 区域管理中心（Regional Centre of Management）
◎ 全球性组织（Global Organization）

第十二章 全球市场营销

知识结构

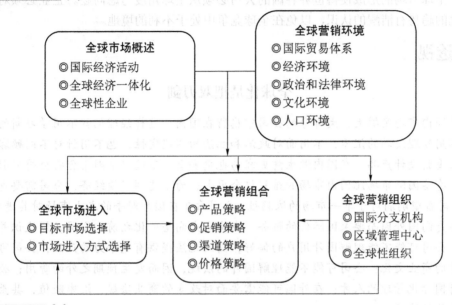

先思后学

耐克的全球营销

耐克公司创立初期,公司领导人就做出了一个正确的决策,那就是全球营销。那时候他们认为一双鞋子不过收益几美分,但是如果全球营销的话,那么收益就会大得惊人,可以达到几百美分。1982年,耐克的营销出现了下滑,他们开始增加产品的品种,以满足不同客户的需求。创业开始的时候,他们卖的是篮球鞋,由于销售额下滑,他们又开发了高尔夫专用产品,使销售额急剧上升。后来他们又增加了足球产品。耐克收购了 Cole Haan 制鞋公司、冰鞋制造商 Bauer 公司、滑板及服饰制造商 Hurley International 公司、运动鞋制造商 Converse 公司等。花 8 千万美元收购的 Cole Haan 公司,一年销售额就达到了 3 亿美元。而运动鞋制造商 Converse 公司,收购后营业额也增长了四分之一。耐克严格要求经销商,要求他们如果想取得 10%的折扣,就必须提前预订总销量的 80%,而且时间是提前 6~8 个月。耐克这么做,不是故意为难经销商,而是为了可以更好地了解订货情况,从而安排生产,避免过多的存货。正是耐克公司有效的营销策略,才使它在市场上的地位居高不下。

经过 30 多年的发展,耐克公司的全球营销获得了成功,如今我们在世界各地都能看到耐克的专卖店和穿着各种耐克服饰的人们,在各种大型体育赛事中也能看到耐克的体育用品。

本章阐述全球营销的基本原理,包括全球营销环境因素及其特点、全球市场进入方式,重点阐述全球市场的产品、价格、促销、渠道组合决策以及营销组织决策。

第一节 全球市场概述

随着科技的发展,高效的物流和全球资金流动日益快捷,跨国市场的距离和贸易时间迅速缩短。在一个国家开发的产品在其他国家同样能够受到热烈欢迎，一个全球购买的市场日新月异。全球市场的形成使得世界各国的公司必须从全球角度考虑问题。企业必须对世界经济全球化的趋势有清醒的认识，以免在全球竞争中处于不利的境地。

观点透视

全球化是把双刃剑

如果国内市场足够大，大部分的公司宁愿留在国内。这样经理们就不用学习新的语言和法规，不用处理波动的汇率，不用面对政治和立法的不确定性，也不用针对不同顾客的需求和期待来重新设计产品。在国内做生意更容易也更安全。不过以下因素会将公司吸引到国际市场上：有些国际市场比国内市场的盈利机会更大；为了达到规模经济，公司需要更大的客户群；公司希望削弱对于单一市场的依赖性；公司希望在国际对手的本土市场对其进行打击；顾客正在走向国外因而要求国际化的服务。在决定走向全球化之前，公司必须认识并评估以下风险：公司可能不能理解国外用户的偏好，因而无法提供有竞争力的产品；公司可能不能理解国外的商业文化；公司可能不能理解国外的法规，因而发生预期之外的费用；公司可能缺乏具有国际化管理的人才；在外国可能需要面对改变的商业法规、汇率贬值，甚至政变和财产被没收的情况。

1.1 国际经济活动

当一个企业在其所在国以外的市场里进行经济活动时，我们说该企业进行了国际经济活动。国际经济活动形成了国际市场，当国际市场日益扩大就形成了全球市场。国际经济活动一般包括国际贸易、国际技术转让和国际投资三个层面的活动。

（1）国际贸易

国际贸易活动是指企业在国内制造产品，在国际市场上销售产品的一种国际经济活动。根据企业涉足国际市场的程度和承担的风险大小，可以分为外贸收购、外贸代理、委托出口管理公司代理、联营出口、直接出售给国外客户、直接出售给国外中间商和在国外设办事处等多种形式。

（2）国际技术转让

国际技术转让是企业通过转让技术的方法在国外制造产品，并在当地销售或销售返回的一种国际经济活动。国际技术转让的方向总是由技术相对发达的企业向技术相对落后的企业转让。通过国际技术转让，技术先进方可以避开被转让国的关税壁垒，可以利用被转让方的资金实力；而技术落后的一方则可以获得更为先进的技术，提高自己的生产水平。因此，这种对双方均有利的经济活动在国际市场上被广泛应用。

（3）国际投资

国际投资是企业涉足全球市场更为广泛深入的一种国际经济活动的方式。它往往包括在国外设置制造企业和向国外进行金融投资等方式。在传统制造业中以投资在国外建立制造厂为主要投资方式，其中又可分为合资和独资两种方式。随着制造企业的规模不断扩大，许多大企业集团手中掌握了大批的流动资金，为了获得更多的收益，这些企业集团纷纷投入了国际金融市场寻找投资机会，通过金融市场进行国际投资活动已日益成为制造企业的另一种主要国际投资方式。

知识拓展

全球性品牌的母公司国别

既然我们提出了全球营销的问题，现在测试一下大家掌握的关于当今全球营销的知识。一些著名的公司和品牌被列在下面左边一栏中。问题是：它们的母公司在哪个国家？可能的答案选项列在右边一栏里。每个国家被选择可能不止一次。

（1）普利司通轮胎与橡胶（Firestone Tire & Rubber）　　a. 德国
（2）雷朋（Ray Ban）　　b. 法国
（3）劳斯莱斯（Rolls-Royce）　　c. 日本
（4）RCA 电子（RCA Electronics）　　d. 英国
（5）澎泉（Dr Pepper）　　e. 美国
（6）本杰里（Ben & Jerry's Homemade）　　f. 瑞士
（7）嘉宝（Gerber）　　g. 意大利
（8）米勒啤酒（Miller Beer）　　h. 瑞典
（9）罗勒布雷德（Rollerblade）
（10）当肯甜甜圈（Dunkin's Donuts）
（11）食草机（Weed Eater）
（12）假日酒店（Holiday Inn）
（13）野鸡波本（Wild Turkey Bourbon）
（14）艾迪·鲍尔（Eddie Bauer）

1.2 全球经济一体化

全球经济一体化是指世界经济活动超出了国界，使世界各国和地区之间的经济活动相互依存、相互关联，形成世界范围内的有机整体；或者说是指世界各国均参与全面的经济合作，其中任何一国经济领域的变动均会引起世界经济整体的变动。在国际经济活动不断深入，国际市场不断变化的过程中，跨国公司的影响非常大。现在世界 500 强大公司内几乎找不出一家企业是完全在国内生产、在国内销售的，几乎都是拥有遍及全球网点的超级企业。这些大公司的年销售额和年产值又都几乎可以和一个小国家，甚至一个中等国家的年国民生产总值相提并论。而这些大公司为谋求自身的发展正在进一步调整自己的经营方向和组织结构，希望把自己建设成为一个在组织内部进行国际化分工的公司。另一方面，信息技术的发展和其在经济领域的广泛应用，为世界经济一体化提供了物质技术基础。特别是互联网技术的发展，为各国企业进行全球信息沟通和操作提供了极大的方便。

观点透视

全球化不是唯一路径

美国专栏作家托马斯·弗里德曼（Thomas L. Friedman）所写的《地球是平的》一书曾经火爆一时。他相信世界已经被新技术和跨国资本碾成一块没有边界的平地，他在字里行间充满了莫名的兴奋。

对于中国企业来说，似乎还没有享受到全球化带来的快感，除了家门口迎来了巨兽般的跨国公司，同时也发现进入国际市场困难重重。并购一家著名并且亏损的国外公司，是中国公司进行全球化过程中不断重复的故事，但结果看起来似乎并不乐观。一家中国公司曾经投资德国西门子公司，以数亿美元的亏损结束了这场曾经是亚洲最大规模的收购案；TCL集团也收购了法国汤姆逊电视机业务，造成巨额净亏损。中国企业应该怎样去实现全球化？日本、韩国企业的全球化经验对中国企业有帮助吗？全球化是中国企业做强的唯一路径吗？这些庞大的问题似乎和令人着迷的全球化同样有趣。

IBM中国商业研究院的毕艾伦先生是位出生在美国中部的中年人，除了能说一口流利的普通话外，还拥有着丰富的全球化经验。他认为，中国企业家和政府要实现全球化的心情太急切了，日本、韩国的全球化经过了二三十年的时间。他告诫那些希望通过并购实现全球化的企业，一定要想清楚为什么要进行并购，为什么要跟某一家企业并购，并购以后两个公司如何整合。他也嘲笑那些盲目全球化的中国企业，他说曾经有一个企业家告诉他，之所以要进行全球化，是因为在国内的项目失败了。他的观点是"这样不好"。毕艾伦认为，全球化并不是唯一目的，美国有很多公司在进行全球化运作，更多的公司并没有全球化。

1.3 全球性企业

经济全球化的发展趋势同样为全球企业的诞生创造了条件。跨国企业为了实现在全球范围内资源的最佳配置，对自身进行了改造，并逐渐面向以全球为市场、以全球为生产基地的全球企业转变。全球企业是一种新型的，打破国与国界线的联合企业。它要求领导层国际化，领导成员和经理人员可以由不同国家的人员担任。虽然我们说全球企业是在跨国企业的基础上发展起来的，但它与跨国企业有很大的区别。

（1）研发中心全球化

跨国企业的经营特点是把整条生产线或一部分工序转移到拥有大量非熟练劳动力的低工资地区，以避开关税壁垒进入当地市场。而企业的设计、科研以及技术密集部分等关键部门仍留在本土。这样海外子公司不过是总公司的延伸和附属品，有义务将产品和利润上缴总公司。而全球企业在注册所在国开办的合营企业，多数会把科研部门和实验室搬入当地，与当地的合营企业共享科技成果，以利于提高生产效率和产品质量。

（2）范围经济性的实现

在一般的企业中，经常会谈到规模的经济性和学习的经济性。规模的经济性是指随着企业产品产量增加而使生产成本降低所带来的经济效益。学习的经济性则是指企业通过组织高效的、连续的生产经营活动，积累生产和销售经验，使企业降低生产和销售成本而带来的经济效益。范围经济是指当一个企业从只生产一种产品转而生产多种产品，扩大所生产产品的种类范围，总生产成本下降的经济现象。也就是说，总成本低于多个企业分别生产各种产品。

（3）强强联手的战略

全球企业在清晰认识到现有市场只容共享、不容垄断的现实后，还积极地以多国合营企业的新面貌出现在全球市场上，以增强企业的竞争力。特别是与互相竞争的制造企业进行联合的行动，跨国企业是难以做到的。

案例启迪

大众征服世界

当费迪南·皮耶希（Ferdinand Pich）1993年成为大众总裁时，公司状况非常糟糕。不仅费用超支、人员过剩、效率低下，而且失去了质量口碑。现在的情况已完全改观：2011年大众集团的利润增长了一倍多，创下189亿欧元（238亿美元）的历史纪录。在欧洲其他汽车大厂关厂裁员的同时，大众正在欧洲扩大市场份额、在中国蓬勃发展，而且准备重返美洲。2016年以前，该公司准备拿出760亿欧元投资新车型和新工厂。它的全球员工目前超过50万人，而且还在继续增加。

皮耶希先生花了多年时间去整合大众所属的半独立小品牌、掌控全球工厂帝国，他现在是大众监事会主席，但大权仍牢牢在握。他对执行官的任免一向冷酷无情：不久前倪凯铭（Karl-Thomas Neumann）才被免去中国大众总裁职务，原因据推测是业绩不佳，尽管大众在中国的利润丰厚。此前曾有传言称，倪凯铭会是接替首席执行官马丁·文德恩（Martin Winterkorn）的可能人选。

皮耶希先生是费迪南·保时捷（Ferdinand Porsche）的外孙。费迪南·保时捷1934年响应希特勒号召创建了大众汽车，"一个便宜的、属于人民的汽车品牌"。皮耶希-保时捷家族同时掌控着大众和保时捷两个品牌。跑车生产商保时捷目前正在并入大众，此前保时捷曾雄心勃勃地试图对大众进行杠杆收购，但未能成功，反遭吞并。大众同意支付44.6亿欧元购买保时捷剩余的50.1%股份。

大众目前还在收购名贵摩托车品牌杜卡迪（Ducati），并将卡车制造商MAN和斯堪尼亚（Scania）并入其商用汽车部分。不过大众并未满足于此。它早就觊觎菲亚特的高档车品牌阿尔法罗密欧（Alfa Romeo）；而且据传还盯上了美国货车制造商那威斯达（Navistar）。有说法称大众集团的规模已经大到难以管理，但文德恩先生对此予以了否认。

原本皮耶希先生为大众制订的计划是到2018年成为世界上产量最高的汽车生产商。然而，由于丰田的滑坡和通用汽车在欧洲失利，大众汽车提前7年就完成了目标。

大众2011年生产的850万辆汽车涵盖各个档次：针对普通民众的大众、斯柯达和西雅特；高级轿车奥迪；跑车保时捷、布加迪和兰博基尼；豪华车宾利；外加多个商务轿车品牌。其中大部分（西雅特除外）都在开足马力全速前进。汽车咨询公司IHS Automotive认为，大众可以轻易在2018年以前完成1100万辆汽车的销售目标。

激烈的竞争和研发替代燃料汽车的政策压力迫使其他汽车生产商通过结盟以分担成本。丰田和宝马在低碳技术方面进行合作；通用在欧洲的分支品牌欧宝与雪铁龙携手制造小型汽车；戴姆勒倾向和雷诺、日产组成三角联盟；菲亚特和克莱斯勒的老板塞尔吉奥·马尔基翁（Sergio Marchionne）建议将几个欧洲汽车制造商合并，创建"另一个大众汽车"。

在降低生产汽车所需的普通"平台"数量方面，大众汽车优于竞争对手。这让它在提供多样化品牌和车型的同时能够大幅缩减生产成本。下一步是即将推出多样化平台，这一代号MQB的平台将支持大众高尔夫、奥迪A3、斯柯达欧雅以及西雅特Leon的生产，包括所有型号。

全球性企业是将整个世界视为单一的市场，使产品的设计、功能或款式均保持适应性，并在这些产品的价格、质量和交货等方面最佳组合的基础上展开竞争。但在进行具体的全球性营销时，会遭遇到许多国内营销没有或较少碰到的问题和风险。诸如不同的语言、风俗习惯；不同的计量单位；不同的贸易方式、支付方式；不同的法律；利率变化，汇率变化，政治风险等。由于这些变化的存在，使得全球营销比国内营销和通常所说的国际营销更为复杂，这也迫使企业不断改变经营观念，树立全球营销观念。

营销新视野

全球营销观念的形成

哈佛大学 Perl Mutter 教授认为全球营销观念的形成经历了四个阶段，分别是：① 本国中心主义（Ethnocentrism）；② 多元中心主义（Polycentrism）；③ 区域中心主义（Regiocentrism）；④ 全球中心主义（Geocentrism），也即是所谓的 EPRG 模式。

- 本国中心主义：由本国提供管理人员、技术，控制权高度集中在国内，经营中盈利性第一。
- 多元中心主义：管理分散化，子公司或分公司适应当地环境，经营中合法性第一。
- 区域中心主义：按地区配置资源，地区内有纵、横向沟通，管理既集中又分散，经营中兼顾盈利性与合法性。
- 全球中心主义：全球范围内配置资源，全球范围内沟通协调。管理集中与分散并存，盈利性与合法性并重。

企业经营观念的变化是随着企业国际化经验的积累、全球竞争态势的变化而发生变化的。在当今全球竞争的新形势下，特别是新技术的发展，把世界市场连为一体，对货物、服务、资本、企业等的壁垒逐渐解除，生产要素的流动越来越全球化，企业在战略、制度、生产、管理、营销、投资等方面发生了巨大的变化，加剧了企业之间在全球范围内对资源、技术、市场、人才、资金等诸要素的竞争。各国企业现在不得不面对一个以全球化为特征的新的市场环境和经营环境，树立全球营销的战略思想，加入到全球竞争的行列中。企业在确立了全球竞争的战略之后，需要进一步考虑全球营销的策略问题。本地化趋势和合作竞争是当前许多企业采用的全球营销方式。

第二节 全球营销环境

企业的营销活动从国内扩展到国际市场、全球市场，其基本功能和原则并未发生本质的变化，企业可控制的基本因素也未发生变化。关键的变化在于由不可控因素组成的外部营销环境发生了变化，这种变化导致全球营销更加复杂化。因此，企业在进行全球营销之前，必须清楚地了解它们所面临的全球营销环境。

2.1 国际贸易体系

（1）世界贸易组织

国际贸易由进口贸易和出口贸易两部分组成，有时也称为进出口贸易。从一个国家的角度看，国际贸易就是对外贸易。世贸组织的前身是关税与贸易总协定，是 1947 年 10 月 30 日在日内瓦签订，并于 1948 年 1 月 1 日开始临时适用，是全球性的，独立于联合国的永久性国际组织。世贸组织（WTO）与国际货币基金组织（IMF）、世界银行（WB）一起被称为世界经济发展的三大支柱。

知识拓展

世界贸易组织

世贸组织全称是世界贸易组织（World Trade Organization，WTO），目前拥有159个成员，成员间贸易总额达到全球的97%，有"经济联合国"之称。由于工作连续性的需要，作为国际组织的关税与贸易总协定于1995年与世界贸易组织共存一年，以完成过渡期的工作。关税与贸易总协定有两重含义：第一重含义是指一个旨在推行国际自由贸易的临时国际组织；第二重含义是指一部由各缔约方签署并实施的、旨在实现国际贸易自由化的国际条约性质的法律文件。世界贸易组织的诞生，只是在关税与贸易总协定的第一重意义上，取代了关税与贸易总协定。而第二重意义上的关税与贸易总协定，不仅没有、也不可能由世界贸易组织所取代，而且它事实上已经构成世界贸易组织法律制度的基础和核心部分。世界贸易组织成员更具广泛性。世贸组织成员分为四类：发达成员、发展中成员、转轨经济体成员和最不发达成员。2006年11月7日，世界贸易组织总理事会在日内瓦召开特别会议，正式宣布接纳越南成为该组织第150个成员。2012年10月26日在瑞士日内瓦召开的总理事会会议上正式批准老挝成为其第158个成员。2012年12月10日在瑞士日内瓦召开的总理事会非正式会议上通过塔吉克斯坦加入世界贸易组织的一揽子文件，批准塔吉克斯坦的成员资格。根据世贸组织规则，塔吉克斯坦立法机构应于2013年6月7日前批准相关协议，这一国内程序完成30天后，塔吉克斯坦正式成为世贸组织的第159位成员。

（2）自由贸易区

自由贸易区不是指在国内某个城市划出一块土地，建立起的类似于出口加工区、保税区的实行特殊经贸政策的园区，而是指两个或两个以上国家或地区通过签署协定，在WTO最惠国待遇基础上，相互进一步开放市场，分阶段取消绝大部分货物的关税和非关税壁垒，在服务业领域改善市场准入条件，实现贸易和投资的自由化。自由贸易区内允许外国船舶自由进出，外国货物免税进口，取消对进口货物的配额管制。另外，自由贸易区也是自由港的进一步延伸，是一个国家对外开放的一种特殊的功能区域。

营销新视野

自 由 港

自由港（Free Port）又称自由口岸、对外贸易区，是指全部或绝大多数外国商品可以免税进出的港口，划在一国的关税国境（即"关境"）以外。这种港口划在一国关境之外，外国商品进出港口时除免交关税外,还可在港内自由改装、加工、长期储存或销售。但须遵守所在国的有关政策和法令。

自由港依贸易管制情况分为完全自由港和有限自由港。前者对所有商品进出口都实行免税,后者对少数商品征收少量关税并有某些贸易限制。自由港主要从事转口贸易。有些自由港与非自由港区域划分明显,但有些划分不明显。一些不处于港口地区的自由贸易区,除转口贸易外,还从事加工、旅游、服务等行业。开辟自由港可以扩大转口贸易,并从中获得各种贸易费用,扩大外汇收入。最早的自由港出现于欧洲,13世纪法国已开辟马赛港为自由贸易区。1547年,意大利正式将热那亚湾的里南那港定名为世界上第一个自由港。其后,为了扩大对外的国际贸易,一些欧洲国家便陆续将一些港口城市开辟为自由港。目前,为了适应全球的贸易活动与经济发展,自由港的数量已上升至130多个。自由港与保税区相似,其不同在于贸易优惠措施空间范围上。

自由港对一个地区甚至一个国家外向型经济的发展起到重要的作用,从一般意义上讲,主要包括以下几个方面:一是提高港口对船东、货主的吸引力,扩大港口吞吐量,大大提高港口的中转功能。二是自由港的发展会促进港口向综合性、多功能方向发展,使港口成为外向型经济中心。同时,促进港口所在地区外向型经济的发展。三是最大限度地适应国际贸易灵活性的要求,提高贸易中各方的经济效益。四是促进自由港及毗邻地区的就业和第三产业的繁荣等。

自由贸易区除了具有自由港的大部分特点外,还可以吸引外资设厂,发展出口加工企业,允许和鼓励外资设立大的商业企业、金融机构等促进区内经济综合、全面地发展。自由贸易区的局限在于,它会导致商品流向的扭曲和避税。如果没有其他措施作为补充,第三国很可能将货物先运进一体化组织中实行较低关税或贸易壁垒的成员国,然后再将货物转运到实行高贸易壁垒的成员国。为了避免出现这种商品流向的扭曲,自由贸易区组织均制定"原产地原则",规定只有自由贸易区成员国的"原产地产品"才享受成员国之间给予的自由贸易待遇。理论上,凡是制成品在成员国境内生产的价值额占到产品价值总额的50%以上时,该产品应视为原产地产品。原产地原则的含义表明了自由贸易区对非成员国的某种排他性。现实中比较典型的自由贸易区有:北美自由贸易区(NAFTA)、中日韩自由贸易区、美洲自由贸易区(FTAA,包括美洲34国)、中欧自由贸易区(CEFTA)、东盟自由贸易区(AFTA)、欧盟与墨西哥自由贸易区。

知识拓展

中国的自贸区

随着中国经济的发展,自贸区试点也在开始实施。中国自由贸易区原则上是指在没有海关监管、查禁、重加关税的"干预"下允许货物进口、制造和再出口,是政府全力打造中国经济升级版的最重要的举措。目前中国已批准设立与正在申报的自由贸易区包括:中国(上海)自由贸易试验区、广东自由贸易试验区、厦门自由贸易试验区、重庆自由贸易试验区、中国东盟自由贸易区等。2013年9月,国务院正式批准设立中国(上海)自由贸易试验区。中国(上海)自由贸易试验区,是中国自由贸易区的区域性试验区,上海自贸区的范围涵盖上海市外高桥保税区、外高桥保税物流园区、洋山保税港区和上海浦东机场综合保税区4个海关特殊监管区域，总面积为28.78平方千米。上海自由贸易区（自由贸易园区）将实施"一线逐步彻底放开、二线安全高效管住、区内货物自由流动"的创新监管服务模式。

2.2 经济环境

全球营销的开展必须研究每一个目标国的经济，一国市场的吸引力受到该国的产业结构影响。常见的四种主要的产业结构如下。

（1）自给自足型经济

自给自足型经济是封闭的农业国的典型形态，如东南亚、非洲、拉美一些国家及太平洋一些岛屿国，经济落后，发展缓慢，经济结构存在不同程度的畸形。大部分产出品都被自己消费，剩余部分用来交换一些简单的产品和服务。这些国家市场狭小、购买力有限、进出口能力差、产品在全球市场缺乏竞争力，但市场潜力大、发展前景广阔。应当注意的是，这些国家的贸易可能会受到相当大的制约。

（2）原料输出型经济

原料输出型经济以出口原料为主，其中某一种或几种原料是国民经济的基础和支柱，经济结构单一，工业比较落后，经济发展具有很大的局限性，但消费者的收入水平、购买力不一定低。比如中东的经济命脉是石油，工业发展和进出口贸易主要与石油有关，这些国家的人均收入水平一直居世界前列，它们是石油开采、加工设备及零配件、交通运输设备、日用消费品和一般工业品的良好市场，当然这里也将会成为奢侈品的大好市场。

（3）工业化进程经济

工业化进程中的经济类型的国家和地区，制造业贡献了国民经济的10%~20%，比如埃及、菲律宾、印度和巴西等国。随着制造业的增长，这些国家会更多地进口纺织原料半成品、钢材和重型机械，而较少进口纺织制成品、纸制品和汽车。工业化进程通常会创造一个新兴的富有阶层和一个很小但迅速增长的中产阶级，他们都对进口新产品有需求，特别是中高档消费品的需求量大。

（4）工业化经济

工业化经济是工业制成品和资本的主要输出国。这些国家之间相互贸易，同时也出口到其他类型经济国家以换取原材料和半成品。对于所有种类的产品而言，这些国家各种不同类型的制造活动以及大规模的中产阶级都是一个极为富有的市场。比如北美、西欧、日本、澳大利亚等国，经济发达，进出口基础雄厚，购买力强，需求旺盛，大量输出工业品和资本，输入大量原材料和半成品。这类国家市场容量大、经济体系完善、消费水平高，是中高档商品的最佳市场，但相应地竞争也很激烈。

2.3 政治和法律环境

全球营销的一个关键性因素是在目标国开展业务的批准权握在该国政府手中，同时也要考虑该国的法律限制。分析目标国的政治和法律环境时，绝不能忽视这个基本点，即每一个独立国家都拥有允许或者禁止外国公司在其境内开展业务的正当权力。法律环境主要是指各国对外贸易政策和其他的政策法令对市场的左右和影响。一般政治和法律环境相关的主要因素包括以下几个方面。

(1) 政府的执政风格

对于外国公司至关重要的是要学会分析和判断现行政府是保守的还是激进的，现在的商业氛围是否有利于自由企业制度。对于这些问题的回答，可以在分析政党的执政纲领中得出。

(2) 政党体制

一个国家的政党体制可以分为四类：两党制、多党制、一党制和一党控制制。常见的两党制包括两个强大的政党，一般是由两党互相交替控制政府。两党纲领不同，它们之间的交替对外国企业的影响往往比对本国企业的影响更大。

(3) 政府政策的持续性

对于外国企业而言，目标国政府政策的稳定与否关系重大，因为这种稳定直接影响到对企业适用的各项政策的持续性。外国公司主要关心的是政策是否会突然发生剧变，从而造成不稳局势。

(4) 民族主义

席卷全球的经济民族主义浪潮是对国际贸易影响最大的政治因素。如果不能很好地处理这种因素的影响，无论其根源于工业化国家还是欠发达国家，都会对全球营销产生巨大的障碍。

观点透视

民 族 主 义

民族主义的一般性定义极为广泛，其争议遍及古今。民族主义的例子极其多样，论及民族主义不时引致极端性的情绪，使得表述并定义民族主义极为困难。一个反复发生的争议是，人们以自身地区性的经验来定义民族主义。民族主义的支持者经常担忧，因民族主义冲突所产生的负面结果、种族冲突、战争与内政上的冲突，会归结至民族主义本身，导致旁人以负面角度看待民族主义的一般性观点。他们认为经由最负面的观点看待民族主义为扭曲原意。过分强调争端，会将对一般性争论的注意力转移至民族国家的特征上来。

民族主义者的运动不一定声称自己的国家优于他国。他们或者就是主张，一个民族在容许自治的情况下，最好能够分离，即民族自决之原则。然而，这经常承受来自有不同身份认同与法统的"敌对阵营"作意识形态上的攻击。在巴以冲突中，双方皆主张对方并非真正的民族，故无权建国；沙文主义与极端爱国主义（Jingoism，主张对外实行战争政策）过分主张民族间的优越性；民族性的刻板印象极为常见，多具侮辱性。以上这些都是民族主义运动者抬头的现象，也值得注意，但不足以成为民族主义的一般性理论基础。极端类型的民族主义者几乎全然自认为本国优于他国，而最极端的民族主义甚至会寻求摧毁非我族类的文化，导致种族灭绝以及世界性的浩劫。

(5) 外汇管制

一个国家实行外汇管制的原因可能是由于该国外汇短缺，当面临外汇短缺时会限制所有资本流动，或者有选择地对那些最易受到攻击的公司资本的流动加以限制，以便保持一定数量的外汇，供应最基本的需要。

（6）进口限制

对原料、机器和零部件的进口有选择地实行限制是政府迫使设在本国的外国公司去购买本国产品，从而为本国工业开辟市场的一种最为常用的策略。

（7）税收管制

作为控制外国投资的一种手段，有时东道国政府会突然提高税率，向外国投资征收高额的利税。在那些经常为资金短缺而发愁的欠发达国家里，对经营成功的外国企业征收重税似乎是为这些国家经济发展筹措资金的一种最有效的办法。

（8）价格管制

一些关系到公众利益的必需品，如医药、食品、汽车等经常受到价格管制。在通货膨胀时期，利用价格管制可以控制生活费用的上涨。

2.4 文化环境

消费者的行为受到文化的深刻影响，在相同的收入条件下，不同的文化环境下生活的消费者其消费行为并不一样。要了解文化对行为究竟有多大的支配力，就需要了解文化构成的各个方面。

（1）物质文化

物质文化是指人们所创造的物质产品和用来生产产品的方式、技术和工艺。物质文化对生活方式和消费方式具有强烈的影响。

案例启迪

鹰——墨西哥的专利

有只鹰抓着一条蛇停在一棵仙人掌上，由此产生了特奇提特兰的阿兹特克城（今为墨西哥城）。这个图案现在成了墨西哥的官方标志，并印在了国旗上。所以，当墨西哥当局发现来自美国的不速之客——"麦当劳"连锁快餐店的番茄酱滴在他们所尊敬的鹰上时，颇为愤怒。为纪念墨西哥的国旗日，墨西哥城的两个"麦当劳"分店在托盘的垫子上印有该国标志的凹凸画。眼力敏锐的政府官员冲进店里，没收了那些垫子。一位墨西哥"麦当劳"的资深经理解释说："我们从不想冒犯墨西哥人，只是为了帮助墨西哥人了解他们的文化。"人们并不清楚何种象征或行为方式为当地所专有。毫无疑问，在"麦当劳"事件中，墨西哥人认为鹰只能是墨西哥人的专利。

（2）语言文字

对大多数人来说，从事全球营销最直接的障碍来自语言，而接触异国文化的主要通道也正是语言。要充分理解一种外国语言的真正含义绝非易事，语言里包含着丰富的历史、知识、情感和态度。不过语言不是人们交流沟通的唯一渠道。眼神、手势、脸部表情等也是表达思想与情感的重要渠道。但非语言渠道的交流所表达的含义在不同的国家里会有很大不同，必须十分谨慎。

（3）审美观

审美观是一种与美、高雅、舒适有关的文化概念，包括对音乐、艺术、色彩、建筑、式样、形状等的鉴赏与评判。审美观念的差异更大程度上是区域性的，而不是国家性的。如西方国家的人们较喜欢古典音乐和流行音乐，东南亚的建筑与中国、日本的建筑风格比较接近等。对全球企业而言，了解不同地区的审美观的差异对更好地把握产品的外观、包装和广告具有非常重要的意义。

（4）教育

社会教育水平的高低与消费结构、购买行为有密切关系。一般来讲，受教育程度高的消费者对新产品的鉴别能力较强，购买时的理性程度也较高，容易接受文字宣传的影响；而受教育程度低者则相反。受教育水平对全球营销的直接影响体现在影响人们的消费行为、制约着某些营销活动。企业在制定目标市场的策略时，也必须参照当地的教育水平，以使人们易于接受。

（5）传统习惯

传统习惯是最能体现文化不同而造成人们行为差异的因素之一。实行全球营销的企业必须了解世界各地的传统习惯，并加以仔细分析，以达到有的放矢地进行营销活动的目的。

知识拓展

全球营销中的文化差异

在美国，多米诺比萨饼公司强调送货系统的作用，并将它作为不同于其他馅饼公司的特色，但到了其他国家，事情远非如此简单。

在英国，顾客并不赞成送货员的"敲门"送货，认为这种做法太粗鲁。

在日本，由于门牌号码并不是有序编排的，因此上门送货意味着在一幢幢编号无序的楼房间寻找客户。

在科威特，人们更乐意将比萨饼送到等货的轿车旁，而不愿意送货员将比萨饼送到家门口。

在冰岛，许多家庭不装电话，多米诺公司与一家路边汽车电影院组建连锁店，从而开创将比萨饼销售给消费者的新渠道。那些渴望买到最大众化口味的驯鹿香肠饼的消费者采用最普通的方式——打汽车转向信号灯，影院老板就会提上电话，以供消费者电话订购比萨饼。

（6）宗教

宗教和宗教团体都有各自的教规，影响宗教信徒们的生活方式、价值观念、审美观和行为准则，甚至日常生活的每一个细节。从全球营销的角度来看，宗教不仅仅是一种信仰，更重要的是它反映了有关消费者的生活理想、消费愿望和追求的目标。

（7）态度和价值观

态度和价值观是指人们对于事物的评判标准，如对时间的态度、对成就的态度、对变革创新的态度等。价值观念是消费者追求利益的性质，不同文化背景下的人们的价值观有相当大的差异。价值观念的形成往往与消费者所处的社会地位、心理状态、教育水平密切相关。

（8）社会组织结构

社会中人与人之间联系的方式就是社会组织结构。人类实行团体生活才得以形成社会。家庭、宗教组织、学校、各自工作单位、社会阶层、社区组织等，有些是有形的，有些是无形的。不同的文化体系中，社会组织对营销有不同的影响。

案例启迪

法国文化和美国文化冲突

美国消费者曾以抵制法国货等抗议方式来发泄他们对法国的不满。炸薯条（French Fries）也被改名为"自由薯条"（Freedom Fries），餐馆纷纷把昂贵的法国葡萄酒倒入排水沟。一些美国人还在互联网上发帖，一家网站声称自己已有最全的法国公司名录，可供大家抵制所用。

一些公司采用公关手段尽量缩小或中和潜在的损失。以经营法国芥末的 Reckitt Benckiser 公司为例，它就在媒体上发布了如下信息：法国芥末唯有其名称才是与法国相关！美国梦还和罗伯特·T·法兰西有关呢！一位发言人随即指出"我们发布了媒体信息，以应对当前流行的一些误解。我们并不反法，我们不反对任何人"。Reckitt Benckiser 公司实际上是一家英国公司。同样，米其林公司在回应电话、电邮和信函询问时，提醒公众说，该公司雇用了 2 万名美国人，并为美国陆军供应轮胎。

与此同时，在大洋彼岸，法国政府旅游部估计当年因美国游客减少引起的损失高达 5 亿美元。有些法国公民也以象征性的抵制行为应对美国人的抵制。例如，巴约纳镇的酒吧员工也把可口可乐倒入排水沟。反美情绪还传染给了在欧盟的其他国家，特别是在德国工作的法国公民。如有些在德国的法国餐馆老板在菜单中删除了美国香烟和烈酒。有家餐馆老板还说："如果美国人不愿冷静下来，我会开始拒绝美国运通和其他美国信用卡。"

2.5 人口环境

人口环境是指人口的数量、分布、年龄和性别结构等情况。人口环境既是企业全球营销活动必须分析的条件，也是企业营销的重要外部环境。

（1）人口规模

人口规模决定潜在购买者规模，从而决定了市场规模。世界人口已经突破 70 亿大关，随着人们观念的转变，世界人口的增长率将减慢。世界上人口增长速度最快的地方在不发达国家与欠发达国家，尤其是在亚洲和非洲。而欧洲很多地方的人口呈负增长，人口总量在下降。

（2）人口分布

世界各国以及各地区的人口密度悬殊。20 世纪初大部分人口居住在农村，随着二次工业革命的完成，在发达的国家农村人口开始少于城市人口。人口分布状况对产品需求、促销方式、分销渠道都会产生不同的影响。

（3）人口结构

人口结构也对产品结构、消费结构和产品需求类型产生影响。人口结构主要表现为年龄结构、性别结构、家庭结构和家庭规模。

（4）人口流动

世界上人口流动呈两大趋势：在国家之间，发展中国家的人口（高级人才）向发达国家迁移；在一个国家内部，同时存在着人口从农村流向城市和从城市流向郊区和乡村的现象。农村与城市人口的双向流动原因如图 12-1 所示。

人口从农村流向城市	这一趋势是工业化和城市化发展的结果。人口集中的城市，使城市居民需求和城市市场迅速扩大，城市繁华商业区、百货商店、专业商店、超级市场等星罗棋布。而且由于城市人口结构更趋复杂，城市居民的购买动机和购买行为呈现出多层次性
人口从城市流向郊区	工业化国家由于城市交通拥挤、污染严重和居住集中、密集，再加上土地价格昂贵，因此许多富裕的人向郊区进发，追求生活与大自然的统一。由于交通发达，从郊区到市区上班，购物不存在问题

图 12-1 人口流动的两个趋势

第三节 全球市场进入

3.1 目标市场选择

不是所有的公司都必须开展全球营销才能获得成功，大部分企业在本国运营更加容易和安全，不必面对政治和法律的不确定性，也无须改动产品设计去迎合不同顾客的需求与期望。然而，全球竞争者可能会用更好的产品或者更低的价格来进攻本土市场，公司必须进行应对；又或是本土市场停滞不前或萎缩，而外国市场则有更高的销售额和更多的机会。此时，公司就必须面对来自全球的竞争。

营销实践

"瀑布型"和"洒水型"进入

在决定走出国门的时候，企业需要确定其营销目标和策略。它希望在全球市场上实现的销量占总销量多大比例？大部分公司在开始国外的冒险时都从小做起，有些计划着保持小规模，另一些则计划着做大。公司必须决定进入多少个市场，决定扩张的速度。典型的进入策略包括："瀑布型"，也就是按顺序逐渐进入各个国家；"洒水型"，即同时进入多个国家。越来越多的公司（尤其是技术密集型公司）生来就是国际化的，从而从外围对整个世界市场进行营销。松下、宝马、通用电气、贝纳通以及美体小铺运用的都是"瀑布型"策略。这样公司可以仔细地为扩张进行计划，也不太可能穷尽人才和财务的资源。当先入者优势十分重要，市场高度竞争时，比如微软推出新一代的视窗软件时，"洒水型"策略更为适合。"洒水型"策略的主要风险在于：同时进入许多不同的市场，公司需要投入大量的资源，也可能在计划上遇到问题。公司还必须考虑国家的选择。一个国家是否有吸引力既取决于产品本身，也受到这个国家的地理位置、收入和人口数量，以及政治环境的影响。

（1）选择目标市场的原则

全球市场细分是企业选择目标市场的重要前提和基础。企业在进行全球市场细分后，也面临着从若干个细分市场中选择一个或多个细分市场作为自己的目标市场的问题。选择目标市场的总体标准是要能充分地利用企业的资源以满足该子市场上消费者的需求，具体有以下四个标准。

① 可测量性。可测量性是指企业可以通过各种市场调查手段和销售预测方法来测量目标市场现在的销售状况和未来的销售趋势。

② 需求足量性。需求足量性是指企业所选择的目标市场应当有较大的市场潜量，有较强的消费需求、购买力和发展潜力，企业进入后有望获得足够的收入和经济效益。

③ 可进入性。可进入性是指企业所选择的目标市场未被垄断，企业的资源条件、营销能力以及所提供的产品和服务在所选择的目标市场上具有较强的竞争力。

④ 易反应性。易反应性是指企业选择的目标市场能使企业有效地制订全球营销计划、发展战略和策略，并能有效地付诸实施。

营销新视野

满足新兴市场需求

世界市场最主要的划分在于发达市场和发展中市场（也称欠成熟市场），后者包括巴西、俄罗斯、印度、中国以及南非等。这些新兴市场有许多未满足的需求，在食品、衣物、房屋、消费类电器、家电等许多产品上显示出巨大潜力。市场领导者常依赖发展中市场来支持企业的成长。联合利华和高露洁在发展中市场的业务占其业务总量的40%。世界人口的20%生活在发达国家和发展中国家的经济发达地区。剩下80%的人口购买力较弱，生活条件从清苦到贫困各不相同。市场营销人员能否很好地为他们服务呢？未来人口增长的90%都出现在欠发达国家，这将使得不平衡的情况日益加剧。

要想成功地进入发展中市场，企业需要一套特殊的技巧和计划。格拉明手机（Grameenphone）在孟加拉的35 000个村庄中雇用农村妇女作为代理，向其他村民按时间收费出租电话。高露洁在大棚车上放映影片，向印度村民们展示刷牙的好处。菲亚特（Fiat）为"第三世界"量身定做了一款车型：派力奥（Palio）。这款车型在巴西、印度、土耳其、南非、中国等国家生产。GEO集团在墨西哥建造廉价房，双卧室的标准化住户还可以进行扩建，公司目前正在向智利进军。通过改变传统的营销做法，这些公司的营销人员挖掘了发展中国家市场的潜力。

新兴市场中80%的顾客从小酒窖、路边摊、售货亭或者夫妻店里购买商品。这些商店只有衣柜那么大，宝洁称它们为"高频商店"。当收入和住房空间有限的时候，小包装和低价格往往变得很重要。联合利华的小包装洗涤剂和香波仅售4美分，这种小包装产品在印度农村（印度70%的人口生活在农村）大为畅销。当可口可乐将产品变为200毫升的小瓶装，并且在小店、公交车站的小摊、路边快餐店等地方以10~12美分的价格销售，他们在印度的销售额大幅增长。西方形象也可能大有帮助，可口可乐在中国的成功验证了这一点。相比于本土的饮料品牌健力宝，它的成功部分归功于品牌代表的现代和财富的形象。

进入发展中市场的真正挑战在于，如何开创性地通过营销实现"改善全世界人们的生活"的梦想。当宝洁发现自身的费用结构使其难以在发展中市场上有效地竞争时，它设计出便宜的好产品来满足客户的需求。在俄罗斯，它利用合同商进行生产Always女性卫生用品，由于该产品很好地满足了消费者希望护垫更厚的要求，在俄罗斯市场上赢得了8%的份额。在墨西哥，西梅克斯推出现收现付的系统来购买建筑材料，真正帮助贫穷地区改善居住条件。法国食品巨头达能在孟加拉与孟加拉乡村银行合作，生产销售强化营养的Shoktidoi牌酸奶。孟加拉乡村银行是小额信贷组织,这一合资企业为当地数以千计供应牛奶和运送酸奶的农民提供了收入(其中不少人是从乡村银行获得小额贷款来饲养奶牛的)。这种酸奶每罐80克,售价8美分,现在来看它并不能为达能盈利。但是公司相信:除去有形的收入,公司还从扶贫之中获得了无形的收入。达能将孟加拉作为开发产品的实验室,这些产品既可以是专门为贫穷国家的营养不良的儿童设计的,也可以是供应给成熟富裕的市场的。这些实验的成本都非常低廉。

(2)目标市场选择过程

企业在选择全球营销的目标市场时,首先要对各个国家进行初步选择,确认选取哪些国家的市场。其目的主要在于缩小选择的范围,降低进一步评估的成本。

① 分析消费者与用户的特征。对消费者特征的分析包括:消费者的年龄、性别、收入水平、消费结构、消费者所处的社会阶层及其生活方式的特点。对工业品用户特征的分析包括:使用本产品的行业的特征,典型客户的规模和组织结构,本企业所生产的产品或提供的服务在客户的价值链中处于哪一环节、起什么作用。

② 估计市场规模。估计市场规模的主要方法是从企业所能够获得的统计资料入手,找出影响产品市场前景的各项因素,并通过统计学分析方法找出各项因素对产品市场前景影响的具体程度。然后再依据企业对各项影响因素的预测,推算出未来一定时间内产品在目标国市场的销售前景。

③ 做出接受或放弃决策。在对前述资料有了较全面的掌握和较系统的分析后,企业就可以初步做出接受或放弃决策。

④ 评估市场潜力。经过初步筛选,已经选择出为数较少的国家或地区。对于这些国家或地区市场,企业需要进一步对其市场潜力做出较深入的评估。这一评估主要是预测在特定时期、特定国家,某个行业在未来相当长的时间内最大的销售量。

案例启迪

麦当劳的市场细分

(1)根据地理要素细分市场

麦当劳进行地理细分,主要是分析各区域的差异。如美国东西部的人喝的咖啡口味是不一样的。通过把市场细分为不同的地理单位进行经营活动,从而做到因地制宜。

(2)根据人口要素细分市场

麦当劳对人口要素细分主要是从年龄及生命周期阶段对人口市场进行细分。例如,将不到开车年龄的划定为少年市场,将20~40岁的年轻人界定为青年市场,还划定了老年市场。人口市场划定以后,麦当劳分析了不同市场的特征与定位。例如,麦当劳以孩子为中心,把孩子作为主要消费者,十分注重培养他们的消费忠诚度。在餐厅用餐的小朋友,经常会意外获得印有麦当劳标志的气球、折纸等小礼物。在中国,还有麦当劳叔叔俱乐部,参加者为3~12岁的小朋友。定期开展活动,让小朋友更加喜爱麦当劳。

(3)根据心理要素细分市场

针对方便型市场,麦当劳提出"59秒快速服务",即从顾客开始点餐到拿着食品离开柜台标准时间为59秒,不得超过一分钟。针对休闲型市场,麦当劳对餐厅店堂布置非常讲究,尽量做到让顾客觉得舒适自由。麦当劳努力让顾客把麦当劳作为一个具有独特文化的休闲好去处，以吸引休闲型市场的消费者群。

3.2 市场进入方式选择

公司一旦决定在全球市场进行营销活动，则必须考虑最佳进入方式。选择何种方式进入市场也是一个涉及广泛的决策，需对各方面有关因素作综合分析、全面评估后，才能决定正确的进入方式。全球市场的进入方式有出口、许可经营、合同生产、合资企业和直接投资等几大类，每一大类又可分为若干方式，如图12-2所示。

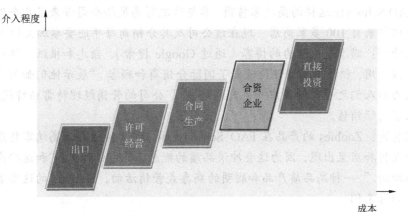

图12-2 进入全球市场的方式

（1）出口

很多出口都是先从间接出口开始的，企业将其产品卖给本国的中间商，由其负责出口。产品以间接出口方式进入国际市场的优点表现如下：首先是进入国际市场快；其次是节省费用，既无须承担出口贸易资金上的负担，又不需要亲自去海外做市场调研、建立专门的销售网点以配备专门的人员；再次是风险小，不必承担外汇风险以及各种信贷风险；最后是灵活性大，长短期业务均可管理。然而间接出口使企业不能获得全球营销的直接经验，对海外市场缺乏控制，所获市场信息反馈有限，利润也会受影响。

直接出口是指企业把产品直接卖给其他国家的中间商或最终用户，选择直接出口方式进入全球市场可以使企业摆脱对中间商渠道的依赖与业务范围的限制，可以对拟进入的海外市场进行选择；企业可以获得较快的市场信息反馈，据以制定更加切实可行的营销策略；企业拥有较大的海外营销控制权，可以建立自己的渠道网络；也有助于提高企业的全球营销水平。当然这种方式也有其局限性，如成本比间接出口要高，需要大量的最初投资与持续的间接费用；需要增加专门人才；在海外建立自己的销售网络需要付出艰苦努力。

案例启迪

小玩具如何打开全球市场

位于美国犹他州的玩具公司 Zoobies 在 2007 年的玩具节上以 10 多种样品亮相。现在 Zoobies 的宠物系列产品在大约 30 个国家的 1 000 多家商店有售。在第一年里，公司销售额超过了100万美元，现有员工10人，2008年有望实现销售的显著增长。

见到弟妹们往车里塞满了动物、枕头和毯子，29岁的雷德（Reid）和26岁的斯穆特（JC Smoot）兄弟俩发明了Zoobies的宠物系列产品。由于看到了综合这些项目优势的机会，他们和公司的第三个创始人——26岁的瑞安·特雷弗特（Ryan Treft）一起开办了公司。

Zoobies公司是如何在全球范围迅速发展并获得成功的？

聪明的产品：Zoobies的产品是高品质的，面向学龄前儿童的豪华三合一抱抱玩具，能当作安抚枕用。产品包括了大尺寸可洗的抓绒毯，里面还折叠了拉链。

参加贸易展：2007年玩具展对于Zoobies来说起了很大的作用，帮助他们连通了国际市场以及像FAO Schwartz这样的高端零售商。参与这次贸易展给公司带来了几个国际分销商的订单，这些订单来自100多家商店。现在该公司及其分销商每年还要参加大约十个贸易展。

病毒式营销：瞄准有影响力的博客（通过Google搜索）、杂志和报纸。这一策略正在给公司带来积极作用，积极热烈的评论吸引了国际分销商和顾客。"展示他们如何工作和让产品进入有影响力的人们之手比购买广告要有效得多，"公司的营销经理特雷弗特说，"本地新闻报道也带来了国际销售。"

高端零售商：Zoobies的产品在FAO Schwartz和Harrods这样的高端零售店销售，绝不会在小铺子或折扣店里出现，因为这会冲淡品质的概念。特雷弗特说："和这些商店合作是由分销商们协助的。"一种高品质产品和聪明的病毒式营销活动，Zoobies的这些策略为其赢得了很多有钱的母亲们。

供应链：分销商一般以集装箱为单位来购买Zoobies产品，这会保证很大的订单，因此要有一些关系良好的分销商伙伴。

恒定的品质：当Zoobies公司确定要从其他国家进口原料后，雷德来到了中国上海。然后他待在那里开始建立自己的公司。"我觉得有必要亲自监督产品的研发和质量控制。"雷德说。他在小错误进入生产程序之前就发现它们，这样就节省了时间和金钱。他接着说："通过从原料环节消除中间人，让我们有能力在制造源头拥有自己的办公室。"只要Zoobies的生产基地还在中国，雷德就计划待在那里。

关注安全："我们意识到，确保产品安全、保持信任是我们自己的责任。"特雷弗特强调说。只要Zoobies产品销售到的地方，Zoobies公司都严格遵守所有的玩具安全规定，并通过认证安全实验室进行金属和铅含量的测试。

(2) 许可经营

许可经营是指企业与目标国企业签订许可协议，授权该国企业使用许可企业的专利、商标、服务标记、商品名称、原产地名、专有技术等在一定条件下生产和销售某种产品，并向目标企业收取许可费用。运用这一方式无须大量海外投资即可快速进入全球目标市场，而且可以避开关税、配额、交通运输费等不利因素，又易受当地政府欢迎，风险较小，不存在被没收、征用、国有化等风险。同时，产品在当地销售后，若需修改，无须支付修改费用。这种方式的不足是对被授权企业控制力有限，特别是在产品质量、管理水准、营销努力等方面，当许可协议终止后，被许可方可能会成为许可方企业潜在的竞争对手。

(3) 合同生产

合同生产是指全球营销企业与目标国企业签订某种产品的制造合同，由目标国企业按合同要求生产出成品,再交由全球营销企业销售。这种方式的优点在于:全球营销企业的资源优势可能在于技术、工艺和营销,而不在于制造;国外投资少、风险小;产品仍由全球营销企业负责销售,市场控制权仍掌握在全球营销企业手中;产品在当地制造,有利于搞好与目标国的公共关系。但它也有局限,主要是:难以找到有资格的制造商;质量难以控制;利润需与制造商分享;一旦制造合同终止,目标国制造商可能成为全球营销企业在当地的竞争者。

(4) 合资企业

选择以出口方式进入全球市场可能由于成本高、受关税与贸易配额限制等而使效益低下,同时他国政府可能限制某些产品的成品进口,而对外国企业在当地制造却持鼓励态度,所以如果当地市场潜力大,资源的比较优势大,可以选择与国外企业合资的生产方式,这也可以使产品设计、制造、销售与售后服务更能符合当地消费者要求。

(5) 直接投资

最大规模地参与全球市场的方式就是直接投资,设立以全球市场为基础的组装或制造厂。如果公司从出口中获得了足够的经验,并且目标国的市场足够大,直接投资就可以获得很大优势。直接投资通常可以选择在国外组装或在海外投资生产。

案例启迪

海尔的全球营销

(1) 海尔在美国

1999年4月30日,海尔在美国南卡来罗纳州开姆顿市破土动工,建立了美国海尔工业园,园区占地700亩,年产能力50万台。2000年3月,海尔美国电冰箱工厂正式投产家电产品,拥有当地员工约180人,并通过高质量和个性化设计逐渐打开市场。这意味着第一个"三位一体本土化"的海外海尔的成立,即设计中心在洛杉矶、营销中心在纽约、生产中心在南卡州。2002年3月5日,海尔买下纽约中城格林尼治银行大厦作为北美的总部。这对海尔来说是一个质的飞跃,代表着海尔对美国市场的承诺,即海尔要在美国扎根下去。海尔在美国建厂前,在美国的年销售额不到3 000万美元,由于该建厂项目的带动,海尔在美国的年销售额3年内提高到2.5亿美元,增长了8倍。冰箱销售量突破100万台,占美国市场份额的11%,列第五位;冷柜份额为9%,列第三位;空调份额为12%,列第三位。

建立独资企业的方式包括并购和创建两种。创建是指国际化经营企业通过购买厂房设备、设立组织机构、招聘人员等工作建立一个全新的企业。海尔在美国市场投资建立了美国海尔工业园,在当地生产家电产品,并且聘有当地员工约180人。所以,海尔美国公司是属于海尔集团在美国建立的独资企业。

(2) 海尔在欧洲市场

欧洲是世界家电业的发祥地,拥有许多世界一流的家电品牌,海尔冰箱技术就是来自德国。自从1990年海尔首次出口德国2万台冰箱,便吹响了向欧洲家电市场进军的号角。2001年6月19日,海尔集团以800万美元收购意大利迈尼盖蒂冰箱工厂,海尔选择了更划算的收购而不是投资建厂方式,这是欧洲当地市场的历史、文化、法律、经济等诸多方面特点决定的。加之海尔在法国里昂和荷兰阿姆斯特丹的设计中心,在意大利米兰的营销中心,海尔在欧洲真正实现了"三位一体"的本土化经营。海尔不但拥有欧洲的白色家电生产基地，而且具备了参与当地制造商组织并获取信息的条件，从而为实现在欧洲的"三融一创"（即融资、融智、融文化，创世界名牌）奠定了坚实的基础。

并购是指全球营销企业通过在资本市场上购买某企业的股票或在产业市场上购买股权，取得该公司的所有权与经营权。海尔集团在欧洲市场上，以800万美元收购意大利迈尼盖蒂冰箱工厂，在欧洲当地生产并出售，这是海尔集团通过并购海外市场上的其他公司而在国外建立独资企业的方式。

（3）海尔在非洲市场

2000年，海尔与突尼斯Hachicha集团在突尼斯合资成立工厂HHW，并于2001年11月份开始建设，2002年10月份投产。工厂占地面积10 000平方米，建筑面积6 000平方米，厂区距离突尼斯市市区约47千米路程。工厂每年可组装空调器3万台、冰箱2.5万台、洗衣机5万台。经过7年的发展，海尔品牌在这个美丽的北非地中海国家的消费者心中已经树立起了良好的品牌形象，市场份额不断提高，以海尔空调、洗衣机、冰箱为主的系列白色家电以高品质赢得了消费者的赞誉。2000年，海尔与英国PZ集团签订合资协议，在尼日利亚成立合资工厂，进行联合品牌Haier-Thermocool冰箱、冷柜、空调的组装以及销售。自合资公司成立以来，HPZ在尼日利亚市场取得了长足的发展，冰箱、冷柜产品市场份额持续保持第一位，成为尼日利亚当之无愧的第一制冷品牌。近年来尼日利亚公司推进发展空调、电视、洗衣机、热水器以及小家电产品。目前海尔尼日利亚公司年营业额超过1亿美元。

合资是指两个或多个组织在一个较长的时间内共同出资、共同经营、共享资源、共担风险、同享利润的企业。海尔集团在非洲市场上，与突尼斯Hachicha集团在突尼斯合资成立工厂HHW，在本地生产经营；还与英国PZ集团签订合资协议，在尼日利亚成立合资工厂，进行联合品牌Haier-Thermocool冰箱、冷柜、空调的组装以及销售。这都是海尔集团通过合资的方式在国外建立的合资企业。

投资进入国际市场模式是指生产企业将资本连同本企业的管理技术、销售、财务以及其他技能转移到目标国家或地区，建立受本企业控制的分公司或子公司，在当地生产产品，并在国际市场销售。综合来看，无论是采取投资建厂、并购厂房还是合资建厂，海尔集团进入海外市场采取的都是投资进入国际市场的模式。

第四节　全球营销组合决策

实施全球营销的公司，只有对营销组合进行研究、调整，才能适应目标市场状况。一种极端的情况是，公司在全球范围内使用标准化的营销组合，产品、促销、分销渠道和价格等要素都标准化，因为这样不需要进行重大的更动，成本也就可以降至最低限度。另一种极端的情况是，制定特定的营销组合，生产企业根据各个目标市场的特点调整营销组合，从而获得较大的报酬。

4.1　产品策略

根据产品和促销是否改变，传统的产品决策可以组合为几种向全球市场提供产品或服务的方式，如表12-1所示。

表12-1 进入全球市场产品和促销的组合

促销＼产品	不改变产品	改变产品	产品创新
不改变促销	直接延伸	产品适应	
改变促销	传播适应	双重适应	

（1）直接延伸

直接延伸就是把产品直接推入全球市场，不加任何改动。营销人员接到的指令就是："产品就是这样，去找适合的客户吧。"此时最重要的应当是弄清楚外国消费者是否使用这种产品。

（2）产品适应

产品适应是指改变产品的设计以适应当地的情况和爱好。一个公司可以生产地区形式产品，或者生产某一国家形式产品，还可以生产一个城市形式的产品，甚至可以生产不同零售商形式的产品。一般产品适应主要体现在功能、外观、包装、商标、厂牌和标签及服务等方面的改进，如表12-2所示。

表12-2 产品适应的五个方面

功能的更改	外观的更改	包装的更改	商标、厂牌和标签的更改	服务的更改
能给消费者提供更多利益的产品	主要是对式样或颜色进行更改。更改的原因是产品使用国的条件特殊和文化环境不同	包装的更改与销售地的自然状况和产销两地的运输距离有直接关系，消费国的风俗习惯和消费水平更为重要	除了有不同的文化要求以外，消费国的法律也有这方面的规定。如加拿大要求商标必须用英、法两国文字书写其内容等。从营销学的角度来说，商标画面的设计必须要有艺术性和吸引力，要与个性化的包装及产品相呼应	做好产品的服务工作对保证产品的销售十分重要。作为整体产品的一部分，良好的服务可以增强用户的购买信心，提高产品的声誉，打开市场，扩大销路

（3）产品创新

产品创新是指生产某种新产品，可能是对老产品的翻新，也可能是为满足另一个国家的需求而创造一种全新的产品或服务。这种策略主要有五种形式，如图12-3所示。

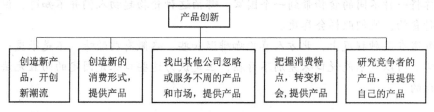

图12-3 产品创新的形式

（4）传播适应

传播适应是指不改变产品的设计而只调整促销策略，以适应当地的营销环境情况及消费者与客户的爱好。

（5）双重适应

双重适应是指对进入国际市场的产品和促销方式，根据国际市场的需求特点做相应的改变，既改变产品的某些方面，又改变促销策略。

在全球竞争的形势下，全球公司不应立足于一地市场的做法和消费者偏好或依国别来寻求全球市场，而必须运用一种系统化方式来同时探索和协调发达国家、欠发达国家和发展中国家的消费者需求，然后根据企业具体情况选择产品策略。

4.2 促销策略

企业不仅要开发适合全球市场消费者需求的优良产品，制定适当的价格，以适宜的分销渠道提供产品给消费者，还要通过传媒，让消费者及时、充分地了解本企业及其产品的情况，从而对本企业产品产生购买动机和购买行为，这种营销活动就是全球市场促销。

（1）广告

广告是指为了配合全球营销活动，在产品出口目标国或地区所做的商品广告。它是以本国的广告发展为母体，再进入世界市场的广告宣传，使出口产品能迅速地进入国际市场并赢得声誉，扩大销售。

观点透视

广告可以改变什么？

20世纪80年代初期，雀巢前任执行总裁Pierre Liotard Vogt与《广告时代》的一次对话如下：

广告时代：在你经商的各个国家中对食物的品位和偏好有差异吗？

Pierre Liotard Vogt：我们销售速溶咖啡最多的两个国家是英国和日本。在战前，这些国家的人不喝咖啡。我听说向英国销售速溶咖啡一点用处也没有，因为他们只喝茶；而日本就更没用了，他们喝绿茶，而且对任何其他的东西都不感兴趣。

我年轻时住在英国，那时候如果你对一个英国人说起吃意大利面条或者比萨饼，他会盯着你看，而且认为这都是意大利人的食物，但现在伦敦的每个角落，你都会发现比萨饼店或意大利面条店。

所以我不相信关于"国家的口味"这样的旧概念，他们只是"习惯"，而这些习惯并不相同。如果你将一种不同的食物带到一个国家，哪怕这种食物起初人们并不知道，但只要他们习惯了这种食物，他们照样会喜欢。

我们知道在某种程度上，北方人喜欢咖啡温和些，略微有些酸味，不是很烫；而南方人喜欢黑咖啡。所以我不能说口味差别不存在，但是认为这些口味是固定的而且无法改变的观点则是错误的。

（2）人员推销

人员推销又称人员销售和直接推销，是一种古老的但很重要的促销形式。它是指企业派出或委托销售人员、销售服务人员亲自向全球市场顾客（包括中间商和用户）介绍、宣传、推销产品。现代全球市场人员推销的主要任务如下：

① 能够发现市场机会，发掘市场潜在需求，培养全球市场新客户。
② 善于接近顾客，推荐商品，说服顾客，接受订货，洽谈交易。
③ 搞好销售服务，主要包括免费送货上门安装、提供咨询服务、开展技术协助、及时办理交货事宜，必要时帮助用户和中间商解决财务问题、搞好产品维修等。
④ 传递产品信息，让现有顾客和潜在顾客了解企业的产品和服务，树立形象，提高信誉。
⑤ 进行市场研究，搜集情报信息，反馈市场信息，制定营销策略。

知识拓展

全球销售队伍的建立

科技水平	管理导向					
	母国中心		多国中心		地区中心	
	发达	欠发达	发达	欠发达	发达	欠发达
高	驻外人员	驻外人员	驻外人员	东道国国民	驻外人员	第三国公民
低	驻外人员	驻外人员	东道国国民	东道国国民	第三国公民	第三国公民

	优 势	劣 势
驻外人员	掌握更多的产品知识，表现出致力于高标准客户服务，有促销训练，总部有较大控制	成本最高；变动率较高；语言和跨文化培训成本高
东道国国民	经济；熟知市场、文化情况；语言技能强；采取行动迅速	需要产品培训、忠诚度低；可能不受尊重
第三国公民	文化敏感、语言技能强、经济；可做覆盖地区销售	面临认同、促销受阻；产品培训和公司培训；忠诚度无保障

（3）营业推广

营业推广就是指在一个比较大的目标市场上，企业为了刺激需求，扩大销售，而采取的能迅速产生激励作用的促销措施。广告对消费者购买行为的影响往往是间接的，营业推广的目的通常是诱发消费者尝试一种新产品或新牌子，尤其是刚进入全球市场的产品；另外就是刺激现有产品销量增加或库存减少。

营业推广一般可分为三类：直接对消费者或用户的营业推广；直接对出口商、进口商和国外中间商的营业推广；鼓励全球市场推销人员的营销推广。营业推广不宜经常使用，否则会引起顾客的观望和怀疑，从而影响产品销售。

知识拓展

几个国家关于赠券促销的法规

国家	邮寄赠券	上门投递赠券	外包装赠券	内附赠券
英国	合法	合法	合法	合法
法国	同一产品打折合法，不得交叉发放赠券	同一产品打折合法，不得交叉发放赠券	同一产品打折合法，不得交叉发放赠券	同一产品打折合法，不得交叉发放赠券

续表

国家	邮寄赠券	上门投递赠券	外包装赠券	内附赠券
德国	仅用于赠样合法，不允许折价赠券	仅用于赠样合法，不允许折价赠券	不得由零售商减价，消费者将外包装编码直接邮寄给制造商	多数情况下禁用
瑞典	对年满 16 岁的人合法，限制寄给新生婴儿父母	对年满 16 岁的人合法，限制寄给新生婴儿父母	合法	合法
美国	合法，限制用于酒类、烟类和药品	合法，限制用于酒类、烟类和药品	合法，所有条件必须公开，兑现期不得少于 6 个月	合法，所有条件必须公开，兑现期不得少于 6 个月

（4）公共关系

公共关系主要是指企业或其他经济组织，为了取得全球公众和顾客的了解和信赖，促进销售，建立企业与公众之间的良好关系，而进行的各种活动的总称。建立公共关系，比较典型的形式是通过第三方（主要是新闻媒介）对本企业及产品进行宣传报道，通过多种形式沟通企业与公众、企业与顾客的关系，融洽感情。公共关系已成为影响企业开展全球化经营成败的重要因素。

4.3 价格策略

价格是市场营销组合的一个重要因素。产品价格的高低，直接决定着企业的收益水平，也影响到产品在全球市场上的竞争力。定价原本就很复杂，当产品销往全球市场时，运费、关税、汇率波动、政治形势等因素更增加了定价的难度。所以，企业必须花大力气研究确定全球营销组合中的定价策略。

全球营销的企业在全球推销商品时，由于受到全球竞争的压力往往会采用低价策略或一种所谓的价格创新策略，使全球公司确定的全球市场价格既面向当地市场，又顾及全球竞争。但在实际的操作中，全球企业会面临几种特定的定价问题。它们必须处理价格升级、转移价格、倾销价格和灰色市场等问题。

（1）价格升级

销售中要面临价格升级问题，主要是因为产品在出厂价的基础上加上了运输成本、关税、进口商差价、批发商差价和零售商差价。成本的增加，再加上货币波动风险，制造商利润不变，产品在国外往往要卖到原产国市场的 2~5 倍，过高的价格容易使公司失去市场。

（2）转移价格

商品运往其国外的子公司时，总公司应如何确定内部转移价格？如果总公司向子公司索价太高，结果就要支付更高的关税，尽管它可能在外国支付的所得税较少；如果售价太低，公司就会被指控倾销。

（3）倾销

公司用低于国内市场的价格在国外市场销售同一产品的做法称为倾销。如果倾销指控成立，就将被征收反倾销税。目前，各国政府都在严防舞弊现象发生，常常迫使公司以正常交易价格，即与其他竞争者相同或相似的产品价格销售。

（4）灰色市场

当公司发现一些经销商的购买量超过他们在本国的销售量时，为了从中获取差价利润，他们通常会将商品转运到其他国家，与那里已有的批发商竞争。全球企业试图通过控制批发商，或者向成本较低的批发商提高价格等办法防止出现灰色市场。

知识拓展

灰色市场的产生

国际型灰色市场交易的起始点发生于出口国被授权的渠道商与进口国未被授权的渠道商之间，常见的产品如汽车、药品、精密电子产品、名牌化妆品等。互联网的发展，电子商务的兴起，为灰色市场的发展提供了滋生的土壤。在互联网上，只要有信用卡，你就可以从世界各地的销售者那里订购 CD、软件和图书等，甚至通过互联网医院就诊后，从网上购买药品，这些都向传统的分销渠道提出了挑战。事实上，电子商务领域正成长着更庞大、更隐蔽的灰色市场。

不同市场间价格的落差所带来的套利机会是形成灰色市场的主要原因，而价格的落差则源于对渠道商的不同授权条件、供货商的歧视性价格策略、国际汇率的波动、配销商配销成本的差异、相同产品在不同市场面临不同的产品生命周期等。

4.4 渠道策略

全球企业对于将产品送至最终消费者的渠道问题，必须有一个整体渠道的观点。从卖方至最终买方之间有三个主要环节：第一个环节是卖方的总部机构，它管理整个渠道，也是渠道的一个组成部分；第二个环节是国与国之间的渠道，它负责将货物运至国外市场边境；第三个环节是国外市场内部的渠道，它负责将进口货物从入境处送达最终消费者手中。国际市场渠道系统的结构如图 12-4 所示。

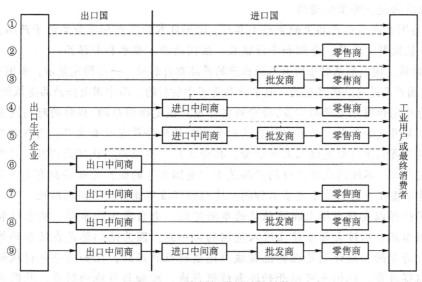

图 12-4 市场渠道系统的结构

然而有许多厂商认为,只要把产品运离工厂,全部工作即告完毕,其实他们应当更多地关心其产品在国外市场内部流转的情况。各个国家国内的分销渠道状况是很不相同的,各国市场里经营进口商品所涉及的中间商数目和类型也有显著的差异。日本的销售渠道是全世界最复杂的分销系统,而非洲的某些国家的渠道则相对比较简单。

在美国,大规模的连锁商店占据主要地位;而在其他国家,大多数情况是众多的、各自独立的小零售商店经营着商品的零售。虽然大规模连锁能大大降低成本,但由于消费水平尚有待提高,故在许多国家,尤其是发展中国家,批发商和小零售商除了买卖商品外,还承担着将大包装商品拆零销售的重要职能。

营销新视野

全球营销中的原产国效应

全球化市场的联系正变得越来越紧密,竞争也越来越激烈。各国政府官员和营销工作人员也开始考虑本国的态度和理念会如何影响消费者和商业决策。原产国印象(Country of Origin Perception)是由一个特定的国家激发出来的精神上的联系和信仰。政府官员希望加强本国的形象,以帮助本国的营销人员开发和吸引国外公司和投资者。营销人员也希望运用正面的原产国印象来推销他们自己的产品和服务。

全球化营销人员知道:消费者对于来自不同国家的品牌有不同的态度和想法。原产国印象可能直接或间接地影响消费者的决策。这些印象可能是决策的一部分,也可能影响决策过程中的一些因素(例如,法国产品一定都是很时尚的)。品牌在国际舞台上的成功可能也会建立起可信和值得尊敬的品牌形象。经过研究可以得出如下结论:

① 除了来自欠发达国家,人们一般是民族性的,更容易接受来自自己国家的品牌。
② 国家形象越受欢迎,"某国制造"的标记就会越明显。
③ 随着产品种类不同,原产国印象的影响也会不同。消费者可能关心汽车的原产国,但没人关心润滑油是在哪里制造的。
④ 某些国家在某些产品上的声誉尤其好,比如日本的汽车和消费类电子产品,美国的高科技产品、软饮料、玩具、香烟和牛仔服装,法国的酒、香水和奢侈品。
⑤ 有时候,国家形象对于所有本国出产的产品都有影响。一项研究显示,中国香港的消费者认为,美国产品是有品牌名望的,日本产品是富于创新的,而中国大陆产品是低价的。

但随着外包和国外生产的增多,要分辨实际原产国是很困难的。福特的野马汽车只有65%的部件产自美国或加拿大;而丰田的塞纳则有90%的部件是在日本生产,再在印度组装的。外国汽车制造商们正往北美注入大量资金,投资工厂、供应商、代理商以及设计中心、测试中心和研究中心。不过到底什么样的产品是更"美国化"的呢?是那些拥有更多美国制造部件的,还是那些在美国创造了更多工作的?这两种标准可能得到不同的结论。

公司同样可以在新市场上瞄准独特的市场定位。来自中国的冰箱、洗衣机和空调的领先制造商海尔正在通过大学生建立进入美国的第一站,因为他们总是在沃尔玛等商场购买迷你冰箱。海尔的长期计划是在其他领域引进创新性的产品,比如纯平电视机和储酒柜。随着公司取得进步,他们也可以开始逐渐植根当地,增加与当地的联系,就像丰田汽车所做的那样。

第五节 全球营销组织决策

营销组织在规模大小、目标市场的潜量和市场本地管理能力方面有所不同。影响全球营销的因素来自产品和技术知识、适应环境的能力、企业自身的资源、所在地区的法律等,因此不可能形成完全相同的组织管理模式。全球营销活动的组织方式常见的有国际分支结构、区域管理中心和全球性组织。

(1) 国际分支机构

随着国外市场的扩大和本企业国际业务的增长,公司就会产生设立一个国际分支机构的想法,由这个新成立的组织承担指导和协调公司不断增长的全球业务。

设立国际分支机构时需要考虑的因素包括:第一,管理层的决心足够大,大到有理由组建一个由高层经理领衔的下属单位。第二,国际业务的复杂性要求有一个单独的组织单位,管理者有充分的自主权。第三,国际分支机构的设立是公司发展战略的构成,是公司参与全球竞争的必要组织。

(2) 区域管理中心

当一个公司对某一个国家出口产品的同时,以许可证或其他方式与另一个国家或地区进行某种合作,可能在第三个国家办合资企业,在第四个国家设立子公司。这时公司就需要设立一个区域管理中心或另设一个子公司,专门处理公司的国际业务活动。该中心负责制定营销目标与预算,并负责公司在全球市场上的业务发展。

区域管理中心的设立可能会使得公司在地理、产品和职能分工等因素的考虑方面达到最佳平衡,从而有效地实现公司目标。但是区域管理中心最大的缺点就是成本太高,所以设立区域管理中心时必须考虑公司的规模。

(3) 全球性组织

有的公司已经跨越了区域管理中心阶段,成为真正的全球公司。它们不再把自己看作是国内市场营销企业在国外从事经营活动,而开始把自己看作是全球营销者。公司的最高管理当局和职员从事世界性的生产设施、营销战略、财务收支和后勤供给系统的计划工作。全球经营单位对公司最高负责人和执行委员会负责,而不再是对事业部的主管负责。经理们受过全球经营方面的训练。经理人可从其他国家聘任;零部件及其他供应商可以到任何价格最低或方案最优的地方去采购,投资在预期能获得最大收益的地方。

为了实现总公司决策的集权化,全球企业的最佳选择是矩阵型组织或网络型组织。该组织并没有形成严格的阶层结构,而是将组织的各组成部分松散地结合在一起,可以说它实现了组织的动态化和灵活性,适应了市场动态化的发展。

营销新视野

宝洁公司的组织

宝洁全球基本上是三层组织:第一层,董事会。第二层,首席执行官(CEO),首席运营官(COO);COO 向 CEO 汇报,但直接由董事会任免。第三层,GBU-MDO-GBS。GBU,

全球战略事业部（Global Business Unit）；MDO，区域市场发展组织（Market Development Organization）；GBS，全球业务服务机构（Global Business Service）。

宝洁公司建立了一个由全球事业部和区域市场组织构成的基本的矩阵组织，在此基础上建立了以市场部品牌管理小组为核心的多部门协作机构。

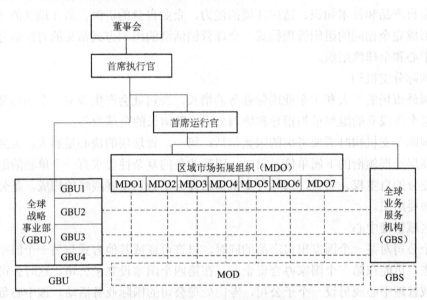

宝洁公司组织结构

（1）全球战略事业部（GBU）

主要职责：长期战略规划、计划和实现利润和股份回本；创新、设计和生产；新业务开发。

（2）区域市场拓展组织（MDO）

主要职责：对实现本地销售和目标份额负有全责。制定增长策略以实现宝洁在某一市场的总体业务目标；与 GBU 合作制定将品牌的全球战略进行本土化的行动方案；积累本土市场的消费者、渠道知识；建立、维护和发展关键客户关系和外部公共关系。

（3）全球业务服务部（GBS）

GBS 是在各个区域的全球业务服务中心的基础上建立的，通过整合与业务系统非直接相关的行政、采购等支持工作，降低成本，大大提高了宝洁的运作效率。其主要职能为平衡调整整个公司规模。GBS 提供一系列的业务服务，使供应商和客户真正感受到低成本、高质量和高效率的优势。该部门将分散在全球各个部门的商业专家聚集在同一个多功能的世界性组织之下，极大地改变了各个岗位的运行方式。GBS 提供的主要服务有：行政办公等非业务相关用品的集中统一采购（如酒店、电脑等）；信息系统的提升与维护（如 SAP 系统的建设与使用）；财务服务系统（如税务筹划、工商关系）；人力资源服务后台支持系统物流管理及系统操作。

图 示 小 结

全球营销环境

在全球经济一体化时代，企业面临复杂的营销环境，需要综合考虑国际贸易体系、经济、政治、文化、人口、法律等各种环境因素的特点及其影响。对任何一个环境因素的忽略都可能导致巨大的损失。

全球市场进入

全球目标市场的选择要坚持可衡量、有需求、可进入和易反应等基本原则，选择目标市场是一个分析消费者和客户特点、预测市场规模、评估市场潜力的过程。进入全球市场可选择的方式包括出口、许可经营、合同生产、合资企业、直接投资等。

全球性营销组织

设立国际分支机构、区域管理中心、全球性组织是常见的营销组织形式。

全球市场营销组合

根据产品和促销是否改变，全球市场的产品策略可采取直接延伸、产品适应、产品创新、传播适应和双重适应等策略。

全球市场上可采取广告、人员推销、营业推广、公共关系等促销策略。

进行全球市场的价格决策，必须处理价格升级、转移价格、倾销价格及灰色市场等问题。

全球市场的渠道包括三个重要环节，即卖方的总部机构、国家之间的渠道以及国外市场内部渠道。科学进行国际渠道决策能够大大降低营销成本。

复习思考题

1. 全球性经济活动和全球市场是如何形成的？有何特点？
2. 如何理解全球营销环境的构成要素及其特点？
3. 全球市场的进入方式有哪些？如何理解每种方式的利与弊？
4. 全球市场的营销组合策略有什么特点？
5. 全球性营销组织的类型有哪几种？各有何特点？

营销体验

1. 小组辩论：全球营销中是标准化还是差异化？

由于经济全球化趋势、互联网的发展与应用以及一些大众化商品的规模化生产等，一些人认为全球营销中应该推行标准化；而由于文化的差异、法律法规的限制以及个性化需求的凸显等，一些人认为全球营销中应该坚持差异化。因此，"标准化还是适应性？""全球化还是当地化？""全球整合还是本土响应？"等，成为一直以来争论的话题。

正方：全球营销组合决策应该推行标准化。

反方：全球营销组合决策应该推行差异化。

2. 小组讨论：文化差异对企业营销的影响

文化差异是企业进行全球市场营销必须重点考虑应对的因素。以小组为单位，对某一国家或地区的文化特点及其对企业营销活动可能造成的影响进行分析和归纳，并相互进行交流。

案例讨论

宜家家居的国际营销

瑞典宜家（IKEA）是20世纪中少数几个令人炫目的商业奇迹之一，自1943年开始从一点"可怜"的文具邮购业务开始，不到60年的时间就发展到在全球共有180家连锁商店、分布在42个国家、雇用7万多名员工的企业航母，成为全球最大的家居用品零售商，还赢得了Interbrand发布的TOP100全球最有价值品牌中排名第44位的荣誉。

"宜家的市场策略是为中国人提供廉价的家居解决方案。"这是宜家在中国市场的营销目标。在今天的宜家店里，代表降价商品的黄色标识正在增多。宜家在中国新策略的核心，是通过产品与成本——也就是更多、更好、更便宜的商品赢得中国市场份额的增加。为了调动中国百姓的口味，宜家正加速推出新产品，即更多简单实用的新产品。据不完全统计，宜家保持着15%的产品更新率。宜家采取的策略是非常稳健的，先进行精品、高档的形象铺垫，然后进行循序渐进的价格滑落，这使顾客始终感觉宜家产品的价格不太高，同时又不让顾客觉得是便宜货，保持着"有价值的低价格"的策略点。为了获得足够的访问量，宜家家居店需设在交通便利繁华的地区，并具备一定规模。

宜家与众不同之处是它所经营的家具不是成品，而是以组件的形式出售，顾客可以自己拿起特殊的工具，自己设计喜欢的家具，这对于当时自助设计成风的欧美市场来说，是一种独创的销售方式。早在1985年，宜家便成功地打入美国市场，当时是在费城郊区设第一家店，欧美的消费者认为自己动手组装自己中意的家具是一种享受，所以，在弗吉尼亚州的宜家商店开业仅1年左右，销售额就达到4 000万美元。

"全球化营销"和"当地化营销"是成功的跨国公司并行不悖的原则。我们将面临一个被科特勒博士称为"双枝营销"的时代，而且还会持续很久。宜家家居在中国市场的成功除了倡导自助设计这种对于国人来说比较新奇的销售方式外，更加凸显的是宜家所独有的个性和颇具人文关怀的经营理念：更美好的日常生活。宜家旨在提供种类繁多、美观实用、老百姓买得起的家居用品。

讨论题：

（1）宜家提出的"市场策略是为中国人提供廉价的家居解决方案"，你认为是否符合中国市场的需求状况？

（2）宜家推行自我设计的销售模式，是否意味着这是一种高成本的销售模式？

（3）在全球化时代，企业如何处理好"全球化营销"和"当地化营销"的关系？

参 考 文 献

[1] 菲利普 科特勒,加里 阿姆斯特朗. 市场营销原理与实践 [M]. 16 版. 楼尊,译. 北京:中国人民大学出版社,2015.

[2] 菲利普 科特勒,凯文 莱恩 凯勒. 营销管理 [M]. 14 版·全球版. 王永贵,等,译. 北京:中国人民大学出版社,2012.

[3] 迈克尔 R 所罗门,格雷格 W 马歇尔,埃尔诺 W 斯图尔特. 市场营销学 [M]. 7 版. 罗立彬,等,译. 北京:电子工业出版社,2013.

[4] 威廉 M 普莱德,O C 费雷尔. 市场营销学 [M]. 15 版. 王学生,等,译. 北京:清华大学出版社,2012.

[5] 小威廉 D 佩罗、约瑟夫 P 坎农、E 杰罗姆 麦卡锡. 市场营销学基础 [M]. 18 版. 孙瑾,译. 北京:中国人民大学出版社,2012.

[6] J 保罗 彼得,小詹姆斯 H 唐纳利. 营销管理知识与技能 [M]. 10 版. 楼尊,译. 北京:中国人民大学出版社,2012.

[7] 卡尔 麦克丹尼尔,小查尔斯 W 兰姆,小约瑟夫 F 海尔. 市场营销学 [M]. 时启亮,等,译. 上海:格致出版社,2011.

[8] 菲利普 科特勒,凯文 莱恩 凯勒. 营销管理 [M]. 亚洲版·5 版. 吕一林,等,译. 北京:中国人民大学出版社,2010.

[9] 罗杰 A 凯林,史蒂文 W 哈特利,威廉 鲁迪里尔斯. 市场营销 [M]. 董伊人,等,译. 北京:世界图书出版公司,2012.

[10] 沃伦 J 基根,马克 C 格林. 全球营销 [M]. 6 版. 傅慧芬,等,译. 北京:中国人民大学出版社,2015.

[11] 菲利普 R 凯特奥拉,玛丽 C 吉利,约翰 L 格雷厄姆. 国际市场营销学 [M]. 15 版. 赵耀德,等,译. 北京:机械工业出版社,2013.

[12] 卡尔 麦克丹尼尔,罗杰 盖兹. 市场调研精要 [M]. 8 版. 范秀成,等,译. 北京:电子工业出版社,2015.

[13] 乔治 贝尔奇,迈克尔 贝尔奇. 广告与促销——整合营销传播视角 [M]. 9 版. 郑苏晖,等,译. 北京:中国人民大学出版社,2014.

[14] 利昂 希夫曼,约瑟夫 维森布利特. 消费者行为学 [M]. 11 版. 江林,等,译. 北京:中国人民大学出版社,2015.

[15] 迈克尔 D 赫特,托马斯 W 斯潘. 组织间营销管理 [M]. 10 版. 侯丽敏,等,译. 北京:中国人民大学出版社,2011.

[16] 郭国庆,贾淼磊. 营销思想史 [M]. 北京:中国人民大学出版社,2012.

[17] 郭国庆. 营销理论发展史 [M]. 北京:中国人民大学出版社,2009.

[18] 刘宇伟. 营销学范式变迁研究 [M]. 北京:中国社会科学出版社,2012.

[19] 李飞. 中国营销学史 [M]. 北京:经济科学出版社,2013.

[20] 郑锐洪. 中国营销理论与学派 [M]. 北京：首都经贸大学出版社，2010.

[21] 曼纽尔 G 贝拉斯克斯. 商业伦理 [M]. 7版. 刘刚，等，译. 北京：中国人民大学出版社，2013.

[22] 西尔维 拉福雷. 现代品牌管理 [M]. 周志民，等，译. 北京：中国人民大学出版社，2012.

[23] 凯文 莱恩 凯勒. 战略品牌管理 [M]. 4版. 吴水龙，等，译. 北京：中国人民大学出版社，2014.

[24] 克里斯托弗 洛夫洛克，约亨 沃茨. 服务营销 [M]. 7版 全球版. 韦福祥，等，译. 北京：机械工业出版社，2014.

[25] 戴夫 查菲，菲奥纳 埃利斯-查德威克. 网络营销战略、实施与实践 [M]. 5版. 马连福，等，译. 北京：机械工业出版社，2015.

[26] 米列茨基. 网络营销实务：工具与方法 [M]. 李东贤，等，译. 北京：中国人民大学出版社，2011.

[27] 罗宾 卡罗尔，毕比 尼尔逊. 新产品开发 [M]. 冯丽丽，等，译. 北京：人民邮电出版社，2015.

[28] 菲利普 科特勒，大卫 赫斯基尔，南希 R 李. 正营销（获取竞争优势的新方法）[M]. 科特勒咨询集团（中国），译. 北京：机械工业出版社，2013.

[29] 菲利普 科特勒. 营销十宗罪：如何避免企业营销的致命错误 [M]. 李佳华，译. 北京：机械工业出版社，2014.

[30] 菲利普 科特勒，何麻温 卡塔加雅，伊万 塞蒂亚万. 营销革命 3.0：从产品到顾客，再到人文精神 [M]. 毕崇毅，译. 北京：机械工业出版社，2011.

[31] 戴维 W 克雷文斯，奈杰尔 F 皮尔西. 战略营销 [M]. 10版. 董伊人，等，译. 北京：机械工业出版社，2016.

[32] 聂元昆，贺爱忠. 营销前沿理论 [M]. 北京：清华大学出版社，2014.

[33] 格雷厄姆 胡利，奈杰尔 皮尔西，布里吉特 尼库洛. 营销战略与竞争定位 [M]. 5版. 楼尊，译. 北京：中国人民大学出版社，2014.

[34] 伯特 罗森布洛姆. 营销渠道：管理的视野 [M]. 8版. 宋华，译. 北京：中国人民大学出版社，2014.

[35] 德尔 L 霍金斯，戴维 L 马瑟斯博. 消费者行为学 [M]. 12版. 符国群，等，译. 北京：机械工业出版社，2014.

[36] 唐 舒尔茨，海蒂 舒尔茨. 整合营销传播 [M]. 王茁，等，译. 北京：清华大学出版社，2013.

[37] 巴里 J 巴宾，威廉 G 齐克芒德. 营销调查精要 [M]. 6版. 应斌，等，译. 北京：清华大学出版社，2016.

[38] 杰伦 拉尼尔. 互联网冲击 [M]. 李龙泉，等，译. 北京：中信出版社，2015.

[39] 迈克尔 钦科陶，伊卡 龙凯宁. 国际市场营销学 [M]. 曾伏娥，译. 北京：中国人民大学出版社，2015.

[40] 斯文德 郝林森. 全球营销精要 [M]. 2版. 许维扬，等，译. 北京：清华大学出版社，2015.